会计学系列精品教材

会计学基础

王珍义　主　编
徐雪霞　肖　丽　张西萍　副主编

经济科学出版社

图书在版编目（CIP）数据

会计学基础／王珍义主编．—北京：经济科学出版社，2012.8（2018.8 重印）
会计学系列精品教材
ISBN 978 – 7 – 5141 – 2026 – 4

Ⅰ.①会… Ⅱ.①王… Ⅲ.①会计学 – 教材 Ⅳ.①F230

中国版本图书馆 CIP 数据核字（2012）第 129255 号

责任编辑：侯晓霞　侯加恒
责任校对：苏小昭
责任印制：李　鹏

会计学基础
王珍义　主　编
徐雪霞　肖　丽　张西萍　副主编
经济科学出版社出版、发行　新华书店经销
社址：北京市海淀区阜成路甲 28 号　邮编：100142
教材分社电话：88191345　发行部电话：88191537
网址：www.esp.com.cn
电子邮件：houxiaoxia@ esp.com.cn
北京密兴印刷有限公司印装
787×1092　16 开　21.5 印张　520000 字
2012 年 8 月第 1 版　2018 年 8 月第 3 次印刷
ISBN 978 – 7 – 5141 – 2026 – 4　定价：42.00 元
（图书出现印装问题，本社负责调换。电话：88191502）
（版权所有　翻印必究）

编 委 会

主　　任：杜国良

执行主任：胥朝阳

委　　员：（以姓氏笔画为序）

王珍义　刘圣妮　李甫斌　张耀武
杨　洪　祝建军　胡星辉　曾洁琼
简东平

参考献

序

三十多年来，武汉纺织大学会计学院在高质量建设会计学省级本科品牌专业，充实财务管理、会计信息系统、中级财务会计等省级精品或优质课程的过程中，在教学与科研方面取得了显著进展。近年来，会计学院先后获得全国会计知识大赛三等奖、湖北省会计信息化大赛高校组第一名、湖北省大学生优秀科研成果奖等突出成绩，已成为高素质会计人才培养的重要基地。同时，随着经济全球化的演进，我国社会主义市场经济体制下会计改革的深入与发展，以及互联网的普及、可扩展企业报告语言（XBRL）的开发，为会计领域的国际协调与趋同提供了有力的政策及技术支持。

在以上背景下，为及时反映与跟踪国内外会计领域出现的重大变化，武汉纺织大学会计学院组织业务能力强、教学实践经验丰富的教师撰写了这套"会计学系列精品教材"。该套教材包括《会计学基础》、《中级财务会计》、《高级财务会计》、《成本会计》、《管理会计》、《政府与非营利组织会计》、《会计信息系统》、《会计模拟实验》、《审计学》、《财务管理学》和《财务报表分析》11部会计专业主干课程的教科书，每部书的主编均为该课程主讲人或负责人。在书稿杀青之际，编委会邀我作序，我欣然为之。综观这套系列丛书，我认为它具有下列特点：

一是科学性——本系列教材以马克思主义经济学及现代管理学为指导，在深入阐明会计学科基本理论的基础上，展开对企业等经济活动主体具体业务的探讨。尤其是在阐明各种会计方法、技术和手段时，既注意从理论上进行解释，也注意案例分析与实务操作，达到了引导学生从源头上加以认识和把握会计学、审计学和财务管理学的目的。

二是系统性——本系列教材立足对企业经营活动作逻辑性的系统处理，对课程及教材之间的相关性进行充分论证，最大限度降低教材之间的重叠，较好实现了教材内容之间的合理划分与关联性对接。

三是实用性——本系列教材在力求构建理论框架的同时，紧贴当代经济活动，着重通过实例对专业知识点进行阐述，以方便学生理解、掌握或应用，体现出鲜明的时代特征。

四是前瞻性——本系列教材在一定程度上把握住了精品教材的创新力度，如教材中对产权经济学与法学原理的引入等，吸收了会计及相关交叉领域前沿的学术研究成果。

我相信这套教材不仅能受到会计专业学生的欢迎，而且也能得到实际工作部门的好评，成为实际工作者的必读参考书。

中南财经政法大学　郭道扬

2011 年 12 月 25 日于竹苑

前　言

会计发展的轨迹告诉我们：经济越发展，会计越重要。为适应经济全球化和一体化进程的需要，我国自1992年通过"两则两制"改革，实现会计模式的转换之后，又于2006年颁布了新的会计准则体系。近几年，资本市场的日新月异、相关金融和税收政策的演进和变迁、企业经济业务和组织架构的日益复杂、会计准则的不断完善和发展，给会计学教育带来了机遇与挑战。鉴于此，我们组织编写了《会计学基础》教材，试图在教学内容安排方面有所创新。

本教材以财政部颁布的企业会计准则为依据，借鉴和吸收了会计学科的最新研究成果，结合会计实际，对会计的基本理论、基本知识和基本方法进行了深入浅出的阐述。作为会计学的入门教材，本书以会计的确认、计量、记录和报告为主线，系统地介绍了会计核算的专门方法，注重从经济学、管理学等不同角度剖析会计现象，内容新颖，具有较强的针对性、实用性和可操作性。

为帮助初学者更好地理解教材内容，本教材每章由典型案例导出主体内容，列示章首导读，章尾附有小结和中英文对照专业名词及术语，并配备了一定数量的复习思考题和练习题。为了拓展学生的专业思维，提升实战能力，每章章尾设置了案例讨论题。本教材适合于高等学校会计学、审计学、财务管理学专业和其他经济管理类专业的本科教学，也可作为企业财务会计人员工作的参考读物。

本教材是集体协作的结果，由武汉纺织大学会计学院10位教师合作完成。其中，王珍义教授任主编，负责写作大纲的草拟及全书的统稿、定稿工作，并承担了第一章的撰写任务；徐雪霞副教授、肖丽副教授和张西萍副教授任副主编，并分别承担了第十章、第八章和第五章的撰写任务；蔡艳芳老师负责第二章的撰写；袁莉副教授负责第三章的撰写；曾洁琼副教授负责第四章的撰写；李冬冬老师负责第六章的撰写；刘容霞老师负责第七章的撰写；李甫斌副教授负责第九章的撰写。

为了反映会计理论和会计实务的最新成果，在本书的编写过程中，编者参考、吸收了有关专著、教材、论文中的观点和资料，谨向他（她）们的作者（不仅限于列出部分）表示诚挚的致敬！本书的出版得到了武汉纺织大学和经济科学出版社的大力支持和帮助，武汉纺织大学会计学院研究生李元霞同学在教材的编写过程中做了大量的基础工作，在此一并表示衷心的感谢！

  由于编写时间仓促，加之我们水平有限，疏漏或不足在所难免。恳请广大读者和同仁不吝赐教。

编 者

2012 年 4 月

目　　录

第一章　导论 \ 1

　　第一节　会计的本质与含义 \ 1

　　第二节　会计的职能与目标 \ 3

　　第三节　会计的对象与方法 \ 6

　　第四节　会计的内容与规范 \ 9

　　第五节　会计的产生与发展 \ 13

　　复习思考题 \ 16

　　案例讨论题 \ 16

第二章　会计核算基础 \ 18

　　第一节　会计核算的基本前提 \ 18

　　第二节　会计信息质量特征 \ 21

　　第三节　会计要素的确认与计量 \ 24

　　第四节　会计记账基础 \ 33

　　复习思考题 \ 36

　　练习题 \ 36

　　案例讨论题 \ 36

第三章　会计科目与会计账户 \ 38

　　第一节　会计等式 \ 38

　　第二节　会计科目 \ 46

　　第三节　会计账户 \ 57

　　复习思考题 \ 67

　　练习题 \ 67

　　案例讨论题 \ 68

第四章 复式记账：原理 \ 69

第一节 记账方法概述 \ 69
第二节 借贷记账法 \ 70
第三节 总分类核算与明细分类核算 \ 82
复习思考题 \ 89
练习题 \ 89
案例讨论题 \ 90

第五章 复式记账：应用 \ 91

第一节 筹资业务的核算 \ 91
第二节 采购业务的核算 \ 95
第三节 生产业务的核算 \ 101
第四节 销售业务的核算 \ 111
第五节 利润及其分配业务的核算 \ 114
复习思考题 \ 121
练习题 \ 122
案例讨论题 \ 126

第六章 会计凭证 \ 127

第一节 会计凭证的含义与种类 \ 127
第二节 会计凭证的填制与审核 \ 132
第三节 会计凭证的传递与保管 \ 146
复习思考题 \ 149
练习题 \ 149
案例讨论题 \ 149

第七章 会计账簿 \ 151

第一节 会计账簿的体系结构 \ 151
第二节 会计账簿的登记方法 \ 156
第三节 账簿记录的调整与更正 \ 174
第四节 账簿记录的核对与结算 \ 182
第五节 会计账簿的启用、更换与保管 \ 188
复习思考题 \ 191
练习题 \ 191
案例讨论题 \ 191

第八章 财务报表 \ 192

第一节 财务报表概述 \ 192
第二节 资产负债表 \ 196
第三节 利润表的编制 \ 202
第四节 现金流量表 \ 207
第五节 所有者权益变动表 \ 214
复习思考题 \ 218
练习题 \ 218
案例讨论题 \ 220

第九章 会计核算组织程序 \ 224

第一节 会计核算组织程序概述 \ 224
第二节 记账凭证会计核算组织程序 \ 226
第三节 科目汇总表会计核算组织程序 \ 252
第四节 汇总记账凭证会计核算组织程序 \ 263
第五节 多栏式日记账会计组织核算程序 \ 275
第六节 日记总分类账会计组织核算程序 \ 284
复习思考题 \ 288
练习题 \ 288
案例讨论题 \ 290

第十章 会计规范与会计工作组织 \ 291

第一节 会计法律规范 \ 291
第二节 会计职业道德规范 \ 295
第三节 会计工作组织 \ 307
复习思考题 \ 316
案例讨论题 \ 317

附录1 中华人民共和国会计法 \ 318

附录2 企业会计准则——基本准则 \ 325

参考文献 \ 330

第一章 导　论

第一节　会计的本质与含义

【本章学习目的】通过本章学习，你将能够：知晓会计的产生与发展过程，理解会计的含义与本质、会计的职能与目标、会计的对象与方法及会计的内容与规范。

【案例导引】

　　捧着手中的会计书本，小李想起自己选专业那一幕：看见好友的父母都要求好友选择会计专业，小李也想选择会计专业，但是爸爸说："会计有什么好学的？你爷爷和我当了一辈子会计，就是记账、管钱，我们在家就可以教会你，何必上大学去学这些玩意儿？太没前途了。"姐姐说："会计专业是金领专业，会计的教育或者职业背景为一个人通往高层管理者的地位奠定了极为有力的基础。"妈妈说："女孩子心细，适合当会计。"小李想：学习了会计，以后自己开商店就可以自己管账了。就这样，小李选择了会计专业，但是亲爱的同学们，你们是否和小李一样，虽然选择了会计专业，但依然心存困惑，那么会计究竟是什么呢？

一、会计的本质

　　尽管在古代会计阶段，现代会计的许多重要概念或思想已经初显端倪，但会计还远远没有成为一门单独的学科，在会计实践中表现为生产的附属部分，因此既无从，也没必要探讨会计的本质问题。而当会计经历近代会计并发展到现代会计阶段后，会计的确认、计量、报告等程序和方法日趋成熟和完善，并随着人们对会计这种客观事物认识的深化，会计界开始有意识地探讨一些会计基本理论问题。会计的本质就是最为重要的一个方面。最初，会计界认为会计是一门艺术，因而强调会计是不能够公式化或规范化的，而很大程度上需要依靠会计人员的经验与判断。1929年经济危机的爆发，人们在对当时的政治、经济等政策进行反思的同时，政府与会计界都逐渐意识到凌乱的会计实务对经济危机的爆发起到了推波助澜的作用,应该对财务会计提供的信息进行必要的规范。在此背景下,再加上系统论、控制论等学科向会计学科的渗透和催化,1966年,美国会计界出现会计本质上是一个"信息系统"的观点。该观点一经提出,在会计界就引起强烈的反响。

(一) 我国会计界的观点

在我国的会计基本理论研究中,学者们曾经就"会计本质"问题进行了深入的讨论,并主要形成了"会计信息系统论"、"会计管理活动论"、"会计控制论"等代表性观点。20世纪80年代至90年代初期,我国著名学者葛家澍教授认为会计的本质是一个"以提供财务信息为主的经济信息系统";杨纪琬、阎达五教授等认为会计的本质是一种"管理活动",会计工作本身就是一种管理工作;郭道扬教授等认为会计的本质是一种"控制活动",现代会计是对经济活动的全面控制或全方位控制。

(二) 西方会计界的观点

西方国家尤其是市场经济发达的英、美等国对会计本质的认识也有所不同,相关文献对会计本质的描述,归结起来主要有"艺术论"和"信息系统论"两种观点。"艺术论"认为:"会计是一门艺术,对于具有或至少部分具有财务性质的交易或事项,以有意义的方式并按货币(金额)表示予以记录、分类和汇总并解释由此产生的结果美国注册会计师协会所属名词委员会发表的第1号'会计名词公告'审查和恢复标准9,(ATB No.1:Review and Resume, Par.9)"。"信息系统论"则认为:"在本质上,会计是一个信息系统,更准确地说,它是一般信息理论用于解决经济效率运行的问题(美国会计学会:《会计基本理论报告》第五章,ASOBAT, ChV)"。最早提出不同于ATB No.1的观点,并认为"会计的未来将是一个信息系统"的是美国会计学会(AAA)。美国会计学会(AAA)在1966年发表的《基本会计理论说明》中认为,会计是"信息使用者进行有根据的判断和决策而进行确认、计量和传递经济信息的过程";美国注册会计师协会(AICPA)所属会计原则委员会(APB,1959~1972年)于1970年发布的《企业财务报表编制的基本概念和会计原则》认为:"会计是一项服务活动,其职能是提供有关经济实体的数量信息(主要是财务信息)以便于决策";美国著名会计学家西德尼·戴维森(Sidney Davidson)于1977年主编的《现代会计手册》认为,"会计是一个信息系统——一个旨在向利益关系人传输关于一个企业或其他实体有意义的经济信息的系统,这个经济信息的传输过程包括输出者和接受者两个方面"。

可见,将会计的本质界定为一个信息系统,是美国学界的主要观点,也是国际会计界较为一致的看法。会计作为一个信息系统,其主要特征是将企业经济活动的各种数据转换为货币化的会计信息(即价值信息),这些信息是企业内部管理者和企业外部的利益相关者进行相关经济决策的主要依据。

二、会计的含义

关于会计的定义,中外会计界从来没有统一过。在我国,"会计"一词最早出现在西周,清代焦循在《孟子正义》一书中将"会计"一词解释为"零星算之为计,总和算之为会"，其狭义是指计算、记录，与现在所说的记账、算账近似，其广义还应包括管理和考核的内容。随着人类社会和经济的发展，会计的内涵和外延不断丰富。由于对会计本质的认识不同，学者们在"什么是会计"的问题上展开了激烈的争论，可谓见仁见智。

  本教材采纳"信息系统论"的观点，并认为将会计理解为一个以提供财务信息为主的经济信息系统是可取的。其理由有三：一是能比较准确地描述现代会计自从产生以来，就始终存在的"反映"的职能；二是能突出在商品经济条件下会计以提供财务信息（能用货币来计量、记录、预测的那些数量方面）为主的特点；三是考虑了现代会计的新内容及其发展。因为迄今为止，会计所运用的信息加工方法已形成一个十分严密而复杂的体系，从而在企业中成为一个能把数据转化为信息的系统。在这个系统中，处理数据的技术水平可以有高有低，但不论是使用手工的方式，或是使用电子计算的技术，都可以理解为一个由若干要素组成的有机整体。因而，用"系统"两个字加以概括较为科学。

  根据"信息系统论"的观点，可将会计的定义表述为：是旨在提高企事业单位经济效益，加强经济管理而建立的一个以提供财务信息为主的经济信息系统。作为一个信息系统，会计是由若干子系统组成的，会计的子系统按照各子系统所提供的信息的性质和用途的不同，主要分为财务会计与管理会计。

  1. 财务会计。财务会计主要是把已发生的价值运动所形成的信息，运用复式簿记系统，通过分类、计量、记录和汇总并予以分析解释，转化为报表形式出现的财务信息。财务会计所提供的财务信息基本上是历史性的，它是运用货币形式，对一个企业或单位的过去的全部经济活动或财务活动所做的总结。由于财务会计是分析和利用历史资料，因此它能指导未来的行动。

  2. 管理会计。管理会计主要是利用财务会计产生的信息或其他数据，对预计发生的价值运动或其他经济活动，运用标准成本、变动成本等计算模式，各种财务分析方法，计划编制与评价方法，特别是现代数学方法中求最优方案的定量的技术，通过预测、分析和评价，转换为各项计划、预算和决定未来行动的各选方案，据以做出最优经济效果的决策。管理会计所提供的管理信息基本上是预见性的，它主要是运用货币形式对一个企业或一个单位的全部、部分或某项未来经济活动所作的预测、分析或评价。财务会计所提供的信息有助于财务决策，而管理会计所提供的信息则有助于经营与管理的决策。由于管理会计所提供的信息具有预见性，因此对企业内部来说，它显然是一种高级的决策支持系统。

第二节 会计的职能与目标

一、会计的职能

  会计职能是一个"中国化"的概念。是指会计在经济管理中所具有的功能。会计职能是明确会计工作内容，确定会计任务的理论基础。在人类历史发展不同的阶段、不同的经济规模和管理的要求下，其职能也经历了一个由简单到复杂、由单一职能向多项职能的发展过程。马克思所说的对生产"过程的控制和观念的总结",是指会计对经济活动的反映和监督。反映和监督是会计的两项基本职能。

（一）会计的基本职能

1. 反映职能。会计的反映职能是指会计能够按照公认会计准则的要求,通过一定的程序和方法,全面、系统、及时、准确地将一个会计主体所发生的经济活动描述出来,以达到为相关各方提供经济信息的目的。会计的反映职能也称为会计的核算职能。会计核算的主要形式是记账、算账和报账。

记账就是把一个会计主体所发生的全部经济业务运用一定的程序和方法在账簿上予以记载,如填制和审核凭证,登记各种账簿;算账就是在记账的基础上,计算出企业单位的财务状况和经营成果,如资产、负债、所有者权益、收入、成本费用以及损益的计算;报账就是在记账和算账的基础上,通过编制会计报表等方式将该会计主体的财务状况、经营成果和现金流量情况向会计信息使用者报出,如资产负债表、利润表、现金流量表的编制和对外披露。

2. 监督职能。会计的监督职能是指会计能够按照一定的目的和要求,利用会计信息系统所提供的信息,对会计主体的经济活动实施控制、监察和督促,使之达到预期的目标。会计的监督职能就是监督经济活动按照有关的法规和计划进行,即根据国家颁布的法律、法规和经济管理要求,采用一系列方法,对会计主体经济活动的合法性、合理性和有效性实施检查和监督。

我国《会计法》对会计监督的内容做了如下规定：会计机构、会计人员对违反国家规定的收支应当制止和纠正,制止和纠正无效的,应当向单位行政领导人提出书面报告,请求处理。会计机构、会计人员对于违反国家规定的收支,有权向单位的监督机构或上级主管单位报告,也可以直接向审计机关、财政机关或税务机关报告。

就会计两大基本职能的关系而言,反映职能是监督职能的前提,因为如果没有会计反映职能提供可靠、完整的会计信息,会计监督就没有客观依据,也就无法进行会计监督；而监督职能又是反映职能的保证,因为如果没有科学、严格的会计监督,就难以保证会计核算的真实性、准确性,会计也就不能更好地发挥其在生产经营管理中的作用,会计核算也就失去了意义。因此,会计的反映职能和监督职能是互相联系、相辅相成的,同时又是辩证统一的。

（二）会计职能的拓展

随着经济关系的复杂化和管理理论的提高,会计在经济管理中的地位和作用日益突出,会计的职能也不断丰富和拓展,会计的新职能不断出现。目前,在国内会计学界比较流行的是"六职能"说。这一论说认为会计具有"反映经济情况、监督经济活动、控制经济过程、分析经济效果、预测经济前景、参与经济决策"等六项职能,并认为这六项职能也是密切结合、相辅相成的。其中,两项基本职能是四项新职能的基础,而四项新职能又是两项基本职能的延伸和提高。

二、会计的目标

作为企业管理系统的子系统，企业会计部门与销售管理、人力资源管理等部门一样，具有特定的管理对象和管理内容，其行为具有特定的目标即会计目标。

会计目标的确定是一个动态的、发展的过程。在会计发展的早期，会计信息的提供主要是基于一种契约约束，欧洲中世纪的庄园会计、中国古代的官厅会计和公司会计的发展等都证明了这一点（庄园会计提供的会计信息是管家为了解除其与庄园主之间的委托代理契约而提供的；中国古代的官厅会计提供的会计信息主要是下级官员为了向上级官员述职而提供的）。历史地看，自从企业能够独立进行经营并被赋予"法人"地位以后，企业的所有权和经营权便逐渐开始分离，企业的所有者作为资源提供的一方与企业的管理当局作为经营的一方就构成了一种经济上的委托与受托关系。作为资源提供一方的所有者与债权人就要求企业的管理当局必须定期提供财务报表以便于他们定期了解企业的财务状况、经营成果和现金流动情况，来评估企业管理当局对"受托责任"的履行情况，并在此基础上做出有关的投资与信贷决策。随着企业组织形式的复杂化和资本市场的迅速发展，企业股东与债权人日益分散，潜在的投资者与债权人人数日趋增多。这些潜在的投资者与债权人需要利用企业对外披露的会计信息进行相关的决策，因此财务会计目标进一步增加了"提供决策有用信息"的内涵。根据利益相关者理论，我们认为，与企业存在相关利益的各个集团，如企业的职工、供应商、客户、广大公众及有关的福利部门等，也需要利用企业对外披露的会计信息来了解企业的日后发展前景、企业的信用状况以及企业履行社会责任的情况。

可见，财务会计的目标大体可以分为三个逐步发展起来的层次：第一，是提供评估管理当局对受托责任履行情况的信息（受托责任观）；第二，是提供可以供各种投资者和债权人进行投资与信贷决策的信息（决策有用观）；第三，是提供企业履行社会责任的有关信息。

20世纪70年代初期，美国注册会计师协会专门成立"特鲁布拉德（True blood）研究小组"，开展"财务报表的目标"研究。在美国会计中，市场导向意识促使早期的会计学者将研究重心移至会计信息的使用者及其需要（包括向谁提供信息、为何提供信息、提供什么信息、如何提供信息等问题），因而使得会计研究表现出明显的"目标导向"特征。由于在会计实务中服务于信息使用者决策需要的会计信息主要是通过"财务报表"来提供的，因此会计目标也被广泛地称为"财务报表目标"。

美国财务会计准则委员会在其1978年发布的第1号《财务会计概念公告——企业编制财务报告的目标》中认为，企业编制财务报告（含财务报表）应该提供以下信息：①对投资和信贷决策有用的信息；②对估量现金流量前景有用的信息；③关于企业资源、资源上的权利及其变动情况的信息，包括企业的资产、负债、业主权益。信息，收益或企业业绩信息，变现能力、偿债能力和资金流转信息，企业管理者责任与业绩信息等。

国际会计准则委员会（IASC）在1989年发布的《编报财务报表的框架》中认为，"财务报表的目标是提供在经济决策中有助于一系列使用者的，关于企业财务状况、经营业绩和财务状况变动的信息"，"还反映企业管理层对交付给它的资源的经营成果或受托责任"。

我国财政部2006年2月颁布的《企业会计准则——基本准则》第四条明确规定：财务

会计报告的目标是："向财务会计报告使用者提供与企业财务状况、经营成果和现金流量等有关的会计信息，反映企业管理层受托责任履行情况，有助于财务会计报告使用者作出经济决策"。同时界定财务会计报告的使用者包括投资者、债权人、政府及其有关部门和社会公众等。第十三条规定：企业提供的会计信息应当与财务会计报告的使用者的经济决策相关，有助于财务会计报告的使用者对企业现在、过去或者未来的情况作出评价或者预测。可见，我国企业会计目标就是要向政府、投资者、债权人、企业管理者及其他利益相关者提供了解企业财务状况、经营成果和现金流量的会计信息，并反映管理层受托责任的履行情况。这一定位与国际会计准则中对财务会计目标的定位一致，体现了我国的财务会计既重视决策有用又重视受托责任的双重目标的性质。

三、会计职能与会计目标的关系

会计职能是体现会计本质的功能，而会计目标则是按照信息使用者的要求将会计职能具体化。会计的职能是相对稳定的，而会计目标则随着会计所赖以存在的外部环境（社会制度、经济制度）的变化而变更。提出（设定）会计目标，既能为会计作为一个信息系统设定运行的导向和应达到的预期目的，同时也赋予会计职能以环境的影响和时代的特征。从总体上看，只要会计的本质不变，会计的基本职能也不变；但倘若会计的外在环境和使用者改变了，从而改变了会计的目标，则会计的具体职能也会有所变化和发展。譬如，在肯定会计目标主要是向所有者报告财产的经营责任或委托责任时，其反映职能主要指通过记录和报告过去的资金运动，提供历史信息；所设定的会计目标如转向满足决策对信息的需求，包括通过预测和规划未来的资金运动，提供预测信息，此时在"反映"这一基本职能的基础上，既有必要，也有可能分化出与之相关的"参与决策（支持决策）"和"预测经济前景"等新的职能。

第三节 会计的对象与方法

企业对其经济资源进行优化配置的过程（即企业经济活动）是十分复杂的。企业管理层围绕原材料采购、产品生产和商品销售等，需要进行人员、财产物资等方面的规划与调配，而且其筹划与实施行为应当符合效益最大化原则。会计系统对企业经济活动的反映，不可能穷尽企业生产经营过程的全部，而仅仅是其能够以货币量化的内容，即企业的资金及其变化情况。

一、会计对象

会计对象是指会计所要反映和监督的内容，即会计所要反映和监督的客体。会计是以货币为主要计量单位，采用专门的方法和程序对企业的经济活动进行反映和监督，向信息使用者提供决策有用的信息。因此，凡是能够用货币计量的经济活动，就构成了会计反映和监督的客体。能够用货币计量的经济活动又称为价值运动或资金运动。因此，会计的对象就是资金运动。

资金运动包括资金投入、资金运用、资金退出等过程。而资金运动过程和运动方式，具体到企业和非营利组织有较大的差异。

（一）企业的资金运动

企业的类型很多，其资金运动的过程和方式也不尽相同。下面以资金运动过程和方式最为全面的制造业为例，说明企业的会计对象。

制造业企业为进行生产经营活动，首先必须拥有一定数量的货币资金，并运用货币资金购买物资，通常称为采购过程；工人利用机器设备对材料物资进行加工和生产，称为生产过程；将生产出的产品卖出去，货币资金又流回来，即销售过程。也就是说，企业的经营活动从货币资金开始，顺次经历采购过程、生产过程和销售过程。与此同时，资金也不断地改变其存在形态，依次经过储备资金、生产资金、成品资金，最后又回到货币资金。这样一种周而复始的运动称为资金的循环。由于生产经营活动的进行是连续不断的，因而每一个资金循环的终点就是下一个循环的起点，不断重复的资金循环称为资金的周转。

上述只是资金在企业内部的循环周转，就整个资金运动而言，还应包括资金的投入和资金的退出。资金的投入会增加企业的资产、所有者权益和负债；资金的退出包括按法定程序返回投资者的投资、偿还各项债务及向所有者分配利润等内容。

可见，资金的投入、循环周转和资金的退出会引起企业的资产、负债、所有者权益、收入、费用和利润发生增减变化，而这些变化过程共同构成了会计对象的具体内容。

（二）非营利组织的资金运动

目前，在我国非营利组织主要包括行政单位和事业单位等。它们从事业务活动所需要的资金，主要由国家财政拨款，形成拨款收入；部分由其他方面取得，形成其他收入。在执行国家赋予的各项任务过程中发生的各种耗费，形成各项预算支出。这样，预算收入与预算支出就构成了行政、事业单位资金的运动。资金支出之后，运动也就结束，没有循环周转的过程。

综上所述，不管是企业还是非营利组织的行政、事业单位，它们都是社会再生产过程中的基层单位，会计反映和监督的对象都是资金运动过程，正因为如此，我们可以把会计对象概括为社会再生产过程中的资金运动。

二、会计方法

会计方法是指核算和监督会计对象，发挥会计职能，实现会计目标的手段。广义的会计方法通常包括会计核算方法、会计分析方法、会计检查方法、会计预测方法、会计决策方法及会计控制方法等多种方法。

会计核算方法，是对会计要素进行确认、计量、记录和报告所应用的方法。一般包括设置账户、复式记账、填制凭证、登记账簿、成本计算、财产清查和编制报表等专门方法。

会计分析方法，是在会计核算的基础上，结合调查研究，对企业资金运动及其结果进行考核、分析和评价的方法。会计分析方法主要有比较分析法、因素分析法、差额分析法、比率分析法。

会计检查方法，是利用会计核算资料，对企业经济活动的合法性和合理性，以及会计信息是否完整和正确等方面进行检查的方法。一般包括核对法、审阅法、分析法等。

会计预测方法，是利用会计信息和其他有关信息，对未来的资金运动进行科学预测所运用的方法。预测方法有两种：一种是定性预测法，如专家意见法，又叫德尔菲法；另一种是定量预测法，主要是利用数学模型来预测，如因果预测法、趋势预测法等。

会计决策方法，是指会计为达到特定的目标，从若干备选方案中进行择优所运用的方法。其短期决策法主要有本—量—利法、差量法等；长期决策法主要有投资回收期法、净现值法、内含报酬率法等。

会计控制方法，是指通过会计工作，使企业的经济活动和资金运动按既定的轨道运行所采用的方法。会计控制方法按控制的方式不同，可分为事前控制法、事中控制法和事后控制法；按控制的标准不同，又可分为制度控制法、定额控制法、预算控制法、责任控制法、程序控制法等。

狭义的会计方法是指会计核算方法，是本教材着重介绍的内容。

三、会计核算方法

会计核算方法是在会计核算的基本假设的基础上，根据会计核算的一般原则，对会计对象的具体内容进行连续、系统、全面和综合反映的一系列专门方法。其主要内容包括设置账户、复式记账、填制和审核会计凭证、登记账簿、成本计算、财产清查、编制会计报表。

（一）设置账户

设置账户是对会计对象的具体内容进行分类核算的一种专门方法。会计对象的具体内容纷繁复杂，为了便于记录和为经营管理提供所需的核算资料，必须选择一定的标准对会计对象的具体内容进行科学的分类，并确定每一类科目的记账方向及记账内容，为进行复式记账打下基础。

（二）复式记账

复式记账是指对每一经济交易或会计事项，都要以相等的金额，在两个或两个以上相互关联的账户中进行登记的一种记账方法。复式记账法不仅能全面记录和反映所有经济业务的来龙去脉，而且还能通过账户之间的相互关系进行检查，以确定账户记录是否正确。

（三）填制和审核凭证

填制和审核凭证是为会计记录提供真实的原始资料，明确经济责任，保证账簿记录准确、完整的一种会计核算的专门方法，同时也是审核、检查交易、事项发生的真实性、合法性及合理性的方法。因此，填制和审核会计凭证是保证会计核算质量以及实行会计监督的重要手段。

(四) 登记账簿

登记账簿也称为记账,它是以会计凭证为依据,将企业一定时期发生的交易和事项连续、系统、分门别类地登记到账簿中的一种会计核算的专门方法。登记账簿并定期进行结账和对账,能使零星的、分散在会计凭证的会计信息得到汇总并使之系统化,从而为编制会计报表提供完整、准确的会计资料。

(五) 成本计算

成本计算是指对生产经营过程中所发生的生产费用,按照一定成本对象进行归集和分配,并计算总成本和单位成本的一种会计核算的专门方法。成本计算既可以为计算企业盈亏提供条件,还可以为监督、检查成本是否合理提供依据,因而成本计算不仅是会计核算的重要方法,而且也是会计监督的重要手段。

(六) 财产清查

财产清查是指通过盘点实物、核对账目,查明各项财产物资及资金的实有数,以保证账面数与实存数相符的一种会计核算的专门方法。财产清查中若发现账实不符,应分析原因、明确责任,会计人员应进行相应的账务处理,使之达到账实相符。因而财产清查一方面可以保证会计记录的真实、客观;另一方面可以借以检查各项财产物资的保管、使用情况,保证财产物资的安全、完整。

(七) 编制会计报表

编制会计报表是根据会计账簿记录,按照一定的格式,向会计信息的使用者定期综合反映其财务状况、经营成果和现金流量的一种会计核算的专门方法。编制会计报表既是对企业日常会计核算资料的总结,又是分析、考核计划或预算执行情况的重要手段。

会计核算的7个方法相互联系、密切配合,共同形成了一个完整的会计核算方法体系。经济业务发生之前,会计人员应根据企业经济活动的特点和管理上的要求设置账户;经济业务发生后,要取得和填制原始凭证并加以审核;根据审核无误的原始凭证,运用复式记账法编制记账凭证;根据原始凭证和记账凭证登记账簿;利用成本学的原理对企业经营活动中发生的生产费用进行归集和分配,完成成本核算的任务;定期进行财产清查,保证账实一致;根据真实可靠的账簿记录编制会计报表。

第四节 会计的内容与规范

一、会计的内容

根据"信息系统论"的观点,会计实质上是一个信息系统,因而从系统的构造来看,原始信息输入、信息加工与转换和会计信息输出是会计信息系统的基本环节。基于会计的特点，考虑系统在加工数据并形成最终会计信息的过程中所特有的步骤，一般把会计信息系统区分为会计确认、会计计量、会计记录和会计报告4个基本环节。

（一）会计确认

会计确认主要是对输入会计信息系统的原始数据和输出会计信息系统的经济信息进行认定。具体而言，是将企业发生的经济活动作为企业的资产、负债、所有者权益、收入、费用或者其他会计要素加以正式的记录或列入最终财务报表之中的过程。因此，会计确认包括两个步骤，其一是将经济业务传递的数据利用文字表述和金额归集于账户之中；其二是最终在财务报表中进行表述。前者可以理解为是初次确认，后者可以理解为是再次确认。有必要说明的是，广义的确认涵盖了计量、记录和报告3个环节，且确认的主要特点在于：（1）何时，以何种金额、何种要素进行记录（初始确认）；（2）何时，以何种金额通过何种会计要素列入财务报表（再次确认）。

严格地讲，确认应包含4项基本条件：（1）可定义性，即必须符合某个财务报表要素的定义；（2）可计量性，即要能够利用某种计量属性进行计量；（3）计量的相关性；（4）计量的可靠性。因为会计信息系统主要提供以货币计量的企业经济活动信息，因而并不是企业所有经济活动的原始数据都能被会计系统加以处理。比如，企业人力资源配置情况、产品质量等级、企业产品市场占有率、材料供应商数量等，其数据就不能被会计信息系统所接收；相反，企业货币资产消耗、吸收投资者投资、向银行举债、存货销售、购买股票和债券、将原材料投入生产过程、支付企业欠款等，其原始数据则能够且必须进入会计信息系统予以加工。从信息输出来看，并不是所有经过会计信息系统加工的信息都应该传输给会计信息的使用者。哪些信息应当输出必须以满足信息使用者的决策需要为原则。

"可定义性"、"可计量性"、"相关性"和"可靠性"，一般认为是一项交易事项可以进入会计信息系统的最基本的条件，但是若要进入会计信息系统进行加工还有一个何时进入的问题，即会计确认的时间问题。在商品经济条件下，由于商业信用的广泛存在，使得经济业务发生的时间与相应的现金收支行为发生的时间往往不能取得完全的一致，此时在选择确认的时间基础时就有两种选择。

（1）收付实现制——确定本期的收入和费用时，是以款项的实际收付为标准。也就是说，凡是在本期实际收到的收入和实际支付的费用，不论其是否应归属于本期，都作为本期的收入和费用处理；反之，凡本期尚未实际收到的收入和尚未实际支付的费用，即使应归属于本期，也不作为本期的收入和费用处理。

（2）权责发生制——确定本期的收入和费用时，是以款项的应收应付作为标准。也就是说，凡是本期应确认的收入和费用，不管其款项是否收到和付出，都作为本期的收入和费用处理。反之，凡不应归属于本期的收入和费用，即使其款项在本期实际已经收到和付出，都不作为本期的收入和费用处理。

对于会计信息系统而言，为了全面地反映企业的财务状况与经营成果，企业会计确认的时间基础一般选择权责发生制。关于收付实现制和权责发生制的具体内容，本教材将在第二章第四节详细介绍。

（二）会计计量

会计计量是借助于货币形式对企业经济活动中内含的数量关系进行计算和确定，即是在会计确认的基础上，将经济活动信息予以数量化。就企业经济活动而言，会计确认解决"定性"问题，而会计计量解决"定量"问题。或者说会计确认解决"是什么"问题，而会计计量解决"是多少"问题。例如，企业购买了一台机器设备，会计上就必须解决两个问题：一是机器设备是否应当作为会计信息的内容来记录以及作为什么内容进行记录；二是企业取得此项机器设备实际发生的支出是多少（即计算确定该台机器设备的实际成本）。前者属于会计确认范畴，而后者属于会计计量范畴。美国著名会计学家井尻雄士在其著作《会计计量理论》中认为"会计计量是会计的核心"，足以说明会计计量对于会计信息系统的重要程度。

会计计量包括两个方面的内涵：（1）选择计量尺度；（2）选择计量属性。正是因为货币计量使复式记账法得以存在，所以以货币作为计量尺度也就成为会计的一大特点。当然，货币作为计量尺度并不排斥在会计计量中同时运用实物或时间等计量尺度，只是以货币计量为主，实物和时间计量为辅。

会计计量属性的选择，则相对要复杂一些。企业可以选择历史成本（实际成本）、现行成本、现行市价、可实现净值和现值等不同计量属性（计价标准）。但计量属性的选择，必须符合会计信息的质量特征要求，以确保会计目标的实现。一般情况下，在相关的财务报表尤其是资产负债表上，资产项目一般以其成本进行列示，原因在于历史成本的取得存在着可靠的证据——原始凭证，可以进行验证。但是，在资产价格受供求关系的影响过大，或者因为通货膨胀存在时，期末对资产按照成本进行列示，并按照历史成本核算相应的成本费用，必然会带来利润的虚增，扭曲企业的经营成果。为此，当存在上述情况时，会计上要求按照重置成本、可变现净值、市场价格或利用未来现金流量的贴现值技术搜寻的公允价值等计量属性来进行计量。

（三）会计记录

会计记录是对经过确认而进入会计信息系统的各项数据，通过预先设置好的各种账户，运用一定的文字与金额，按照复式记账的有关要求在账簿中进行记录的过程。账户是用来分类记录经济交易或事项的一种"工具"，如记录企业银行存款增减变动的"银行存款"账户，记录企业投资者投入资本的"实收资本"账户，记录制造业商品销售收入及工业性劳务收入的"主营业务收入"账户等。采用复式记账法对企业发生的经济交易或事项进行记录，是一项国际惯例。按照复式记账要求，企业对发生的每一项经济交易或事项，都必须在两个或两个以上的账户中进行相互联系的登记，以确保全面、完整地记录经济交易或事项。

通过会计记录，达到了对价值运动进行详细与具体的描绘与量化的目的，也达到了对数据进行初步的加工、分类与汇总的目的。因此，会计信息的最终生成必须经过会计记录这个基本的程序。

(四) 会计报告

会计报告是企业借助于财务报告方式将会计信息系统的最终产品——会计信息传递给各个信息使用者的手段。财务报告包括基本的财务报表（核心组成部分）、财务报表附注、财务报表附表和其他财务报告。作为向使用者提供决策有用信息的主要方式，企业财务报告在内容、格式等方面必须充分考虑信息使用者的要求，并符合会计信息的质量特征。

会计确认、计量、记录和报告是企业财务会计的基本内容，其相互关联、相互影响，并构成会计信息系统运行的基本程序。其基本关系如图1-1所示。

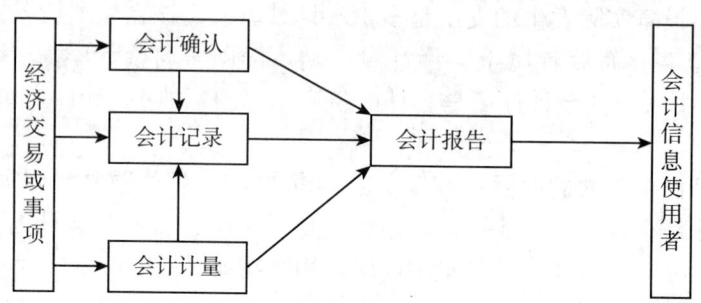

图1-1　会计确认、计量、记录和报告之间的基本关系

二、会计的规范

会计信息不仅引导着企业内部经济资源的配置行为，而且作为一种公共产品，在资本市场日益发达的市场经济社会里，起着影响整个社会经济资源配置效率的作用。因此，会计工作备受公众关注，会计行业也成为政府高度管制的行业。不同国家或地区，其政府或政府授权机构均会制定统一的会计法律和法规来规范企业的会计行为。

会计规范是国家机构和民间团体所制定的会计法规、准则和制度的总称。广义的会计规范还应当包括独立审计准则。

我国的会计规范包括4个层次：第一个层次是全国人民代表大会及其常委会经过立法程序制定的会计法律——《会计法》，在所有会计规范中具有母法的作用；第二个层次是会计行政法规。它是国务院或者国务院委托有关部门拟定并经国务院批准的法律规范，如1990年12月31日国务院颁布的《总会计师条例》，2000年6月国务院颁布的《企业财务会计报告条例》，以及经国务院、财政部发布的《企业会计准则》等；第三个层次是国家统一的会计制度，它是国务院财政部制定的进行会计工作所应遵循的规则、方法和程序的总称，如《企业会计制度》、《会计基础工作规范》等；第四个层次是地方性会计法规，它是由各省、自治区、直辖市人民代表大会及其常务委员会在与宪法、会计法、会计行政法规不相抵触的前提下制定的适用于本行政区域内的会计规范性文件。2006年2月，为了进一步适应经济全球化发展的客观要求，我国修订和完善了企业会计准则体系，并构建了由"基本准则"、"具体准则"和"应用指南"三个层次组成的"企业会计准则"基本框架。

其他国家和国际会计准则委员会也纷纷制定会计准则规范企业会计行为，如美国的

《财务会计准则》（FAS）、英国的《财务报告准则》（FRS）、国际会计准则委员会的《国际会计准则》（IAS）及《国际财务报告准则》（IFRS）等。

为了进一步发挥会计在资本的国际流动、经济全球化中的作用，体现"国际性商业语言"的特征，1973年，来自澳大利亚、法国、德国、日本、英国和美国等国家的会计职业团队，在伦敦正式成立了"国际会计准则委员会"（IASC），旨在推动在世界范围内接纳和应用统一会计标准。2001年，国际会计准则委员会完成重组，并以《国际财务报告准则》（IFRS）为名发布了新的会计准则。

我国会计规范体系及其主要内容将在本教材第十章详细介绍。

第五节 会计的产生与发展

一、会计的产生

会计的产生和发展经历了漫长的历史时期，它是随着社会生产的发展和经济管理的要求而产生，并随着社会经济，特别是市场经济的发展和科学技术的进步而不断完善、提高。

在人类社会活动中，生产是人们赖以生存和发展的最基本的实践活动。人们要生存下去，就必须解决衣、食、住、行等基本需求问题，即要消费一定的物质资料，而要取得这些物质资料，就要进行生产。人们在生产实践中，一方面取得一定的劳动成果，创造物质财富；另一方面要发生各种耗费，包括物化劳动和活劳动的耗费。不论在何种社会状态下，人们在进行生产活动时，总是希望以尽可能少的劳动耗费取得最为满意的劳动成果，以满足生活和生产的需要。为此，人们在社会生产中除了不断采用新技术、新工艺提高社会生产力水平外，还必须不断提高经营管理水平，对劳动耗费和劳动成果进行观察、记录、计算、分析、比较，借以掌握生产活动的各种规律，并使其按照预期的目标进行。至此，以记录、计算、分析、考核为主要工作内容的会计就应运而生了。

二、会计的发展

在原始社会的早期，由于生产力水平极其低下，没有剩余产品，"结绳记事"、"刻木计数"作为最原始的会计计量方式，较好地满足了当时社会狩猎、捕鱼、采集的需要。此时的会计只是生产职能的附带部分，即人们在生产之余附带地把劳动耗费、劳动成果记载下来，会计并没有成为一项专门的工作。

在奴隶社会的晚期，随着生产力水平的提高和剩余产品的增多，生产者已无暇兼顾会计的计量、记录工作，在劳动者之外出现了一些专门为生产提供辅助工作的阶层，即出现了一些专门从事记录、报告劳动的过程和结果的人员。这一阶层的出现，标志着会计已从生产职能中分离出来，成为了一种具备特殊的、独立的职能的经济管理活动。

进入封建社会后，社会制度的发展呈现出一定的差异。在中国是以皇帝为统治者的高度中央集权的社会体制，整个社会是一个封建大家庭。同一时期的欧洲封建社会则是以各封建主为中心,形成了大大小小的庄园,各庄园主在自己的庄园内拥有至高无上的权力。这样就出现了两种不同的社会结构,一种是中央高度集权的社会体制,另一种则是各庄园主相对独立的社会体制。由于社会制度的这种发展,从而产生了两种侧重点不同的会计,即以服务于奴隶主和后来的封建王朝的财产记录与保管为主的官厅会计和中世纪服务于庄园主的、以最初报告委托与受托责任为目的的庄园会计。这一阶段的会计总体水平较低,不存在专门的记账方法,也不存在统一的货币计价。对财富和经济活动的记录,是通过文字叙述的方式进行的,这一时期的会计,基本上属于单式簿记,而单式簿记对经济活动采取序时流水登记的方法,仅仅起到"账房管家"的作用。

随着资本主义的产生,各种商业活动开始活跃起来,单式簿记法已很难满足商业经营管理对会计的基本要求。因此,一种较为成熟的记账法——复式簿记法开始产生,并广泛运用于地中海沿岸的威尼斯、热那亚和佛罗伦萨等城市。1494年,意大利数学家、会计学家、修道士卢卡·帕乔利(Luca Pacioli)出版了《算术、几何、比与比例概要》一书。系统地介绍了流行在意大利威尼斯一带的借贷复式记账法。1581年,在威尼斯成立了世界上第一所"会计学院",会计作为一门学科在学校里得到传授。之后,借贷复式记账法相继传至世界各国,并不断完善,成为至今为止世界上运用最广泛、最科学的一种复式记账法。

股份有限公司这种经营形式的出现,使资产的所有权与经营权分离,投资者和债权人迫切要求公司公开财务报表,政府相应公布了有关法规,会计职业界为此制定了公开会计信息的基本规范——会计原则,以1939年第一份美国的"公认会计原则"(Generally Accepted Accounting Principles,GAAP)的"会计研究公报"(ARB)的出现为标志。于是逐渐形成了以对外提供会计信息为主、接受"公认会计原则"约束的会计,即财务会计。另一方面,企业管理当局为了在瞬息万变的外部市场环境下具有灵活反应的适应能力和"高瞻远瞩"的预见能力,使企业得以生存和发展,他们对会计信息提出了新的要求,管理会计开始孕育并与传统会计相分离,形成了一个与财务会计相对独立的领域。随着现代经济的不断发展和信息化程度的提高,会计方法不断创新,会计信息的处理手段从手工操作逐渐向电算化、网络化过渡,会计理论也空前繁荣。

在我国,早在西周开始设置掌管财务赋税的官吏,进行"月计岁会"。到了唐宋时期,社会经济高度发达,会计核算技术有了较大的发展,会计核算上出现了"四柱结算法",也叫"四柱清册"。所谓"四柱"是指"旧管"、"新收"、"开除"、"实在",其相互关系是:"旧管+新收=开除+实在"。这一关系式相当于现代会计账户金额关系式:期初余额+本期增加额=本期减少额+期末余额。明末清初,出现了一种更加完善的会计核算方法——"龙门账"。"龙门账"把全部账目分为"进"(收入)、"缴"(支出)、"存"(资产)、"该"(负债)四大类,运用"进-缴=存-该"方程式,计算盈亏数额,并分别编制"进缴表"和"存该表",两表计算结果如果完全吻合,则称为"合龙门"。清代在此基础上又产生了"天地合账",将一切账项分为"来账"和"去账"在账簿上记录。账簿采用垂直书写,每行分上下两格,上格记收,称为"天",下格记付,称为"地",上下两格所记数额必须相等,称为"天地合"。20世纪初,我国学者蔡锡勇所著的《连环账谱》与谢霖、孟森合编的《银行簿记学》两部我国最初的会计学专著正式将西方会计学的借贷记账法引入国内,从而开始了我国引进西式会计、改良中式会计,中西式会计并存的会计历史阶段。新中国成立以后,为适应计划经济管理的需求,我国引进了苏联的会计核算模式和会计管理制度,并在此基础上,创立了增减、收付等复式记账方法以及资金平衡表、利润表、成本报表等与计划体制相适应的报表体系。1985 年,《中华人民共和国会计法》的颁布,将我国的会计工作纳入法制轨道。1992 年,为适应社会主义市场经济的需要,财政部颁布了《企业会计基本准则》和《企业财务通则》,并同时制定了 13 个行业会计制度;1993 年和 1999 年两次修订《中华人民共和国会计法》;1997 年以后,财政部陆续颁布了 16 个具体会计准则;2001 年、2002 年、2005 年分别正式实施《企业会计制度》、《金融企业会计制度》、《小企业会计制度》;2006 年 2 月财政部正式发布新的会计准则体系,包括 1 项基本会计准则、38 项具体会计准则,并规定新的会计准则体系于 2007 年 1 月 1 日起在所有上市公司同时执行。新的会计准则体系的颁布和实施,对规范我国资本市场的健康发展、保证会计信息的真实可靠将发挥巨大的作用。

综上所述,会计是伴随着人类生产实践活动和经济管理的客观需要而产生和发展的一项管理活动,经历了一个从简单到复杂、到不断完善的过程。会计产生和发展的历史说明,经济越发展,会计越重要。

【本章小结】

本章主要介绍了会计的含义与本质、会计的职能与目标、会计的对象与方法、会计的内容与规范等会计学的一些基本理论问题。

会计是旨在提高企事业单位经济效益,加强经济管理而建立的一个以提供财务信息为主的经济信息系统。将会计的本质界定为一个信息系统,是美国学界的主要观点,也是国际会计界较为一致的看法。随着经济的不断发展,会计的职能也在不断丰富和拓展,除了反映和监督两个基本职能外,还有预测、决策和控制的职能。会计目标是向会计信息的使用者提供决策有用的信息并反映企业管理层受托责任履行情况。

会计的对象是指会计所要反映和监督的内容即资金的运动。会计方法是指核算和监督会计对象,发挥会计职能,实现会计目标的手段。会计核算的基本方法有设置账户、复式记账、填制和审核会计凭证、登记账簿、成本计算、财产清查、编制会计报表 7 种专门方法。

根据"信息系统论"的观点,一般认为会计内容包括会计确认、会计计量、会计记录和会计报告 4 个方面。会计规范是国家机构和民间团体所制定的会计法规、准则和制度的总称。广义的会计规范还应当包括独立审计准则。我国的会计规范包括 4 个层次,即会计法律——《会计法》、会计行政法规——《企业会计准则》等、国家统一的会计制度——《会计基础工作规范》等及地方性会计法规。

【中英文对照专业名词及术语】

会　　计	Accounting
会计职能	Accounting Function
会计目标	Accounting Objective

会计要素	Accounting Element
会计假设	Accounting Assumption
会计主体	Accounting Entity
持续经营	Going Concern
会计期间	Accounting Period
货币计量	Money Measurement
会计方法	Accounting Method
会计确认	Accounting Affirmation
会计计量	Accounting Measurement
会计记录	Accounting Record
会计报告	Accounting Report
会计规范	Accounting Regulation

复习思考题

1. 什么是会计？会计与生产经营有何关系？
2. 我国会计界关于会计本质的观点有哪些？请比较我国会计界和西方会计界关于会计本质的观点。
3. 会计的基本职能是什么？请分别阐述。
4. 会计职能和会计目标之间有何关系？
5. 会计对象是什么？
6. 会计方法有哪些？请阐述狭义的会计方法。
7. 会计信息系统的基本环节是什么，它们之间有何联系？
8. 会计确认的基本条件是什么？
9. 会计计量的内涵是什么？
10. 为什么要进行会计记录？
11. 我国的会计规范包括哪几个层次？
12. 经济发展与会计有何关系？

案例讨论题

安然事件

安然公司（台湾译安隆；股票代码：ENRNQ），曾是一家位于美国得克萨斯州休斯敦市的能源类公司。在2001年宣告破产之前，安然拥有约21 000名雇员，是世界上最大的电力、天然气以及电讯公司之一，2000年披露的营业额达1 010亿美元之巨。公司连续6年被《财富》杂志评选为"美国最具创新精神公司"。然而真正使安然公司在全世界声名大噪的，却是这个拥有上千亿资产的公司2002年在几周内破产，持续多年精心策划、乃至制度化系统化的财务造假丑闻。

2001年10月16日，安然发表2001年第二季度财报（是第三季财务报表），宣布公司亏损总计达到6.18亿美元，即每股亏损1.11美元。同时首次透露因首席财务官安德鲁·法斯托与合伙公司经营不当，公司股东资产缩水12亿美元。

然而，在10月16日安然公布第二季度财报以前，安然公司的财务报告是所有投资者都乐于见到的。看看安然过去的财务报告：2000年第四季度，"公司天然气业务成长翻升3倍，公司能源服务公司零售业务翻升5倍"；2001年第一季度，"季营收成长4倍，是连续21个盈余成长的财季"……在安然，衡量业务成长的单位不是百分比，而是倍数，这让所有投资者都笑逐颜开。到了2001年第二季度，公司突然亏损了，而且亏损额还高达6.18亿美元！

11月8日，安然被迫承认做了假账，虚报数字让人瞠目结舌：自1997年以来，安然虚报盈利共计近6亿美元。

12月2日，安然正式向法院申请破产保护，破产清单中所列资产高达498亿美元，成为美国历史上最大的破产企业。

请结合"安然事件"，谈谈你对会计的认识。

第二章
会计核算基础

【本章学习目的】 通过本章的学习，你将知晓会计信息的质量特征，理解会计核算的基本前提，掌握会计要素的确认与计量和会计计账基础。

【案例导引】

李键在社区内开了一家"李记"小吃部。刚开始的时候，李键自己进货，和妻子一起经营。为了将家里现金的收支和小吃部的现金收支分开，以计算杂货店的盈利情况，妻子的办法是将家里的钱和杂货店的钱分开放。很快，生意做起来了，李键发现资金不足，人手也不够，就邀请表弟王华入伙，并请了一个叫李平的伙计来看店。现在又如何区分李键家里的收支和小吃部的收支呢？这时候，李平的办法是，拿一个账本将杂货店每天收入和支出的现金记录下来。李键和王华共同经营这个杂货店之后，他们都满意这种合作经营方式，都想将这个店稳定经营下去，而且最好能逐步发展壮大。也就是说，他们的合作是稳定的长期的，并非针对某一笔业务，生意做完就解散。因此，在未来持续经营的期间内，如何计算小吃部的利润就成为一个问题。他们的办法是按照日历年度，每个月进行结账，计算杂货店的利润，年终最后汇总完之后再对利润进行分配。他们的办法可行吗？

第一节 会计核算的基本前提

会计信息系统是在一个具有不确定因素的、复杂的社会经济环境中运行的。要使会计能够连续、系统、全面、综合地反映企业的经济活动，为使会计信息使用者提供制定决策所需的信息，就必须对会计系统所处的时间、空间等环境作出合理的假设。会计核算的基本前提又称会计基本假设、基本假定，是企业会计确认、计量和报告的前提，是对会计核算所处时间、空间环境等所作的合理设定。会计基本假设包括会计主体、持续经营、会计分期和货币计量。

一、会计主体

会计主体也称会计实体，是指会计为之服务的特定单位，是企业会计确认、计量和报告的空间范围。为了向财务报告使用者反映企业财务状况、经营成果和现金流量，提供与其决策有用的信息，会计核算和财务报告的编制应当反映特定对象的经济活动，才能实现财务报告的目标。

在会计主体假设下，企业应当对其本身发生的交易或者事项进行会计确认、计量和报告，反映企业本身所从事的各项生产经营活动。明确界定会计主体是开展会计确认、计量和报告工作的重要前提。

首先，明确会计主体，才能划定会计所要处理的各项交易或事项的范围。在会计实务中，只有那些影响企业本身经济利益的各项交易或事项才能加以确认、计量和报告，那些不影响企业本身经济利益的各项交易或事项则不能加以确认、计量和报告。通常所讲的资产、负债的确认，收入的实现，费用的发生等，都是针对特定会计主体而言的。

其次，明确会计主体，才能将会计主体的交易或者事项与会计主体所有者的交易或者事项以及其他会计主体的交易或者事项区分开来。例如，企业所有者的经济交易或者事项是属于企业所有者主体所发生的，不应纳入企业会计核算的范围，但是企业所有者投入到企业的资本或者企业向所有者分配的利润，则属于企业主体所发生的交易或者事项，应当纳入企业会计。

会计主体可以是一个特定的企业，如一家股份有限公司、一家合伙企业或独资企业；也可以是一家企业的某一特定部门，如一家企业所属的分公司或一个部门；也可以是一家通过控股关系而在一个相同的决策机构指导下经营的企业集团；还可以是一个具有经济业务的特定非营利组织。

会计主体不同于法律主体。一般而言，法律主体必然是一个会计主体。例如，一个企业作为一个法律主体，应当建立财务会计系统，独立反映其财务状况、经营成果和现金流量。但是，会计主体不一定是法律主体。例如，企业集团中的母公司拥有若干子公司，母、子公司虽然是不同的法律主体，但是母公司对子公司拥有控制权，为了全面反映企业集团的财务状况、经营成果和现金流量，需要将企业集团作为一个会计主体，编制合并财务报表，在这种情况下，尽管企业集团不属于法律主体，但它却是会计主体。再如，由企业管理的证券投资基金、企业年金基金等，尽管不属于法律主体，但属于会计主体，应当对每项基金进行会计确认、计量和报告。

二、持续经营

持续经营，是指在可以预见的将来，企业将会按当前的规模和状态继续经营下去，不会停业，也不会大规模削减业务。在持续经营前提下，会计确认、计量和报告应当以企业持续、正常的生产经营活动为前提。

持续经营假设是人们对会计信息系统所处的客观经济环境在主观上达成的一种共识或约定，是会计学科理论体系建立所依循的逻辑起点，也是组织会计核算工作的前提条件之一，它使会计原则、会计程序和方法得以建立在非清算基础上,解决了企业的资产计价和费用分配等问题。只有假定企业在可以预见的将来能够继续存在并实现其既定的各项目标,企业才能采用历史成本而不是清算价值来计量其资产等要素,从而保持会计信息处理的一致性和稳定性;企业的资产和负债才能区分为流动的和非流动的,并按预定的用途去使用现有的资产,按现时承诺的条件去清偿其各项债务,才有必要和可能进行会计分期,并将企业发生的有关费用在受益期间进行合理分配。

任何企业都存在破产、清算的风险,如果可以判断企业不会持续经营,停止使用这个假设,否则如仍按持续经营基本假设选择会计确认、计量和报告原则与方法,就不能客观地反映企业的财务状况、经营成果和现金流量,会误导会计信息使用者的经济决策。

三、会计分期

会计分期又称会计期间,是指将一个企业持续经营的生产经营活动划分为一个个连续的、长短相同的期间。会计分期的目的,在于通过会计期间的划分,将持续经营的生产经营活动划分成连续、相等的期间,据以结算盈亏,按期编报财务报告,从而及时向财务报告使用者提供有关企业财务状况、经营成果和现金流量的信息。

根据持续经营假设,一个企业将按当前的规模和状态持续经营下去。但是,无论是企业的生产经营决策还是投资者、债权人等的决策都需要及时的信息,需要将企业持续的生产经营活动划分为一个个连续的、长短相同的期间,分期确认、计量和报告企业的财务状况、经营成果和现金流量。

在会计分期假设下,企业应当划分会计期间,分期结算账目和编制财务报告。会计期间通常分为年度和中期。我国企业会计基本准则明确规定:企业应当划分会计期间,分期结算账目和编制财务会计报告,会计期间分为年度和中期,中期是指短于一个完整的会计年度的报告期间。可见,我国是以公历年度作为会计年度,即从每年的1月1日至12月31日为一个会计年度。会计年度确定后,一般按公历确定会计半年度、会计季度和会计月度。会计半年度、会计季度和会计月度又称为会计中期。

四、货币计量

货币计量,是指会计主体在财务会计确认、计量和报告时以货币作为计量尺度,反映会计主体的生产经营活动。

在会计的确认、计量和报告过程中之所以选择货币为基础进行计量,是由货币的本身属性决定的。货币是商品的一般等价物,是衡量一般商品价值的共同尺度,具有价值尺度、流通手段、贮藏手段和支付手段等特点。其他计量单位,如重量、长度、容积、台、件等,只能从一个侧面反映企业的生产经营情况,无法在量上进行汇总和比较;不便于会计计量和经营管理。只有选择货币这一共同尺度进行计量,才能全面反映企业的生产经营情况,所以我国基本会计准则规定,会计确认、计量和报告选择货币作为计量单位。在以货币作为主要计量单位的同时,有必要也应当以实物量度和劳动量度作为补充。

采用货币计量这一假设具有两方面含义:一是会计核算要以货币作为主要的计量尺度。

会计法规定会计核算以人民币为记账本位币，业务收支以人民币以外的货币为主的单位，可以选定其中一种作为记账本位币，但是编报的财务会计报表应当折算为人民币。在以货币作为主要计量单位的同时，有必要也应当以实物量度和劳动量度作为补充。二是假定币值稳定。因为只有在币值稳定或相对稳定的情况下，不同时点上的资产的价值才有可比性，不同期间的收入和费用才能进行比较，并计算确定其经营成果，会计核算提供的会计信息才能真实反映会计主体的经济活动情况。如果币值发生急剧变动，出现恶性通货膨胀以致影响到会计信息的真实性时，货币计量这一会计核算前提就遇到了挑战，就需要采用特殊的会计原则如物价变动会计原则或通货膨胀会计原则来处理有关的经济业务。

第二节　会计信息质量特征

会计信息质量关系到投资者决策、完善资本市场以及市场经济秩序等重大问题，何谓高质量会计信息以及如何提高会计信息质量，会计准则进行了明确规定。

会计信息质量要求是对企业财务报告中所提供高质量会计信息的基本规范，是使财务报告中所提供会计信息对投资者等使用者决策有用应具备的基本特征，根据基本准则规定，它包括可靠性、相关性、可理解性、可比性、实质重于形式、重要性、谨慎性和及时性等。其中，可靠性、相关性、可理解性和可比性是会计信息的首要质量要求，是企业财务报告中所提供会计信息应具备的基本质量特征；实质重于形式、重要性、谨慎性和及时性是会计信息的次级质量要求，是对可靠性、相关性、可理解性和可比性等首要质量要求的补充和完善，尤其是在对某些特殊交易或者事项进行处理时，需要根据这些质量要求来把握其会计处理原则，另外及时性还是会计信息相关性和可靠性的制约因素，企业需要在相关性和可靠性之间寻求一种平衡，以确定信息及时披露的时间。

一、可靠性

可靠性要求企业应当以实际发生的交易或者事项为依据进行确认、计量和报告，如实反映符合确认和计量要求的各项会计要素及其他相关信息，保证会计信息真实可靠、内容完整。可靠性是高质量会计信息的重要基础和关键所在，如果企业以虚假的经济业务进行确认、计量、报告，属于违法行为，不仅会严重损害会计信息质量，而且会误导投资者等信息使用者，干扰资本市场，导致会计秩序混乱。为了贯彻可靠性要求，企业应当做到：

1. 以实际发生的交易或者事项为依据进行确认、计量，将符合会计要素定义及其确认条件的资产、负债、所有者权益、收入、费用和利润等如实反映在财务报表中，不得根据虚构的、没有发生的或者尚未发生的交易或者事项进行确认、计量和报告。

2. 在符合重要性和成本效益原则的前提下，保证会计信息的完整性，其中包括应当编报的报表及其附注内容等应当保持完整，不能随意遗漏或者减少应予披露的信息，与使用者决策相关的有用信息都应当充分披露。

3. 在财务报告中的会计信息应当是中立的、无偏的。如果企业在财务报告中为了达到事先设定的结果或效果,通过选择或列示有关会计信息以影响决策和判断的,这样的财务报告信息就不是中立的。

二、相关性

相关性要求企业提供的会计信息应当与投资者等财务报告使用者的经济决策需要相关,有助于投资者等财务报告使用者对企业过去、现在或者未来的情况作出评价或者预测。

会计信息是否有用,是否具有价值,关键是看其与使用者的决策需要是否相关,是否有助于决策或者提高决策水平。相关的会计信息应当能够有助于使用者评价企业过去的决策,证实或者修正过去的有关预测,因而具有反馈价值。相关的会计信息还应当具有预测价值,有助于使用者根据财务报告所提供的会计信息预测企业未来的财务状况、经营成果和现金流量。

会计信息质量的相关性要求,以可靠性为基础的,两者之间是统一的,并不矛盾,不应将两者对立起来。也就是说,会计信息在可靠性前提下,应尽可能地做到相关性,以满足投资者等财务报告使用者的决策需要。

三、可理解性

可理解性要求企业提供的会计信息应当清晰明了,便于投资者等财务报告使用者理解和使用。

企业编制财务报告、提供会计信息的目的在于使用,而要使使用者有效使用会计信息,应当能让其了解会计信息的内涵,弄懂会计信息的内容,这就要求财务报告所提供的会计信息应当清晰明了,易于理解。只有这样,才能提高会计信息的有用性,实现财务报告的目标,满足向投资者等财务报告使用者提供决策有用信息的要求。投资者等财务报告使用者通过阅读、分析、使用财务报告信息,能够了解企业的过去和现状,以及企业净资产或企业价值的变化过程,预测未来发展趋势,从而作出科学决策。

会计信息是一种专业性较强的信息产品,在强调会计信息的可理解性要求的同时,还应假定使用者具有一定的有关企业经营活动和会计方面的知识,并且愿意付出努力去研究这些信息。对于某些复杂的信息,如交易本身较为复杂或者会计处理较为复杂,但其与使用者的经济决策相关的,企业就应当在财务报告中予以充分披露。

四、可比性

可比性要求企业提供的会计信息应当相互可比。这主要包括两层含义:

1. 同一企业不同时期可比。为了便于投资者等财务报告使用者了解企业财务状况、经营成果和现金流量的变化趋势,比较企业在不同时期的财务报告信息,全面、客观地评价过去、预测未来,作出决策。会计信息质量的可比性要求同一企业不同时期发生的相同或者相似的交易或者事项,应当采用一致的会计政策,不得随意变更。但是,满足会计信息可比性要求,并非表明企业不得变更会计政策,如果按照规定或者在会计政策变更后可以提供更可靠、更相关的会计信息,可以变更会计政策。有关会计政策变更的情况,应当在附注中予以说明。

2. 不同企业相同会计期间可比。为了便于投资者等财务报告使用者评价不同企业的财务状况、经营成果和现金流量及其变动情况,会计信息质量的可比性要求不同企业同一会计期间发生的相同或者相似的交易或者事项,应当采用统一规定的会计政策,确保会计信息口径一致、相互可比,以使不同企业按照一致的确认、计量和报告要求提供有关会计信息。

可比性要求各类企业执行的会计政策应当统一,比如新企业会计准则于2007年1月1日在所有上市公司执行,实现了上市公司会计信息的可比性;之后新准则实施范围进一步扩大,将会实现所有大中型企业实施新准则的目标,解决不同企业之间会计信息的可比性问题。

五、实质重于形式

实质重于形式要求企业应当按照交易或者事项的经济实质进行会计确认、计量和报告,不仅仅以交易或者事项的法律形式为依据。

企业发生的交易或事项在多数情况下其经济实质和法律形式是一致的,但在有些情况下也会出现不一致。例如,企业按照销售合同销售商品但又签订了售后回购协议,虽然从法律形式上看实现了收入,但如果企业没有将商品所有权上的主要风险和报酬转移给购货方,没有满足收入确认的各项条件,即使签订了商品销售合同或者已将商品交付给购货方,也不应当确认销售收入。

又如,在企业合并中,经常会涉及"控制"的判断,有些合并,从投资比例来看,虽然投资者拥有被投资企业50%或50%以下股份,但是投资企业通过章程、协议等有权决定被投资企业财务和经营政策的,就不应当简单地以持股比例来判断控制权,而应当根据实质重于形式的原则来判断投资企业对被投资单位的控制程度。

再如,关联交易中,通常情况下,关联交易只要交易价格是公允的,关联交易属于正常交易,按照准则规定进行确认、计量、报告;但是,某些情况下,关联交易有可能会出现不公允,虽然这个交易的法律形式没有问题,但从交易的实质来看,可能会出现关联方之间转移利益或操纵利润的行为,损害会计信息质量;由此可见,在会计职业判断中,正确贯彻实质重于形式原则至关重要。

六、重要性

重要性要求企业提供的会计信息应当反映与企业财务状况、经营成果和现金流量有关的所有重要交易或者事项。

财务报告中提供的会计信息的省略或者错报会影响投资者等使用者据此做出决策的,该信息就具有重要性。重要性的应用需要依赖职业判断,企业应当根据其所处环境和实际情况,从项目的性质和金额大小两方面加以判断。例如,企业发生的某些支出,金额较小的,从支出受益期来看,可能需要在若干会计期间进行分摊,但根据重要性要求,可以一次计入当期损益。

七、谨慎性

谨慎性要求企业对交易或者事项进行会计确认、计量和报告时保持应有的谨慎,不应高估资产或者收益、低估负债或者费用。

在市场经济环境下，企业的生产经营活动面临着许多风险和不确定性，如应收款项的可收回性、固定资产的使用寿命、无形资产的使用寿命、售出存货可能发生的退货或者返修等。会计信息质量的谨慎性要求，需要企业在面临不确定性因素的情况下做出职业判断时，应当保持应有的谨慎，充分估计到各种风险和损失，既不高估资产或者收益，也不低估负债或者费用。例如，对于企业发生的或有事项，通常不能确认或有资产，只有当相关经济利益基本确定能够流入企业时，才能作为资产予以确认；相反，相关的经济利益很可能流出企业而且构成现时义务时，应当及时确认为预计负债，就体现了会计信息质量的谨慎性要求。

谨慎性的应用不允许企业设置秘密准备，如果企业故意低估资产或者收入，或者故意高估负债或者费用，将不符合会计信息的可靠性和相关性要求，损害会计信息质量，扭曲企业实际的财务状况和经营成果，从而对使用者的决策产生误导，这是不符合会计准则要求的。

八、及时性

及时性要求企业对于已经发生的交易或者事项，应当及时进行确认、计量和报告，不得提前或者延后。

会计信息的价值在于帮助所有者或者其他方做出经济决策，具有时效性。即使是可靠的、相关的会计信息，如果不及时提供，就失去了时效性，对于使用者的效用就大大降低，甚至不再具有实际意义。在会计确认、计量和报告过程中贯彻及时性，一是要求及时收集会计信息，即在经济交易或者事项发生后，及时收集整理各种原始单据或者凭证；二是要求及时处理会计信息，即按照会计准则的规定，及时对经济交易或者事项进行确认或者计量，并编制财务报告；三是要求及时传递会计信息，即按照国家规定的有关时限，及时地将编制的财务报告传递给财务报告使用者，便于其及时使用和决策。

第三节 会计要素的确认与计量

会计要素是根据交易或者事项的经济特征确定的财务会计对象所进行的基本分类。会计要素按照其性质分为资产、负债、所有者权益、收入、费用和利润。其中，资产、负债和所有者权益要素侧重于反映企业的财务状况；收入、费用和利润要素侧重于反映企业的经营成果。会计要素的界定和分类可以使财务会计系统更加科学严密，为投资者等财务报告使用者提供更加有用的信息。

一、会计要素的确认与构成

（一）资产的确认与构成

1. 资产的定义。资产是指企业过去的交易或者事项形成的、由企业拥有或者控制的、预期会给企业带来经济利益的资源。根据资产的定义，资产具有以下特征：

（1）资产应为企业拥有或者控制的资源。资产作为一项资源，应当由企业拥有或者控制，具体是指企业享有某项资源的所有权，或者虽然不享有某项资源的所有权，但该资源能被企业所控制。

企业享有资产的所有权，通常表明企业能够排他性地从资产中获取经济利益。一般而言，在判断资产是否存在时，所有权是考虑的首要因素。有些情况下，资产虽然不为企业所拥有，即企业并不享有其所有权，但企业控制了这些资产，同样表明企业能够从资产中获取经济利益，符合会计上对资产的定义。例如，某企业以融资租赁方式租入一项固定资产，尽管企业并不拥有其所有权，但是如果租赁合同规定的租赁期相当长，接近于该资产的使用寿命，表明企业控制了该资产的使用及其所能带来的经济利益，应当将其作为企业资产予以确认、计量和报告。

（2）资产预期会给企业带来经济利益。资产预期会给企业带来经济利益，是指资产直接或者间接导致现金和现金等价物流入企业的潜力。这种潜力可以来自企业日常的生产经营活动，也可以是非日常活动；带来经济利益的形式可以是现金或者现金等价物形式，也可以是能转化为现金或者现金等价物的形式，或者是可以减少现金或者现金等价物流出的形式。

资产预期能否会为企业带来经济利益是资产的重要特征。例如，企业采购的原材料、购置的固定资产等可以用于生产经营过程，制造商品或者提供劳务，对外出售后收回货款，货款即为企业所获得的经济利益。如果某一项目预期不能给企业带来经济利益，那么就不能将其确认为企业的资产。前期已经确认为资产的项目，如果不能再为企业带来经济利益，也不能再确认为企业的资产。例如，待处理财产损失以及某些财务挂账等，由于不符合资产定义，均不应当确认为资产。

（3）资产是由企业过去的交易或者事项形成的。资产应当由企业过去的交易或者事项所形成，过去的交易或者事项包括购买、生产、建造行为或者其他交易或事项。换句话说，只有过去的交易或者事项才能产生资产，企业预期在未来发生的交易或者事项不形成资产。例如，企业有购买某存货的意愿或者计划，但是购买行为尚未发生，就不符合资产的定义，不能因此而确认存货资产。

2. 资产的确认条件。将一项资源确认为资产，需要符合资产的定义，还应同时满足以下两个条件：

（1）与该资源有关的经济利益很可能流入企业。从资产的定义来看，能否带来经济利益是资产的一个本质特征，但在现实生活中，由于经济环境瞬息万变，与资源有关的经济利益能否流入企业或者能够流入多少实际上带有不确定性。因此，资产的确认还应与经济利益流入的不确定性程度的判断结合起来。如果根据编制财务报表时所取得的证据，与资源有关的经济利益很可能流入企业，那么就应当将其作为资产予以确认；反之，不能确认为资产。

（2）该资源的成本或者价值能够可靠地计量。财务会计系统是一个确认、计量和报告的系统，其中可计量性是所有会计要素确认的重要前提，资产的确认也是如此。只有当有关资源的成本或者价值能够可靠地计量时，资产才能予以确认。在实务中，企业取得的许多资产都是发生了实际成本的，例如企业购买或者生产的存货，企业购置的厂房或者设备等，对于这些资产，只要实际发生的购买成本或者生产成本能够可靠计量，就视为符合了资产确认的可计量条件。在某些特定情况下，企业取得的资产没有发生实际成本或者发生的实际成本很小，例如企业持有的某些衍生金融工具形成的资产，对于这些资产，尽管它们没有实际成本或者发生的实际成本很小，但是如果其公允价值能够可靠计量的话，也被认为符合了资产可计量性的确认条件。

3. 资产的构成。企业的资产按其流动性的不同可以划分为流动资产和非流动资产。这里的流动性指的是资产的变现能力或耗用期限。

（1）流动资产。流动资产是指可以在一年或者超过一年的一个营业周期内变现或者耗用的资产，主要包括货币资产、短期投资、应收及预付款项、存货等。①货币资产是指以货币形态存在的资产，包括现金、银行存款、其他货币资金。其他货币资金包括外埠存款、银行本票存款、银行汇票存款、信用证存款等；②短期投资是指能够随时变现并且持有时间不准备超过一年（含一年）的投资，包括股票投资、债券投资、基金投资等；③应收及预付款项是指企业在日常生产经营过程中发生的各项债权，包括应收票据、应收账款、其他应收款和预付账款等；④存货是指企业在日常活动中持有以备出售的产成品或者商品、处在生产过程中的在产品、在生产过程或提供劳务过程中耗用的材料或物料等。

（2）非流动资产。非流动资产是指在一年或者超过一年的一个营业周期内不能或者不准备变现的资产，主要包括长期投资、固定资产、无形资产和其他资产。①长期投资包括持有时间准备超过一年（不含一年）的各种股权性质的投资、不能变现或不准备随时变现的债券、其他债权投资、基金投资和其他长期投资等；②固定资产是指企业为生产商品、提供劳务、出租或经营管理而持有的，使用寿命超过一个会计年度的有形资产。包括房屋及建筑物、机器设备、运输工具以及其他与生产、经营有关的工具器具等；③无形资产是指企业拥有或者控制的没有实物形态的可辨认非货币性资产。包括专利权、非专利技术、商标权、著作权、土地使用权、特许权等，不可辨认无形资产一般是指商誉；④其他资产是指除上述资产以外的其他资产，如长期待摊费用，长期待摊费用是指企业已经支出，但摊销期限在一年以上（不含一年）的各项费用，如固定资产大修理支出、租入固定资产的改良支出等。

（二）负债的确认与构成

1. 负债的定义。负债是指企业过去的交易或者事项形成的，预期会导致经济利益流出企业的现时义务。根据负债的定义，负债具有以下特征：

（1）负债是企业承担的现时义务。负债必须是企业承担的现时义务，这是负债的一个基本特征。其中，现时义务是指企业在现行条件下已承担的义务。未来发生的交易或者事项形成的义务，不属于现时义务，不应当确认为负债。

这里所指的义务可以是法定义务，也可以是推定义务。其中法定义务是指具有约束力的合同或者法律法规规定的义务，通常必须依法执行。例如，企业购买原材料形成应付账款，企业向银行借入款项形成借款，企业按照税法规定应当交纳的税款等，均属于企业承担的法定义务，需要依法予以偿还。推定义务是指根据企业多年来的习惯做法、公开的承诺或者公开宣布的政策而导致企业将承担的责任，这些责任也使有关各方形成了企业将履行义务解脱责任的合理预期。

（2）负债预期会导致经济利益流出企业。预期会导致经济利益流出企业也是负债的一个本质特征，只有企业在履行义务时会导致经济利益流出企业的，才符合负债的定义，如果不会导致企业经济利益流出，就不符合负债的定义。在履行现时义务清偿负债时，导致经济利益流出企业的形式多种多样，例如用现金偿还或以实物资产形式偿还，以提供劳务形式偿还，以部分转移资产、部分提供劳务形式偿还等。

（3）负债是由企业过去的交易或者事项形成的。负债应当由企业过去的交易或者事项所形成。换句话说，只有过去的交易或者事项才形成负债，企业将在未来发生的承诺、签订的合同等交易或者事项，不形成负债。

2. 负债的确认条件。将一项现时义务确认为负债，需要符合负债的定义，还应当同时满足以下两个条件：

（1）与该义务有关的经济利益很可能流出企业。从负债的定义来看，负债预期会导致经济利益流出企业，但是履行义务所需流出的经济利益带有不确定性，尤其是与推定义务相关的经济利益通常需要依赖于大量的估计。因此，负债的确认应当与经济利益流出的不确定性程度的判断结合起来。如果有确凿证据表明，与现时义务有关的经济利益很可能流出企业，就应当将其作为负债予以确认；反之，如果企业承担了现时义务，但是导致经济利益流出企业的可能性若已不复存在，就不符合负债的确认条件，不应将其作为负债予以确认。

（2）未来流出的经济利益的金额能够可靠地计量。负债的确认在考虑经济利益流出企业的同时，对于未来流出的经济利益的金额应当能够可靠计量。对于与法定义务有关的经济利益流出金额，通常可以根据合同或者法律规定的金额予以确定，考虑到经济利益流出的金额通常在未来期间，有时未来期间较长，有关金额的计量需要考虑货币时间价值等因素的影响。对于与推定义务有关的经济利益流出金额，企业应当根据履行相关义务所需支出的最佳估计数进行估计，并综合考虑有关货币时间价值、风险等因素的影响。

3. 负债的构成。负债通常是按照其流动性进行分类的。这里的流动性指的是负债的偿还期限。负债按其流动性，可以分为流动负债和非流动负债。

（1）流动负债是指将在一年（包括一年）或者超过一年的一个营业周期内偿还的债务，包括短期借款、应付票据、应付账款、预收账款、应付职工薪酬、应交税费、应付股利、其他应付款和将于一年内到期的长期借款等。

（2）非流动负债是指偿还期在一年（不包括一年）以上或者超过一年的一个营业周期以上的债务，包括长期借款、长期债券、长期应付款等。

（三）所有者权益的确认与构成

1. 所有者权益的定义。所有者权益是指企业资产扣除负债后由所有者享有的剩余权益。公司的所有者权益又称为股东权益。所有者权益是所有者对企业资产的剩余索取权，它是企业资产中扣除债权人权益后应由所有者享有的部分,既可反映所有者投入资本的保值增值情况,又体现了保护债权人权益的理念。

2. 所有者权益的来源构成。所有者权益的来源包括所有者投入的资本、直接计入所有者权益的利得和损失、留存收益等,通常由实收资本(或股本)、资本公积(含资本溢价或股本溢价、其他资本公积)、盈余公积和未分配利润构成,商业银行等金融企业按照规定在税后利润中提取的一般风险准备,也构成所有者权益。

所有者投入的资本是指所有者投入企业的资本部分,它既包括构成企业注册资本或者股本部分的金额,也包括投入资本超过注册资本或者股本部分的金额,即资本溢价或者股本溢价,这部分投入资本在我国企业会计准则体系中被计入了资本公积,并在资产负债表中的资本公积项目下反映。

直接计入所有者权益的利得和损失,是指不应计入当期损益、会导致所有者权益发生增减变动的、与所有者投入资本或者向所有者分配利润无关的利得或者损失。其中,利得是指由企业非日常活动所形成的、会导致所有者权益增加的、与所有者投入资本无关的经济利益的流入,利得包括直接计入所有者权益的利得和直接计入当期利润的利得。损失是指由企业非日常活动所发生的、会导致所有者权益减少的、与向所有者分配利润无关的经济利益的流出,损失包括直接计入所有者权益的损失和直接计入当期利润的损失。直接计入所有者权益的利得和损失主要包括可供出售金融资产的公允价值变动额、现金流量套期中套期工具公允价值变动额(有效套期部分)等,这部分直接计入所有者权益的利得和损失在我国企业会计准则体系中被计入了资本公积,并在资产负债表中的资本公积项目下反映。

留存收益是企业历年实现的净利润留存于企业的部分,主要包括累计计提的盈余公积和未分配利润。

3. 所有者权益的确认条件。所有者权益体现的是所有者在企业中的剩余权益,因此所有者权益的确认和计量主要依赖于其他会计要素,即所有者权益的确认和计量主要取决于资产、负债、收入、费用等其他会计要素的确认和计量。例如,企业接受投资者投入的资产,在该资产符合企业资产确认条件时,就相应地符合了所有者权益的确认条件;当该资产的价值能够可靠计量时,所有者权益的金额也就可以确定。

所有者权益反映的是企业所有者对企业资产的索取权,负债反映的是企业债权人对企业资产的索取权,而且通常债权人对企业资产的索取权要优先于所有者对企业资产的索取权,所有者享有的是企业资产的剩余索取权,两者在性质上有本质区别。因此,企业在会计确认、计量和报告中应当严格区分负债和所有者权益,以如实反映企业的财务状况,尤其是企业的偿债能力和产权比率等。在实务中,企业某些交易或者事项可能同时具有负债和所有者权益的特征,在这种情况下,企业应当将属于负债和所有者权益的部分分开核算和列报。例如,企业发行的可转换公司债券,企业应当将其中的负债部分和权益性工具部分进行分拆,分别确认负债和所有者权益。

(四)收入的确认与构成

1. 收入的定义。收入是指企业在日常活动中形成的、会导致所有者权益增加的、与所有者投入资本无关的经济利益的总流入。根据收入的定义，收入具有以下特征：

（1）收入是企业在日常活动中形成的。日常活动是指企业为完成其经营目标所从事的经常性活动以及与之相关的活动。例如，工业企业制造并销售产品、商业企业销售商品、保险公司签发保单、咨询公司提供咨询服务、软件企业为客户开发软件、安装公司提供安装服务、商业银行对外贷款、租赁公司出租资产等，均属于企业的日常活动。明确界定日常活动是为了将收入与利得相区分，日常活动是确认收入的重要判断标准，凡是日常活动所形成的经济利益的流入应当确认为收入；反之，非日常活动所形成的经济利益的流入不能确认为收入，而应当计入利得。比如，处置固定资产属于非日常活动，所形成的净利益就不应确认为收入，而应当确认为利得。再如，无形资产出租所取得的租金收入属于日常活动所形成的，应当确认为收入；但是处置无形资产属于非日常活动，所形成的净利益，不应当确认为收入，而应当确认为利得。

（2）收入会导致所有者权益的增加。与收入相关的经济利益的流入应当会导致所有者权益的增加，不会导致所有者权益增加的经济利益的流入不符合收入的定义，不应确认为收入。例如，企业向银行借入款项，尽管也导致了企业经济利益的流入，但该流入并不导致所有者权益的增加，而使企业承担了一项现时义务，不应将其确认为收入，应当确认一项负债。

（3）收入是与所有者投入资本无关的经济利益的总流入。收入应当会导致经济利益的流入，从而导致资产的增加，例如企业销售商品，应当收到现金或者在未来有权收到现金，才表明该交易符合收入的定义。但是，经济利益的流入有时是所有者投入资本的增加所致，所有者投入资本的增加不应当确认为收入，应当将其直接确认为所有者权益。

2. 收入的确认条件。企业收入的来源渠道多种多样，不同收入来源的特征有所不同，其收入确认条件也往往存在一些差别，如销售商品、提供劳务、让渡资产使用权等。一般而言，收入只有在经济利益很可能流入从而导致企业资产增加或者负债减少、经济利益的流入额能够可靠计量时才能予以确认。收入的确认至少应当符合以下条件：一是与收入相关的经济利益应当很可能流入企业；二是经济利益流入企业的结果会导致资产的增加或者负债的减少；三是经济利益的流入额能够可靠计量。

3. 收入的构成。收入通常包括主营业务收入、其他业务收入、投资收益和营业外收入等。

（1）主营业务收入。是指企业开展主营业务活动所取得的收入，如制造业主要是指销售商品和提供工业性的劳务所取得的收入。

（2）其他业务收入。是指企业开展副营业务活动所取得的收入，如制造业主要是指销售材料和收取租金所取得的收入。

（3）投资收益。是指企业对外投资所取得的收益减去发生的投资损失的净额。

（4）营业外收入。是指企业发生的与其生产经营活动无直接关系的各项收入，包括固定资产盘盈、处置固定资产净收益、处置无形资产净收益和罚款净收入等。

（五）费用的确认与构成

1. 费用的定义。费用是指企业在日常活动中发生的、会导致所有者权益减少的、与向所有者分配利润无关的经济利益的总流出。根据费用的定义，费用具有以下特征：

（1）费用是企业在日常活动中形成的。费用必须是企业在其日常活动中所形成的，这些日常活动的界定与收入定义中涉及的日常活动的界定相一致。日常活动所产生的费用通常包括销售成本（营业成本）、管理费用等。将费用界定为日常活动所形成的，目的是为了将其与损失相区分，企业非日常活动所形成的经济利益的流出不能确认为费用，而应当计入损失。

（2）费用会导致所有者权益的减少。与费用相关的经济利益的流出应当会导致所有者权益的减少，不会导致所有者权益减少的经济利益的流出不符合费用的定义，不应确认为费用。

（3）费用导致的经济利益总流出与向所有者分配利润无关。费用的发生应当会导致经济利益的流出，从而导致资产的减少或者负债的增加（最终也会导致资产的减少）。其表现形式包括现金或者现金等价物的流出，存货、固定资产和无形资产等的流出或者消耗等。企业向所有者分配利润也会导致经济利益的流出，而该经济利益的流出属于投资者投资回报的分配，是所有者权益的直接抵减项目，不应确认为费用，应当将其排除在费用的定义之外。

2. 费用的确认条件。费用的确认除了应当符合定义外，还应当满足严格的条件，即费用只有在经济利益很可能流出从而导致企业资产减少或者负债增加、经济利益的流出额能够可靠计量时才能予以确认。费用的确认至少应当符合以下条件：一是与费用相关的经济利益应当很可能流出企业；二是经济利益流出企业的结果会导致资产的减少或者负债的增加；三是经济利益的流出额能够可靠计量。

3. 费用的构成。费用通常包括制造成本、期间费用、营业外支出和所得税费用等。

（1）制造成本。是指产品在生产过程中所发生的各种耗费，这些耗费是应该计入到产品成本中去的。

（2）期间费用。是指不计入产品成本，而是直接计入发生当期的损益的费用，包括管理费用、销售费用和财务费用。管理费用是指企业为组织和管理生产经营活动而发生的各项费用；销售费用是指企业在销售商品的过程中发生的各项费用；财务费用是指企业为筹集资金发生的各项费用。

（3）营业外支出。是指企业发生的与其生产经营活动无直接关系的各项支出，包括固定资产盘亏、处置固定资产净损失、处置无形资产净损失、债务重组损失、罚款支出、捐赠支出和非常损失等。

（4）所得税费用。是指企业按照税法的规定向国家缴纳的所得税税额。

（六）利润的确认与构成

1. 利润的定义。利润是指企业在一定会计期间的经营成果。通常情况下，如果企业实现了利润，表明企业的所有者权益将增加，业绩得到了提升；反之，如果企业发生了亏损

(即利润为负数），表明企业的所有者权益将减少，业绩下降。利润是评价企业管理层业绩的指标之一，也是投资者等财务报告使用者进行决策时的重要参考。

2. 利润的确认条件。利润反映收入减去费用、利得减去损失后的净额。利润的确认主要依赖于收入和费用以及利得和损失的确认，其金额的确定也主要取决于收入、费用、利得、损失金额的计量。

3. 利润的来源构成。利润包括收入减去费用后的净额、直接计入当期利润的利得和损失等。其中收入减去费用后的净额反映企业日常活动的经营业绩，直接计入当期利润的利得和损失反映企业非日常活动的取得。直接计入当期利润的利得和损失，是指应当计入当期损益、最终会引起所有者权益发生增减变动的、与所有者投入资本或者向所有者分配利润无关的利得或者损失。企业应当严格区分收入和利得、费用和损失，以更加全面地反映企业的经营成果。

利润可以划分为三个层次，即营业利润、利润总额和净利润。

（1）营业利润。营业利润是指企业在其正常生产经营过程中产生的经营成果，由营业收入减营业成本、营业税金及附加、期间费用、资产减值损失，加上公允价值变动损益（减损失）和投资收益（减损失）构成。其中，营业收入是由主营业务收入加上其他业务收入，营业成本是由主营业务成本加其他业务成本。期间费用包括销售费用、管理费用和财务费用。所以，营业收入减营业成本、营业税金及附加、销售费用、管理费用、财务费用和资产减值损失，再加上公允价值变动损益（减损失）和投资收益（减损失）后的金额即为营业利润。

（2）利润总额。利润总额是指企业在一定会计期间内产生的各种经营成果的总额，由营业过程中的利润即营业利润加营业外收支净额（营业外收入减去营业外支出后的金额）构成。

（3）净利润是指利润总额减去所得税费用后的金额，即税后利润。

二、会计要素计量属性及其应用原则

（一）会计要素的计量属性

会计计量是为了将符合确认条件的会计要素登记入账并列报于财务报表而确定其金额的过程。企业应当按照规定的会计计量属性进行计量，确定相关金额。计量属性是指予以计量的某一要素的特性方面，如桌子的长度、铁矿的重量、楼房的面积等。从会计角度，计量属性反映的是会计要素金额的确定基础，主要包括历史成本、重置成本、可变现净值、现值和公允价值等。

1. 历史成本。历史成本，又称为实际成本，就是取得或制造某项财产物资时所实际支付的现金或其他等价物。在历史成本计量下，资产按照其购置时支付的现金或者现金等价物的金额，或者按照购置资产时所付出的对价的公允价值计量。负债按照其因承担现时义务而实际收到的款项或者资产的金额，或者承担现时义务的合同金额，或者按照日常活动中为偿还负债预期需要支付的现金或者现金等价物的金额计量。

2. 重置成本。重置成本又称现行成本，是指按照当前市场条件，重新取得同样一项资产所需支付的现金或现金等价物金额。在重置成本计量下，资产按照现在购买相同或者相似资产所需支付的现金或者现金等价物的金额计量。负债按照现在偿付该项债务所需支付的现金或者现金等价物的金额计量。

3. 可变现净值。可变现净值，是指在正常生产经营过程中，以资产预计售价减去进一步加工成本和预计销售费用以及相关税费后的净值。在可变现净值计量下，资产按照其正常对外销售所能收到现金或者现金等价物的金额扣减该资产至完工时估计将要发生的成本、估计的销售费用以及相关税费后的金额计量。可变现净值通常应用于存货资产减值情况下的后续计量。

4. 现值。现值是指对未来现金流量以恰当的折现率进行折现后的价值，是考虑货币时间价值的一种计量属性。在现值计量下，资产按照预计从其持续使用和最终处置中所取得的未来净现金流入量的折现金额计量。负债按照预计期限内需要偿还的未来净现金流出量的折现金额计量。

5. 公允价值。公允价值，是指在公平交易中，熟悉情况的交易双方自愿进行资产交换或者债务清偿的金额。在公允价值计量下，资产和负债按照在公平交易中熟悉情况的交易双方自愿进行资产交换或者债务清偿的金额计量。

（二）各种计量属性之间的关系

在各种会计要素计量属性中，历史成本通常反映的是资产或者负债过去的价值，而重置成本、可变现净值、现值以及公允价值通常反映的是资产或者负债的现时成本或者现时价值，是与历史成本相对应的计量属性。公允价值相对于历史成本而言，具有很强的时间概念，也就是说，当前环境下某项资产或负债的历史成本可能是过去环境下该项资产或负债的公允价值，而当前环境下某项资产或负债的公允价值也许就是未来环境下该项资产或负债的历史成本。一项交易在交易时点通常是按公允价值交易的，随后就变成了历史成本，资产或者负债的历史成本许多就是根据交易时有关资产或者负债的公允价值确定的。比如，在非货币性资产交换中，如果交换具有商业实质，且换入、换出资产的公允价值能够可靠计量，换入资产入账成本的确定应当以换出资产的公允价值为基础，除非有确凿证据表明换入资产的公允价值更加可靠。在非同一控制下的企业合并交易中，合并成本也是以购买方在购买日为取得对被购买方的控制权而付出的资产、发生或承担的负债等的公允价值确定的。在应用公允价值时，当相关资产或者负债不存在活跃市场的报价或者不存在同类或者类似资产的活跃市场报价时，需要采用估值技术来确定相关资产或者负债的公允价值，而在采用估值技术估计相关资产或者负债的公允价值时，现值计量往往是比较普遍的一种估值方法，在这种情况下，公允价值就是以现值为基础确定的。

（三）计量属性的应用原则

《企业会计准则——基本准则》规定，企业在对会计要素进行计量时，一般应当采用历史成本，采用重置成本、可变现净值、现值、公允价值计量的，应当保证所确定的会计要素金额能够取得并可靠计量。

　　适度、谨慎地引入公允价值这一计量属性，是因为随着我国资本市场的发展，越来越多的股票、债券、基金等金融产品在交易所挂牌上市，使得这类金融资产的交易已经形成了较为活跃的市场，已经具备了引入公允价值的条件。在这种情况下，引入公允价值，更能反映企业此类交易的实际情况，对投资者等财务报告使用者的决策更具有相关性。

　　在引入公允价值过程中，我国充分考虑了国际财务报告准则中公允价值应用的三个级次，即：第一，资产或负债等存在活跃市场的，活跃市场中的报价应当用于确定其公允价值；第二，不存在活跃市场的，参考熟悉情况并自愿交易的各方最近进行的市场交易中使用的价格或参照实质上相同或相似的其他资产或负债等的市场价格确定其公允价值；第三，不存在活跃市场，且不满足上述两个条件的，应当采用估值技术等确定公允价值。

　　引入公允价值是适度、谨慎和有条件的。原因是考虑到我国尚属新兴和转型的市场经济国家，如果不加限制地引入公允价值，有可能出现公允价值计量不可靠，甚至借机人为操纵利润的现象。因此，在有关具体准则中规定，只有公允价值能够取得并可靠计量的情况下，才允许采用公允价值计量。

第四节　会计记账基础

　　会计记账的基础有权责发生制和收付实现制。《企业会计准则——基本准则》将权责发生制作为基础进行会计确认、计量和报告。

一、权责发生制

　　权责发生制即应收应付制，应计制。是以应收和应付为标准来确立本期的收益和费用，凡是应属本期的收入和费用，凡是当期已经实现的收入和已经发生或应当负担的费用，无论款项是否收付，都应当作为当期的收入和费用，计入利润表；凡是不属于当期的收入和费用，即使款项已在当期收付，也不应当作为当期的收入和费用。

　　在实际中，企业交易或者事项的发生时间与相关货币收支时间有时并不完全一致。例如，款项已经收到，但销售并未实现；或者款项已经支付，但并不是为本期生产经营活动而发生的。为了更加真实、公允地反映特定会计期间的财务状况和经营成果，基本准则明确规定，企业在会计确认、计量和报告中应当以权责发生制为基础。

　　例如，某企业2011年1月份一次性地支付全年的房租24 000元，尽管房租已经支付，即费用已经支付，但因为该房租受益期为1年，所以其费用亦应该在1年中平均分摊，本期只应该分摊2 000元，而决不能将24 000元的房租费用全部记入1月份。在本期分摊2 000元后其余22 000元的房租费用分别由以后各月负担到2011年12月分摊完毕为止。这种做法尽管比较麻烦，但因为它能正确计算盈亏，所以《企业会计准则》规定企业单位应采用权责发生制。

二、收付实现制

收付实现制,又叫实收实付制、现金收付制,是与权责发生制相对应的一种会计基础,它是以收到或支付的现金作为确认收入和费用等的依据。凡在本期实际以现款付出的费用,不论其应否在本期收入中获得补偿均应作为本期应计费用处理;凡在本期实际收到的现款收入,不论其是否属于本期均应作为本期应计的收入处理。反之,凡本期还没有以现款收到的收入和没有用现款支付的费用,即使它归属于本期,也不作为本期的收入和费用处理。

上例中,若采用收付实现制,则 24 000 元的房租一次性的计入 1 月份的费用中。这种处理方法的好处在于计算方法比较简单,也符合人们的生活习惯,但按照这种方法计算的盈亏不合理,不准确,所以规定企业不予采用。

权责发生制和收付实现制在处理收入和费用时的原则是不同的,所以同一会计事项按不同的会计处理基础进行处理,其结果可能是相同的,也可能是不同的。例如,本期销售产品一批价值 5 000 元,货款已收存银行,这项经济业务不管采用应计基础或现金收付基础,5 000 元货款均应作为本期收入,因为一方面它是本期获得的收入,应当作本期收入,另一方面现款也已收到,也应当列作本期收入,这时就表现为两者的一致性。但在另外的情况下两者则是不一致的,例如,本期收到上月销售产品的货款存入银行,在这种情况下,如果采用收付实现制基础,这笔货款应当作为本期的收入,因为现款是本期收到的,如果采用权责发生制基础,则此项收入不能作为本期收入,因为它不是本期获得的,这时两者就表现出不一致。因此,按照权责发生制原则的要求,就需要对应计项目(包括收入和费用)以及递延项目(包括预付和预收)进行适当的调整。

【本章小结】

会计信息系统是在一个具有不确定因素的、复杂的社会经济环境中运行的。要使会计能够连续、系统、全面、综合的反映企业的经济活动,为使会计信息使用者提供制定决策所需的信息,就必须对会计系统所处的时间、空间等环境作出合理的假设。会计核算的基本前提又称会计基本假设、基本假定。是企业会计确认、计量和报告的前提,是对会计核算所处时间、空间环境等所作的合理设定。会计基本假设包括会计主体、持续经营、会计分期和货币计量。

会计信息系统产生和提供的会计信息必须符合一定的质量要求,是使财务报告中所提供会计信息对投资者等使用者决策有用应具备的基本特征,它包括可靠性、相关性、可理解性、可比性、实质重于形式、重要性、谨慎性和及时性等。

会计要素是根据交易或者事项的经济特征确定的财务会计对象所进行的基本分类。会计要素按照其性质分为资产、负债、所有者权益、收入、费用和利润,其中,资产、负债和所有者权益要素侧重于反映企业的财务状况,收入、费用和利润要素侧重于反映企业的经营成果。会计要素的界定和分类可以使财务会计系统更加科学严密,为投资者等财务报告使用者提供更加有用的信息。会计计量是为了将符合确认条件的会计要素登记入账并列报于财务报表而确定其金额的过程。企业应当按照规定的会计计量属性进行计量,确定相关金额。从会计角度，计量属性反映的是会计要素金额的确定基础，主要包括历史成本、重置成本、可变现净值、现值和公允价值等。

企业会计的确认、计量和报告应当以权责发生制为基础。权责发生制基础要求，凡是当期已经实现的收入和已经发生或应当负担的费用，无论款项是否收付，都应当作为当期的收入和费用，计入利润表；凡是不属于当期的收入和费用，即使款项已在当期收付，也不应当作为当期的收入和费用。

【中英文对照专业名词及术语】

中文	英文
基本假设	Accounting Assumption
会计主体	Accounting Entity
货币计量	Monetary Measurement
持续经营	Going Concern
会计分期	Accounting Period
可靠性	Reliability
可理解性	Understandability
相关性	Relevance
可比性	Comparability
重要性	Materiality
谨慎性	Prudence
及时性	Timeliness
实质重于形式	Substance Over Form
资产	Asset
会计原则	Accounting Principle
收入	Revenue
所有者权益	Owner's Equity
负债	Liability
会计要素	Accounting Element
费用	Expense
历史成本	Historical Cost
利润	Profit
重置成本	Replacement Cost
公允价值	Fair Value
可变现净值	Net Realizable Value
现值	Present Value
应计制，权责发生制	Accrual Basis
收付实现制	Cash Basis

复习思考题

1. 怎样理解会计核算的基本前提？会计核算的基本前提有哪些？
2. 会计信息的质量特征有哪些？如何理解？
3. 什么是会计要素，包括哪些内容？
4. 什么是计量属性，会计要素计量属性有哪些？
5. 什么是权责发生制，什么是收付实现制？举例说明二者的区别。

练习题

某企业 2010 年 12 月发生下列经济业务：

（1）销售产品 70 000 元，其中 30 000 元已收到存入银行，其余 40 000 元尚未收到。
（2）收到现金 800 元，系上月提供的劳务收入。
（3）用现金支付本月份的水电费 900 元。
（4）本月应计劳务收入 1 900 元。
（5）用银行存款预付下年度房租 18 000 元。
（6）用银行存款支付上月份借款利息 500 元。
（7）预收销售货款 26 000 元，已通过银行收妥入账。
（8）本月负担年初已支付的保险费 500 元。
（9）上月预收货款的产品本月实现销售收入 18 000 元。
（10）本月负担下月支付的修理费 1 200 元。

要求：（1）按收付实现制原则计算 12 月份的收入、费用。
　　　（2）按权责发生制原则计算 12 月份的收入、费用。

案例讨论题

汽车修理公司收入和费用处理

李先生从白先生手中购买了一处兼营洗车业务的汽车修理公司。合同规定：李先生用现金支付部分购买款，其余欠款由李先生用公司每年净利润的 20% 偿还，并规定以正确合理的方式计算净利润。但李先生并不知道计算净利润的公式。第一年营业期满后，李先生在计算净利润时采用了以下规则：从客户手中收到现金或支票时才确认收入，只要公司支出了现金或开出了支票就确认为当年的费用。为此李先生对以下收入和费用进行处理。

1. 汽车修理业务收入现金 148 500 元，洗车业务收入现金 8 500 元，全部确认为本年的营业收入。
2. 为吸引客户，办理优惠卡预收现金 12 800 元，全部确认为本期收入（据统计其中 6 000 元已经提供了洗车服务）。
3. 部分客户欠汽车修理款 45 000 元，未确认本年收入。

4. 购买用于汽车修理的设备支出 12 650 元，全部确认为本年的费用。
5. 购买用于汽车修理的配件材料支出 89 500 元，全部确认为本年的费用（经盘点还有 6 000 元库存）。
6. 新购买一辆二手车，双方协商价格 40 000 元，暂付 20 000 元，该车购买时预计可使用 5 年，已付款 20 000 元全部确认为本年的费用。
7. 公司的所得税税率 25%。

分析：如果你是白先生，你同意这么处理吗？为什么？

第三章
会计科目与会计账户

【本章学习目的】 通过本章学习,你将能够知晓会计科目、会计账户的含义,理解会计科目与账户的关系,掌握会计等式和账户的基本结构。

【案例导引】

"对了,小谢,如果有人问你,你在哪里上大学,你会怎么回答?"朱洁问道。"武汉。""具体地点呢?","武汉市武昌区。""嗯,其实,这就有点像会计学上的'会计要素'与'会计科目'的关系"。"那是否设置了会计科目后,就可以记账了"?"还必须设置会计账户"。你认为朱洁的回答正确吗?

第一节 会计等式

一、会计等式

企业每发生一笔经济业务,都是资金运动的一个具体过程,而每一资金运动的过程都必然会涉及相应的会计要素,从而使企业全部资金运动所涉及的会计要素之间存在一定的相互联系,会计要素之间的这种内在关系,可以通过会计平衡等式表现出来,这种平衡等式就叫会计等式。

所谓会计等式是指由资金运动所引起资金内部各种因素数量变化的相互平衡关系的计算等式,又称为会计方程式或平衡公式。它是设置账户、复式记账和编制有关会计报表的理论依据。会计要素之间的平衡关系在资金运动过程中表现为静态和动态两种形式。

(一) 静态会计等式

企业为了开展经营活动,首先必须拥有或控制一定数额的经济资源,包括库存现金、银行存款、机器设备等等,在会计上把企业的这种经济资源称为资产。但无论什么形式的资产，都必然有其来源。资产的来源渠道有两个：（1）所有者的资本投入；（2）债权人的资金借入。所有者和债权人将其拥有的资本供给企业使用不可能是无偿的，其代价就是对企业的资产享有一定的要求权，会计上称为"权益"。由此可见，资产和权益是对同一事物从两个方面进行观察的结果，资产和权益相互依存。资产表明企业拥有什么经济资源，拥有多少经济资源；权益表明这些经济资源由谁提供，即谁对经济资源拥有要求权。从数量上看，有一定数额的资产，就必然有相应数额的权益；反之，有一定数额的权益，也必然有相应数额的资产。任何企业在某一特定时点上，所拥有的资产与权益的数额必然相等。

用公示表示为：

$$资产 = 权益 \qquad (公式3-1)$$

不同的经济资源提供者对企业资产的要求权是不同的。会计上，将所有者对企业资产的要求权称为所有者权益，即公司股东的权益；将债权人对企业资产的权益称为负债（债权人权益）。所以，权益是由负债和所有者权益两部分组成。因此，我们可将公式（3-1）进一步表示为：

$$资产 = 负债 + 所有者权益 \qquad (公式3-2)$$

上述等式是资金平衡的理论依据，反映了资产、负债和所有者权益三要素之间的内在联系和数量关系，这种数量关系表明了企业在某一特定时点上的财务状况，是资金运动的静态表现，因此也称其为静态会计等式。由于该等式是会计等式中最通用和最一般的形式，也称之为会计基本等式或会计第一等式。资产与权益的恒等关系是复式记账的理论基础，也是企业会计中设置账户、试算平衡和编制资产负债表的理论依据。

（二）动态会计等式

企业是营利性经济组织，营利是其经营的目的。企业拥有资产进行生产经营活动，会取得一定的收入，同时发生资产的耗费即费用，收入和费用是可以比较的。当收入大于费用时，企业获得了利润，反之则为亏损。这三个要素在一定期间的数量关系可用公式表示为：

$$收入 - 费用 = 利润 \qquad (公式3-3)$$

该等式表明了企业在一定时期内取得的经营成果的形成过程，是资金运动的动态表现，因此又称其为动态会计等式，它是设计和编制利润表的理论基础。

（三）扩展的会计等式

在会计期初，资金运动处于相对静止状态，企业既没有取得收入，也没有发生费用，此时会计等式表现为：

$$资产 = 负债 + 所有者权益$$

随着企业经营活动的开展，在会计期间内，企业一方面取得收入，并因此引起资产的增加或负债的减少；另一方面企业要发生各种费用，引起资产的减少或负债的增加。因此，在会计期间内生产经营过程中，会计等式就转化为下列形式：

$$资产 = 负债 + 所有者权益 + （收入 - 费用）$$

即： $\qquad 资产 + 费用 = 负债 + 所有者权益 + 收入 \qquad$ （公式3-4）

在会计期末结算时，企业将收入与费用配比，计算出利润。此时，会计等式又转化为：

$$资产 = 负债 + 所有者权益 + 利润$$

企业对利润进行分配，一部分按照比例分配给投资者，使企业的资产减少或负债增加；另一部分形成企业的盈余公积和未分配利润，归入所有者权益。这样，上述等式又恢复为会计期初的形式：

$$资产 = 负债 + 所有者权益$$

综上所述，会计的六大要素之间存在着必然的内在联系，会计等式则全面、综合地反映了企业资金运动的内在规律。企业的资金总是采用动静结合的方法持续、不断的运动。从某一具体时点上观察，可以看出资金的静态规律；从某一时期观察，又可以总结出资金的动态规律。理解和掌握会计等式，对于正确地进行会计核算，反映和监督各项经济业务，有着十分重要的意义。

二、经济业务的类型及其对会计等式的影响

（一）经济业务及其类型

经济业务是指能引起会计要素发生增减变化的一切交易或事项。在我国会计工作中，目前习惯上将企业在生产经营过程中发生的经济业务分为两大类：一类为外部经济业务，即因企业发生对外经济往来所产生的经济业务，如所有者投入资本、向银行借款、向供应单位购货、向客户销货、与其他单位进行款项结算等。另一类为内部经济业务，即发生于企业内部的经济事项，如生产经营过程中领用材料、支付工人工资等。

企业在生产经营过程中，每天都要发生经济业务，任何一项经济业务的发生，都会对会计要素产生一定的影响。但是无论企业发生多少经济业务，也不论会计要素如何发生增减变化，都不会破坏会计等式的平衡关系，资产总额与权益总额总是相等的。经济业务的发生，对会计等式"资产=权益"的影响归纳起来不外乎为以下四种类型：

第一种类型：资产与负债及所有者权益双方同时等额增加。
第二种类型：资产与负债及所有者权益双方同时等额减少。
第三种类型：资产内部有增有减，增减金额相等。
第四种类型：负债及所有者权益内部有增有减，增减金额相等。
经济业务对会计等式影响的这四种类型可以用图3-1来直观地表示。
另外，由于权益包括债权人权益和所有者权益，因此从上述经济业务的四种类型对会计等式"资产=负债+所有者权益"的影响来看，又可细分为9种情形：
（1）资产与负债同时增加，增加金额相等。

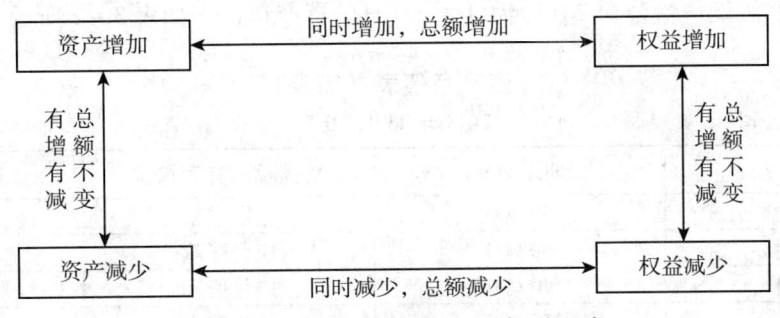

图 3-1 经济业务的四种类型示意

（2）资产与所有者权益同时增加，增加金额相等。
（3）资产与负债同时减少，减少金额相等。
（4）资产与所有者权益同时减少，减少金额相等。
（5）一项资产增加，一项资产减少，增减金额相等。
（6）一项负债增加，一项负债减少，增减金额相等。
（7）一项所有者权益增加，一项所有者权益减少，增减金额相等。
（8）一项负债增加，一项所有者权益减少，增减金额相等。
（9）一项所有者权益增加，一项负债减少，增减金额相等。

这四种类型 9 种情形如表 3-1 所示。

表 3-1　　　　　　　　经济业务对会计等式的影响

经济业务类型	资产 = 负债 + 所有者权益		
第一种类型	增加	增加	
	增加		增加
第二种类型	减少	减少	
	减少		减少
第三种类型	一增一减		
第四种类型		一增一减	
			一增一减
		增加	减少
		减少	增加

以上我们根据经济业务对资产和权益或对资产、负债和所有者权益的影响，对经济业务进行了分类，可以说，不论企业的经济业务多么复杂多变，企业的经济业务也不外乎这 4 种或 9 种类型，而不论是什么样的经济业务的发生都不会破坏会计等式的恒等关系。

（二）经济业务对会计等式影响应用举例

首先，通过下列举例来观察经济业务的发生对会计等式"资产 = 负债 + 所有者权益"的影响。

【例 3 – 1】 假设华怡公司 2011 年 11 月 30 日的资产负债表如表 3 – 2 所示。

表 3 – 2　　　　　　　　　　　　　资产负债表（简表）

编制单位：华怡公司　　　　　　　　2011 年 11 月 30 日　　　　　　　　　　　单位：元

资产	期末余额	负债及所有者权益	期末余额
银行存款	50 000	短期借款	100 000
应收账款	80 000	应付账款	100 000
原材料	80 000	应付股利	40 000
固定资产	250 000	实收资本	200 000
无形资产	60 000	盈余公积	80 000
合计	520 000	合计	520 000

根据表 3 – 2 所列示，华怡公司 2011 年 11 月末即 12 月初拥有的资产总额为 520 000 元，其中银行存款 50 000 元，应收账款 80 000 元，原材料 80 000 元，固定资产 250 000 元，无形资产 60 000 元。这些资产的来源分别是投资者实际投入 200 000 元，盈余公积公积 80 000 元，从银行获得的短期借款 100 000 元，应付供货单位的账款 100 000 元，应付投资者利润 40 000 元。

此时，资产总额 = 负债总额 + 所有者权益总额

　　　520 000 = 240 000 + 280 000

假设华怡公司在 2011 年 12 月发生下列经济业务。

（1）外购原材料，但由于资金周转紧张，购料款 60 000 元尚未支付（假设不考虑增值税，材料采用实际成本进行日常核算）。

该项业务的发生一方面使公司属于资产项目的原材料增加了 60 000 元，另一方面使属于负债项目的应付账款增加了 60 000 元，会计等式两边的资产与权益同时增加了 60 000 元，会计等式仍保持平衡关系。

上述业务的发生用公式表示为：

经济业务发生前　　　资产 520 000 = 负债 240 000 + 所有者权益 280 000
经济业务对等式的影响　　+ 60 000 = + 60 000
经济业务发生后　　　资产 580 000 = 负债 300 000 + 所有者权益 280 000

（2）收到投资者追加投入的资本 200 000 元，手续已办妥，款项已存入银行（假设全部为实收资本）。

该项业务的发生一方面使公司属于资产项目的银行存款增加了 200 000 元，另一方面使属于所有者权益项目的实收资本增加了 200 000 元。会计等式两边的资产与权益同时等额增加了 200 000，会计等式仍保持平衡关系。

上述业务的发生用公式表示为：

经济业务发生前　　　资产 580 000 = 负债 300 000 + 所有者权益 280 000
经济业务对等式的影响　　+ 200 000 = 　　　　　　　　 + 200 000

经济业务发生后　　　　　资产 780 000 = 负债 300 000 + 所有者权益 480 000

(3) 以银行存款归还本月到期的银行短期借款 50 000 元。

该项业务的发生,一方面使公司属于资产项目的银行存款减少了 50 000 元,另一方面使属于负债项目的短期借款减少了 50 000 元。会计等式两边的资产与权益同时减少 50 000 元,会计等式仍保持平衡关系。

上述业务的发生用公式表示为:

经济业务发生前　　　　　资产 780 000 = 负债 300 000 + 所有者权益 480 000
经济业务对等式的影响　　　 − 50 000 = 　 − 50 000
经济业务发生后　　　　　资产 730 000 = 负债 250 000 + 所有者权益 480 000

(4) 经批准减少资本 100 000 元,以银行存款退还投资者。

该项业务的发生,一方面使公司属于资产项目的银行存款减少了 100 000 元,另一方面使属于所有者权益项目的实收资本减少 100 000 元。等式两边的资产与权益同时减少了 100 000 元,会计等式仍保持平衡关系。

上述业务的发生用公式表示为:

经济业务发生前　　　　　资产 730 000 = 负债 250 000 + 所有者权益 480 000
经济业务对等式的影响　　　 − 100 000 = 　 　 　 　 − 100 000
经济业务发生后　　　　　资产 630 000 = 负债 250 000 + 所有者权益 380 000

(5) 公司以银行存款 30 000 元购入设备一台。

该项业务的发生,一方面使公司属于资产项目的固定资产增加了 30 000 元,另一方面使属于资产项目的银行存款减少 30 000 元。会计等式左边的资产项目内部一增一减,增减金额相等,会计等式仍保持平衡关系。

上述业务的发生用公式表示为:

经济业务发生前　　　　　资产 630 000 = 负债 250 000 + 所有者权益 380 000
经济业务对等式的影响　　　 + 30 000 − 30 000
经济业务发生后　　　　　资产 630 000 = 负债 250 000 + 所有者权益 380 000

(6) 向银行申请取得短期借款 60 000 元,直接偿还前欠的购料款。

该项业务的发生,一方面使公司属于负债项目的短期借款增加了 60 000 元,另一方面使属于负债项目的应付账款减少了 60 000 元。会计等式右边的权益项目内部一增一减,增减金额相等,会计等式仍保持平衡关系。

上述业务的发生用公式表示为:

经济业务发生前　　　　　资产 630 000 = 负债 250 000 + 所有者权益 380 000
经济业务对等式的影响　　　 　 　 　 　 + 60 000 − 60 000
经济业务发生后　　　　　资产 630 000 = 负债 250 000 + 所有者权益 380 000

（7）按法定程序将盈余公积 20 000 元转增资本金。

该项业务的发生，一方面使属于所有者权益项目的实收资本增加了 20 000 元，另一方面使属于所有者权益项目的盈余公积减少了 20 000 元。会计等式右边的权益项目内部一增有一减，增减金额相等，会计等式仍保持平衡关系。

上述业务的发生用公式表示为：

经济业务发生前	资产 630 000 = 负债 250 000 + 所有者权益 380 000
经济业务对等式的影响	+20 000 −20 000
经济业务发生后	资产 630 000 = 负债 250 000 + 所有者权益 380 000

（8）经与供货单位协商，将原 100 000 元欠款转为该供货单位对企业的投资。

该项业务的发生，一方面使公司属于所有者权益项目的实收资本增加了 100 000 元，另一方面使属于负债项目的应付账款减少了 100 000 元。会计等式右边的权益项目内部一增一减，增减金额相等，会计等式仍保持平衡关系。

上述业务的发生用公式表示为：

经济业务发生前   资产 630 000 = 负债 250 000 + 所有者权益 380 000
经济业务对等式的影响   −100 000   +100 000
经济业务发生后   资产 630 000 = 负债 150 000 + 所有者权益 480 000

（9）经研究决定，年终以盈余公积向投资者分配利润 30 000 元。

该项业务的发生，一方面使公司属于负债项目的应付股利增加了 30 000 元，另一方面使属于所有者权益项目的盈余公积减少了 30 000 元。会计等式右边的权益项目内部一增一减，增减金额相等，会计等式仍保持平衡关系。

上述业务的发生用公式表示为：

经济业务发生前   资产 630 000 = 负债 150 000 + 所有者权益 480 000
经济业务对等式的影响   +30 000   −30 000
经济业务发生后   资产 630 000 = 负债 180 000 + 所有者权益 450 000

上述经济业务对会计等式的影响过程和结果可用资产负债表（见表 3-3）进行反映。

表 3-3 资产负债表

编制单位：华怡公司 2011 年 12 月 31 日 单位：元

资产	期初金额	本期增加额	本期减少额	期末金额	权益	期初金额	本期增加额	本期减少额	期末金额
银行存款	50 000	200 000	180 000	70 000	短期借款	100 000	60 000	50 000	110 000
应收账款	80 000			80 000	应付账款	100 000	60 000	160 000	0
原材料	80 000	60 000		140 000	应付股利	40 000	30 000		70 000

续表

资产	期初金额	本期增加额	本期减少额	期末金额	权益	期初金额	本期增加额	本期减少额	期末金额
固定资产	250 000	30 000		280 000	实收资本	200 000	320 000	100 000	420 000
无形资产	60 000			60 000	盈余公积	80 000		50 000	30 000
合计	520 000	290 000	180 000	630 000	合计	520 000	470 000	360 000	630000

通过表3-3我们可以观察到经过一系列的经济业务后，华怡公司的资产总额（630 000元）=负债总额（180 000元）+所有者权益总额（450 000元），由此可证明，涉及资产、负债及所有者权益变化的任何经济业务类型都不会破坏会计等式所体现的平衡关系。

除此以外，企业还会发生影响动态要素变化的经济业务，比如收入和费用的发生。下面同样通过举例来观察经济业务的发生对会计等式"资产+费用=负债+所有者权益+收入"的影响。

【例3-2】 假设华怡公司2011年12月份还发生下列经济业务：

（1）以库存现金800元购买办公用品。

该项业务的发生，一方面导致该公司属于资产项目的库存现金减少了800元，另一方面使属于费用项目的管理费用增加了800元，其他3项没有发生变化，上述业务在结账前用公式表示：

资产 + 费用 = 负债 + 所有者权益 + 收入
-800 +800

上述等式的左边一增一减且增减的金额相等，会计等式保持平衡。结账后属于资产与权益同减业务类型，同样不会破坏其平衡关系。

（2）销售产品一批，取得销售收入100 000元的商品，货款尚未收到（假定不考虑增值税，材料用实际成本进行日常核算）。

该项业务的发生，一方面导致该公司属于资产项目的应收账款增加了100 000元，另一方面使属于收入项目的主营业务收入增加了100 000，其他3项没有发生变化，上述业务在结账前用公式表示：

资产 + 费用 = 负债 + 所有者权益 + 收入
+100 000   +100 000

上述等式两边同时增加相等金额，会计等式保持平衡。结账后属于资产与权益同增业务类型，同样不会破坏其平衡关系。

（3）向某供应商销售产品一批，价值150 000元，全部款项用于抵偿应付的材料款（假设不考虑增值税）。

该项业务的发生，一方面导致该公司属于负债项目的应付账款减少了150 000元，另一方面使属于收入项目的主营业务收入增加了150 000，其他3项没有发生变化，上述业务在结账前用公式表示：

　　　　资产 + 费用 = 负债 + 所有者权益 + 收入
　　　　　　　　－150 000　　　　+150 000

上述等式的右边一增一减，增减金额相等，会计等式保持平衡。

(4) 本月应付水电费1 000元（行政管理部门用），款项尚未支付。

该项业务的发生，一方面导致该公司属于费用项目的管理费用增加了1 000元，另一方面使属于负债项目的应付账款增加了1 000，其他3项没有发生变化，上述业务在结账前用公式表示：

　　　　资产 + 费用 = 负债 + 所有者权益 + 收入
　　　　　　　+1 000　+1 000

上述等式两边同时增加相等金额，会计等式保持平衡。

(5) 月末，将上述管理费用1 800元（第（1）笔业务与第（4）笔业务之和）转入"本年利润"账户。

该项业务的发生，一方面导致该公司属于费用项目的管理费用减少了1 800元，另一方面将"管理费用"1 800元直接转入"本年利润"，导致本年利润减少1 800元，从而使权益减少1 000元，其他3项没有发生变化。上述业务用公式表示：

　　　　资产 +　费用 = 负债 + 所有者权益 + 收入
　　　　　　　－1 800　　　　　－1 800

上述等式两边同时减少相等金额，会计等式保持平衡。

从上面的例子可以看出，在加入收入和费用两个要素之后，无论发生什么样的经济业务，会计等式之间的平衡关系依然成立。

综上所述，我们可以得出这样的结论：资产和权益的平衡关系是客观存在的，无论经济业务发生何种变化，资产总额总是恒等于权益总额的，任何经济业务的发生都不会破坏这种恒等关系。

第二节　会计科目

一、会计科目的概念

会计科目是对会计要素的具体内容进一步分类的项目名称，是对资金运动的第三层次的划分。会计要素是对会计对象的基本分类，但各个会计要素的具体内容非常广泛，既有相同点，也有不同点。因此，为了满足会计确认、计量、报告的要求，会计上应当对各项会计要素进行分门别类的核算和监督。例如，企业的房屋、机器设备和企业的原材料、燃料，都是企业的资产，但它们又具有各自的特点。对房屋和机器设备设置"固定资产"会计科目进行核算和监督；对原材料和燃料设置"原材料"科目进行核算和监督。

二、设置会计科目的意义

会计科目，是设置账户、进行账务处理的依据，是进行会计记录和提供会计信息的基础，在会计核算中具有重要意义。

从某种意义上说，会计是一种经济信息分类的技术。企业为了全面、系统、分类地反映和监督各项经济业务的发生情况，以及由此引起的各类会计要素增减变动的过程和结果，就必须按照会计要素的不同特点，根据经济管理的要求，通过设置会计科目来进行分类别、分项目的核算。只有这样，才能分别为会计主体的内部经营管理和外部有关各方面提供所需要的一系列具体、分类的数量指标和完整、准确的会计信息。

三、设置会计科目的原则

在实际工作中，会计科目是通过会计制度预先规定的，设置会计科目应遵循以下原则。

（一）结合会计要素的特点

会计科目的设置应能够反映会计要素的具体内容。例如，企业单位会计要素一般包括资产、负债、所有者权益和收入、费用、利润。因此，企业一般设置资产类、负债类、所有者权益类和成本类、损益类的会计科目。除了共性的会计科目外，必须结合本单位会计要素的特点来确定应设置的会计科目。例如，生产企业的主要经营活动是制造产品，根据这一业务的特点，必须设置反映生产耗费、成本计算和生产成果的会计科目。商业企业的基本经营活动是购进和销售商品，必须设置反映商品采购、商品销售以及在购、销、存环节发生的各项费用的会计科目。行政、事业单位则应设置反映经费收支情况的会计科目。

（二）符合会计目标的要求

会计目标是向国家、企业内部管理者和职工、企业外部的投资人、债权人、社会公众等提供有用的信息。会计科目的设置必须充分考虑各有关方面了解企业会计信息的需要。例如，企业的盈亏情况，是会计信息使用者非常关心的。为此，必须设置"主营业务收入"、"主营业务成本"、"营业税金及附加"、"销售费用"、"管理费用"、"财务费用"、"本年利润"等会计科目，以反映企业的盈亏形成情况，满足信息使用者的要求。

然而，不同方面对会计信息的需求并不完全相同。一般来讲，企业内部经营管理需要会计提供尽可能详细、具体的数据资料，而对外报告一般是通过会计报表提供一些概括的数据资料。这就要求企业在设置会计科目时，要同时兼顾企业内部和外部两方面会计信息的需要，分设总分类科目和明细分类科目。总分类科目是提供总括核算指标的科目，这些指标基本上能满足企业外部有关方面的需要；明细分类科目是对总分类科目的进一步分类，它提供的明细核算指标，主要为企业内部经营管理服务。

(三) 统一性与灵活性相结合

统一性是指设置会计科目时要符合《企业会计准则》及相关会计制度的规定，灵活性是指在不影响会计核算要求和会计报表指标汇总的前提下，各单位根据本单位的规模、业务的特点等具体情况等，对统一规定的会计科目作必要的增补或合并。例如，统一规定的会计科目中，设置有"预收账款"和"预付账款"科目，但如果企业的预收、预付账款不多，可以不单设"预收账款"、"预付账款"科目，将预收、预付账款分别计入"应收账款"和"应付账款"科目核算。又如，企业如果需要单独核算废品损失和停工损失，可以增设"废品损失"和"停工损失"科目。

但要注意的是，会计科目的设置，既要防止会计科目设置过多的繁琐倾向，又要防止不顾实际需要随意简化、合并会计科目的简单化做法。

(四) 完整性与互排性相结合

完整性，是指设置的一套会计科目，应能反映所有的经济业务，所有的经济业务都由特定的会计科目来反映。互排性，是指各个会计科目的核算内容互相排斥，不同的会计科目不能有相同的核算内容。否则，相同的经济业务就会有几种不同的会计科目运用，这样就会造成核算上的不统一。因此，设置会计科目时，不同的会计科目之间应强调互排性，这是保证会计核算统一性和准确性的重要条件。

(五) 具有可操作性

为了便于理解和实际运用，必须明确每一个会计科目特定的核算内容，会计科目的名称应与其核算的内容相一致，并要含义明确，通俗易懂。同时，为了符合会计信息可比性的要求，会计科目要保持相对稳定。

为了提高会计核算的工作效率，每个会计科目都有固定编号，以便于编制会计凭证、登记账簿、查阅账目、实行会计电算化。为了便于增加会计科目，一般在顺序号之间留有间隔。

2006年11月6日财政部颁布《企业会计准则应用指南——会计科目和主要账务处理》，并规定于2007年1月1日在上市公司实施，现将其会计科目的名称、编号及适用范围列示如表3-4。

表3-4　　　　　　　　企业会计准则应用指南——会计科目

顺序号	编号	会计科目名称	会计科目适用范围说明
		一、资产类	
1	1001	库存现金	
2	1002	银行存款	
3	1003	存放中央银行款项	银行专用

续表

顺序号	编号	会计科目名称	会计科目适用范围说明
4	1011	存放同业	银行专用
5	1015	其他货币资金	
6	1021	结算备付金	证券专用
7	1031	存出保证金	金融共用
8	1051	拆出资金	金融共用
9	1101	交易性金融资产	
10	1111	买入返售金融资产	金融共用
11	1121	应收票据	
12	1122	应收账款	
13	1123	预付账款	
14	1131	应收股利	
15	1132	应收利息	
16	1211	应收保户储金	保险专用
17	1221	应收代位追偿款	保险专用
18	1222	应收分保账款	保险专用
19	1223	应收分保未到期责任准备金	保险专用
20	1224	应收分保保险责任准备金	保险专用
21	1231	其他应收款	
22	1241	坏账准备	
23	1251	贴现资产	银行专用
24	1301	贷款	银行和保险共用
25	1302	贷款损失准备	银行和保险共用
26	1311	代理兑付证券	银行和保险共用
27	1321	代理业务资产	
28	1401	材料采购	
29	1402	在途物资	
30	1403	原材料	
31	1404	材料成本差异	
32	1406	库存商品	
33	1407	发出商品	

续表

顺序号	编号	会计科目名称	会计科目适用范围说明
34	1410	商品进销差价	
35	1411	委托加工物资	
36	1412	包装物及低值易耗品	
37	1421	消耗性生物资产	农业专用
38	1431	周转材料建造	承包商专用
39	1441	贵金属	银行专用
40	1442	抵债资产	金融共用
41	1451	损余物资	保险专用
42	1461	存货跌价准备	
43	1501	待摊费用	
44	1511	独立账户资产	保险专用
45	1521	持有至到期投资	
46	1522	持有至到期投资减值准备	
47	1523	可供出售金融资产	
48	1524	长期股权投资	
49	1525	长期股权投资减值准备	
50	1526	投资性房地产	
51	1531	长期应收款	
52	1541	未实现融资收益	
53	1551	存出资本保证金	保险专用
54	1601	固定资产	
55	1602	累计折旧	
56	1603	固定资产减值准备	
57	1604	在建工程	
58	1605	工程物资	
59	1606	固定资产清理	
60	1611	融资租赁资产	租赁专用
61	1612	未担保余值租赁专用	
62	1621	生产性生物资产	农业专用
63	1622	生产性生物资产累计折旧	农业专用

续表

顺序号	编号	会计科目名称	会计科目适用范围说明
64	1623	公益性生物资产	农业专用
65	1631	油气资产	石油天然气开采专用
66	1632	累计折耗	石油天然气开采专用
67	1701	无形资产	
68	1702	累计摊销	
69	1703	无形资产减值准备	
70	1711	商誉	
71	1801	长期待摊费用	
72	1811	递延所得税资产	
73	1901	待处理财产损溢	
		二、负债类	
74	2001	短期借款	
75	2002	存入保证金	金融共用
76	2003	拆入资金	金融共用
77	2004	向中央银行借款	银行专用
78	2011	同业存款	银行专用
79	2012	吸收存款	银行专用
80	2021	贴现负债	银行专用
81	2101	交易性金融负债	
82	2111	卖出回购金融资产款	金融共用
83	2201	应付票据	
84	2202	应付账款	
85	2205	预收账款	
86	2211	应付职工薪酬	
87	2221	应交税费	
88	2231	应付股利	
89	2232	应付利息	
90	2241	其他应付款	
91	2251	应付保户红利	保险专用
92	2261	应付分保账款	保险专用

续表

顺序号	编号	会计科目名称	会计科目适用范围说明
93	2311	代理买卖证券款	证券专用
94	2312	代理承销证券款	证券和银行共用
95	2313	代理兑付证券款	证券和银行共用
96	2314	代理业务负债	
97	2401	预提费用	
98	2411	预计负债	
99	2501	递延收益	
100	2601	长期借款	
101	2602	长期债券	
102	2701	未到期责任准备	保险专用
103	2702	保险责任准备金	保险专用
104	2711	保户储金	保险专用
105	2721	独立账户负债	保险专用
106	2801	长期应付款	
107	2802	未确认融资费用	
108	2811	专项应付款	
109	2901	递延所得税负债	
		三、共同类	
110	3001	清算资金往来	银行专用
111	3002	外汇买卖	金融专用
112	3101	衍生工具	
113	3201	套期工具	
114	3202	被套期项目	
		四、所有者权益类	
115	4001	实收资本	
116	4002	资本公积	
117	4101	盈余公积	
118	4102	一般风险准备	金融共用
119	4103	本年利润	
120	4104	利润分配	

续表

顺序号	编号	会计科目名称	会计科目适用范围说明
121	4201	库存股	
		五、成本类	
122	5001	生产成本	
123	5101	制造费用	
124	5201	劳务成本	
125	5301	研发支出	
126	5401	工程施工	建造承包商专用
127	5402	工程结算	
128	5403	机械作业	
		六、损益类	
129	6001	主营业务收入	
130	6011	利息收入	金融共用
131	6021	手续费收入	金融共用
132	6031	保费收入	保险专用
133	6032	分保费收入	保险专用
134	6041	租赁收入	租赁专用
135	6051	其他业务收入	
136	6061	汇兑损益	金融专用
137	6101	公允价值变动损益	
138	6111	投资收益	
139	6201	摊回保险责任准备金	保险专用
140	6202	摊回赔付支出	保险专用
141	6203	摊回分保费用	保险专用
142	6301	营业外收入	
143	6401	主营业务成本	
144	6402	其他业务支出	
145	6405	营业税金及附加	
146	6411	利息支出	金融共用
147	6421	手续费支出	金融共用
148	6501	提取未到期责任准备金	保险专用

续表

顺序号	编号	会计科目名称	会计科目适用范围说明
149	6502	提取保险责任准备金	保险专用
150	6511	赔付支出	保险专用
151	6521	保户红利支出	保险专用
152	6531	退保金	保险专用
153	6541	分出保费	保险专用
154	6542	分保费用	保险专用
155	6601	销售费用	
156	6602	管理费用	
157	6603	财务费用	
158	6604	勘探费用	
159	6701	资产减值损失	
160	6711	营业外支出	
161	6801	所得税	
162	6901	以前年度损益调整	

四、会计科目的分类

各个会计科目并非彼此孤立，而是相互联系、相互补充地组成一个完整的会计科目体系，可用来全面、系统、分类地核算和监督会计对象的具体内容，提供企业内、外部有关方面所需要的一系列核算指标。为了正确地掌握和运用会计科目，可以按照下列标准对会计科目进行适当的分类。

（一）按经济内容分类

会计科目按其经济内容的分类是最主要的、基本的分类。会计科目按其反映的经济内容，可以划分为资产类、负债类、所有者权益类、成本类、损益类、共同类会计科目6大类。

1. 资产类会计科目。资产类会计科目是用于反映资产情况的会计科目。按照资产的流动性和经营管理上的需要，资产类科目又分为反映流动资产的科目和反映非流动资产的科目。

（1）反映流动资产的科目。按照各项流动资产的经济内容，又可分为：反映货币资金的科目，如"库存现金"、"银行存款"等科目；反映结算债权的科目，如"应收账款"、"其他应收款"等科目；反映存货的科目，如"原材料"、"库存商品"、"周转材料"等科目。

(2) 反映非流动资产的科目。按照各项非流动资产的经济内容,又可分为:反映固定资产的科目,如"固定资产"、"累计折旧"等科目;反映无形资产的科目,如"无形资产"等科目;反映长期投资的科目,如"长期股权投资"、"长期股权投资减值准备"等科目。

2. 负债类会计科目。负债类会计科目是用于反映企业负债情况的会计科目。按照负债的偿还期长短等特性又可分为反映流动负债的科目和反映非流动负债的科目。

(1) 反映流动负债的科目,如"短期借款"、"应付账款"、"应付职工薪酬"、"应交税费"、"应付股利"、"其他应付款"等科目。

(2) 反映非流动负债的科目,如"长期借款"、"应付债券"、"长期应付款"等科目。

3. 所有者权益类会计科目。所有者权益类会计科目是用于反映企业所有者权益情况的会计科目。按照所有者权益的形成来源,又可分为反映投入资本的科目和反映留存收益的科目。

(1) 反映投入资本的科目,如"实收资本"、"资本公积"等科目。

(2) 反映留存收益的科目,如"盈余公积"、"本年利润"、"利润分配"等科目。

4. 成本类会计科目。成本类会计科目是用于反映企业在生产产品和提供劳务过程中发生的成本的会计科目。

(1) 反映生产过程中成本的科目,如"生产成本"、"制造费用"等科目。

(2) 反映对外提供劳务所发生成本的科目,如"劳务成本"等科目。

5. 损益类会计科目。损益类会计科目是用于反映企业在生产经营过程中取得的各项收入和发生的各项费用的会计科目。

它包括如"主营业务收入"、"主营业务成本"、"其他业务收入"、"其他业务成本"、"销售费用"、"投资收益"、"营业外收入"、"营业外支出"等科目。

6. 共同类会计科目。共同类会计科目是金融企业用于反映衍生金融工具情况的会计科目。

它包括如"清算资金往来"、"货币兑换"、"衍生工具"、"套期工具"和"被套期项目"等科目。

(二) 按提供信息的详细程度及统驭关系分类

根据会计科目所提供信息的详细程度及其统驭关系不同,可将会计科目分为总分类科目和明细分类科目。

1. 总分类科目。总分类科目也称为总账科目或一级科目,是指对会计要素的具体内容进行总括分类的会计科目,如"应收账款"、"原材料"等。总分类科目是提供总控信息的会计科目,是进行总分类核算的依据。为了满足国家宏观经济管理的需要,总分类科目原则上由财政部统一规定。前述表3-4中列示了《企业会计准则》中常用的总分类会计科目。

2. 明细分类科目。明细分类科目也称为明细科目或二级科目,是指对总分类科目进一步分类的会计科目,如"原材料"总账科目按照原材料的种类、规格等设置明细科目,"应收账款"总账科目按照债务人名称设置明细科目。明细分类科目是提供更为详细、具体的会计信息的科目。有些明细分类科目原则上也是由国家统一规定的。例如,"应交税费"总账科目下应设的明细科目,如"应交增值税"、"应交所得税"、"应交教育费附加"等。有些明细分类科目是企业根据经营管理需要自行设置的。例如,在"原材料"总账科目下,按材料类别开设"原料及主要材料"、"辅助材料"等明细科目。

总分类科目与明细分类科目既有联系又有区别,总分类科目是概括地反映会计对象的具体内容,提供的是总控性指标;明细分类科目是详细地反映会计对象的具体内容,提供的是比较详细、具体的指标。总分类科目是最高层次的会计科目,对明细分类科目具有控制或统驭的作用;明细分类科目是对总分类科目的补充,是总分类科目的具体化和详细说明。

为了管理的需要,如果有的总分类科目下所需要设置的明细分类科目太多,会计科目可以分为三个层次,即在总分类科目下设置二级明细科目和三级明细科目。这时,二级明细科目称为子目,三级明细科目称为细目。

应当注意的是,并不是所有的总分类科目都需要分设明细分类科目。根据信息使用者所需不同信息的详细程度,有些只需设总分类科目,有些需设总分类科目和二级明细科目,有些需设总分类科目、二级明细分类科目、三级明细分类科目等。

现以"原材料"、"生产成本"、"应收账款"、"应交税费"科目为例,说明会计科目的级次关系,如表3-5、表3-6所示。

表3-5

总分类科目(一级科目)	明细分类科目(二级科目)
原材料	芯片
	显卡
生产成本	主板
	硬盘

表3-6

总分类科目(一级科目)	明细分类科目	
	二级明细科目	三级明细科目
应收账款	江南公司	一分公司
		二分公司
应交税费	应交增值税	进项税额
		销项税额

五、会计科目的编号

为了便于会计账务处理，适应会计信息处理电算化的需要，加快会计核算速度，提高会计信息的质量，每个会计科目都要编制固定号码。

会计科目编号供企业填制会计凭证、登记会计账簿、查阅会计账目、采用会计软件系统参考，企业可结合实际情况自行确定。

会计科目的编号要讲究科学性，一方面要能够起区分会计科目的作用；另一方面要便于专业人员识别和计算机的输入。会计科目的编号可以采用"四位数制"。以千位数数码代表会计科目，按会计要素区分的类别，一般为6个数码："1"为资产类，"2"为负债类，"3"为共同类，"4"为所有者权益类，"5"为成本类，"6"为损益类；百位数数码代表每大类会计科目下的较为详细的类别，可根据实际需要取数；十位和个位上的数码一般代表会计科目的顺序号，为了便于会计科目增减，在顺序号中一般都要留有间隔。

应特别注意，在人工系统下，会计人员进行账务处理时，不得只有编号而无会计科目名称。在会计电算化系统中，应在开始设计有"会计科目名称及编号表"，以便于对电算化的会计处理进行审查和审计监督。

第三节 会计账户

会计科目虽然是对会计要素的具体内容所进行的再分类，但它只是一个名称，企业若要从数量上核算各项会计要素的增减变化，取得各项会计要素增减变化及其结果的总括数据，还必须在分类的基础上借助于具体的形式和方法，这就要求根据会计科目开设和运用账户。

一、会计账户的概念

会计科目只是对会计对象的具体内容（会计要素）进行分类的项目名称。但是只有名称，还是无法反映和监督资金运动的过程和结果。因此，为了能够分门别类地记录各项经济业务，连续、系统地反映会计要素的增减变动情况及结果，以便为会计信息使用者提供所需要的各种信息资料，还必须根据规定的会计科目在账簿中开设账户，通过账户对各项经济业务进行分类核算。

账户是按照规定的会计科目名称开设，具有一定的结构与格式，用来对会计要素的具体内容进行分类核算和监督的一种工具。也就是说，把会计科目放在一定格式和结构的账页上就是会计账户。

设置账户是会计核算的主要方法之一，是会计方法体系中的基础环节。每一个账户都应当有一个科学而简明的名称，用以说明账户所记录的经济内容，以便取得各种不同的会计信息，会计科目就是账户的名称。

二、会计科目与会计账户的关系

在会计实际工作中,账户通常也叫会计科目,但是在会计学理论中,会计科目和账户是两个不同的概念,两者之间既有联系又有区别。

会计科目和账户的联系是:

(1) 会计科目和账户都是对会计对象具体内容进行的分类,两者分类的口径一致,性质相同。全部会计科目的分类与全部账户的分类,其分类方法和结果是相同的。例如"银行存款"科目与"银行存款"账户核算的内容、范围是完全相同的。

(2) 会计科目是账户的名称,也是设置账户的依据,没有会计科目,账户就失去了设置的依据。账户是会计科目的具体应用,没有账户,就无法发挥会计科目的作用。

会计科目和账户的区别是:

(1) 会计科目仅仅是账户的名称,不存在结构,因为会计科目只能界定经济业务发生所涉及的会计要素具体内容的项目,不能对其加以记录;而账户则具有一定的格式和结构,因为账户是用来记录经济业务发生及其结果的载体。

(2) 会计科目的作用主要是为开设账户、填制凭证所运用,而账户的作用主要是系统提供某一具体会计对象的会计资料,为编制会计报表和经济管理所运用。

(3) 设置账户的内容能包含会计科目设置的一些内容。因此,设置账户是会计核算方法的组成部分,而会计科目未作为会计核算方法的组成部分。

三、会计账户的基本结构

1. 账户的基本结构。账户的基本结构就是指账户的格式。为了在账户中记录各项经济业务,账户必须具有一定的结构。随着经济业务的发生,会计要素的变化,从数量上看,不外乎增加或减少这两种基本的情况。因此,在每个账户上,都应该分开登记数量的增加和数量的减少,这就形成了账户的基本结构。

账户的基本结构分为左右两方:一方反映数额的增加;另一方反映数额的减少。同时,还需要反映会计要素增减变动后的结果,即余额。至于哪一方记录增加,哪一方记录减少,余额在哪一方,则取决于所采用的记账方法和各账户的性质。采用不同的记账方法,账户的结构是不同的。即使采用同一种记账方法,账户性质不同,其结构也是不同的。但是,不管采用何种记账方法,也不论是何种性质的账户,其基本结构是相同的。

2. 账户的格式和内容。在会计工作中,账户的格式并非如此简单,而是根据需要设计的,因此账户的格式各异。尽管账户的格式多种多样,但在一般情况下,任何一种格式的账户通常应当包括以下内容:

(1) 账户的名称,即会计科目;

(2) 日期和摘要,即经济业务的发生时间和内容;

(3) 凭证号数,即账户记录的来源和依据;

(4) 增加和减少的金额;

(5) 余额。

账户的基本格式如表 3-7 所示。

表 3-7　　　　　　　　　　　　账户的基本结构

账户名称（会计科目）：

| 年 | | 凭证号数 | 摘要 | 左方 | 右方 | 余额 |
月	日					

每个账户中所记录的金额，分为期初余额、本期增加发生额、本期减少发生额和期末余额。

（1）本期发生额是指一定时期内账户登记的增加额和减少额，包括登记本期增加的金额即本期增加发生额，登记本期减少的金额即本期减少发生额。本期发生额是一个期间指标，说明某类经济内容的增减变动情况。

（2）增减相抵后的差额，即为账户余额。如果将本期的期末余额转入下一期，就是下一期的期初余额。余额是一个时点指标，说明某类经济内容在某一时日增减变动的结果。

四项金额的关系可以用公式表示如下：

$$\text{本期期末余额} = \text{期初余额} + \text{本期增加发生额} - \text{本期减少发生额} \quad \text{（公式 3-5）}$$

上列账户左右两方记录的主要内容是本期增加发生额和本期减少发生额。账户的左右两方是按相反方向记录增加额和减少额的。也就是说，如果账户在左方记录增加额，则在右方记录减少额；反之，如果账户在右方记录增加额，则在左方记录减少额。在每一个具体账户的左右两方中，究竟哪一方记录增加额，哪一方记录减少额，取决于所采用的记账方法和账户所记录的经济内容。账户的余额一般与记录增加额在同一方向。这些我们将在下一章复式记账中具体介绍。

为了便于教学，在教科书中将账户的基本结构用简化格式"T"形来表示。"T"形账户的形式如图 3-2 所示。

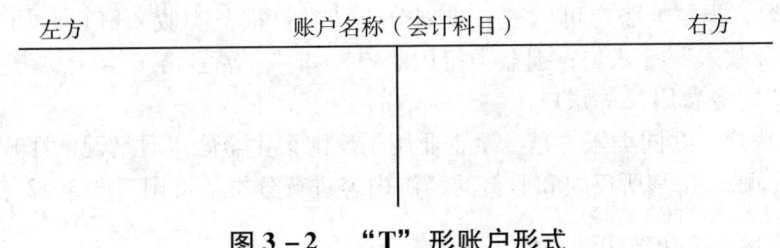

图 3-2　"T"形账户形式

四、会计账户的分类

资金运动作为一个整体，并不是由个别账户而是由全部账户才能记录和反映的。全部账户共同组成一个统一完整的账户体系，它们分工协作记录和反映资金运动的全貌。账户的分类就是研究账户体系中各账户之间存在的相互联系及其共性，探明每一个账户在账户体系中的地位和作用，以便加深对账户的认识，更好地运用账户这个手段，对企业经济活动进行全面记录和反映。

按照不同的分类标准，账户可以从不同的角度观察，进而把全部账户划分成各种类别。常见的分类标准有按账户所反映的经济内容、按账户的用途和结构、按账户所提供会计核算指标的详细程度等。

（一）按经济内容的分类

账户按经济内容的分类是账户最基本的一种分类方法。通过账户按经济内容分类的研究，可以确切地了解各个账户反映和监督的内容，以及全部账户的设置和运用能否适应企业经济活动的特点，能否满足经营管理的需要。这对于正确区分账户的经济性质，以便更完善地建立账户体系，是非常必要的。此外，账户按经济内容分类还可以为编制会计报表提供依据。

由于账户是根据会计科目开设的，因此，账户与会计科目按经济内容的分类一样，可分为资产类账户、负债类账户、所有者权益类账户、成本类账户、损益类账户、共同类账户6大类。

1. 资产类账户。资产类账户是用来反映和监督企业资产增减变动情况及其实有数的账户。根据资产的流动性可将资产类账户分为流动资产类账户和非流动资产类账户两类。

2. 负债类账户。负债类账户是用来反映和监督企业负债的增减变化及其实有数的账户。负债是指过去的交易或事项形成的现时义务，履行该义务预期会导致经济利益流出企业。根据负债偿还期的长短可将负债类账户分为流动负债账户和非流动负债账户两类。

3. 所有者权益类账户。所有者权益类账户是用来反映和监督企业所有者在企业资产中享有的经济利益的账户，即反映和监督所有者对企业净资产的所有权的账户。

4. 成本类账户。成本类账户是用来反映和监督企业（如工业企业）生产过程中发生的直接费用和间接费用的账户。

5. 损益类账户。损益类账户是用来反映和监督企业损益形成情况的账户。根据损益的不同性质和内容，损益类账户可以进一步划分为两类：损益类收入账户，如"主营业务收入"、"其他业务收入"等账户；损益类费用账户，如"主营业务成本"、"其他业务成本"、"管理费用"、"财务费用"等账户。

6. 共同类账户。共同类账户是金融企业用于反映衍生金融工具情况的账户。

综上所述，账户按其所反映和监督的经济内容进行分类，可用下图3-3表示。

（二）账户按用途和结构的分类

为了进一步了解并熟练地运用各种账户，还需要研究账户的用途和结构。虽然账户的用途和结构受其经济内容的制约，但账户按经济内容的分类并不能代替账户按用途和结构的分类，在按经济内容对账户进行分类的基础上，有必要按用途和结构对账户作进一步的分类。账户按其用途和结构分类，有利于正确地使用账户，熟悉账户用途和结构可以明确账户的不

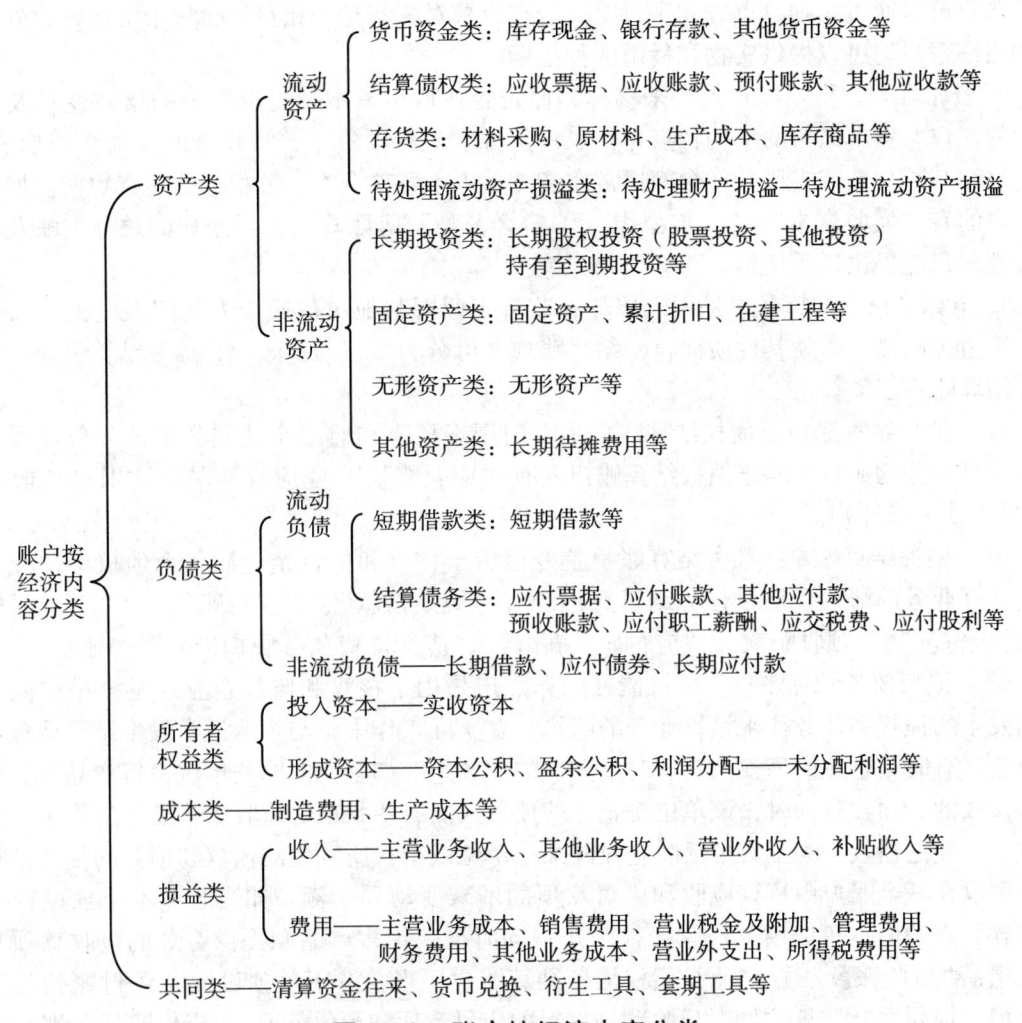

图 3-3 账户按经济内容分类

同使用方法,避免核算上的技术性差错,这对于提高会计核算工作质量等工作都具有重要意义。

账户的用途是指设置各个账户的目的和作用,即通过账户记录能够提供什么核算数据。如"银行存款"账户是用来提供企业在银行的存款的增减变动情况及其实有数的账户,通过这些数据可以了解企业的支付能力。

账户按用途和结构分类,可以分为12类:盘存账户、资本账户、结算账户、跨期摊配账户、集合分配账户、成本计算账户、收入账户、费用账户、财务成果账户、暂记账户、计价对比账户和调整账户。

1. 盘存账户。盘存账户是用来核算和监督可以实地盘点的各项财产物资和货币资金的增减变动及其结存情况的账户。它是任何企业单位都必须设置的账户。属于盘存账户的有"固定资产"、"原材料"、"周转材料"、"库存商品"、"库存现金"、"银行存款"等账户。

这类账户可以通过实物盘点方式进行财产清查，核对账实是否相符。除货币资金账户外，其实物明细账户均可以提供实物和货币两种指标。

2. 资本账户。资本账户是用来核算和监督企业取得资本及提取资金的增减变动及其实有数的账户。资本账户的结构特点是：账户贷方登记各项资本、公积金的增加数或形成数；借方登记其减少数或支用数；余额通常在贷方，表示各项资本、公积金的实有数额。属于资本账户的有"实收资本"、"资本公积"、"盈余公积"等账户。这类账户的总分类账及其明细分类账只能提供货币指标。

3. 结算账户。结算账户是用来核算和监督企业同其他单位或个人之间发生的债权、债务结算情况的账户。就其性质而言，结算账户又可分为债权结算账户、债务结算账户和债权债务结算账户三类。

（1）债权结算账户。债权结算账户是专门用于核算和监督企业同各个债务单位或个人之间结算业务的账户。属于债权结算账户的有"应收账款"、"应收票据"、"其他应收款"、"预付账款"等账户。

（2）债务结算账户。债务结算账户是专门用于核算和监督企业同各个债权单位或个人之间结算业务的账户。属于债务结算账户的有"短期借款"、"应付账款"、"应付票据"、"其他应付款"、"预收账款"、"应付职工薪酬"、"应交税费"、"长期借款"等账户。

（3）债权债务结算账户。债权债务结算账户是用于核算和监督企业与某一单位或个人之间发生的债权和债务往来结算业务的账户。在实际工作中，与企业经常发生结算业务的往来单位，有时是企业的债权人，有时是企业的债务人。如企业向同一单位销售产品，有些款项是预收的，预收款项时，该单位是企业的债务人。有些款项是应收未收的，应收未收款项构成了企业的债权。为了集中反映企业同某一单位或个人所发生的债权和债务的往来结算情况，可以在一个账户中核算应收和应付款项的增减变动和余额。如当企业不单独设置"预收账款"账户时，可以用"应收账款"账户同时反映销售产品和提供劳务的应收款项和预收款项，"应收账款"账户便是债权债务结算账户；当企业不单独设置"预付账款"账户时，用"应付账款"账户同时反映购进材料的应付款项和预付款项，"应付账款"账户也是债权债务结算账户；当企业将其他应收款和其他应付款的增减变动和结果都集中在"其他往来"账户中核算时，"其他往来"账户也是一个债权债务结算账户。债权债务结算账户须根据总分类账户所属明细分类账户的余额方向分析判断其账户的性质。

结算账户只能提供货币指标，都是按发生结算业务的对应单位或个人开设明细分类账户，以便及时进行结算和核对账目。

4. 跨期摊配账户。跨期摊配账户是用来核算和监督应由几个会计期间共同负担的费用，并将这些费用在各个会计期间中进行分摊的账户。企业有些费用的发生比较大，收益期为几个月份，要由几个月份共同来负担，这就需要通过跨期摊配账户把这些费用分期摊配，以合理确定各个月份的费用及成本，以便正确计算各期的损益，如"长期待摊费用"账户。

5. 集合分配账户。集合分配账户是用来归集和分配企业生产过程中某个阶段所发生的某种费用的账户。企业生产经营过程中经常会发生一些间接费用，这些费用不能直接计入某种产品成本计算对象，而应由各个产品成本计算对象共同负担，需要先通过集合分配账户进行归集，然后再按照一定标准分配计入各个产品成本计算对象。企业可以借助集合分配账户来核算和监督有关费用计划的执行情况，加强费用管理；同时还可以用来核算费用的分配情况，以便于正确确定产品的生产成本。属于集合分配账户的主要有"制造费用"等账户。

6. 成本计算账户。成本计算账户是用来核算和监督企业经营过程中某一阶段发生的全部费用，并据此计算该阶段各个成本计算对象实际成本的账户。属于成本计算账户的主要有"材料采购"、"生产成本"等账户。这类账户除设置总分类账户以外，还应按各个成本计算对象分别设置明细分类账进行明细分类核算，提供有关成本计算对象的货币指标和实物指标。

7. 收入账户。收入账户是用来核算和监督企业在一定时期内所取得的各种收入的账户。属于收入账户的有"主营业务收入"、"其他业务收入"、"营业外收入"等账户。

8. 费用账户。费用账户是用来核算和监督企业在一定时期内所发生的应记入当期损益的各项费用、成本和支出的账户。属于费用账户的有"主营业务成本"、"主营业务税金及附加"、"营业费用"、"管理费用"、"财务费用"、"其他业务成本"、"营业外支出"等账户。

9. 财务成果账户。财务成果账户是用来计算并确定企业在一定时期（月份、季度或年度）内全部经营活动最终成果的账户。属于财务成果账户的主要是"本年利润"账户。这类账户只反映企业在一年内财务成果的形成，平时的余额为本年的累计利润总额或亏损总额，年终结转后无余额。

10. 暂记账户。暂记账户是用来反映和监督企业在清查财产过程确定的各种财产物资的盘盈、盘亏，以及报经有关部门批后才能处理的盘盈和盘亏的账户。该账户的性质按经济内容分类属于资产类账户，如"待处理财产损溢"账户。

11. 计价对比账户。计价对比账户是用来对某项经济业务按两种不同的计价标准进行核算对比，借以确定其业务成果的账户。属于计价对比账户的有"材料采购"、"固定资产清理"、"本年利润"等账户。在库存材料按计划成本进行日常核算的企业，"材料采购"账户就属于计价对比账户。

12. 调整账户。调整账户是用来调整某些账户的余额，借以求得实际余额的账户。在会计核算中，由于经营管理方面的需要或其他原因，对于某些会计要素需要用两种不同的数据进行核算，因此需要设置两个账户：一个账户核算其原始金额，另一个账户核算对原始金额的调整金额。将两个账户余额相加或相减，即可计算出调整后的实际余额。前一个账户称为被调整账户，后一个账户称为调整账户。调整账户和被调整账户相互结合，既全面地反映同一会计要素的具体内容，又为管理提供了各种信息，即：同一会计要素的原始金额、调整金额和调整后实际余额。

调整账户按其调整方式的不同，可以分为抵减账户、附加账户和抵减附加账户3类。

（1）抵减账户。

① 抵减账户的用途。抵减账户又称为备抵账户，是用来抵减被调整账户的余额，以求得被调整账户实际余额的账户。调整方式用下列公式表示：

$$被调整账户余额 - 抵减账户余额 = 被调整账户的实际余额$$

② 抵减账户包括的主要账户。属于抵减账户的有"累计折旧"、"坏账准备"等。

"累计折旧"账户是"固定资产"账户的抵减账户。"固定资产"账户是被调整账户，"累计折旧"账户是调整账户，用"累计折旧"账户的余额去抵减"固定资产"账户的余额，就得出固定资产净值。这两个账户的关系及其抵减方式，如图3-4所示。

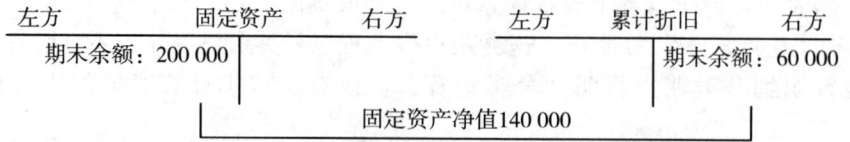

图3-4　固定资产账户与累计折旧账户抵减关系

从上图可知：固定资产净值＝固定资产原始价值－累计折旧＝200 000－60 000＝140 000（元）

"坏账准备"账户是"应收账款"账户的抵减账户。"应收账款"账户是被调整账户，"坏账准备"账户是调整账户，用"坏账准备"账户的余额去抵减"应收账款"账户的余额，就得出应收账款净值。这两个账户的关系及其抵减方式，如图3-5所示。

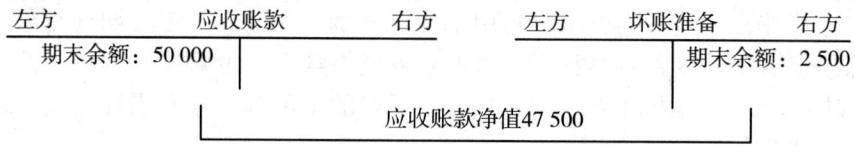

图3-5　应收账款账户与坏账准备账户抵减关系

从上图可知：应收账款净值＝应收账款账面余额－坏账准备账面余额＝50 000－2 500＝47 500（元）

③ 抵减账户的特点。抵减账户余额的方向与其被调整账户余额的方向正好相反，即被调整账户的余额在左方（或右方），抵减账户的余额一定在右方（或左方），反之亦然。

(2) 附加账户。附加账户又称补充账户，是用来增加某一被调整账户的余额，以求得被调整账户实际余额的账户。调整方式用下列公式表示：

$$被调整账户余额＋附加账户余额＝被调整账户的实际余额$$

附加账户与其被调整账户的性质相同，账户结构相同，账户余额的方向一致。实际工作中，单纯总分类（一级）附加账户使用较少。属于明细附加账户的有"应付债券——债券溢价"等账户。

(3) 抵减附加账户。

① 抵减附加账户的用途。抵减附加账户也称为备抵补充账户，它既是抵减账户，又是附加账户，具有抵减和两种调整作用的账户。

② 抵减附加账户的特点。抵减附加账户具有两种调整方式，当调整账户余额的方向与被调整账户余额的方向不一致时，该账户是抵减账户，起抵减调整作用；当调整账户余额的方向与被调整账户余额的方向一致时，该是附加账户，起附加调整作用。

③ 抵减附加账户包括的主要账户。"材料成本差异"账户就属这一类账户。当库存材料采用计划成本进行日常核算时，为了能提供库存材料的计划成本、成本差异以及实际成本等

数据,应设置"原材料"和"材料成本差异"账户来提供这些数据。"原材料"账户核算库存材料的计划成本,"材料成本差异"账户核算库存材料实际成本和计划成本的差异,两个账户结合一起反映库存材料的实际成本。此时,"材料成本差异"账户就是"原材料"账户的抵减附加账户。

"原材料"和"材料成本差异"两个账户的关系及其抵减附加的方式,如图3-6和图3-7所示。

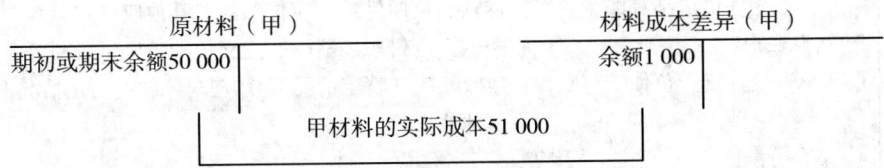

图3-6 原材料账户与材料成本差异账户附加关系

从上图可知:库存甲材料实际成本=库存甲材料计划成本+该材料超支差异=50 000+1 000=51 000(元)

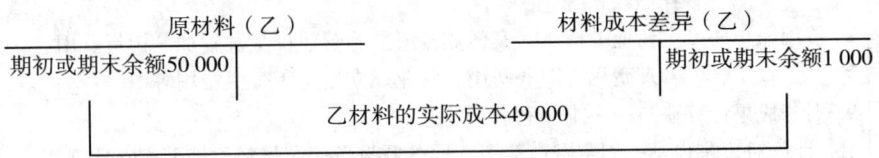

图3-7 原材料账户与材料成本差异账户抵减关系

从上图可知:库存乙材料实际成本=库存乙材料的计划成本-该材料节约差异=50 000-1 000=49 000(元)

账户按用途和结构的分类,如图3-8所示。

(三)账户的其他分类

账户除了可以按经济内容、用途和结构进行分类以外,还可以按其他不同的分类标准进行分类。

1. 账户按其提供指标详细程度分类。账户按其提供指标详细程度可分为总分类账户和明细分类账户。总分类账户是根据总账科目设置的,又称一级账户或总账账户,反映的是经济业务的总括资料;明细分类账户是根据明细科目设置的,反映的是经济业务详细而具体的资料。总分类账户对所属明细分类账户具有统驭和控制作用,明细分类账户对总分类账户具有补充和说明作用。详细的介绍见本书第四章第三节。

2. 账户按与会计报表的关系分类。账户按其与会计报表的关系进行分类,可以分为资产负债表账户和利润表账户两类。这种分类方法,是以会计要素为分类基础,把反映资产、负债和所有者权益的3类账户构成一组,称资产负债表账户,主要反映企业在某一时点的财务状况;把反映收入、费用和利润3类账户构成另一组,称损益表账户,主要反映企业在一定期间的经营成果。由于资产、负债和所有者权益账户无论在平时或结账后,通常都留有余额,分别表示资产、负债和所有者权益的实存数,而收入和费用两类账户,因期末结账之后一般无余额，所以将资产负债表账户也称为实账户，将利润表的收入和费用两类账户也称为虚账户。

账户按用途和结构分类
1. 盘存账户——库存现金、银行存款、其他货币资金、原材料、生产成本、库存商品、固定资产等
2. 资本账户——实收资本、资本公积、盈余公积
3. 结算账户
   - 资产结算账户：应收票据、应收账款、其他应收款、预付账款等
   - 负债结算账款：短期借款、长期借款、应付账款、其他应付款、预收账款、应付职工薪酬、应交税费、应付股利等
   - 资产负债结算账户：应收账款（特定情况下）、应付账款（特定情况下）、其他往来等
4. 集合分配账户——制造费用等
5. 跨期摊提账户——长期待摊费用等
6. 成本计算账户——材料采购、生产成本等
7. 收入账户——主营业务收入、其他业务收入、营业外收入、投资收益、补贴收入等
8. 费用账户——主营业务成本、其他业务成本、营业税金及附加、销售费用、管理费用、财务费用、营业外支出、所得税费用等
9. 财务成果计算账户——本年利润
10. 计价对比账户——固定资产清理、材料采购（库存材料按计划成本核算）
11. 调整账户
    - 抵减账户：累计折旧、坏账准备等
    - 附加账户：应付债券——债券溢价等
    - 抵减附加账户：材料成本差异
12. 临时账户——待处理财产损溢

图 3-8 账户按用途和结构分类

【本章小结】

会计等式又称为会计方程式或平衡公式，是指利用数学等式，对会计要素之间的内在经济联系所作出的科学的概括和描述。其基本表现形式为：资产 = 负债 + 所有者权益，它是设置账户、复式记账和编制有关会计报表的理论依据。

会计科目是对会计要素进行分类所形成的具体项目，每一个会计科目都明确地反映一定的经济内容。会计科目是设置账户的依据。会计科目是通过会计制度规定的。

账户是根据会计科目开设的，具有一定格式和结构，用来分类连续地记录和反映会计要素增减变动情况及其结果的载体。设置账户是会计的又一核算方法。会计科目和账户是两个不同的概念，二者既有联系又有区别。

账户的分类是对账户设置和运用规律的再认识。既要掌握每一账户的特性，又要了解账户之间的相互关系。按照不同的分类标准，账户可以从不同的角度观察。常见的分类标准有按账户所反映的经济内容、按账户的用途和结构、按账户所提供会计核算指标的详细程度等。

【中英文对照专业名词及术语】

会计等式	Accounting Equation
账户	Account
T形账户	T‐account
调整账户	Adjustment Account
会计科目	Title of Account
总分类账户	General Ledger Account
资本账户	Capital Account
备抵账户	Offset Account

复习思考题

1. 什么是会计科目和账户？
2. 会计科目和账户有哪些相同点和不同点？
3. 设置会计科目的原则有哪些？
4. 设置账户的理论依据是什么？
5. 账户的基本结构是什么？

练习题

阜华公司2011年3月份发生的部分经济业务如下：
（1）收到投资者追加投资200 000元，存入银行。
（2）从银行提取现金100 000元，以备发工资。
（3）销售产品60 000元，货款收到，存入银行。
（4）向华新公司购买甲种原材料15 000元，货款尚未支付。
（5）以银行存款上交所欠税款4 600元。
（6）以银行存款30 000元，支付前欠讯德工厂的购货款。
（7）采购员李伟出差，预支差旅费2 500元，以现金支付。
（8）生产产品领用甲原材料材料8 000元。
（9）以银行存款50 000购入设备一台。
（10）采购员李伟出差归来，报销差旅费2 650元，不足部分以现金支付。
要求：
（1）分析每笔经济业务所引起的与资产和权益有关项目增减变动情况，指出属于哪种类型的经济业务。
（2）计算资产和权益增减净额，并验证两者是否相等。

案例讨论题

案例一 账户的分类

某企业账户及余额如下（单位：元）：库存现金 2 000；银行存款 50 000；短期借款 50 000；应收账款 20 000；应付账款 20 000；原材料 10 000；固定资产 90 000；实收资本 20 000；盈余公积 2 000；主营业务收入 10 000；其他业务收入 1 000；投资收益 1 000；营业外收入 1 000；主营业务成本 20 000；管理费用 2 000；财务费用 1 000；销售费用 1 000；主业税金及附加 1 000；所得税费用 3 000；其他业务成本 1 000；营业外支出 1 000。

请指出资产类、负债类、所有者权益类、损益类账户。

案例二 基本业务的账户设置

现有 4 家投资人决定合股投资 500 万元经营一家商店，其主要经营服装、家用电器和百货商品，并开一个快餐店。已租入四层楼房一栋：一楼经营家用电器，二楼经营服装，三楼经营百货，四楼经营快餐。现其已办妥一切开业手续。

1. 除 4 家合股投资人外，还准备向银行贷款和吸收他人投资，但他人投资不作为股份，只作为长期应付款，按高于同期银行存款利率的 10% 付息。
2. 商场和快餐店均需要重新装修才能营业。
3. 需要购入货架、柜台、音响设备、桌椅、收银机等设备，还需要购入运输汽车一辆。
4. 房屋按月交租金。
5. 快餐店的收入作为附营业务处理。
6. 商场购销活动中，库存商品按售价记账，可以赊购赊销。
7. 公司要求管理费用等共同费用应在商场和快餐店之间进行分摊。
8. 雇用店员若干人，每月按计时工资计发报酬，奖金视销售情况而定。
9. 公司按规定交纳所得税和增值税（其他税种从略），税率按国家规定执行。
10. 利润按商场和快餐店分别计算；税后利润按规定提取公积金和公益金。
11. 公司已在银行开立账户。
12. 购进商品的包装物卖给废品公司。
13. 本公司名称为东丽有限责任公司。

请根据以上资料对该公司进行会计制度设计，即设计其会计科目并对会计科目使用作出说明。

第四章
复式记账：原理

【本章学习目的】 通过本章学习，你将能够知晓复式记账法的特点，掌握借贷记账法的基本内容包括理论基础、记账规则、记账符号、账户的结构特点，会计分录的编制方法，理解总分类账户和明细分类账户的平行登记要点及账户的对应关系。

【案例导引】

3 位大学毕业生自主创业成立了一家网络公司，他们 3 个人在校都没有接触过会计学方面的知识，但他们非常想弄清楚自己公司每个月的经营情况，以便为公司的后期发展作出相关决策。在校期间，其中有一位同学养成了平时花销记账的习惯，但只对相关现金进行记账，一般是每个月收到多少现金，每天花了多少钱，最后还余多少的模式。所以，公司的账就由这位同学进行管理，她按照在校记账的模式进行记账。这样运作了半年之后，其他两位同学想了解公司的花销和收入情况，3 个人在一起看了半天，可就看不明白，因为时间过去了大半年，有些地方想不起来钱花到哪里去了。你认为他们这种记账方式对吗？

第一节 记账方法概述

一、记账方法的概念和种类

在会计实务中，根据会计核算方法的要求，企业需要结合自身的业务特点和管理要求设置会计科目，并按会计科目开设了账户后，就应该采用一定的记账方法将企业发生的经济业务在账户中记录和反映出来。

所谓记账方法，是指在账户中登记经济业务、反映资金运动即会计要素增减变动的方法。具体地说，就是根据一定的原理，运用一定的计量单位，遵循一定的记账符号和记账规则，利用文字和数字记录经济业务的一种专门方法。

记账方法,按照经济业务记录方式的不同,可分为单式记账法和复式记账法。

二、单式记账法

单式记账法,是在经济业务发生之后,往往只在一个账户中进行单方面登记而与此相联系的另一个账户没有记录的方法。即只反映经济业务资金运动的一个方面。例如,用现金500元购买原材料。只在库存现金账户上登记减少500元,而不在原材料账户上登记增加500元。故单式记账法对此笔经济业务只从现金减少角度反映企业资金运动,而不从原材料增加角度反映企业资金运动的另一个方面。单式记账法是在会计发展初期所形成的一种记账方法。很显然这种记账方法无法记录账户之间的对应关系,无法对会计要素进行总体试算平衡,并且没有完整的账户体系,不便于对经济业务记录的正确性和真实性进行检查,也无法全面、系统地反映经济业务的来龙去脉,不能正确地核算企业的费用和利润。故单式记账法无法适应复杂的商品生产和交换的需要,已基本上被淘汰,随着商品经济的发展,已逐渐被科学的复式记账法所取代。

三、复式记账法

复式记账法,是以会计等式作为记账基础,对每一笔经济业务用相同的金额在两个或两个以上的相互关联的账户中进行登记,全面反映其来龙去脉的一种记账方法。例如,用现金500元购买原材料,既要在"库存现金"账户上登记减少500元,又要在"原材料"账户上登记增加500元,并在这两个账户之间建立起相互联系的关系。

与单式记账法相比,复式记账法具有如下特点:采用复式记账法,可以全面地、相互联系地反映各项经济业务的全貌,并可利用会计要素之间的内在联系和试算平衡公式,来检查账户记录的准确性,它是一种比较完善的记账方法,为世界各国所通用。在我国的会计实务中,曾出现过3种复式记账法,即借贷记账法、增减记账法和收付记账法。1993年7月1日开始实施的《企业会计基本准则》规定,企业记账必须采用借贷记账法。1996年财政部以财预字[1996]26号文发布的《关于"预算会计核算制度改革要点"的通知》,明确规定各级人民政府财政会计、事业行政单位会计将资金收付记账法改为借贷记账法,因此我国现阶段通用的复式记账方法就是借贷记账法。

第二节 借贷记账法

借贷记账法:是以"借"、"贷"为记账符号,对所发生的经济业务,以会计等式作为记账基础记录资金运动增减变动情况的一种复式记账法。通常又全称为借贷复式记账法。它是以"资产=负债+所有者权益"为理论依据,以"借"和"贷"为记账符号,以"有借必有贷,借贷必相等"为记账规则的一种复式记账法。

借贷记账法起源于13~14世纪的意大利。当时,意大利的商品经济,尤其是沿海城市的海上贸易,已发展到一定规模。但流行的货币比较复杂,币制不统一阻碍了商品交换。为了适应商业资本和借贷资本经营管理的需要，逐步形成了这种记账方法。当时经营货币兑换业的"银行"相当发达，但对于频繁进行货币兑换和折算感觉到诸多不便。在这种情况下，通过"银行"进行转账结算就受到商人的欢迎。商人可以将不同的货币存入"银行"，"银行"则折成公认的货币计量单位为其开设存款户。这样，从银行角度来看，当商人将钱存入银行，记入"我应当还他"，记在贷主名下，相当于今天的贷方，表示银行欠下的债务增加；当贷出款项，记入"他应当还我"，记在借主名下，相当于今天的借方，表示银行自身的债权增加。比如，甲乙两人如同时在银行有存款，甲需支付一笔货款给乙，通过银行转账，这样，银行就可以记在甲的借方，又记在乙的贷方。这样，"借"、"贷"两字分别表示债权、债务的变化，反映的是"债权"和"债务"的关系。随着商品经济的发展，借贷记账法也在不断发展和完善，"借"、"贷"两字逐渐失去其本来含义，变成了纯粹的记账符号。1494年，意大利数学家卢卡·帕乔利的《算术、几何、比与比例概要》一书问世，标志着借贷记账法正式成为大家公认的复式记账法，同时也标志着近代会计的开始。卢卡·帕乔利被称为"近代会计之父"。

一、借贷记账法的基本内容

（一）借贷记账法的记账符号

记账符号是一种记账方法的基本标志，表示记账方向的记号。反映的是各种经济业务所引起的企业资金运动的数量的增加和减少。

借贷记账法是以"借"和"贷"作为记账符号，用以指明记账的增减方向、账户之间的对应关系和账户余额的性质等。而与这两个文字的字义及其在会计史上的最初含义无关，不可望文生义。"借"和"贷"是会计的专门术语，并已经成为通用的国际商业语言。

作为记账符号的"借"和"贷"，表示账户上两个对立的方向或部位，通常称为借方和贷方，具体借方和贷方符号所代表的经济内容，只有联系账户的具体性质才能确定。不能规定哪一方表示增加或减少，因为根据账户的性质借贷双方都具有增加和减少的双重含义。"借"和"贷"何时为增加、何时为减少，必须结合账户的具体性质才能准确说明。

（二）借贷记账法下的账户结构

借贷记账法的账户基本结构分为左、右两方，左方称之为借方，右方称之为贷方。一般在账户借方记录的经济业务称之为"借记某账户"；在账户的贷方记录的经济业务称之为"贷记某账户"。至于借方和贷方究竟哪一方用来记录金额的增加，哪一方用来记录金额的减少，则要根据账户的性质来决定，不同性质的账户，其结构是不同的。

1. 账户结构设置的理论基础。在借贷记账法下，设置账户的理论依据是会计恒等式，即"资产=负债+所有者权益"。任何经济业务的发生都不可能破坏会计恒等式的平衡关系。为了使平时的记录反映这种平衡关系，要求我们在设置账户时，作出符合对称关系的规定，即会计等式左边资产类账户的结构与会计等式右边负债和所有者权益类账户的结构完全相反。这样，借方和贷方登记的内容与会计恒等式中左方和右方所反映的业务性质正好相对应。

另外，为了便于及时记录经济活动的成果，人们将权益持续不断的经济活动人为地分割成一个个首尾相连的会计期间。这样，账户所记录的资产、负债和所有者权益的增减变动，就被分割在不同的会计期间进行。如果同一账户在一个会计期间增加和减少不完全相同，那么到期末时账户就会出现一个差额，会计上称之为"余额"。会计期间内的增加数称为"增加发生额"、减少数则称为"减少发生额"，两者之差称为"发生额"。一般来说，余额总是出现在登记增加额的一方。由于会计期间的首尾相连，所以账户的本期期末余额就是下期的期初余额。根据资金运动的数额关系，期初余额、期末余额、本期增加发生额、本期减少发生额之间的数量关系用公式表示为：

$$期末余额 = 期初余额 + 本期增加发生额 - 本期减少发生额$$

2. 具体的账户结构。

（1）资产类账户。借贷记账法规定，资产类账户的借方登记增加数，贷方登记减少数。余额在借方。数额之间的具体关系可表示为：

$$资产类账户的期末余额 = 期初余额 + 借方本期发生额合计 - 贷方本期发生额合计$$

其账户的结构如图4-1所示。

借方	资产类账户	贷方
期初余额××××		
本期增加额××××		本期减少额××××
期末余额××××		

图4-1 资产类账户的结构

（2）负债及所有者权益类账户。借贷记账法规定，负债及所有者权益类账户的借方登记减少数，贷方登记增加数，余额在贷方。其期末余额的计算公式如下：

$$期末余额 = 期初余额 + 贷方本期发生额合计 - 借方本期发生额合计$$

负债及所有者权益类账户的结构如图4-2所示。

借方	负债及所有者权益类账户	贷方
		期初余额××××
本期减少额××××		本期增加额××××
		期末余额××××

图4-2 负债及所有者权益类账户的结构

（3）成本、费用类账户。企业在生产经营过程中会发生各种耗费，即有成本、费用发生。在资金运动过程中，成本、费用类似于资产都是资金的存在形态或去向。因此，成本、费用类账户的结构与资产类账户的结构基本相似。成本、费用类账户的基本结构是，借方登记成本、费用的增加数（或发生数），贷方登记成本、费用的减少额（或结转数）。由于企业每一期间都要计算经营成果，故企业所花费的成本、费用，期末都要参与成本计算或利润计算，都要全部结转到有关的"生产成本"账户或"本年利润"账户，结转后，账户通常没有余额。而成本类账户的"生产成本"账户，一般有期末余额，余额在借方，表示期末在产品的生产成本。成本、费用类账户的基本结构如图4-3所示。

借方	成本、费用类账户	贷方
本期增加额（或发生额）		本期减少额（或结转额）

图4-3 成本、费用类账户的基本结构

（4）收入类账户。企业取得收入会导致所有者权益发生变化，收入的增加可视同所有者权益增加。所以，收入类账户结构类似于所有者权益类账户的结构，即借方登记减少数（或结转数），贷方登记增加数。企业所取得的收入，到期末时要参与利润的计算，期末都要结转到"本年利润"账户，结转后，收入类账户无余额。

收入类账户的基本结构如图4-4所示。

借方	收入类账户	贷方
本期减少额（或结转额）		本期增加额

图4-4 收入类账户的基本结构

为了便于了解所有账户的结构和借贷两方所反映的资金运动情况，现将其结构概括表示如表4-1所示。

表4-1 借贷记账法下各类账户结构

账户类型	借方	贷方	余额方向
资产类	增加	减少	借方
负债类	减少	增加	贷方
所有者权益类	减少	增加	贷方
收入类	减少（结转）	增加	一般无余额
成本、费用类	增加	减少（或结转）	一般无余额（如有在借方）

（三）借贷记账法的记账规则

借贷记账法的记账规则，是根据资金运动的规律来加以规定的，以便将经济业务全面、系统、准确地记入到有关账户中。借贷记账法的记账规则可以概括为："有借必有贷，借贷必相等"。"有借必有贷"是指任何一笔经济业务都必须同时分别记录到两个或两个以上的相互联系的账户中去；所记录的账户可以是同类账户，也可以是不同类账户，但必须是两个记账方向，既不能都记入借方，也不能都记入贷方。这是因为任何一笔经济业务的发生，都将引起资金运动发生变化,即将引起一个或几个账户的借方和另一个或几个账户的贷方发生变化。这对记账方向进行了规定。"借贷必相等"是指任何一笔经济业务都必须以相等的金额,在两个或两个以上相互联系的账户中进行记录,记入借方账户的总额必须与记入贷方账户的总额相等。这是因为同一笔经济业务的发生同时至少引起两个或两个以上的账户发生了变化,其金额必须相等。否则,会计方程式的平衡关系就会被破坏。这是对记账金额进行了规定。

采用借贷记账法登记经济业务时,通常应按下列三步进行:

第一步,根据经济业务的内容,确定涉及哪些会计要素;

第二步,确定属于会计要素的哪些具体项目,即应使用哪些账户,以及这些账户的金额变化情况,是增加还是减少;

第三步,根据账户结构特点,确定各账户应借、应贷的方向和金额。

下面通过一些代表性的经济业务,说明借贷记账法的记账准则。

例(1):投资者以一幢 200 万元的新厂房向企业投资。

这笔经济业务,一方面引起资产要素中的"固定资产"项目增加 200 万元,应在其借方记入 200 万元;另一方面引起所有者权益要素中的"实收资本"项目增加 200 万元,应在其贷方记入 200 万元。其登记结果如图 4-5 所示。

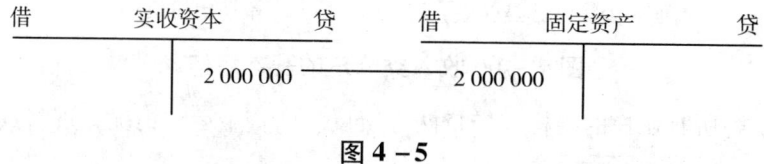

图 4-5

例(2):企业从银行借入为期 6 个月的短期借款 10 万元,存入银行。

这笔经济业务,一方面引起资产要素中的"银行存款"项目增加 10 万元,应在其借方记入 10 万元;另一方面引起负债要素中的"短期借款"项目增加 10 万元,应在其贷方借入 10 万元。其登记结果如图 4-6 所示。

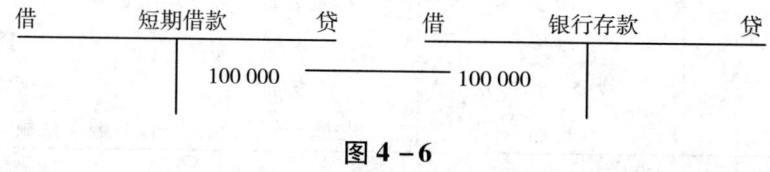

图 4-6

例(3):用银行存款偿还前欠的甲公司货款 50 000 元。

这笔经济业务,一方面引起资产要素中的"银行存款"项目减少 50 000 元,应在其贷方记入 50 000 元;另一方面引起负债要素中的"应付账款"项目减少 50 000 元,应在其借方记入 50 000 元。其登记结果如图 4-7 所示。

例(4):企业向乙公司购买原材料 8 万元,材料已验收入库,其中用银行存款支付了 5 万元,其余的货款暂未付(暂不考虑增值税)

这笔经济业务,一方面引起资产要素中的"原材料"项目增加 8 万元,应在其借方记

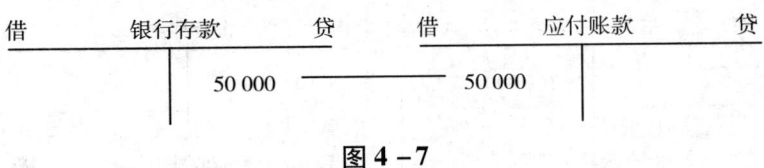

图 4-7

入 8 万元；另一方面引起资产要素中的"银行存款"项目减少 5 万元和负债要素中的"应付账款"项目增加 3 万元，应在"银行存款"贷方记入 5 万元和"应付账款"贷方记入 3 万元。其登记结果如图 4-8 所示。

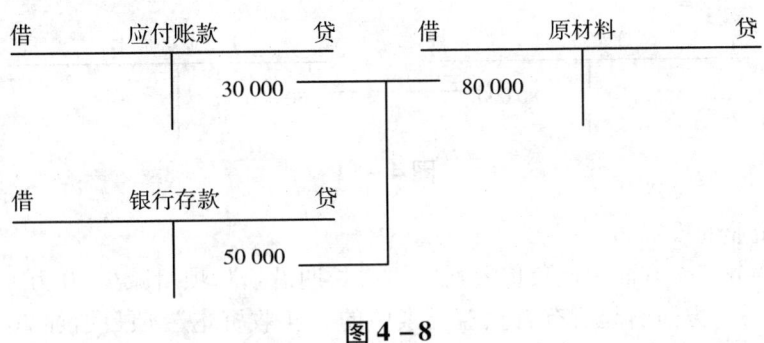

图 4-8

例（5）：企业领用原材料 7 万元用于生产 A 产品。

这笔经济业务，一方面引起资产要素中的"原材料"项目减少 7 万元，应在其贷方记入 7 万元；另一方面引起费用要素中的"生产成本"项目增加 7 万元，应在其借方记入 7 万元。其登记结果如图 4-9 所示。

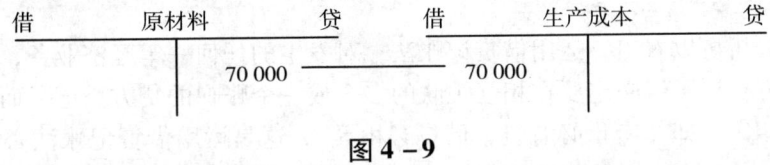

图 4-9

例（6）：企业销售 A 产品 80 台，每台售价 2 000 元，计 16 万元，其中 10 万元货款已存银行，其余的暂未支付（暂不考虑增值税）。

这笔经济业务，一方面引起资产要素中的"银行存款"项目增加 10 万元，应在其借方记入 10 万元，还有资产要素中的"应收账款"项目增加 6 万元，应在其借方记入 6 万元；另一方面引起收入要素中的"主营业务收入"项目增加 16 万元，应在其贷方记入 16 万元。其登记结果如图 4-10 所示。

例（7）：企业结转已销 A 产品成本 8 万元。

这笔经济业务，一方面引起费用要素中的"主营业务成本"项目增加 8 万元，应在其借方记入 8 万元；另一方面引起资产要素中的"库存商品"项目减少 8 万元，应在其贷方记入 8 万元。其登记结果如图 4-11 所示。

例（8）：3 年前从银行借入的 20 万元长期借款已到期，企业无力偿还，经协商将其借

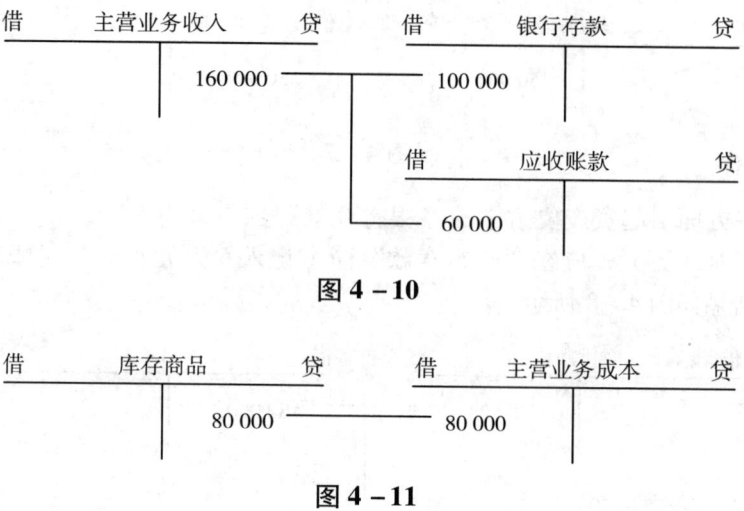

图 4-10

图 4-11

款转为银行对企业的投资。

这笔经济业务，一方面引起负债要素中的"长期借款"项目减少 20 万元，应在其借方记入 20 万元；另一方面引起所有者权益要素中的"实收资本"项目增加 20 万元，应在其贷方记入 20 万元。其登记结果如图 4-12 所示。

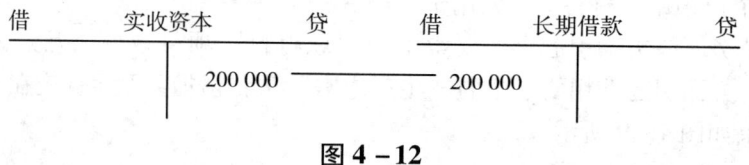

图 4-12

从前面的分析可以看出，运用借贷记账法，对发生的任何一笔经济业务，如果在一个或多个账户的借方登记了，必定要在相互关联的多个或一个账户的贷方登记，而且借贷双方的记账金额必须相等。即"有借必有贷，借贷必相等"，这是运用借贷记账法必须遵循的记账规则。

二、借贷记账法下的账户对应关系

根据借贷记账法记录每一项经济业务时，都必然在两个或两个以上相互关联的账户中进行登记，这些相互关联的账户之间就存在着应借、应贷的相互关系，账户之间的这种相互关系称为账户的对应关系，存在着对应关系的账户称为对应账户。

通过账户的对应关系，可以了解经济业务的内容，能够清晰地看出会计要素各有关项目之间增减变动情况，反映资金运动的来龙去脉，以便检查对经济业务的处理是否合理合法。例如，销售产品 50 000 元存入银行。如果记入"银行存款"账户借方 50 000 元和"库存商品"账户贷方 50 000 元，这中账户对应关系表明银行存款增加了 50 000 元，库存商品减少了 50 000 元。可是我们知道库存商品减少变为银行存款，必须通过"主营业务收入"账户。另外，产品销售收入货款是按销售计算的，而库存商品减少是按成本记账的。由此可见，

"银行存款"和"库存商品"账户不存在对应关系，因为两者形成对应账户，无法正确地反映经济业务内容。

账户之间的对应关系是相对而言的。如企业借入短期借款10 000元存入银行。对这笔经济业务要在"银行账款"的借方登记10 000元，同时在"短期借款"的贷方登记10 000元。这样，"银行存款"账户和"短期借款"账户之间就形成了对应关系。再如，将现金10 000元存入银行。而此笔经济业务要在"银行存款"的借方登记10 000元，同时在"库存现金"贷方登记10 000元。所以，"银行存款"账户和"库存现金"账户之间形成了对应关系。可见，针对前一笔经济业务而言，银行存款的对应账户是短期借款；而对后一笔经济业务，银行存款的对应账户是库存现金。

三、会计分录

每一笔经济业务要在账户中登记，都离不开三个方面的问题：一是登记到哪些账户中去；二是登记到这些账户的哪个方向，即借方还是贷方；三是登记的金额是多少。为了正确地、清楚明了地反映经济业务所引起的资金运动的来龙去脉，需要在经济业务发生之后，记入账户之前，编制会计分录，再根据会计分录登记账簿。

所谓会计分录，就是对每项经济业务表明应借、应贷账户名称和金额的一种记录，故又简称为分录。在实际工作中，编制会计分录是根据各项经济业务的原始凭证来编制记账凭证来完成的。有关原始凭证和记账凭证的编制方面的问题在后面的章节中阐述。这里这介绍会计分录的编制问题。

任何一笔会计分录都要解决上面所说的三个方面的问题：登记到哪些账户中去、登记的方向和登记的金额，简单地说就是账户（科目名称）、记账方向和记账金额。将此称为会计分录的三要素。

会计分录按照所包含的账户的多少，分为简单会计分录和复合会计分录。简单会计分录只有两个账户，即一借一贷。复合会计分录又称为复杂会计分录，包含三个或三个以上的账户，通常有"一借多贷"、"一贷多借"和"多借多贷"三种形式。

会计分录的编制对于初学者来说通常可以从这几个方面进行：第一步，经济业务涉及哪些会计要素；第二步，具体是会计要素中的哪些会计账户发生了变化；第三步，这些账户的变化是增加还是减少；第四步，根据账户的结构特点判断账户应记方向，是借方还是贷方；第五步，分析每个账户的应记金额是多少；第六步，写出完整的会计分录。

会计分录的书写格式（上借下贷，左右错开）：

(1) 先借后贷。即借方在前，贷方在后；

(2) 左右错开。即贷方的文字和数字都要比借方后退一至两个字位；

(3) 在一借多贷或一贷多借或多借多贷的情况下，借方或贷方的文字要对齐，金额也应对齐。

现以前面所举的例（1）~例（8）笔经济业务为例，说明会计分录的格式及编制方法。

例（1）：借：固定资产   2 000 000
　　　　　　贷：实收资本   2 000 000

例（2）：借：银行存款		100 000
贷：短期借款		100 000
例（3）：借：应付账款		50 000
贷：银行存款		50 000
例（4）：借：原材料		80 000
贷：银行存款		50 000
应付账款		30 000
例（5）：借：生产成本		70 000
贷：原材料		70 000
例（6）：借：银行存款		100 000
应收账款		60 000
贷：主营业务收入		160 000
例（7）：借：主营业务成本		80 000
贷：库存商品		80 000
例（8）：借：长期借款		200 000
贷：实收资本		200 000

上述例（4）和例（6）所编制的会计分录都属于复合会计分录。其他的是简单会计分录。复合会计分录可以分解为几个简单会计分录。如例（4）可以分解为下列两个会计分录：

　　借：原材料　　　　　　　　　　　　　　50 000
　　　贷：银行存款　　　　　　　　　　　　　50 000
和　借：原材料　　　　　　　　　　　　　　30 000
　　　贷：应付账款　　　　　　　　　　　　　30 000

通常，复合会计分录能集中、全面地反映经济业务的资金运动情况，可以简化记账手续；简单会计分录能直观地反映经济业务的变化情况，便于检查。通常在具体的实务操作过程，往往将一笔经济业务作为一个会计分录，不宜将几笔经济业务合并为一个会计分录；或者将一笔经济业务分解为几个会计分录。

四、借贷记账法下的试算平衡

企业在每一会计期间内往往会发生大量经济业务，需要编制大量的会计分录。为了避免这些会计分录在编制过程中由于主观或客观原因所引起的失误，在记账之前，必须对这些会计分录进行检查，从而保证会计核算的准确性。检查工作是通过试算平衡来完成的。

试算平衡，就是指在某一时日（如会计期末），为了保证本期会计处理的正确性，依据会计等式或复式记账原理，对本期各账户的全部记录进行汇总、测算，以检验其正确性的一种专门方法。通过试算平衡，可以检查会计记录的正确性，并可查明出现不正确会计记录的原因，进行调整，从而为会计报表的编制提供准确的资料。

在借贷记账法下，根据借贷复式记账的基本原理，试算平衡的方法主要有两种：本期发生额平衡法和余额平衡法。

(一) 本期发生额平衡法

本期发生额平衡法，是指将全部账户的本期借方发生额和本期贷方发生额分别加总后，利用"有借必有贷，借贷必相等"的记账规则来检验本期发生额账户处理正确性的一种试算平衡方法，其试算平衡公式如下：

全部账户本期借方发生额合计＝全部账户本期贷方发生额合计

（发生额是属于期间动态的会计指标，反映资金的增减变化，所以又称为动态平衡公式。）

这种试算平衡方法的原理是：在平时编制会计分录时，都是"有借必有贷，借贷必相等"，将其记入有关账户经汇总后，也必然是"借贷必相等"。本期发生额平衡法主要是用来检查本期发生的经济业务在进行各种账户处理时的正确性。

(二) 余额平衡法

余额平衡法是指在会计期末账户余额在借方的全部数额和在贷方的全部数额分别加总后，利用"资产＝负债＋所有者权益"的平衡原理来检验会计处理正确性的一种试算平衡方法。根据余额时间不同，又分为期初余额平衡和期末余额平衡两类。其试算平衡公式如下：

全部账户的借方期末余额＝全部账户的贷方期末余额
全部账户的借方期初余额＝全部账户的贷方期初余额

（余额是属于时点静态的会计指标，反映资金增减变动后的结果，所以又称为静态平衡公式。）

余额平衡法的基本原理：在借贷记账法下，资产账户的期末余额在借方，负债和所有者权益账户的期末余额在贷方，由于存在"资产＝负债＋所有者权益"的平衡关系，所以全部账户的借方期末余额合计数应当等于全部账户的贷方期末余额合计数。余额平衡法主要是通过各种账户余额来检查、推断账户处理正确性的。

如果试算不平衡，说明账户的记录肯定有错，如果试算平衡，说明账户的记录基本正确，但不一定完全正确。这是因为有些错误并不影响借贷双方的平衡，如果发生某项经济业务在有关账户中被重记、漏记或记错了账户等错误，并不能通过试算平衡来发现。但试算平衡仍是检查账户记录是否正确的一种有效方法。

试算平衡，就是指利用"资产＝负债＋所有者权益"的平衡原理，按照记账规则的要求，通过汇总、计算和比较，来检查会计账户处理和账簿记录的正确性、完整性的一种方法。

在实务操作过程中，试算平衡往往通过编制试算平衡表的形式来验证本期记账的正确性。对发生额进行试算平衡是通过编制"本期发生额试算平衡表"（见表4-2）进行的。会计期末，对余额进行试算平衡是通过编制"期末余额试算平衡表"（见表4-3）进行的。

表 4-2　　　　　　　　　总分类账户本期发生额试算平衡表

账户名称	借方发生额	贷方发生额
合计		

表 4-3　　　　　　　　　总分类账户期末余额试算平衡表

账户名称	借方余额	贷方余额
合计		

为了减少编表的工作量，亦可将"本期发生额试算平衡表"和"期末余额试算平衡表"合并编制"总分类账户本期发生额及期末余额试算平衡表"（见表 4-4）。

表 4-4　　　　　　　总分类账户本期发生额及期末余额试算平衡表

账户名称	期初余额		本期发生额		期末余额	
	借方	贷方	借方	贷方	借方	贷方
合计						

通过试算平衡表来检查账簿记录是否正确，一般情况下是可行的，但这并不意味着绝对正确！从某种意义上讲，如果借贷不平衡，就可以肯定账户的记录或者是计算有错误；但是如果借贷平衡，我们也不能肯定账户记录没有错误，因为有些错误根本不影响借贷双方的平衡关系。

试算不平衡就可以发现借贷不平衡，但是平衡了的话就不一定说没有问题。比如试算平衡时，漏记、重记、记账方向颠倒和用错会计科目的情况，均不能通过试算平衡被发现。

（三）借贷记账法试算平衡运用实例

例题：假定大洋有限公司 2010 年 8 月 1 日的资产、负债及所有者权益有关账户的余额如表 4-5 所示。

表 4-5　　　　　　　　　　　　　　账户期初余额表　　　　　　　　　　　　　单位：元

资产		负债及所有者权益	
名称	金额	名称	金额
库存现金	5 000	短期借款	40 000
银行存款	160 000	应付票据	60 000
应收账款	30 000	应付账款	50 000
原材料	90 000	长期借款	210 000
库存商品	105 000	实收资本	500 000
固定资产	400 000	盈余公积	10 000
无形资产	100 000	本年利润	20 000
合计	890 000		890 000

假定该公司2010年8月份发生的全部经济业务，见例（1）至例（8），为大洋公司编制8月31日的试算平衡表。

在编制试算平衡表之前，根据会计准则的要求，期末必须对损益类账户进行结转，使损益类账户期末无余额。故对损益类账户进行期末结转，编制会计分录如下：

借：主营业务收入　　　　　　　　　　　　　　　　　160 000
　　贷：本年利润　　　　　　　　　　　　　　　　　　　　160 000
借：本年利润　　　　　　　　　　　　　　　　　　　80 000
　　贷：主营业务成本　　　　　　　　　　　　　　　　　　80 000

在此基础上编制了大洋公司总分类账户发生额及余额试算平衡表，如表4-6所示。

表 4-6　　　　　　　总分类账户本期发生额及期末余额试算平衡表　　　　　　单位：元

账户名称	期初余额		本期发生额		期末余额	
	借方	贷方	借方	贷方	借方	贷方
库存现金	5 000				5 000	
银行存款	160 000		200 000	100 000	260 000	
应收账款	30 000		60 000		90 000	
原材料	90 000		80 000	70 000	100 000	
生产成本			70 000		70 000	
库存商品	105 000			80 000	25 000	
固定资产	400 000		2 000 000		2 400 000	
无形资产	100 000				100 000	
短期借款		40 000		100 000		140 000
应付票据		60 000				60 000
应付账款		50 000	50 000	30 000		30 000
长期借款		210 000	200 000			10 000
实收资本		500 000		2 200 000		2 700 000
盈余公积		10 000				10 000

续表

账户名称	期初余额		本期发生额		期末余额	
	借方	贷方	借方	贷方	借方	贷方
本年利润		20 000	80 000	160 000		100 000
主营业务收入			160 000	160 000		0
主营业务成本			80 000	80 000		0
合计	890 000	890 000	2 980 000	2 980 000	3 050 000	3 050 000

第三节 总分类核算与明细分类核算

一、总分类账户和明细分类账户的设置

设置账户是会计核算的一种专门方法。为了满足经营管理的需要，企业对所有经济业务都要在有关账户中登记。通过前面会计账户的学习，我们知道，账户按照提供资料的详细程度不同，分为总分类账户和明细分类账户。总分类账户为企业提供总括的核算资料，而明细分类账户则提供详细的核算资料，对总分类账户起补充说明的作用。为此，企业在账户的设置上既要设置总分类账户，又要设置明细分类账户。

（一）总分类账户

总分类账户简称总账账户、总账或一级账户，是指根据总分类科目设置的，用于对会计要素具体内容进行总括分类核算的账户。它是根据各个会计要素的具体内容按大类分别设置的。为了保证会计核算资料的可比性，总分类账户的名称、核算内容及使用方法通常由国家统一规定，按照企业会计准则的有关规定来设置。前述的账户都是总分类账户，它只能提供各种有关的总括核算资料，以便概括了解企业的经营情况和财务状况。如"应收账款"账户，其反映的是企业因销售商品和提供劳务等而应收购买单位的款项，提供的是企业关于应收账款的总括资料，即包括某一会计期间应收账款的增加数、减少数和余额情况。

（二）明细分类账户

明细分类账户简称明细账或二级账户。是根据明细分类科目设置的，用来对会计要素具体内容进行明细分类核算的账户。它能够提供某一具体经济业务的明细核算指标，是总分类账户的补充说明。通常情况下，大多数总分类账户都需要设置明细分类账户。例如，"应付账款"账户应根据全部供应单位名称设置明细分类账户，以具体掌握企业与各供应单位之间的账款结算的详细情况；"原材料"账户应根据各种材料的品名和规格分别设置明细分类账户，以具体了解和掌握企业不同类别、品名，规格材料的增加、减少和结存情况的详细资料，并在明细分类账户中，应用实物计量单位和货币计量单位同时进行登记，以便加强实物

资金的管理。具体设置时,明细分类账户设置并非越细越好,而是既要满足管理的需要,又要简化核算。故明细分类账户的名称、核算内容及使用方法由各企业根据自身的具体情况自行决定,不作统一规定。

(三) 总分类账户与明细分类账户的关系

(1) 总分类账户对明细分类账户具有统驭控制作用。总分类账户提供的总括核算资料是对有关明细分类账户资料的综合;明细分类账户所提供的明细核算资料是对其总分类账户核算资料的具体化。

(2) 明细分类账户对总分类账户具有补充说明作用。总分类账户是对会计要素各项目增减变化的总括反映,提供总括的资料;而明细分类账户反映的是会计要素各项目增减变化的详细情况,提供了某一具体方面的详细资料,有些明细分类账户还可以提供实物数量指标和劳动量指标等。

(3) 总分类账户与其所属明细分类账户在总金额上应当相等。由于总分类账户与其所属明细分类账户是根据相同的依据来进行平行登记,所反映的经济内容是相同的,其总金额必然相等。

二、总分类账户与明细分类账户的登记

总分类账户与明细分类账户之间的关系,决定了两者必须平行登记。

所谓总分类账户与明细分类账户的平行登记是指对所发生的每项经济业务都要以会计凭证为依据,一方面记入有关总分类账户,另一方面也要记入有关总分类账户所属的明细分类账户的方法。这样做的意义是便于账户核对和检查,纠正错误和遗漏。

平行登记法的要点可以概括为以下几点:

(1) 依据相同:两者进行登记所依据的会计凭证相同。

(2) 方向相同(借贷方向相同):即如果登记总账时是记借方,则登记其所属的明细账也是记借方;如果登记总账时是记贷方,则登记其所属的明细账也是记贷方。

(3) 期间相同(所属会计期间相同):即对于当期发生的经济业务,必须在同一期间将其登记到总分类账和其所属的明细分类账中。注意:"期间相同"的含义是在同一个月份内。例如,假设某项业务在明细账中是4月10日登记的,而总账中是在4月20日登记的该业务,则属于期间相同。

(4) 金额相同:计入总分类账户的金额与计入其所属明细分类账户的合计金额相等。

进行平行登记之后,总分类账户与其所属的明显分类账户之间在数量上必然存在的钩稽关系:

总分类账户的期初余额 = 所属明细分类账户期初余额合计
总分类账户的本期发生额 = 所属明细分类账户本期发生额合计
总分类账户的期末余额 = 所属明细分类账户期末余额合计

三、总分类账户和明细分类账户平行登记方法实例

现以大洋有限公司"应付账款"和"原材料"两个账户为例,说明总分类账户和明细分类账户平行登记方法。

例:假设大洋有限公司 2010 年 8 月初"应付账款"账户的明细分类账户的期初余额为:东兴公司 15 000 元,华新公司为 21 000 元,"应付账款"总分类账户期初余额为 36 000元。假设该公司"原材料"账户的明细分类账户的期初余额资料如下:

甲材料	150 千克	200 元/千克	共计 30 000 元
乙材料	100 吨	150 元/吨	共计 15 000 元
合计			45 000 元

假设该公司 8 月份发生的与有关供应单位结算业务和有关原材料收发业务的详细内容如下:

(1) 4 日,公司向东兴公司购入甲材料 80 千克,每千克 200 元,共计 16 000 元;购入乙材料 60 吨,每吨 150 元,共计 9 000 元。两种材料都已验收入库,货款暂未付(暂不考虑增值税,下同)。

(2) 6 日,公司向华新公司购入甲材料 50 千克,每千克 200 元,共计 10 000 元;购入乙材料 100 吨,每吨 150 元,共计 15 000 元。两种材料都已验收入库,货款暂未付。

(3) 10 日,生产 A 产品领用 70 000 元的原材料。具体明细如下:

甲材料	200 千克	200 元/千克	共计 40 000 元
乙材料	200 吨	150 元/吨	共计 30 000 元
合计			70 000 元

(4) 31 日,公司用银行存款偿还前欠东兴公司货款 15 000 元,华新公司货款 21 000 元。

根据上述资料,首先将期初余额记入有关总分类账户及其所属的明细分类账户;然后根据各项经济业务的内容作出会计分录;最后根据各项经济业务的会计分录用平行登记的方法记入有关总分类账户及所属的明细分类账户。

有关会计分录如下:

(1) 借:原材料——甲材料　　　　　　　　　　　　　16 000
　　　　　　——乙材料　　　　　　　　　　　　　　 9 000
　　　贷:应付账款——东兴公司　　　　　　　　　　25 000
(2) 借:原材料——甲材料　　　　　　　　　　　　　10 000
　　　　　　——乙材料　　　　　　　　　　　　　　15 000
　　　贷:应付账款——华新公司　　　　　　　　　　25 000
(3) 借:生产成本　　　　　　　　　　　　　　　　　70 000
　　　贷:原材料——甲材料　　　　　　　　　　　　40 000

	——乙材料	30 000
（4）借：应付账款——东兴公司		15 000
——华新公司		21 000
贷：银行存款		36 000

按上述步骤，在"应付账款"总分类账户及其所属的"东兴公司"和"华新公司"明细分类账户中，进行平行登记后的结果，如表4-7、表4-8和表4-9所示。

表4-7 总分类账

账户名称：应付账款　　　　　　　　　　　　　　　　　　　　单位：元

年		凭证		摘要	借方	贷方	借或贷	余额
月	日	字	号					
略	略	略	略	月初余额			贷	36 000
				（1）购入材料		25 000	贷	61 000
				（2）购入材料		25 000	贷	86 000
				（4）偿还货款	36 000		贷	50 000
				本期发生额及余额	36 000	50 000	贷	50 000

表4-8 应付账款明细分类账

明细分类账户名称：东兴公司　　　　　　　　　　　　　　　　单位：元

年		凭证		摘要	借方	贷方	借或贷	余额
月	日	字	号					
略	略	略	略	月初余额			贷	15 000
				（1）购入材料		25 000	贷	40 000
				（4）偿还货款	15 000		贷	25 000
				本期发生额及余额	15 000	25 000	贷	25 000

表4-9 应付账款明细分类账

明细分类账户名称：华新公司　　　　　　　　　　　　　　　　单位：元

年		凭证		摘要	借方	贷方	借或贷	余额
月	日	字	号					
略	略	略	略	月初余额			贷	21 000
				（2）购入材料		25 000	贷	46 000
				（4）偿还货款	21 000		贷	25 000
				本期发生额及余额	21 000	25 000	贷	25 000

从以上"应付账款"总分类账户及其所属的明细分类账户平行登记的结果可以看出,"应付账款"总分类账户的期初余额是 36 000 元,等于所属的明细分类账户"东兴公司"的期初余额 15 000 元和"华新公司"的期初余额 21 000 元之和;借方的总账本期发生额 36 000 元,等于明细分类账户借方本期发生额 15 000 元和 21 000 元之和;贷方的总账本期发生额 50 000 元,等于明细分类账户贷方本期发生额 25 000 元和 25 000 元之和;总账的期末余额 50 000 元等于明细分类账户的期末余额 25 000 元和 25 000 元之和。可见,"应付账款"总分类账和其所属的明细分类账户平行登记正确。

下面再按照平行登记的上述步骤,在"原材料"总分类账户和其所属明细分类账户中进行登记,登记结果见表 4-10、表 4-11 和表 4-12 所示。

表 4-10　　　　　　　　　　　总分类账

账户名称:原材料　　　　　　　　　　　　　　　　　　　　　　　　单位:元

年		凭证		摘要	借方	贷方	借或贷	余额
月	日	字	号					
略	略	略	略	月初余额			借	45 000
				(1) 购入材料	25 000		借	70 000
				(2) 购入材料	25 000		借	95 000
				(3) 发出材料		70 000	借	25 000
				本期发生额及余额	50 000	70 000	借	25 000

表 4-11　　　　　　　　　　原材料明细分类账

账户名称:甲材料　　　　　　　　　　　　　　　　　　　　　　　　单位:元

年		凭证		摘要	收入			发出			结余		
月	日	字	号		数量(千克)	单价	金额	数量(千克)	单价	金额	数量(千克)	单价	金额
略	略	略	略	月初余额							150	200	30 000
				(1) 购入材料	80	200	16 000				230	200	46 000
				(2) 购入材料	50	200	10 000				280	200	56 000
				(3) 发出材料				200	200	40 000	80	200	16 000
				本期发生额及余额	130	200	26 000	200	200	40 000	80	200	16 000

表4-12　　　　　　　　　　　　　　　原材料明细分类账

账户名称：乙材料　　　　　　　　　　　　　　　　　　　　　　　　　　　　　　　　　　　单位：元

年		凭证字号	摘要	收入			发出			结余		
月	日			数量(千克)	单价	金额	数量(千克)	单价	金额	数量(千克)	单价	金额
略	略	略 略	月初余额							100	150	15 000
			(1) 购入材料	60	150	9 000				160	150	24 000
			(2) 购入材料	100	150	15 000				260	150	39 000
			(3) 发出材料				200	150	30 000	60	150	9 000
			本期发生额及余额	160	150	24 000	200	150	30 000	60	150	9 000

从以上"原材料"总分类账户及其所属的明细分类账户平行登记的结果可以看出，"原材料"总分类账户的期初余额是45 000元，等于所属的明细分类账户"甲材料"的期初余额30 000元和"乙材料"的期初余额15 000元之和；借方的总账本期发生额50 000元，等于明细分类账户借方本期发生额26 000元和24 000元之和；贷方的总账本期发生额70 000元，等于明细分类账户贷方本期发生额40 000元和30 000元之和；总账的期末余额25 000元等于明细分类账户的期末余额16 000元和9 000元之和。可见，"原材料"总分类账和其所属的明细分类账户平行登记正确。

总分类账户与所属的明细分类账户平行登记的结果在数字上必然形成一种钩稽关系，即相关数字相等。这样，我们可以通过定期核对双方有关数字，来检查账户的记录是否准确、完整。如果通过核对发现有的数字不等，则表明账户的记录有误，应及时予以更正。在实务操作过程中，该项工作通常在期末编制"明细分类账户本期发生额及余额表"来进行的。如上例根据明细记录来编制"应付账款"和"原材料"来编制本期发生额及余额表，如表4-13和表4-14所示。

表4-13　　　　　　　　　　　应付账款明细分类账户本期发生额及余额表　　　　　　　　　　　单位：元

年		供应单位名称	期初贷方余额	本期借方发生额	本期贷方发生额	期末贷方余额
月	日					
略	略	东兴公司	15 000	15 000	25 000	25 000
		华新公司	21 000	21 000	25 000	25 000
		合计	36 000	36 000	50 000	50 000

表 4-14　　　　　　　　　原材料明细分类账户本期发生额及余额表　　　　　　　单位：元

年		原材料名称	期初借方余额	本期借方发生额	本期贷方发生额	期末借方余额
月	日					
略	略	甲材料	30 000	26 000	40 000	16 000
		乙材料	15 000	24 000	30 000	9 000
		合计	45 000	50 000	70 000	25 000

【本章小结】

本章主要对记账方法、单式记账法、复式记账法、借贷记账法、会计分录、总分类账户和明细分类账户的设置和平行登记进行了介绍。

复式记账法，是以会计等式作为记账基础，对每一笔经济业务用相同的金额在两个或两个以上的相互关联的账户中进行登记，全面反映其来龙去脉的一种记账方法。

借贷记账法是以"借"、"贷"二字作为记账符号的一种复式记账方法。借贷记账法的理论依据是会计恒等式。其记账规则是"有借必有贷，借贷必相等"。在借贷记账法下，不同性质的账户，其结构也不相同。资产类账户和成本、费用类的借方登记增加额，贷方登记减少额；负债和所有者权益类账户及收入类账户的借方登记减少额，贷方登记增加额。通过借贷记账法来反映经济业务时，每笔经济业务所涉及的两个或两个以上的账户之间必然存在着某种相互关联的关系，这种关系称为账户的对应关系。将账户之间的对应关系清楚明了地表达出来的方式就是会计分录。会计分录包括三个要素：会计科目、记账方向（借或贷）、记账金额。在会计实务中，我们可以利用借贷记账法的试算平衡来检查账户记录的正确性。

企业在会计核算中，既要设置总分类账户，又要设置项目分类账户。在会计实务中，总分类账户和明细分类账户采取平行登记的方法，即在登记时做到：依据相同、方向相同、期间相同、金额相同。

【中英文对照专业名词及术语】

复式记账	Double Entry System
借贷记账法	Debit Credit Method
会计分录	Accounting Entry
总分类账	General Ledge
试算平衡	Trial Balance
借方	Debit
贷方	Credit
账户余额	Account Balance

复习思考题

1. 什么是记账方法？通常有哪几种记账方法？
2. 什么是复式记账法？
3. 什么是借贷记账法？简述借贷记账法的主要内容？
4. 什么是账户的对应关系？
5. 什么是会计分录？会计分录的三要素是什么？
6. 简述借贷记账法下的试算平衡的含义。
7. 什么是总分类账户和明细分类账户？两者进行平行登记的要点是什么？

练习题

1. 根据下列经济业务，编制会计分录：
（1）用银行存款 25 000 元购买材料。
（2）借入短期借款偿还应付账款 10 000 元。
（3）企业将资本公积 60 000 转增实收资本。
（4）根据合同规定，甲公司将收回对本企业的投资 200 000 元，并将这 200 000 元转为对本企业的长期借款。
（5）投资方乙公司把借给企业的长期借款 300 000 元转为对本企业的投资。
（6）购买原材料 30 000 元，货款尚未支付（暂不考虑增值税）。
（7）用银行存款偿还长期借款 200 000 元。
（8）接受企业单位投入新设备 1 台，价值 76 000 元。
（9）根据合营合同的规定，合营期满投资方收回对本企业的投资 500 000 元，从本企业银行存款账户中划出。
（10）购进原材料 80 000 元，其中 50 000 元用银行存款支付，其余 30 000 元尚未支付。
（11）企业收回购买单位前欠货款现金 74 000 元，其中 70 000 元存入银行，4 000 元为现金。

2. 某企业 2009 年 3 月 31 日各总分类账户的余额如表所示。

总分类账户期初余额 单位：元

资产	金额	负债及所有者权益	金额
银行存款	152 400	短期借款	60 000
原材料	360 000	应付账款	27 600
库存商品	49 200	实收资本	1 230 000
固定资产	900 000	资本公积	180 000
生产成本	36 000		
合计	1 497 600	合计	1 497 600

该企业 4 月份发生下列经济业务：
（1）用银行存款购买材料 32 400 元，材料已验收入库；（不考虑增值税）；
（2）向银行借入短期借款 15 600 元，直接偿还应付账款；
（3）用银行存款偿还短期借款 30 000 元；
（4）收到投资者投入一台设备，价值 360 000 元；
（5）本期生产产品领用材料 60 000 元；
（6）将资本公积 50 000 元转增资本。

要求：
（1）根据上述经济业务编制会计分录；
（2）根据会计分录登记总分类账户；
（3）结算处各总分类账户的借贷方本期发生额及期末余额；
（4）编制试算平衡表进行试算平衡。

案例讨论题

正确编写会计分录

李老师作为会计学老师，他在批改作业时，发现有些同学在对企业的一些经济业务写出的会计分录存在着如下问题，请你分析原因所在，并将正确的会计分录写出来：

（1）销售产品获得现金存入银行。"借：银行存款，贷：库存商品"
（2）结转已销产品的实际成本。"借：主营业务成本，贷：生产成本"
（3）公司员工借支差旅费。"借：管理费用，贷：库存现金"
（4）计提固定资产折旧。"借：制造费用、管理费用等，贷：固定资产"

第五章
复式记账：应用

【本章学习目的】 通过本章的学习，你将能够知晓制造业资金筹集业务、采购业务、生产业务、销售业务和财务成果业务的相关内容；了解材料采购成本、产品生产成本的构成；熟悉固定资产入账价值的确定、发出材料的计价方法及收入的确认原则；掌握资金筹集、采购、生产、销售、利润形成和分配等基本经济业务的账务处理方法。

【案例导引】

光明公司是一家小型民营企业，其股东质疑该企业会计报表的有关信息不全面、完整，如其中实收资本只反映了接受的货币资本投入，未反映接受的非货币资本投入形成的实收资本；又如产品生产成本中只包含以货币资金支付的相关费用，未包含转账业务发生的相关费用，导致库存商品的成本构成不全和销售成本金额不实。公司后经咨询诊断，发现问题主要是其复式记账应用范围不全面、完整，只涵盖了货币资金收付业务，未包含转账业务，以致公司会计信息不客观、全面，因此必须加以改进，对发生的所有经济业务全面采用复式记账方法进行会计核算。

第一节 筹资业务的核算

筹集资金是企业生产经营的首要环节。企业可以通过不同的来源渠道筹集所需资金，如投资者投入、向银行及其他金融机构借入、发行公司债券等。本节主要介绍投资者投入资金和向银行借入资金的核算。

一、投入资金的核算

投入资金是指企业所有者投入的资本，它是企业所有者权益的主要内容。投入资本按投资主体不同，可分为国家投入资本、法人投入资本、个人投入资本和外商投入资本等；按照投入资本的形态不同,可分为有形资产和无形资产投资,前者是以货币资金、材料物资、固定资产等进行的投资;后者是以专利权、商标权、土地使用权等进行的投资。

(一)设置的主要账户

为了核算和监督企业收到投资者投入资本的增减变动情况及其结果,应设置"实收资本(或股本)"账户。该账户属于所有者权益类账户,贷方登记投资者投入资本的数额,以及按规定用资本公积、盈余公积金转增资本的数额;借方除非按规定减资进行登记外,一般没有数额;期末余额在贷方,表示投资者投入企业的资本总额。"实收资本"账户应按投资主体设置明细账,进行明细分类核算。

投入资金业务的核算有时可能涉及"资本公积"账户。"资本公积"账户属于所有者权益类账户。该账户的贷方记录从不同渠道取得的资本公积,如资本溢价或股本溢价以及其他按规定计入所有者权益的利得等,借方记录将资本公积转作实收资本(或股本)等原因减少的资本公积数额,贷方余额表示企业现有的资本公积实有数。

由于投入资本的占用形态分别可表现为库存现金、银行存款、原材料、无形资产、固定资产等,因此投入资本的核算还会相应地涉及"库存现金"、"银行存款"、"原材料"、"无形资产"、"固定资产"等有关资产类账户。当企业因接受投资者投入资本而引起资产相关内容增加时,应记入相应的资产账户的借方。

(二)投入资金业务核算举例

【例5-1】甲有限责任公司是由a、b、c 3人共同投资设立的,注册资本为5 000 000元,a、b、c持股比例分别为50%、25%和25%。甲有限责任公司已如期收到各投资者一次缴足的款项并存入银行。

该项经济业务一方面使甲有限责任公司的银行存款增加5 000 000元,应记入"银行存款"账户的借方;另一方面使甲有限责任公司接受投资者投入的资本增加5 000 000元,应记入"实收资本"账户的贷方,其会计分录为:

借:银行存款 5 000 000
　　贷:实收资本——a 2 500 000
　　　　　——b 1 250 000
　　　　　——c 1 250 000

【例5-2】乙有限责任公司收到国外T公司投入全新设备一套,确定的价值200 000元。投入使用(假定该设备不涉及增值税)。

该项经济业务一方面使企业的固定资产增加200 000元,应记入"固定资产"账户的借方;另一方面使企业接受投资者投入的资本增加200 000元,应记入"实收资本"账户的贷方,其会计分录为:

借:固定资产——设备 200 000
　　贷:实收资本——外商资本(T公司) 200 000

【例5-3】丙股份有限公司发行股票40 000 000股,每股面值1元,每股发行价6元。

股票已发行成功,股款 240 000 000 元已收到存入银行,假设不考虑发行过程中的税费等因素。

该项经济业务一方面使丙股份有限公司的银行存款增加 240 000 000 元,应记入"银行存款"账户的借方;另一方面使丙股份有限公司的股本增加 40 000 000 元(根据相关规定,股本金额等于每股面值与股份总额的乘积),应记入"股本"账户的贷方。另外,股票发行价格超出股票面值的溢价收入部分(即股票溢价或资本溢价)200 000 000 元,属于资本公积金,应记入"资本公积"账户的贷方,其会计分录为:

借:银行存款　　　　　　　　　　　　　　　　　　　　240 000 000
　　贷:股本　　　　　　　　　　　　　　　　　　　　　40 000 000
　　　　资本公积　　　　　　　　　　　　　　　　　　　200 000 000

二、借入资金的核算

企业在生产经营过程中,为了弥补生产周转资金的不足,可以向银行或其他金融机构借款,以保证生产经营周转的需要。企业向银行或其他金融机构借入款项必须按规定办理手续,支付利息,到期偿还。借入资金按其偿还期的长短可分为短期借款和长期借款两种。短期借款是指企业为了满足其生产经营活动对资金的临时需要而向银行或其他金融机构等借入的偿还期在 1 年以内(含 1 年)的各种借款,属于企业的流动负债;长期借款是指企业向银行或其他金融机构借入的偿还期在 1 年(不包括 1 年)以上或超过 1 年的一个营业周期以上的各种借款,属于企业的非流动负债。一般来说,企业举借长期借款,主要是为了增添大型固定资产、购置地产、增添或补充厂房等。借款本金及利息的偿付方式主要有到期一次还本付息、分期偿还本息和分期付息到期还本 3 种。借入资金的核算包括取得借款,分期计提利息、支付利息和归还借款等主要内容。

(一)设置的主要账户

1."短期借款"账户。"短期借款"是负债类账户,用以核算和监督短期借款的借入和归还情况。该账户贷方登记取得的借款数额,即短期借款本金的增加;借方登记归还的借款数额,即短期借款本金的减少;期末余额在贷方,表示尚未归还的借款本金余额。"短期借款"账户应按借款种类设明细账,进行明细分类核算。

2."长期借款"账户。"长期借款"是负债类账户,用以核算和监督长期借款的借入和归还情况。该账户核算的基本内容及结构如下:贷方登记取得的借款数额,即长期借款本金的增加;借方登记归还的借款数额,即长期借款本金的减少;期末余额在贷方,表示尚未归还的借款本金余额。"长期借款"账户应按借款种类和单位设置明细账,进行明细分类核算。

3."财务费用"账户。"财务费用"是指企业在筹集资金等财务活动中发生的费用,如借款利息、银行手续费等。为核算和监督企业财务费用的发生情况,应设置"财务费用"账户,该账户属于损益类账户,借方登记发生的各种财务费用;贷方登记期末结转"本年利润"账户的数额,结转后本账户应无余额。"财务费用"账户应按费用项目设置明细账,进行明细分类核算。

4."应付利息"账户。"应付利息"是负债类账户,用来核算和监督企业按照合同约定应支付的利息。该账户核算的基本内容及结构如下:贷方登记按规定方法计算确定的应付未付利息;借方登记实际支付的利息;期末余额在贷方,反映企业应付未付的利息。"应付利息"账户应按存款人或债权人设置明细账,进行明细分类核算。

(二)借入资金业务核算举例

【例5-4】宏发公司向银行借入期限为6个月的生产周转借款150 000元,借款本金到期一次归还,利息分月预提,按季支付。款项已收到存入企业银行存款户中。

该项经济业务的发生,一方面使企业的银行存款增加150 000元,应记入"银行存款"账户的借方;另一方面企业向银行取得的期限为6个月的借款增加150 000元,应记入"短期借款"账户的贷方,其会计分录为:

借:银行存款　　　　　　　　　　　　　　　　　　　　　　150 000
　　贷:短期借款　　　　　　　　　　　　　　　　　　　　　150 000

【例5-5】计提本期应负担的短期借款利息1 500元(尚未实际支付)。

企业应支付的短期借款利息一般是集中与银行进行结算,可分期支付,也可在借款到期时一次支付。但利息费用应按权责发生制的原则由使用借款的各个月份共同负担。因此,企业应在平时预先将各月应负担的利息费用计入当期财务费用。所以该项经济业务的发生,一方面使本月利息费用增加1 500元,应记入"财务费用"账户的借方;另一方面使本月应付利息增加了1 500元,应记入"应付利息"账户的贷方,其会计分录为:

借:财务费用　　　　　　　　　　　　　　　　　　　　　　1 500
　　贷:应付利息　　　　　　　　　　　　　　　　　　　　　1 500

【例5-6】宏发公司向银行借入期限为3年的借款500 000元,款已收到存入银行。

该项经济业务的发生,一方面使企业的银行存款增加500 000元,应记入"银行存款"账户的借方;另一方面企业向银行借入的期限为3年的借款增加500 000元,应记入"长期借款"账户的贷方,其会计分录为:

借:银行存款　　　　　　　　　　　　　　　　　　　　　　500 000
　　贷:长期借款　　　　　　　　　　　　　　　　　　　　　500 000

【例5-7】计提本期应负担的分期付息的长期借款利息6 500元(尚未实际支付)。

长期借款的利息不管采用何种付息方式都应按照权责发生制原则的要求,按期计算提取。长期借款的利息费用应按会计准则的相关规定计入所构建资产的成本(即予以资本化)或直接计入当期损益(财务费用)。具体地说,就是在该长期借款所进行的长期工程项目达到预计可使用状态前发生的利息支出,应将其资本化,计入工程成本;在工程完工到达可使用状态之后发生的利息支出应停止借款费用资本化而予以费用化,在利息发生的当期直接计入当期损益(财务费用)。假定本例应负担的利息费用不符合资本化条件。另外,分期付息的长期借款的应付利息,应通过"应付利息"账户核算。该项经济业务的发生,一方面会使利息费用增加6 500元,应记入"财务费用"账户的借方;另一方面,企业应支付的长期借款利息增加 6 500 元，应记入"应付利息"账户的贷方，其会计分录为：
　　借：财务费用　　　　　　　　　　　　　　　　　　6 500
　　　　贷：应付利息　　　　　　　　　　　　　　　　　　　6 500

【例 5-8】 以银行存款偿还一笔到期的短期借款，本金为 100 000 元，已计提未支付利息 4 500 元。

该项经济业务的发生，一方面引起企业银行存款减少 10 4500 元，应记入"银行存款"账户的贷方；另一方面使企业应偿还的短期借款本金和利息共减少 10 4500 元，应分别记入"短期借款"和"应付利息"账户的借方，会计分录为：
　　借：短期借款　　　　　　　　　　　　　　　　　　100 000
　　　　应付利息　　　　　　　　　　　　　　　　　　　4 500
　　　　贷：银行存款　　　　　　　　　　　　　　　　　　10 4500

【例 5-9】 以银行存款偿还到期的长期借款本金 300 000 元，应付利息 15 000 元。

该项经济业务的发生，一方面使企业的银行存款减少 315 000 元，应记入"银行存款"账户的贷方；另一方面使企业的长期借款本金及应付利息同时减少，应分别记入"长期借款"和"应付利息"账户的借方，其会计分录为：
　　借：长期借款　　　　　　　　　　　　　　　　　　300 000
　　　　应付利息　　　　　　　　　　　　　　　　　　　15 000
　　　　贷：银行存款　　　　　　　　　　　　　　　　　　315 000

第二节　采购业务的核算

采购过程是制造企业生产过程的准备阶段。在采购过程中，企业要做好多方面的物资准备工作，其中最为重要的是准备劳动资料即购建固定资产和准备劳动对象即购买原材料等。因此，采购过程核算的主要内容是核算与监督固定资产的购置以及材料的买价和采购费用，确定采购成本。

一、材料采购业务的核算

（一）材料采购业务核算的主要内容

材料采购业务是产品制造业在供应过程发生的主要经济业务。供应过程是企业经营过程的第一个阶段。在供应过程中，企业一方面从供货单位购进各种材料物资，以满足生产经营的需要；另一方面要支付材料的买价和各种采购费用，与供货单位进行货款的结算。购买材料所支付的买价和采购费用是材料采购成本的主要构成内容。买价是指企业采购材料物资时，按发票价格支付的货款。采购费用是指企业在采购材料过程中发生的各项费用，具体包括运杂费（运输费及杂费）、装卸费、保险费、包装费、仓储费、运输途中的合理损耗、入库前的挑选整理费用及按规定计入材料采购成本中的各种税金等。对于发生的材料采购业务，会计部门一方面要反映各种款项的实际支付情况以及因采购材料而引起的库存材料物资的增加；另一方面，应将采购材料支付的买价和发生的采购费用按照购入材料的种类加以归集，计算各种材料实际采购成本。在归集费用时，凡能分清是为采购哪种材料所支付的费用，应直接记入该种材料的采购成本；凡不能分清的，应采用合理的分配标准（如可按采购材料的重量或买价的比例）将费用分配记入各种材料的采购成本中。另外，在材料采购业务中，企业还涉及增值税进项税额的计算与处理问题。综上所述，材料采购业务核算的主要内容为：核算和监督材料的买价和采购费用，计算各种材料的实际采购成本，检查材料采购计划执行情况，反映储备资金占用量，考核储备资金使用情况。

按照会计准则的规定，材料可以按照实际成本计价进行收发核算，也可以按照计划成本计价进行收发核算，而且材料的内容也较多，包括原材料、周转材料等。本节主要介绍按照实际成本计价的原材料采购业务的核算。其他内容将在后续专业课程中具体介绍。

（二）材料采购业务核算设置的主要账户

为加强对材料采购业务的管理，计算确定材料的采购成本，核算、监督库存材料的增减变动和结存情况以及企业因采购材料而与供应单位发生的款项结算关系，材料采购业务的核算应设置以下主要账户。

1．"在途物资"账户。"在途物资"是资产类账户，用以核算和监督企业外购材料物资支付的买价和采购费用，计算确定材料物资的实际采购成本。该账户的借方登记购入材料物资的买价和采购费用；贷方登记已验收入库材料物资的实际采购成本；期末如有借方余额，表示尚未验收入库材料物资的实际采购成本。"在途物资"账户应按采购材料物资的品种、规格或类别设置明细账，进行明细分类核算。

2．"原材料"账户。"原材料"是资产类账户，用以核算和监督企业库存材料的增减变动和结存情况。该账户的借方登记已验收入库材料的实际成本；贷方登记发出材料的实际成本；期末余额在借方，表示库存材料的实际成本。"原材料"账户应按材料的品种设置明细账，进行明细分类核算。

3．"应付账款"账户。"应付账款"是负债类账户，用以核算和监督企业因采购材料物资和接受劳务而与供应单位发生的结算债务的增减变动情况。该账户贷方登记应付供应单位的款项；借方登记已偿还供应单位的款项；期末余额在贷方，表示尚未偿还的应付账款。"应付账款"账户应按供应单位设置明细账，进行明细分类核算。

4．"应交税费"账户。"应交税费"是负债类账户，用来核算和监督企业按税法规定应缴纳的各种税费的预计与实际缴纳情况。其贷方登记计算出的各种应交未交税费的增加；借方登记实际缴纳的各种税费；期末余额方向不固定，如果在贷方表示未交税费的结余数，如果在借方表示多交或尚未抵扣的税费。"应交税费"账户应按应交的税费项目设置明细账，进行明细分类核算。

在材料采购业务中设置"应交税费"账户主要是为了核算增值税。增值税是对在我国境内销售货物或者提供劳务以及进口货物的单位和个人，就其应税货物或劳务的增值额或组成计税价格计征的一种流转税。由于增值税是对商品生产或流通各个环节的新增价值或商品附加值进行征税,所以称为增值税。它是一种价外税,就一般纳税人而言,一般采取两段征税法,分为增值税进项税额和销项税额。当期销项税额减去当期进项税额即为当期应纳税额。其中销项税额是指纳税人销售货物或应税劳务,按照销售额和规定的税率计算并向购买方收取的增值税税额,通常记入"应交税费"账户的贷方;进项税是指纳税人购进货物或接受应税劳务所支付或负担的增值税税额,通常记入"应交税费"账户的借方。

(三) 采购材料业务的账务处理方法

【例5-10】宏发公司向安泰公司购入甲材料1 000吨,单价1 500元,取得的增值税专用发票上注明的不含增值税买价共计150 000元,增值税25 500元,另发生采购费共计8 000元,甲材料尚未到达,上述款项尚未支付。

该项材料采购业务发生的买价和运输费是材料采购成本的构成内容,应记入甲材料的实际采购成本中,即应记入"在途物资"账户的借方。增值税应记入"应交税费"账户的借方。由于上述款项尚未支付,引起企业应付账款的增加,应记入"应付账款"账户的贷方,其会计分录为:

借:在途物资——甲材料 158 000
　　应交税费——应交增值税(进项税额) 25 500
　贷:应付账款——安泰公司 183 500

【例5-11】上述甲材料到达并验收入库,计算并结转甲材料的实际采购成本。

甲材料采购成本=买价+运输费=150 000+8 000=158 000(元)

应将甲材料采购成本158 000元由"在途物资"账户的贷方转入"原材料"账户的借方,以反映库存甲材料的增加,其会计分录为:

借:原材料——甲材料 158 000
　贷:在途物资——甲材料 158 000

【例5-12】宏发公司向中信公司采购乙、丙两种材料,乙材料数量100吨,单价1 400元,计买价140 000元,丙材料数量150吨,单价2 000元,计买价300 000元,增值税专用发票上注明的增值税共74 800元。上述款项以银行存款付讫,材料尚未到达。

上述采购材料支付的买价是材料采购成本的构成内容,应将其分别计入乙、丙两材料的采购成本中,即记入"在途物资"账户的借方,增值税应记入"应交税费"账户的借方。由于上述买价及增值税已由银行存款支付,应记入"银行存款"账户的贷方。因此,会计分录为:

借:在途物资——乙材料 140 000
　　　　　　——丙材料 300 000
　　应交税费——应交增值税(进项税额) 74 800
　贷:银行存款 514 800

【例5-13】续上例,用银行存款支付上述乙、丙材料共同发生的采购费20 000元,按乙、丙材料重量比例进行分配。

上述采购材料支付的采购费用属于材料采购成本的构成内容,应将其计入乙、丙两材料的采购成本中。但由于该采购费用是为乙、丙两种材料共同发生的,属于共同费用,应选择一定的标准在乙、丙两材料之间进行分配，由乙、丙材料分别承担。分配的标准可选择所采购材料的重量、体积、买价等。本例按乙、丙两材料的重量为分配标准，具体分配过程如下：

$$采购费分配率 = \frac{采购费用}{乙丙材料重量之和} = \frac{20000}{100+150} = 80（元/吨）$$

乙材料应负担采购费 = 100 吨 × 80 元/吨 = 8 000（元）

丙材料应负担采购费 = 150 吨 × 80 元/吨 = 12 000（元）

根据分配结果将其分别计入乙、丙材料的采购成本中，即"在途物资"账户的借方。由于上述采购费已用银行存款支付，应记入"银行存款"账户的贷方，其会计分录为：

借：在途物资——乙材料　　　　　　　　　　　　　　　　　　　8 000
　　　　　　——丙材料　　　　　　　　　　　　　　　　　　　12 000
　　贷：银行存款　　　　　　　　　　　　　　　　　　　　　　20 000

【例 5-14】续上例，上述乙、丙材料已到达并验收入库，计算并结转其实际采购成本。

乙材料采购成本 = 买价 + 运输费 = 140 000 + 8 000 = 148 000（元）

丙材料采购成本 = 买价 + 运输费 = 300 000 + 12 000 = 312 000（元）

应将乙、丙材料的采购成本由"在途物资"账户的贷方转入"原材料"账户的借方，以反映库存材料的增加，其会计分录为：

借：原材料——乙材料　　　　　　　　　　　　　　　　　　　148 000
　　　　　——丙材料　　　　　　　　　　　　　　　　　　　312 000
　　贷：在途物资——乙材料　　　　　　　　　　　　　　　　148 000
　　　　　　　——丙材料　　　　　　　　　　　　　　　　　312 000

【例 5-15】宏发公司以银行存款归还前欠安泰公司的购料款 183 500 元。

该项经济业务一方面使企业前欠应付账款减少，应记入"应付账款"账户借方；另一方面，引起企业银行存款减少，应记入"银行存款"账户贷方，其会计分录为：

借：应付账款——安泰公司　　　　　　　　　　　　　　　　　183 500
　　贷：银行存款　　　　　　　　　　　　　　　　　　　　　183 500

根据上述资料登记"在途物资"明细账如表 5-1、表 5-2、表 5-3 所示。

表 5-1　　　　　　　　　　　　　在途物资明细账

材料名称：甲材料　　　　　　　　　　　　　　　　　　　　　　　　　　　　单位：元

年		凭证字号	摘要	借方			贷方	余额
月	日			买价	采购费用	合计		
略	略	略	购入 100 吨，单价 1 500 元	150 000		150 000		150 000
			支付运费		8 000	8 000		158 000
			结转实际采购成本				158 000	0
			本月合计	150 000	8 000	158 000	158 000	0

表 5-2　　　　　　　　　　　　　　在途物资明细账

材料名称：乙材料　　　　　　　　　　　　　　　　　　　　　　　　　　单位：元

年		凭证字号	摘要	借方			贷方	余额
月	日			买价	采购费用	合计		
略	略	略	购 100 吨，单价 1 400 元	140 000		140 000		140 000
			分摊运输费 8 000 元		8 000	8 000		148 000
			结转实际采购成本				148000	0
			本月合计	140 000	8 000	148 000	148 000	0

表 5-3　　　　　　　　　　　　　　在途物资明细账

材料名称：丙材料　　　　　　　　　　　　　　　　　　　　　　　　　　单位：元

年		凭证字号	摘要	借方			贷方	余额
月	日			买价	采购费用	合计		
略	略	略	采购 150 吨，单价 2 000 元	300 000		300 000		300 000
			分摊运输费用 12 000 元		12 000	12 000		312 000
			结转实际采购成本				312 000	0
			本月合计	300 000	12 000	312 000	312 000	0

根据上述物资采购明细账，编制物资采购成本计算如表 5-4 所示。

表 5-4　　　　　　　　　　　　　材料采购成本计算表　　　　　　　　　　　　　　单位：元

成本项目	甲材料		乙材料		丙材料		合计
	总成本（100 吨）	单位成本	总成本（100 吨）	单位成本	总成本（150 吨）	单位成本	
买价	150 000	1 500	140 000	1 400	300 000	2 000	590 000
采购费用	8 000	80	8 000	80	12 000	80	28 000
采购成本	158 000	1 580	148 000	1 480	312 000	2 080	618 000

二、固定资产购买业务的核算

（一）设置的主要账户

企业外购的固定资产，应按实际支付的购买价款、相关税费（不含符合规定可抵扣增值税销项税额的进项税额）、使固定资产达到预定可使用状态前所发生的可归属于该项资产的运输费、装卸费、安装费和专业人员服务费等，作为固定资产的取得成本。外购固定资产的核算，一般需设置"固定资产"、"在建工程"、"应交税费"等账户。

"固定资产"账户是资产类账户，用来核算企业持有的固定资产原始价值的增减变动及其结余情况。该账户的借方登记固定资产原始价值的增加，贷方登记固定资产原始价值的减少，期末余额在借方，表示期末固定资产的账面原始价值。企业应按固定资产类别或项目设置明细账，进行明细核算。

"在建工程"账户是资产类账户，用来核算企业为进行固定资产建造、安装、技术改造等工程而发生的全部支出，并据以计算确定各该工程成本。该账户的借方登记各项工程的实际支出，贷方登记完工工程转出的成本，期末余额在借方，表示未完工程的成本。"在建工程"账户应按具体工程项目设置明细账，进行明细核算。

（二）固定资产购买业务的核算举例

企业购买的固定资产，有的购买完成之后当即可投入使用，也就是当即达到预定可使用状态，因而可以立即形成固定资产；而有的固定资产购买后，需要经过安装、调试才可达到预定可使用状态。这两种情况在核算上是有区别的，下面分别举例介绍。

【例5-16】宏发公司为生产应税产品购入一台不需要安装的设备，取得的增值税专用发票上注明的设备买价为100 000元，增值税额为17 000元，支付的采购费用800元，款项已全部用银行存款付讫，设备当即交付使用。

由于购买的设备是不需要安装的，购买完成之后就意味着达到了预定可使用状态，在购买中发生的全部支出（买价和采购费）构成了该设备的取得成本，因此该项经济业务的发生使公司的固定资产增加，应按其实际成本记入"固定资产"账户的借方。由于款项已全部支付，应记入"银行存款"账户的贷方，支付的增值税应记入"应交税费"账户的借方。会计分录为：

借：固定资产　　　　　　　　　　　　　　　　　　　　　　100 800
　　应交税费——应交增值税（进项税额）　　　　　　　　　17 000
　　贷：银行存款　　　　　　　　　　　　　　　　　　　　　　　117 800

【例5-17】宏发公司为生产应税产品购入需要安装的机器设备一台，取得的增值税专用发票上注明的价款及增值税额分别为80 000元及13 600元，相关采购费用共5 000元，货款及采购费用已以存款付讫。安装事宜由某安装公司进行，公司用银行存款支付5 200元安装费。

由于企业购入的设备是需要安装的，所支付的买价、包装费、运输费以及发生的安装费等均应通过"在建工程"科目核算，待安装完毕达到预定可使用状态时，再由"在建工程"科目转入"固定资产"科目。因此，该经济业务的发生后，应按实际支付的价款（买价、采购费和安装费）记入"在建工程"账户借方和"银行存款"账户的贷方，支付的增值税应记入"应交税费"账户的借方。其会计分录为：

支付设备价款、税金及采购费用时：

借：在建工程　　　　　　　　　　　　　　　　　　　85 000
　　应交税费——应交增值税（进项税额）　　　　　　13 600
　　　贷：银行存款　　　　　　　　　　　　　　　　　　　　　　　98 600

支付安装费时：

借：在建工程　　　　　　　　　　　　　　　　　　　 5 200
　　　贷：银行存款　　　　　　　　　　　　　　　　　　　　　　　 5 200

【例5-18】续上例，上述设备安装完毕达到预定可使用状态，结转固定资产成本。

设备安装完成达到预定可使用状态时，按其实际成本（买价、采购费和安装费）借记"固定资产"账户，贷记"在建工程"账户。其会计分录为：

借：固定资产　　　　　　　　　　　　　　　　　　　90 200
　　　贷：在建工程　　　　　　　　　　　　　　　　　　　　　　　90 200

第三节　生产业务的核算

一、生产业务核算的主要内容

生产业务是商品制造企业在生产过程发生的主要经济业务。生产过程是商品制造企业的主要经营过程。在生产过程中，劳动者利用劳动资料对劳动对象进行加工，制成劳动商品，因此生产过程既是商品制造过程，又是物化劳动和活劳动的消耗过程。物化劳动和活劳动的消耗具体包括：生产商品所耗用的原料及主要材料、辅助材料、燃料和动力、生产工人的工资及福利费、厂房和机器设备等固定资产的折旧费以及管理和组织生产、为生产服务而发生的各项费用，如办公费、水电费、差旅费、保险费等。商品制造企业在生产过程中发生的、用货币形式表现的生产耗费统称为生产费用。这些费用最终都要归集、分配到一定种类的产品上去，从而形成各种产品的生产成本。换言之，企业为生产一定种类、一定数量产品所支付的各种生产费用的总和，对象化于产品就形成了这些产品的生产成本。由此可见，生产费用和生产成本有着密切的联系，费用的发生过程也就是成本的形成过程，费用是产品成本形成的基础。但是，费用与成本也有一定的区别。费用是在一定期间为了进行生产经营活动而发生的各种耗费，费用与发生的期间直接相关，即费用强调"期间"；而成本则是为生产某一产品或提供某一劳务所消耗的费用，成本与负担者直接相关，即成本强调"对象"。

生产费用按其计入产品成本的方式不同，可以分为直接费用和间接费用。直接费用包括直接材料和直接人工，其中直接材料是指企业在生产产品和提供劳务的过程中所消耗的直接用于产品生产，构成产品实体的各种原材料及主要材料、外购半成品以及有助于商品形成的辅助材料等；直接人工是指企业在生产产品和提供劳务过程中直接从事商品生产的工人工资、津贴、补贴及福利费。间接费用通常指发生的制造费用，制造费用是指生产车间（分厂）为组织和管理生产所发生的各项费用，包括生产车间（分厂）管理人员的工资及福利费、房屋建筑物、机器设备等固定资产的折旧费、水电费、办公费、差旅费、劳动保护费等。直接材料、直接人工和制造费用是生产费用按其经济用途所进行的分类，它们是产品生产成本的主要构成内容，通常称为成本项目。

制造企业生产业务的核算以产品生产成本核算为中心，产品生产成本核算主要包括费用的归集、分配以及成本的计算。成本计算是会计核算的一种专门方法，成本计算过程是将企业在经营过程中发生的各项费用，按照一定对象进行归集和分配，借以确定各成本计算对象的总成本和单位成本的过程。通过成本计算，可以监督、考核和控制各项费用的发生，反映企业成本水平，分析成本升降的原因，挖掘降低成本的潜力，并为成本预测和规划下期成本目标提供参考资料。由此可见，成本计算是会计核算的一个主要组成部分。为搞好成本计算，企业应做到：

第一，正确确定成本计算对象。成本计算对象是指成本的承担者，即生产费用归集的对象。要正确计算成本，就必须按照生产经营过程、商品生产类型和成本管理要求来确定成本计算对象。首先，必须考虑所算成本的有用性，即所算成本要能有效地反映某一部门、单位、工序的工作质量。其次，在确定成本计算对象时，应该是主要产品从细，一般产品从粗。最后，根据成本管理的需要，成本计算对象可以包括若干种不同产品，也可以只包括一种产品；可以是一个单独的产品或项目，也可以是一批相同的项目或一组相似的产品；可以是最终产品，也可以是加工到一定程度的半成品。

第二，正确确定成本计算期。成本计算期是指每间隔多长时期计算一次成本。由于费用和成本是随同生产经营过程的各个阶段而发生和逐步形成的，就商品成本来看，成本计算期应当同商品的生产周期一致。但是，由于有的产品生产周期较长，按生产周期计算成本将影响会计信息的及时性；有的产品生产周期很短，按生产周期计算成本将使成本计算过于频繁，增大核算工作量。所以，成本计算期不一定能和产品生产周期一致。确定成本计算期主要取决于企业的生产技术和生产组织的特点以及成本管理的要求。例如，对于单件小批量生产，一般是按商品的生产周期为成本计算期，在商品完工时计算商品成本；对于反复大量生产同一种或几种商品，成本计算期一般确定为1个月，按月归集费用，计算商品生产成本。

第三，正确确定成本项目。成本是由生产费用构成的，而构成各种成本的生产费用其经济用途是不同的，将生产费用按其经济用途进行分类，就是成本项目，确定成本项目可清楚地反映成本的构成内容，能考核成本结构是否合理，并便于按成本结构分析成本升降的原因，挖掘降低成本的潜力。成本项目必须按有关规定并结合单位的具体情况加以确定。商品生产成本的成本项目一般为：直接材料、直接人工和制造费用。

第四，严格遵守成本开支范围，正确归集和分配各项生产费用。成本计算的过程，实际上就是按确定的成本计算对象归集和分配费用的过程。为了正确地归集和分配费用，计算产品成本，首先必须严格遵守成本开支范围。成本开支范围是指国家对哪些开支应记入成本、哪些开支不应计入成本所作出的统一规定。它是国家的一项财经法规，各企业在进行成本计算时，都必须严格遵守，借以保证成本计算口径的一致性。另外，企业在归集和分配生产费用时必须按权责发生制的原则准确划分费用的归属期，凡应由本期产品成本负担的费用，无论是否支付，都应全部记入本期产品成本；凡不由本期产品成本负担的费用，即使已经支付，也不能记入本期产品成本。

第五，设置和登记费用、成本明细账，编制成本计算表。在成本计算过程中，为系统地归集、分配各种应计入各成本计算对象的费用，应按成本计算对象和成本项目分别设置和登记费用、成本明细分类账，然后根据这些账户资料，编制各种成本计算表，借以计算确定各种成本计算对象的总成本和单位成本，全面、系统地反映各种成本指标的经济构成和形成情况。

综上所述，商品生产业务核算的主要内容为：核算和监督各项费用的发生，正确进行生产费用的归集和分配，计算商品生产总成本和单位成本，考核生产资金定额和成本计划的执行情况，促使企业不断降低生产成本，提高经济效益。

二、生产费用的归集与分配

企业常常因为产品生产、生产周转和设备维修保养等用途而领用库存材料。该业务发生后，会计部门应采用相应方法确定发出材料的成本，并按照领用材料用途的不同、部门的不同进行材料费用的归集和分配，将发生的材料费用分别计入有关成本、费用账户。

1. 领用材料成本的确定。在按实际成本计价进行材料核算时，企业可选择采用个别计价法、先进先出法、月末一次加权平均法、移动加权平均法等方法确定发出材料的实际成本。

（1）个别计价法。个别计价法是当材料的实物流转与成本流转相一致时，通过逐一辨认各批发出材料和期末材料所属的购进批别，分别按照购入时所确定的单位成本计算各批发出材料和结存材料的成本的方法。其优点是成本计算准确，符合实际情况。但其使用有一定局限性，如果材料种类及数量多且价格经常变动，采用此法较为麻烦，工作量大。所以，个别计价法通常只适用于种类及数量较少且单位价值较高的材料。

如甲股份有限公司 A 材料有关资料如下：

1月1日：结存 A 材料 500 千克，每千克实际成本 50 元；
1月10日：购入 A 材料 600 千克，每千克实际成本 60 元；
1月18日：购入 A 材料 600 千克，每千克实际成本 70 元；
1月23日：购入 A 材料 200 千克，每千克实际成本 80 元；
1月11日：发出 A 材料 800 千克；
1月20日：发出 A 材料 700 千克。

经核查，1月11日发出的800千克中属于1月1日和1月18日购进的各400千克，1月20日发出的700千克中属于1月10日购进的500千克，属于1月23日购进的200千克，则按个别计价法：

1月发出 A 材料实际成本 = 400×50 + 400×70 + 500×60 + 200×80 = 94 000（元）

1月末 A 材料实际成本 = 100×50 + 100×60 + 200×70 = 25 000（元）

（2）先进先出法。先进先出法是以先取得的材料先发出为假设前提并据以确定发出材料成本的一种方法。其优点是可以随时结转材料发出成本。但如果材料收发业务较多且其单价不稳定时，则工作量较大。

若沿用上例资料，则在先进先出法下计算确定的本月发出和月末结存 A 材料的成本如下：

1月11日发出材料成本 = 500×50 + 300×60 = 43 000（元）

1月20日发出材料成本 = 300×60 + 400×70 = 46 000（元）

1月末库存材料成本 = 200×70 + 200×80 = 30 000（元）

（3）月末一次加权平均法。月末一次加权平均法是指以本月月初结存和本月取得材料的数量作为权数，去除本月月初结存和本月取得材料的成本，计算出材料的加权平均单位成本，以此为基础计算本月发出材料的成本和期末结存材料的成本的方法。采用此法只需要在月末一次计算加权平均单价，有利于简化成本计算工作，但由于平时无法从账上提供发出和结存材料的成本，因此不利于材料成本的日常管理和控制。

若沿用上例资料，则在月末一次加权平均法下计算确定的本月发出和月末结存 A 材料的成本如下：

A 材料平均单位成本 = (25 000 + 36 000 + 42 000 + 16 000) / (500 + 600 + 600 + 200)
　　　　　　　　　= 62.63（元）

月末结存 A 材料成本 = 400×62.63 = 25 052（元）

本月发出 A 材料成本 = 25 000 + 94 000 − 25 052 = 93 948（元）

（4）移动加权平均法。移动加权平均法是指以每次取得材料的成本加上原有库存材料的成本，除以每次取得材料数量加上原有库存材料的数量，据以计算出加权平均成本，作为下次进货前计算各次发出材料成本依据的一种方法。采用此法能够及时反映存货的结存情况，计算结果比较客观。但由于每次进货都要计算一次平均单价，计算工作量较大。该方法具体运用同月末一次加权平均法基本相同，故不再举例说明。

2. 领用材料业务的账务处理。由于企业材料的日常领发业务频繁，为了简化日常核算工作，平时一般只登记材料明细分类账，反映各种材料的收发和结存金额，月末根据实际成本计价的发料凭证，按领用部门和用途，汇总编制"发料汇总表"，据以登记总分类账，进行材料发出的总分类核算。

根据"发料汇总表"，借记"生产成本"、"制造费用"、"销售费用"、"管理费用"、"在建工程"等账户，贷记"原材料"等账户。

"生产成本"是成本类账户，用以归集和分配产品生产过程中发生的各项费用，计算确定产品的生产成本。该账户的借方登记应记入产品生产成本的各项费用；贷方登记完工入库产成品的生产成本；期末如有借方余额，表示尚未完工的在产品的成本。"生产成本"账户可按成本计算对象（如产品的品种等）设置明细账，进行明细分类核算。

"制造费用"是成本类账户，用以归集和分配各生产车间（分厂）为组织和管理生产而发生的各项间接费用。该账户借方登记实际发生的各项制造费用；贷方登记期末应分配转入产品生产成本的费用；期末一般无余额。"制造费用"账户应按不同的生产车间（分厂）设置明细账，进行明细分类核算。

"管理费用"是损益类账户，用以核算和监督企业（公司）行政管理部门为管理和组织生产经营活动而发生的各项费用。该账户借方登记实际发生的各项管理费用；贷方登记期末结转到"本年利润"的数额；期末结转后应无余额。"管理费用"账户应按费用项目设置明细账，进行明细分类核算。

"销售费用"账户的性质与结构见本章第四节的相关介绍。

【例 5—19】宏发公司某月"发出材料汇总表"如表 5—5 所示。

表 5—5　　　　　　　　　　　材料发出汇总表

项目	甲材料 数量（吨）	甲材料 金额（元）	乙材料 数量（吨）	乙材料 金额（元）	丙材料 数量（吨）	丙材料 金额（元）	合计 数量（吨）	合计 金额（元）
制造 A 产品耗用	50	79 000	40	59 200	80	166 400		304 600
制造 B 产品耗用	60	94 800	50	74 000	70	145 600		314 400
小　计	110	173 800	90	133 200	150	312 000		619 000
车间一般耗用	5	7 900	—	—	—	—		7 900
管理部门领用	—	—	5	7 400	—	—		7 400
合　计	115	181 700	95	140 600	150	312 000		634 300

该项经济业务一方面使企业库存原材料减少 634 300 元，应记入"原材料"账户的贷方；另一方面使企业耗用的材料费用增加 634 300 元，应分别记入有关成本、费用账户的借方，其中直接用于产品生产的，记入"生产成本"账户；车间一般耗用的，记入"制造费用"账户；企业管理部门领用的，记入"管理费用"账户，其会计分录为：

借：生产成本——A 产品　　　　　　　　　　　　　　304 600
　　　　　　——B 产品　　　　　　　　　　　　　　314 400
　　制造费用　　　　　　　　　　　　　　　　　　　 7 900
　　管理费用　　　　　　　　　　　　　　　　　　　 7 400
　　贷：原材料——甲材料　　　　　　　　　　　　　181 700
　　　　　　　——乙材料　　　　　　　　　　　　　140 600
　　　　　　　——丙材料　　　　　　　　　　　　　312 000

三、人工费用的归集与分配

人工费用主要指职工薪酬，所谓职工薪酬是指企业为获得职工提供的服务而给予各种形式的报酬以及其他相关支出，主要包括职工工资、奖金、津贴和补贴、福利费、各种保险费、工会经费、职工教育费、非货币福利及辞退福利等。职工薪酬作为企业的一项支出，在实际发生时根据职工提供服务的受益对象的不同，分别形成企业的费用成本或应计入有关资产的成本：应由生产产品、提供劳务负担的职工薪酬，计入产品成本或劳务成本；应由在建工程、无形资产负担的职工薪酬，计入建造固定资产成本或无形资产研发支出；其他的职工薪酬一般计入当期损益。

对职工薪酬进行会计核算时，应根据工资结算汇总表或按月编制的职工薪酬分配表登记有关成本、费用账户及专设的"应付职工薪酬"账户。

"应付职工薪酬"是负债类账户，用以核算和监督企业应付职工各种薪酬总额与实际发放情况。该账户贷方登记应计入成本、费用的应付职工薪酬；借方登记实际已经支付的职工薪酬；期末如有贷方余额，表示应付而未付的职工薪酬。"应付职工薪酬"账户通常按照"工资"、"职工福利"、"社会保险费"等内容设置明细账，进行明细核算。

【例5-20】宏发公司某月应付职工工资总额103 000元，工资费用分配汇总表列示：制造A产品生产工人工资32 000元；制造B产品工人工资48 000元；车间管理人员工资8 000元；企业管理人员工资15 000元。

该项经济业务一方面使企业应付职工工资增加103 000元，应记入"应付职工薪酬"账户的贷方；另一方面使企业耗用的人工费用增加103 000元，应分别记入有关成本、费用账户的借方，其中：生产工人工资应记入"生产成本"账户；车间管理人员工资应记入"制造费用"账户；企业管理人员工资应记入"管理费用"账户，其会计分录为：

```
借：生产成本——A商品                    32 000
          ——B商品                    48 000
    制造费用                           8 000
    管理费用                          15 000
    贷：应付职工薪酬——工资            103 000
```

【例5-21】续上例，宏发公司按职工工资总额的14%提取职工福利费，计提数额如下：

A商品生产工人工资计提数：32 000×14%＝4 480（元）
B商品生产工人工资计提数：48 000×14%＝6 720（元）
车间管理人员工资计提数： 8 000×14%＝1 120（元）
企业管理人员工资计提数：15 000×14%＝2 100（元）

该项经济业务一方面使企业计提的职工福利费增加14 420元，应记入"应付职工薪酬"账户的贷方；另一方面计提的福利费是属于生产经营过程中耗用的人工费用，应分别计入有关成本、费用账户的借方，其中：生产工人工资计提的福利费记入"生产成本"账户；车间管理人员工资计提的福利费记入"制造费用"账户；企业管理人员的工资计提的福利费记入"管理费用"账户，其会计分录为：

```
借：生产成本——A商品                    4 480
          ——B商品                    6 720
    制造费用                           1 120
    管理费用                           2 100
```

　　　　贷：应付职工薪酬——职工福利　　　　　　　　　　　　　　　14 420
　　注：2007 年开始实施企业会计准则不再强制企业按照工资总额的 14% 计提职工福利费。

四、制造费用的归集与分配

（一）制造费用的归集

　　制造费用是产品制造企业为了生产产品和提供劳务而发生的各种间接费用，譬如基本生产车间管理人员的工资及福利费、车间用固定资产的折旧费、车间生产使用的水电费、办公费、运输费和劳动保护费等。在生产多种产品的企业里，制造费用在发生时一般无法直接判断其应归属的成本核算对象，因而不能直接计入所生产的产品成本中，必须将发生的各项费用先在专门设置的"制造费用"账户中予以归集、汇总，然后于期末选用一定的标准（如生产工人工资、产品生产工时等）在各种产品之间进行分配，以便准确地确定各种产品应负担的制造费用。

　　【例 5-22】宏发公司经计算汇总，本期应计提固定资产折旧 30 500 元，其中：车间使用固定资产折旧 18 500 元，公司管理部门使用固定资产折旧 12 000 元。

　　折旧是指在固定资产的使用寿命内，按照确定的方法对应计折旧额进行的系统分摊。应计折旧额，是指应当计提折旧的固定资产的原价扣除其预计净残值后的余额。如果已对固定资产计提减值准备，还应当扣除已计提的固定资产减值准备的累计金额。企业应当对所有的固定资产计提折旧并根据与固定资产有关的经济利益的预期实现方式，合理选择折旧计算方法。可选用的折旧方法包括年限平均法、工作量法、双倍余额递减法和年数总和法等。企业选用不同的固定资产折旧方法，将影响固定资产使用寿命期间内不同时期的折旧费用，因此固定资产的折旧方法一经确定，不得随意变更。有关折旧的计算方法将在后续专业课程中具体介绍。

　　固定资产应当按月计提折旧，计提的折旧应通过"累计折旧"科目核算，并根据谁受益，谁承担的原则，计入相关资产的成本或者当期损益。一般情况下，企业基本生产车间所使用的固定资产，其计提的折旧应计入制造费用；管理部门所使用的固定资产，其计提的折旧应计入管理费用；销售部门所使用的固定资产，其计提的折旧应计入销售费用；自行建造固定资产过程中使用的固定资产，其计提的折旧应计入在建工程成本；经营租出的固定资产，其计提的折旧额应计入其他业务成本。

　　企业固定资产价值的增加和减少，是通过设置"固定资产"账户来核算的。该账户的借方登记固定资产的增加，贷方登记固定资产的减少，期末借方余额表示企业期末持有的固定资产的原始价值总额。固定资产的减少客观上存在两种不同的情况：一是因固定资产实物形态的减少（如出售、毁损、报废等）而使得企业固定资产价值减少；二是固定资产实物形态不变但其价值减少（譬如折旧原因形成的减少）。基于此，在会计上，通过设置"累计折旧"账户来专门记录企业累计提取的固定资产折旧数。该账户贷方登记企业提取的固定资产折旧，借方登记因固定资产退出企业而对其已提累计折旧的冲销数，贷方余额表示期末持有固定资产的累积折旧总额。同一会计期末，"固定资产"账户的期末借方余额与"累计折旧"账户的期末贷方余额之间的差额,即为固定资产的净值(原始价值－累计已提折旧)。由于"累计折旧"账户期末余额所代表的累计折旧数额,总是以"抵减"的方式来调整"固定资产"账户期末余额所代表的固定资产原始价值数量,以求得固定资产的净值,因此"累计折旧"账户在会计实务中被称为"固定资产"账户的"抵减调整账户"。同时,会计上还根据"固定资产原始价值－累计折旧＝固定资产净值"的原理,利用"固定资产"账户与"累计折旧"账户的"抵减"关系,来完整地反映固定资产的变动及其净值。

上述经济业务一方面使固定资产折旧增加,应记入"累计折旧"账户的贷方;另一方面折旧费作为生产经营过程中的一项耗费,应分别记入有关成本、费用账户的借方。其中,生产车间固定资产折旧应记入"制造费用"账户;企业管理部门固定资产折旧应记入"管理费用"账户。其会计分录为:

  借:制造费用   18 500
    管理费用   12 000
     贷:累计折旧   30 500

【例5-23】以现金1 000元购买车间使用的办共用品。

该项经济业务一方面使制造费用增加1 000元,应记入"制造费用"账户;另一方面企业用现金支付上述费用,应记入"库存现金"账户的贷方。其会计分录为:

  借:制造费用——办公费   1 000
     贷:库存现金   1 000

【例5-24】用银行存款支付车间劳动保护费3 000元。

该项经济业务的发生,一方面使制造费用增加了3 000元,应记入"制造费用"账户的借方;另一方面使企业的银行存款减少3 000元,应记入"银行存款"账户的贷方。其会计分录为:

  借:制造费用——劳动保护费   3 000
     贷:银行存款   3 000

【例5-25】用银行存款支付车间租入固定资产的租金1 000元。

该项经济业务一方面使企业银行存款减少1 000元,应记入"银行存款"账户的贷方;另一方面使生产车间应负担的租金支出增加1 000元,应记入"制造费用"账户的借方。其会计分录为:

  借:制造费用——租金支出   1 000
     贷:银行存款   1 000

【例5-26】公司用银行存款支付车间水电费1 000元。

该项经济业务一方面使车间的水电费增加了1 000元,应记入"制造费用"账户的借方,同时企业的银行存款减少了1 000元,应记入"银行存款"账户的贷方。其会计分录为:

  借:制造费用——水电费   1 000
     贷:银行存款   1 000

(二) 制造费用的分配

会计核算部门应在期末将归集的制造费用总额按一定的标准在生产的产品之间进行分配,以便计算出生产成本。制造费用的分配标准有多种,如按产品的生产工时、机器工时、生产工人工资等。

【例 5-27】 宏发公司期末将本期发生的制造费用 41 520 元 (系 [例 5-19] 至 [例 5-26] 涉及的制造费用的合计) 分配转入产品的生产成本。

假设本例按产品生产工人工资 (见前 [例 5-20]) 为标准进行分配,分配过程如下:

$$制造费用分配率 = \frac{制造费用总额}{生产工人工资合计} = \frac{41\ 520}{32\ 000 + 48\ 000} = 0.519 (元)$$

A 商品应负担制造费用 = 32 000 × 0.519 = 16 608 (元)

B 商品应负担制造费用 = 48 000 × 0.519 = 24 912 (元)

根据分配结果,将 A、B 产品应负担的制造费用记入"生产成本"账户的借方,同时,将已分配结转的制造费用记入"制造费用"账户的贷方,会计分录为:

  借:生产成本——A 产品   16 608
      ——B 产品   24 912
    贷:制造费用   41 520

五、完工产品生产成本的计算与结转

企业应按成本计算对象设置生产成本总分类账及所属明细分类账,用来归集应计入产品成本的各项费用。产品在生产过程中发生的各项费用归集、分配完成后,到了会计期末,如果该产品全部完工,则归集、分配的生产费用总额就是该产品的生产总成本,除以其完工数量即可计算出产品的单位成本;如果该产品全部没有完工,则归集、分配的生产费用总额为其期末在产品成本;如果该产品有一部分完工,一部分未完工,则需将归集、分配的生产费用总额采用适当的方法在完工产品和期末在产品之间进行分配,以分别计算出完工产品和期末在产品的成本。生产费用在完工产品和期末在产品之间分配的方法比较复杂,将在后续专业课中具体介绍。

产品完工验收入库时,会计核算部门应根据成本计算结果编制"完工产品成本计算单",并将完工产品成本由"生产成本"账户结转记入"库存商品"账户。

"库存商品"属于资产类账户,用以核算和监督企业库存商品实际成本的增减变动及其结存情况。该账户借方登记验收入库的商品的实际成本;贷方登记发出商品的实际成本;期末余额在借方,表示库存商品的实际成本。"库存商品"账户应按商品的种类、品种和规格设置明细账,进行明细分类核算。

【例 5-28】 宏发公司期末计算并结转完工入库 A、B 产品的实际生产成本。

在前面所举例题中,已将 A、B 产品在生产过程中耗用的直接材料、直接人工和制造费用分别归集、分配到"生产成本"账户中去了,根据归集、分配的结果可登记 A、B 两产品的"生产成本明细账",如表 5-6 和表 5-7 所示。

表 5-6 生产成本明细账

商品名称：A 商品　　　　　　　　　　　　　　　　　　　　　　　　　　　单位：元

2000年 月	日	凭证字号	摘要	借方（成本项目） 直接材料	直接人工	制造费用	合计	贷方	余额
略	略	略	期初余额						0
			生产领用材料	304 600			304 600		304 600
			生产工人工资		32 000		32 000		336 600
			生产工人福利费等		4 480		4 480		341 080
			分配转入制造费用			16 608	16 608		357 688
			生产费用合计	304 600	45 440	16 608	366 648		366 648
			结转完工产品成本（100件）					366 648	0
			期末在产品成本						0

表 5-7 生产成本明细账

商品名称：B 产品　　　　　　　　　　　　　　　　　　　　　　　　　　　单位：元

2000年 月	日	凭证字号	摘要	借方（成本项目） 直接材料	直接人工	制造费用	合计	贷方	余额
略	略	略	期初余额						0
			生产领用材料	314 400			314 400		314 400
			生产工人工资		48 000		48 000		362 400
			生产工人福利费等		6 720		6 720		369 120
			分配转入制造费用			24 912	24 912		394 042
			生产费用合计	314 400	68 160	24 912	407 472		407 472
			结转完工产品成本（120件）					407 472	0
			期末在产品成本						0

本例假设 A、B 两种产品期末全部完工，其中 A 产品完工数量为 100 件，B 产品完工数量为 120 件。根据以上资料，编制"完工产品成本计算单"如表 5-8 所示。

表 5-8　　　　　　　　　　完工产品成本计算单　　　　　　　　　单位：元

成本项目	A 产品（100 件）		B 产品（120 件）	
	总成本	单位成本	总成本	单位成本
直接材料	304 600	3 046	314 400	2 620
直接人工	45 440	454.4	68 160	568
制造费用	16 608	166.08	24 912	207.6
产品生产成本	366 648	3 666.48	407 472	3 395.6

产品完工入库后，应进行成本结转，即将完工产品生产成本由"生产成本"账户的贷方转入"库存商品"账户的借方，会计分录为：

借：库存商品——A 商品　　　　　　　　　　　　　　　　366 648
　　　　　　——B 商品　　　　　　　　　　　　　　　　407 472
　贷：生产成本——A 商品　　　　　　　　　　　　　　　　366 648
　　　　　　——B 商品　　　　　　　　　　　　　　　　407 472

第四节　销售业务的核算

一、销售业务核算的内容

销售业务是企业在销售过程中发生的主要经济业务。在销售过程中，企业要将商品及时地销售出去并收回货款以补偿在商品上的资金耗费。因此，销售过程是资金周转最主要的一个过程。企业在销售过程中除了发生销售商品、自制半成品以及提供工业性劳务的业务，即主营销售业务外，还可能发生其他销售业务，如销售材料、出租固定资产、包装物等。本节主要介绍商品销售业务的核算。对于发生的销售业务，企业要确认销售收入，进行销售收入的核算，并同购货单位办理结算，收回货款及增值税销项税款。另外，企业还要支付销售费用，计算和缴纳销售税金，计算和结转销售成本，最后确定销售损益。上述各项就构成了销售业务核算的主要内容。

二、销售收入的确认

正确地确认商品销售收入是销售业务核算的关键，在《企业会计准则——收入》中明确规定，企业应在以下条件同时具备时确认商品销售收入：

（1）企业已将商品所有权上的主要风险和报酬转移给购货方。
（2）企业既没有保留通常与所有权相联系的继续管理权，也没有对已售出的商品实施有效控制。
（3）与经济交易相关的经济利益很可能流入企业。

(4) 收入的金额能够可靠地计量。
(5) 相关的已发生或将发生的成本能够可靠地计量。

三、销售业务核算设置的主要账户

1. "主营业务收入"账户。"主营业务收入"是损益类账户，用以核算和监督企业因销售商品、提供劳务所实现的收入。该账户核算的主要内容和基本结构如下：贷方登记企业销售商品、提供劳务实现的收入；借方登记期末应转入"本年利润"账户的数额；期末结转后本账户应无余额。"主营业务收入"账户应按销售商品的类别或品种设置明细账，进行明细分类核算。

2. "主营业务成本"账户。"主营业务成本"是损益类账户，用以核算和监督企业已销售商品、提供劳务的实际成本。该账户的借方登记已销售商品、提供劳务的实际成本；贷方登记期末转入"本年利润"账户的数额；期末结转后本账户应无余额。"主营业务成本"账户也应按商品类别或品种设置明细账，进行明细分类核算。

3. "其他业务收入"账户。"其他业务收入"是损益类账户，用以核算和监督企业主营业务以外的其他业务活动所实现的收入，如材料销售收入、出租固定资产、无形资产、包装物的租金收入等。该账户贷方登记取得的其他业务收入；借方登记期末转入"本年利润"账户的数额；期末结转后本账户应无余额。"其他业务收入"账户应按其他业务的类别设置明细账，进行明细分类核算。

4. "其他业务成本"账户。"其他业务成本"是损益类账户，用以核算和监督企业主营业务以外的其他业务活动所发生的支出，包括销售材料的成本、出租固定资产的折旧额、出租无形资产的摊销额等。该账户借方登记企业发生的其他业务支出数；贷方登记期末转入"本年利润"账户的数额；期末结转后本账户应无余额。"其他业务成本"账户应按其他业务的类别设置明细账，进行明细分类核算。

5. "销售费用"账户。"销售费用"是损益类账户，用以核算和监督企业在销售商品、提供劳务过程中所发生的各项费用，如运输费、装卸费、展览费、广告费以及企业专设销售机构的职工工资、福利费、业务费等。该账户借方登记发生的各项营业费用；贷方登记期末转入"本年利润"账户的数额；期末结转后该账户应无余额。"营业费用"账户应按费用项目设置明细账，进行明细分类核算。

6. "营业税金及附加"账户。"营业税金及附加"是损益类账户，用以核算和监督企业经营活动发生的各种税金及附加，包括消费税、营业税、城市维护建设税、教育费附加等。该账户借方登记企业按规定税率计算出的应负担的各种税金及附加；贷方登记期末转入"本年利润"账户的数额；结转后期末应无余额。"营业税金及附加"账户应按销售商品的类别或品种设置明细账，进行明细分类核算。

7. "应收账款"账户。"应收账款"是资产类账户，用以核算和监督企业因销售商品、提供劳务，应向购货单位收取的款项。该账户借方登记应向购货单位收取的款项；贷方登记已从购货单位收取的款项；期末余额在借方，表示企业应收而尚未收取的应收款项。"应收账款"账户应按购货单位设置明细账，进行明细分类核算。

四、销售业务核算举例

【例5-29】 向光明公司销售A商品50件,每件售价5 000元,共计货款250 000元,增值税42 500元,上述款项已收到并存入银行。

该项经济业务一方面使企业银行存款增加292 500元,应记入"银行存款"账户的借方;另一方面使企业的商品销售收入增加250 000元,应记入"主营业务收入"账户的贷方,同时,增值税的销项税额42 500元应记入"应交税费"账户的贷方。其会计分录为:

借:银行存款　　　　　　　　　　　　　　　　　　　　　292 500
　　贷:主营业务收入——A商品　　　　　　　　　　　　　　　250 000
　　　　应交税费——应交增值税(销项税额)　　　　　　　　　42 500

【例5-30】 向兴亚公司销售B商品100件,每件售价4 500元,共计货款450 000元,增值税76 500元,上述款项尚未收到。

该项经济业务一方面使企业的商品销售收入增加450 000元,应记入"主营业务收入"账户的贷方;增值税销项税额76 500元应记入"应交税费"账户的贷方;另一方面由于款项尚未实际收到,引起企业应收账款增加526 500元,应记入"应收账款"账户的借方。其会计分录为:

借:应收账款——兴亚公司　　　　　　　　　　　　　　　526 500
　　贷:主营业务收入——B商品　　　　　　　　　　　　　　　450 000
　　　　应交税费——应交增值税(销项税额)　　　　　　　　　76 500

【例5-31】 以银行存款支付商品销售的广告费10 000元。

该项经济业务一方面使企业银行存款减少10 000元,应记入"银行存款"账户的贷方;另一方面使企业的广告费增加10 000元,应记入"营业费用"账户的借方。其会计分录为:

借:销售费用——广告费　　　　　　　　　　　　　　　　10 000
　　贷:银行存款　　　　　　　　　　　　　　　　　　　　　10 000

【例5-32】 以银行存款支付销售A、B商品应负担的运输费10 000元。

该项经济业务一方面使企业的银行存款减少10 000元,应记入"银行存款"账户的贷方;另一方面使企业应负担的运输费增加10 000元,应记入"营业费用"账户的借方。其会计分录为:

借:销售费用——运输费　　　　　　　　　　　　　　　　10 000
　　贷:银行存款　　　　　　　　　　　　　　　　　　　　　10 000

【例5-33】 本期销售商品应负担的城市维护建设税15 000元,教育费附加5 000元。

该项经济业务一方面使企业销售商品应负担的税金及附加增加20 000元,应记入"营业税金及附加"账户的借方;另一方面使企业应上缴的税金及附加费增加20 000元,应记入"应交税费"账户的贷方。其会计分录为:

借:营业税金及附加　　　　　　　　　　　　　　　　　　20 000
　　贷:应交税费——城市维护建设税　　　　　　　　　　　　15 000
　　　　　　　——教育费附加　　　　　　　　　　　　　　　5 000

【例 5-34】 企业出售多余甲材料一批，货款 5 000 元，增值税 850 元，款项收到存入银行。

该项经济业务一方面使银行存款增加 5 850 元，应记入"银行存款"账户的借方；另一方面引起企业材料销售收入增加 5 000 元，应记入"其他业务收入"账户的贷方，增值税销项税 850 元应记入"应交税费"账户的贷方。其会计分录为：

  借：银行存款   5 850
    贷：其他业务收入——材料销售   5 000
      应交税费——应交增值税（销项税额） 850

【例 5-35】 结转上述出售甲材料的成本 4 500 元。

企业出售材料后会引起库存原材料的减少，所以，应按其成本记入"原材料"账户的贷方，另外该项业务的发生表明已销售材料的实际成本增加，应记入"其他业务成本"账户的借方。其会计分录为：

  借：其他业务成本——材料销售   4 500
    贷：原材料——甲材料   4 500

【例 5-36】 期末结转本期已销售商品的生产成本。

由于本期销售的商品不一定都是本期生产的，而不同会计期间生产的同一种商品的单位生产成本可能不相同。因此，要计算本期销售商品的生产成本，就必须采用相应的方法，如可采用先进先出法、加权平均法等（这些方法在材料费用的归集与分配内容中已做具体介绍）。本例假定已销售的 A 商品生产成本为 178 844 元，已销售的 B 商品生产成本为 328 360 元。该项经济业务一方面引起已销售商品生产成本的增加，应将其记入"主营业务成本"账户的借方；另一方面引起库存商品的减少，因此应将其记入"库存商品"账户的贷方。其会计分录为：

  借：主营业务成本——A 商品   178 844
        ——B 商品   328 360
    贷：库存商品——A 商品   178 844
        ——B 商品   328 360

第五节 利润及其分配业务的核算

一、利润总额的构成

利润是企业一定时期生产经营活动的财务成果。它是综合反映企业工作质量的重要指标，也是衡量企业经济效益高低的主要标志。

企业一定会计期间的利润总额（或亏损）是由营业利润及营业外净收支（即营业外收入减去营业外支出的差额）构成，即：

$$利润（或亏损）总额 = 营业利润 + 营业外收入 - 营业外支出$$

营业利润是企业利润的主要来源，主要是由营业收入、营业成本、营业税金及附加、期间费用、资产减值损失、投资收益（或损失）、公允价值变动收益（或损失）等项目构成。用公式表示即：

营业利润＝营业收入－营业成本－营业税金及附加－销售费用－管理费用
　　　　－财务费用－资产减值损失＋公允价值变动收益
（－公允价值变动损失）＋投资收益（－投资损失）

营业收入是指企业经营业务所确认的收入总额，包括主营业务收入和其他业务收入。

营业成本是指企业经营业务所发生的实际成本总额，包括主营业务成本和其他业务成本。

资产减值损失是指企业各项资产发生减值所确认的损失。

公允价值变动收益（或损失）是指企业交易性金融资产、交易性金融负债以及采用公允价值模式计量的投资性房地产、衍生工具、套期保值业务等公允价值变动形成的应计入当期损益的利得或损失。

投资收益（或损失）是指企业以各种方式对外投资所取得的收益（或发生的损失）。

营业外收入是指与企业正常的生产经营活动没有直接关系的按规定应计入当期损益的各项利得。包括非流动资产处置利得、非货币性资产交换利得、债务重组利得、政府补贴、盘盈利得、捐赠利得等。

营业外支出是指与企业正常生产经营活动没有直接关系的按规定应计入当期损益的各项损失。包括非流动资产处置损失、非货币性资产交换损失、债务重组损失、非常损失、盘亏损失、公益性捐赠支出等。

在企业一定时期实现的利润总额的基础上，减去所得税费用，就形成企业一定时期的净利润。其计算公式为：

净利润＝利润总额－所得税费用

二、利润形成的核算

在利润形成的构成内容中，由于部分内容已在前面相关内容中作了介绍，因此现在我们主要对利润形成中的营业外收入、营业外支出、投资收益、所得税费用核算的基本内容进行阐述，其他相关内容将在有关后续课程中介绍。

（一）设置的主要账户

1. "营业外收入"账户。"营业外收入"是损益类账户，用以核算和监督企业发生的与正常的生产经营活动没有直接关系的各项利得。该账户贷方登记企业取得的营业外收入；借方登记期末转入"本年利润"账户的数额；期末结转后本账户应无余额。"营业外收入"账户应按收入项目设置明细账，进行明细分类核算。

2. "营业外支出"账户。"营业外支出"是损益类账户，用以核算和监督企业发生的与经营业务无直接关系的各项损失。该账户借方登记发生的各项营业外支出；贷方登记期末转入"本年利润"账户的数额;期末结转后本账户应无余额。"营业外支出"账户应按费用项目设置明细账,进行明细分类核算。

3. "投资收益"账户。"投资收益"是损益类账户,用以核算和监督企业对外投资确认的收益及发生的损失。该账户贷方登记企业取得的投资收益;借方登记企业发生的投资损失,期末如为借方余额,表示发生的投资净损失,应从该账户贷方转入"本年利润"账户借方;如为贷方余额,表示取得的投资净收益,应从该账户借方转入"本年利润"账户贷方;期末结转后本账户应无余额。"投资收益"账户应按投资项目设置明细账,进行明细分类核算。

4. "所得税费用"账户。"所得税费用"是损益类账户,用以核算和监督企业按规定从利润总额中扣除的所得税费用。该账户借方登记按相应方法计算出的所得税费用,贷方登记期末应转入"本年利润"账户的所得税费用,期末结转后本账户应无余额。

5. "本年利润"账户。"本年利润"是所有者权益类账户,用以核算和监督企业实现的利润净额或发生的亏损。该账户的贷方登记期末从各收入账户转入的本期获得的各项收入、投资净收益及公允价值变动收益;借方登记期末从各费用、支出账户转入的本期发生的各项费用、支出、投资净损失、资产减值损失及公允价值变动损失;期末余额若在贷方,表示企业实现的净利润,期末余额若在借方则表示企业发生的亏损。在年度中间,"本年利润"账户的余额保留在本账户不予结转,表示截至本期累计实现的净利润或发生的亏损。年末,应将本年度实现的净利润或亏损总额转入"利润分配"账户,结转后该账户应无余额。"本年利润"账户的结构如表5–9所示。

表 5–9

借　方	本年利润	贷　方
期末转入的各项费用:		期末转入的各项收入:
主营业务成本		主营业务收入
营业税金及附加		其他业务收入
管理费用		营业外收入
财务费用		投资净收益
销售费用		公允价值变动收益
营业外支出		
其他业务成本		
投资净损失		
所得税费用		
资产减值损失		
公允价值变动损失		
余额:累计发生的亏损		余额:累计实现的净利润

利润形成核算需运用的其他相关账户前面已作介绍,在此不做复述。

(二) 利润形成基本经济业务的核算举例

【例5-37】公司收到一笔罚款收入30 000元,存入银行。

该项经济业务一方面使企业银行存款增加30 000元,应记入"银行存款"账户的借方;另一方面企业罚款收入增加30 000元,应记入"营业外收入"账户的贷方。其会计分录为:

借:银行存款　　　　　　　　　　　　　　　　　　　　30 000
　　贷:营业外收入——罚款收入　　　　　　　　　　　　　　30 000

【例5-38】公司取得向联营单位投资的收益60 000元,存入银行。

该项经济业务一方面使企业的银行存款增加60 000元,应记入"银行存款"账户的借方;另一方面企业取得投资收益60 000元,应记入"投资收益"账户的贷方。其会计分录为:

借:银行存款　　　　　　　　　　　　　　　　　　　　60 000
　　贷:投资收益　　　　　　　　　　　　　　　　　　　　60 000

【例5-39】以银行存款25 000元支付一项公益性捐赠。

该项经济业务一方面使企业银行存款减少25 000元,应记入"银行存款"账户的贷方;另一方面公益性捐赠支出增加25 000元,应记入"营业外支出"账户的借方。其会计分录为:

借:营业外支出——公益性捐赠支出　　　　　　　　　　　25 000
　　贷:银行存款　　　　　　　　　　　　　　　　　　　　25 000

【例5-40】期末将各损益账户的金额结转记入"本年利润"账户。

根据前面各节所举例题,各损益类账户本期发生额分别为:

"主营业务收入"账户贷方发生额：　　　　　　　　　　　700 000
"其他业务收入"账户贷方发生额：　　　　　　　　　　　　5 000
"营业外收入"账户贷方发生额：　　　　　　　　　　　　30 000
"投资收益"账户贷方发生额：　　　　　　　　　　　　　60 000
"主营业务成本"账户借方发生额：　　　　　　　　　　　507 204
"营业税金及附加"账户借方发生额：　　　　　　　　　　 20 000
"管理费用"账户借方发生额：　　　　　　　　　　　　　36 500
"财务费用"账户借方发生额：　　　　　　　　　　　　　 8 000
"销售费用"账户借方发生额：　　　　　　　　　　　　　20 000
"其他业务成本"账户借方发生额：　　　　　　　　　　　 4 500
"营业外支出"账户借方发生额：　　　　　　　　　　　　25 000

分别将上述账户的贷方发生额,从各账户的借方转入"本年利润"账户的贷方,将各账户的借方发生额,从各账户的贷方转入"本年利润"账户的借方。其会计分录为:

(1) 借:主营业务收入　　　　　　　　　　　　　　　　　700 000

其他业务收入	5 000
营业外收入	30 000
投资收益	60 000
贷：本年利润	795 000
（2）借：本年利润	621 204
贷：主营业务成本	507 204
营业税金及附加	20 000
管理费用	36 500
财务费用	8 000
销售费用	20 000
其他业务成本	4 500
营业外支出	25 000

根据上述资料，计算本期最终财务成果：

本期营业利润 =（700 000 + 5 000）-（507 204 + 4 500）- 20 000 - 36 500 - 8 000 - 20 000 + 60 000 = 168 796（元）

本期营业外收支净额 = 30 000 - 25 000 = 5 000（元）

本期利润总额 = 168 796 + 5 000 = 173 796（元）

假定"本年利润"账户有期初贷方余额 826 204 元，则宏发公司实现利润总额为：826 204 + 173 796 = 1 000 000（元）。

【例 5-41】 经计算本期所得税费用为 250 000 元。

所得税是企业依照税法的规定计算并缴纳的一种税金。由于所得税属于企业在生产经营过程中的一项耗费，因此按照权责发生制原则应将其作为当期的一项费用支出在利润总额中扣除，企业利润总额扣除所得税后的余额为实现的净利润。企业所得税的核算方法比较复杂，将在后续相关专业课程中做具体介绍。本例假定已计算出本期应交所得税为 250 000 元，在账务处理上应包括两个方面内容：首先，要反映本期所得税费用和应交所得税的增加，应分别记入"所得税费用"和"应交税费"两个账户。其会计分录为：

借：所得税费用	250 000
贷：应交税费——应交所得税	250 000

其次，应将本期发生的所得税费用转入"本年利润"账户。其会计分录为：

借：本年利润	250 000
贷：所得税费用	250 000

所得税费用结转后，则可确定企业实现的净利润：

1 000 000 - 250 000 = 750 000（元）

三、利润分配的内容和顺序

利润分配是指企业根据国家有关法律规定和企业章程、投资者协议等，对企业当年可供分配的利润所进行的分配。

可供分配的利润＝当年实现的净利润＋年初未分配利润（－年初未弥补亏损）

利润分配的主要去向及顺序依次是：提取法定盈余公积、提取任意盈余公积、向投资者分配利润等。

1. 提取法定盈余公积。公司制企业的法定盈余公积必须按照税后利润的10%的比例提取（非公司制企业也可以按照超过10%的比例提取），公司法定公积金累计额达到或超过公司注册资本的50%以上时，可以不再提取法定盈余公积金。

2. 提取任意盈余公积。公司从税后利润中提取法定盈余公积金后，经股东大会决议，还可以从税后利润中提取任意盈余公积金。非公司制企业经类似权力机构批准，也可以提取任意盈余公积金。由于任意盈余公积金是企业自愿留存的收益，所以其提取比例由企业视实际情况而自行确定。

3. 向投资者分配利润或股利。公司弥补亏损和提取公积金后所剩余的税后利润，可将其全部或部分按照出资者（股东）实交的出资比例或持有的股份比例向出资者（股东）分派利润或股利。未分配完的部分形成留待以后年度分配的利润。

四、利润分配的会计处理

（一）设置运用的主要账户

1. "利润分配"账户。"利润分配"是所有者权益类账户，用以核算和监督企业一定时期内净利润的分配或亏损的弥补以及历年结存的未分配利润（或未弥补亏损）情况。该账户借方登记利润的分配数额以及年末从"本年利润"账户转入的全年累计亏损额；贷方登记年末从"本年利润"账户转入的全年实现的净利润以及弥补的亏损数额。年末贷方余额表示未分配利润，年末借方余额表示未弥补亏损。"利润分配"账户应按利润分配具体内容设置明细账，进行明细分类核算。

2. "盈余公积"账户。"盈余公积"是所有者权益类账户，用以核算和监督企业从净利润中提取盈余公积金的增减变动和结存情况。该账户贷方登记盈余公积的提取数；借方登记盈余公积的使用数；期末余额在贷方，表示盈余公积的结存数。

3. "应付股利"（非股份制企业为"应付利润"）账户。该账户属于负债类账户，用以核算和监督企业经董事会或股东大会或类似机构决议确定分配的现金股利（利润）。该账户贷方登记应付股利（应付利润）增加数；借方登记实际支付的现金股利（利润）；期末余额在贷方，表示尚未支付的现金股利（利润）。

（二）利润分配业务的会计处理

【例5-42】期末结转本期实现的净利润750 000元。

年终，企业应将全年实现的净利润由"本年利润"账户转入"利润分配"账户，结转后，"本年利润"账户年终没有余额。其会计分录为：

借：本年利润　　　　　　　　　　　　　　　　　　　750 000
　　贷：利润分配——未分配利润　　　　　　　　　　　　　750 000

【例5-43】期末企业按净利润的规定比例提取法定盈余公积金75 000元,提取任意盈余公积金37 500元,向投资者支付投资利润200 000元。

该项经济业务发生一方面使企业利润分配数额增加,应记入"利润分配"账户的借方;另一方面,提取法定盈余公积金和任意盈余公积金会引起企业盈余公积的增加,应记入"盈余公积"账户的贷方;向投资者支付的投资利润引起企业应付利润的增加,应记入"应付利润"账户的贷方。其会计分录为:

借:利润分配——提取盈余公积　　　　　　　　　　　　112 500
　　贷:盈余公积　　　　　　　　　　　　　　　　　　　112 500
借:利润分配——应付利润　　　　　　　　　　　　　　200 000
　　贷:应付利润　　　　　　　　　　　　　　　　　　　200 000

【例5-44】期末结清利润分配所属的各明细账户。

年终,企业应将"利润分配"账户下的其他明细账户的余额转入"未分配利润"明细账户,结转后,除"未分配利润"明细账户有余额外,其他各明细账户均无余额。

借:利润分配——未分配利润　　　　　　　　　　　　　312 500
　　贷:利润分配——提取盈余公积　　　　　　　　　　　112 500
　　　　　　　　——应付利润　　　　　　　　　　　　　200 000

上述结转后,"利润分配——未分配利润"明细账本期末有贷方余额437 500元,表示期末未分配利润。

【本章小结】

本章以商品制造企业为例,介绍了复式记账在企业的具体应用。

投资者投入资金会引起所有者权益和资产要素发生变动,为此,需设置"实收资本(或股本)"、"银行存款"、"固定资产"、"无形资产"等账户核算。借入资金按其偿还期的不同可分为短期借款和长期借款两种,其核算分别包括取得借款、计提借款利息、偿还借款利息及本金等内容。

材料采购业务是制造企业在供应过程发生的主要业务,购买材料所支付的买价和采购费用是材料采购成本的主要构成内容。企业应将采购材料支付的买价和发生的采购费用按照购入材料的种类加以归集,计算各种材料的实际采购成本。

企业购买固定资产应当按其取得时的实际成本入账,其内容主要包括支付的买价、包装费、运杂费、安装费等。其核算主要通过设置"固定资产"、"在建工程"、"银行存款"等账户进行。

产品生产中所耗用的直接材料、直接人工和制造费用是商品生产成本的主要构成内容。企业应按确定的成本计算对象归集和分配各项费用,计算各成本计算对象的成本。

销售过程包括主营业务收支的核算和其他业务收支的核算。主营业务收支核算包括主营业务收入、主营业务成本、营业税金及附加等的核算;其他业务收支的核算包括其他业务收入和其他业务支出的核算。

利润是企业的最终财务成果,将企业所有的收入扣除所有的费用即可计算出净利润,然后将实现的净利润按照国家有关规定进行利润分配,便构成利润形成及其分配核算的主要内容。

【中英文对照专业名词及术语】

实收资本(股本)	Paid-in Capital (stock)
资本公积	Contributed Surplus
盈余公积	Surplus Reserves
短期借款	Short Money
长期借款	Funded Liabilities
原材料	Raw Material
制造费用	Manufacturing Overhead
固定资产	Fixed Assets
累计折旧	Accumulated Depreciation
应付职工薪酬	Salaries Payable
管理费用	Administrative Expenses
销售费用	Selling Expenses
所得税费用	Income Taxes Expenses
利润总额	Total Profit
净利润	Net Profit
在途物资	Materials in Transit
采购费用	Procurement Expenses
生产成本	Cost of Production
库存商品	Inventory of Finished Goods
财务费用	Financial Expense
主营业务收入	Business Income of the Main Products
主营业务成本	Cost of Main Business
其他业务收入	Other Income from Business
其他业务成本	Cost from Other Business
营业税金及附加	Tax and Surtax of Business
营业外收入	Income Besides Operating
营业外支出	Expenditures Besides Operating
利润分配	Distribution of Net Profits

复习思考题

1. 原材料的实际采购成本是由哪些内容构成?
2. 如何确定购买固定资产的原始价值?
3. 说明固定资产账户和累计折旧账户的关系,并解释为什么要设置累计折旧账户?

4. 生产业务核算的主要内容有哪些？商品生产成本由哪些主要内容构成？
5. 为搞好成本计算，企业应做好哪些基本工作？
6. 制造费用如何进行分配？
7. 销售收入的确认条件是什么？
8. 企业最终的财务成果是如何形成的？
9. 企业净利润的分配去向与顺序是怎样的？如何进行利润分配的会计处理？
10. 说明"本年利润"和"利润分配"账户的性质、用途、登记方法及二者的关系。
11. 通过本章的学习，你认为商品制造企业主要经济业务核算的重点和难点有哪些？

练习题

1. 宏发公司 201×年×月发生下列筹资业务：
（1）收到某单位投资 300 000 元，存入银行。
（2）从银行借入款项 100 000 元，期限半年，年利率为 6%，利息按季结算。
（3）计算提取上述借款本月应负担的利息。
（4）收到某外商投入设备一台，价值 250 000 元，双方协议按 230 000 元入账。
（5）用银行存款偿还已到期的长期借款，本金 350 000 元，应付利息 25 000 元。
（6）收到某个人投入专利权一项，原价 150 000 元，双方协议按 160 000 元入账。
要求：根据上述资料编制会计分录。

2. 宏发公司 201×年×月发生下列采购业务：
（1）向兴亚公司购进下列材料，款项以银行存款支付（税率17%）。

甲材料 1 600 千克	单价 10 元	计 16 000 元
乙材料 800 千克	单价 16 元	计 12 800 元
合计		28 800 元

（2）以银行存款支付上述材料运费 480 元；以现金支付运达仓库的装卸费 240 元（上述费用按材料重量比例分配）。
（3）上述材料验收入库，计算并结转实际采购成本。
（4）从星达公司购入丙材料 1 000 千克，单价 12 元，增值税税率 17%，款项尚未支付。
（5）用现金支付购入丙材料的运杂费 400 元。
（6）用银行存款支付原欠星达公司款项。
（7）上述丙材料验收入库，计算并结转实际采购成本。
（8）为生产应税产品购入需要安装的机器设备一台，取得的增值税专用发票上注明的价款及增值税额分别为 100 000 元及 17 000 元，运杂费共 8 000 元，货款及运杂费已付讫。安装事宜由某安装公司进行，用银行存款支付 6 000 元安装费。
（9）上述设备安装完毕达到预定可使用状态，结转其成本。
要求：
（1）分别计算甲、乙、丙三种材料的总成本和单位成本；
（2）根据上述资料编制会计分录。

3. 宏发公司201×年×月发生下列经济业务：
(1) 本月仓库发出材料及用途如表1所示。

表1　　　　　　　　　　　　　　　　　　　　　　　　　　　　　　　　　单位：元

用途	甲材料	乙材料	合计
A产品	3 000	4 125	7 125
B产品	5 000	3 225	8 225
车间一般耗用	200	300	500
合计	8 200	7 650	15 850

(2) 本月应付职工薪酬50 000元，其中，生产A产品生产工人工资25 000元；B产品生产工人工资15 000元；车间管理人员工资3 000元；公司管理人员工资7 000元。
(3) 按工资总额的14%计提福利费。
(4) 从银行提取现金50 000元，备放工资。
(5) 以现金发放工资。
(6) 用银行存款支付本月水电费3 680元。其中公司管理负担1 200元，车间负担2 480元。
(7) 以现金支付车间劳动保护费1 000元。
(8) 计提本月固定资产折旧费4 620元，其中车间固定资产折旧3 600元，公司管理固定资产折旧1 020元。
(9) 月末，汇总当月制造费用，按A、B产品的生产工人工资比例进行分配。
(10) 本月投产A、B产品各10台，已全部完工，计算并结转A、B产品生产成本。

要求：
(1) 计算A、B产品的生产总成本和单位成本；
(2) 根据上述资料编制会计分录。

4. 宏发公司201×年×月发生下列有关产品销售业务：
(1) 向华龙公司销售A产品30件，单价1 000元/每件，增值税税率17%，款项尚未收到。
(2) 向乐凯公司销售B产品50件，单价600元/每件，增值税税率17%，款项已收存入银行。
(3) 用银行存款支付销售产品广告费5 000元。
(4) 月末结转本月销售A、B产品的销售成本，A产品的单位成本700元，B产品的单位成本380元。
(5) 月末计算并结转本月销售税金7 500元，其中，城市维护建设税5 150元，教育费附加2 350元。

（6）向星达公司出售甲材料100千克，每千克售价12元，增值税税率17%，款已收。甲材料每千克成本8元。

要求：根据上述资料编制会计分录。

5. 宏发公司201×年12月末损益类科目的余额如表2所示。

表2 单位：元

科目名称	贷方余额	科目名称	借方余额
主营业务收入	4 876 000	主营业务成本	2 958 000
其他业务收入	54 590	营业税金及附加	56 902
投资收益	72 000	其他业务成本	43 060
公允价值变动损益	83 000	资产减值损失	20 000
营业外收入	20 000	销售费用	84 902
		管理费用	74 919
		财务费用	17 490
		所得税费用	65 600

该企业无以前年度未弥补亏损，每年按当年净利润的10%计提法定盈余公积；公司董事会决定按当年净利润的50%向投资者分配利润。

要求：请进行该企业利润形成与分配的相关计算与会计处理。

6. 宏发公司201×年12月1日各账户期初余额如表3所示。

表3 单位：元

账户名称	期初余额	账户名称	期初余额
现金	5 000	短期借款	100 000
银行存款	1 200 000	应付账款	52 000
应收账款	50 000	应交税费	40 000
其他应收款	10 000	应付利息	17 000
原材料	140 000	长期借款	300 000
库存商品	180 000	实收资本	2 100 000
固定资产	2 000 000	资本公积	100 000
无形资产	530 000	盈余公积	500 000
应收票据	50 000	应付利润	187 000
累计折旧	456 000（贷）	本年利润	320 000

宏发公司201×年12月份发生下列经济业务：

（1）从银行借入短期借款120 000元，已存入银行存款户。

（2）收到某联营公司投入资金250 000元，已存入银行存款户。

（3）收到某外商投入全新设备一台，评估作价500 000元，交付使用。

（4）本月应负担短期借款利息1 200元。

（5）有笔短期借款到期，本金50 000元，应付利息1 250元，以银行存款支付。

（6）向长城公司采购甲、乙两种材料，甲材料100吨，单价1 500元；乙材料120吨，单价2 000元，增值税税率17%，上述款项尚未支付。

（7）以银行存款支付上述甲、乙材料运费22 000元（按重量比例分配）。

（8）上述甲、乙材料已全部到达并验收入库，结转其实际采购成本。

（9）用银行存款归还前欠长城公司的款项。

（10）公司经理李明出差，预借差旅费2 000元，以现金支付。

（11）本月耗用材料如下：生产A产品耗用甲、乙材料各20 000元；生产B产品耗用甲材料30 000元、乙材料22 000元；车间管理耗用甲材料1 600元；公司行政管理耗用乙材料2 000元。

（12）本月工资费用如下：A产品生产工人工资20 000元；B产品生产工人工资30 000元；车间管理人员工资8 000元；公司管理人员工资10 000元。

（13）按上述工资总额的14%核算职工福利费。

（14）按应付工资总额从银行提取现金备发工资。

（15）以现金发放工资。

（16）李明出差回来报销差旅费1 800元，余款退回。

（17）以银行存款支付本月的水电费4 800元，其中，生产A产品耗用1 500元；生产B产品耗用2 000元；公司管理部门耗用800元；车间管理耗用500元。

（18）按规定的折旧率，计提本月车间固定资产的折旧费为8 000元，公司管理部门的固定资产的折旧费为4 000元。

（19）用银行存款3 200元支付车间劳动保护费。

（20）月末，将发生的制造费用按A、B产品生产工人工资的比例分配计入A、B产品的成本。

（21）本月生产的A、B产品已全部完工，A产品完工数量100件，B产品完工数量120件，计算并结转完工A、B产品的生产成本。

（22）向东方公司销售A产品100件，每件售价1 000元；销售B产品80件，每件售价1 200元，增值税税率17%，款项尚未收到。

（23）月末结转本月销售A、B产品的生产成本。

（24）以银行存款支付广告费17 600元。

（25）本期应负担城市维护建设税5 000元，教育费附加1 000元。

（26）以银行存款缴纳上述税费。

（27）出售丙材料一批，取得收入5 000元，增值税税率17%，款已收到存入银行，丙材料成本为 4 500 元。

(28) 收到联营单位分得的投资利润 100 000 元存入银行。
(29) 以银行存款支付公益性捐赠 50 000 元。
(30) 月末，结转当期损益并列式计算本期营业利润、利润总额及全年实现的利润。
(31) 按全年利润总额的 25% 计算并结转所得税，确定实现的净利润。
(32) 按全年实现净利润的 10% 提取盈余公积金并按 30% 向投资者支付利润。
(33) 年末，结转全年实现的净利润并结清利润分配账户所属各明细账。

要求：
(1) 根据经济业务编制会计分录。
(2) 开设并登记各总分类账户的期初余额、本期发生额和期末余额。
(3) 编制试算平衡表。

案例讨论题

案例一：判断会计分录

审计人员在对大华公司某月账务处理进行审查时，发现以下分录：
(1) 将"计提固定资产折旧"的会计分录做成"借：制造费用、管理费用等，贷：固定资产"。
(2) 将"结转已售产品的生产成本"的会计分录做成"借：库存商品，贷：生产成本"。
(3) 将"年终结转全年实现净利润"的会计分录做成"借：利润分配，贷：本年利润"。
(4) 将"销售商品取得销售收入"的会计分录做成"借：银行存款，贷：库存商品"。
(5) 将"购买材料支付的价款及增值税"的会计分录做成"借：在途物资，贷：银行存款"。
(6) 将"结转本期主营业务收入"的会计分录做成"借：本年利润，贷：主营业务收入"。

判断上述会计分录是否正确？如不正确请分析原因并编制正确的会计分录。

案例二：判断会计分录

大华公司会计人员某会计期末进行人工费的分配时，将生产车间管理人员的工资及福利费 35 000 元记入了"管理费用"账户，另将发生的广告费 15 000 元记入了"营业税金及附加"账户。

你认为上述会计处理是否正确？对当期损益（相关会计信息）有何影响？

第六章
会计凭证

【本章学习目的】 通过本章学习,你将能够知晓会计凭证的含义、种类、会计凭证的填制、审核要求以及会计凭证的传递和保管的具体要求等;理解正确地填制和审核原始凭证、正确地填制和审核记账凭证的重要性;掌握填制和审核原始凭证及记账凭证的方法。

【案例导引】

张某于2003年5月在某市投资开办了私营企业蓝江实业有限公司,自任总经理。自2004年11月起,张某与其公司的另一经理王某开始以蓝江实业有限公司的名义为他人代开增值税专用发票,截至2005年6月,共开出增值税专用发票15起35份,价款共计人民币2亿余元,税额1 200万余元。张某开出的发票能否作为交易各方作账的依据?

第一节 会计凭证的含义与种类

一切会计记录都要有真实凭据,使核算资料具有客观性,这是会计核算必须遵循的一项基本原则,也是会计核算的一个重要特征。在会计核算工作中,处理任何一项经济业务,都必须做到有根有据。

一、会计凭证的含义

会计凭证是用来记录经济业务,明确经济责任,据以登记账簿的一种具有法律效力的书面证明。填制和审核会计凭证,是会计核算的起点和基础,也是对经济业务进行日常监督、保证信息正确、合理、合法的重要环节,是会计核算的一种专门方法。

我国《会计法》第十四条明文规定:"会计凭证包括原始凭证和记账凭证。办理本法第十条所列的经济业务事项,必须填制或取得原始凭证并及时送交会计机构。"会计管理要求会计核算提供正确的会计核算资料，特别是强调记账必须有依据。所以，任何单位在办理经济业务时，都必须填制和取得会计凭证，并按规定送交会计部门审核。只有经过审核无误的会计凭证才能作为登记账簿的依据。

二、会计凭证的种类

会计凭证按其填制的程序和用途可以分为原始凭证和记账凭证。

（一）原始凭证的种类

原始凭证又称单据，是在经济业务发生或完成时取得或填制的，用以记录或证明经济业务的发生或完成情况的文字凭据。它不仅能用来记录经济业务发生或完成情况，还可以明确经济责任，是进行会计核算工作的原始资料和重要依据，是会计资料中最具有法律效力的一种文件。原始凭证可以分成以下几类：

1. 按来源不同分类。原始凭证按来源可以分为外来原始凭证和自制原始凭证。

外来原始凭证：是指在同外单位或个人发生经济往来事项时，从外单位或个人取得的凭证。如购买材料从外单位取得的"发票"，从运输部门取得的"运费单"（表6-18），银行转来的"收款通知单"（表6-20）、"付款通知单"等。

自制原始凭证：是指在经济业务事项发生或完成时，由本单位内部经办部门或人员填制的凭证。如"收料单"（表6-16）、"领料单"、"成本计算单"、"出库单"（表6-17）等。

2. 按照填制次数分类。原始凭证按照填制次数可以分为一次原始凭证和累计原始凭证。

一次原始凭证：一次原始凭证是指只反映一项经济业务或同时记录若干项同类性质经济业务的原始凭证，其填制手续是一次完成的。如各种外来原始凭证都是一次凭证；企业有关部门领用材料的"领料单"、职工"借款单"，购进材料的"入库单"等都是一次凭证。一次原始凭证能反映一笔经济业务的内容，使用上灵活方便，但是数量较多。

累计原始凭证：累计原始凭证是指在一定时期内（一般以1个月为限）连续发生的同类经济业务的自制原始凭证，其填制手续是随着经济业务事项的发生而分次进行的。如"限额领料单"（表6-11）。在这种领料单上，注明材料的领用限额，每次领用都要登记用的数量，并结出结余的限额，从而起到提醒用料单位注意耗用量的控制，达到节约用料的目的。

3. 按记录经济业务数量的多少分类。原始凭证按记录经济业务数量的多少可以分为单项原始凭证和汇总原始凭证。

单项原始凭证：是指仅记录一项经济业务的原始凭证，如外来原始凭证和"发票"、"借款单"自制原始凭证。

汇总原始凭证：汇总原始凭证是指根据一定时期内反映相同经济业务的多张原始凭证，汇总编制而成的自制原始凭证，以集中反映某项经济业务总括发生情况。汇总原始凭证既可以简化会计核算工作，又便于进行经济业务的分析比较。如"工资汇总表"（表6-21）、"现金收入汇总表"、"发料凭证汇总表"（表6-22）等都是汇总原始凭证。

(二) 记账凭证的种类

记账凭证上会计人员根据审核无误后的原始凭证或汇总原始凭证，应用复式记账法和会计科目，按照经济业务的内容加以分类，并据以确定会计分录而填制的，作为登记账簿依据的凭证。在实际工作中，编制会计分录是通过填制记账凭证来完成的。因此，正确填制记账凭证，对于保证账簿记录的正确性有重要意义。记账凭证可以分成以下几类：

1. 按反映经济业务的内容分类。记账凭证按反映经济业务的内容可分为收款凭证、付款凭证和转账凭证3种。

（1）收款凭证。是用于记录库存现金和银行存款收款业务的会计凭证。它是根据有关现金和银行存款收入业务的原始凭证填制的，是登记现金日记账、银行存款日记账以及有关明细账和总账等账簿的依据，也是出纳人员收讫款项的依据。其基本格式见表6-1。

表6-1

收 款 凭 证
年 月 日

收字第 号
借方账户： 附 件 张

摘 要	贷 方 账 户		金 额	记 账
	一级账户	明细账户		
合 计				

会计主管： 记账： 出纳： 审核： 制单：

（2）付款凭证。是用于记录库存现金和银行存款付款业务的会计凭证。它是根据有关现金和银行存款支付业务的原始凭证填制的，是登记现金日记账、银行存款日记账以及有关明细账和总账等账簿的依据，也是出纳人员付讫款项的依据。其基本格式见表6-2。

表6-2

付 款 凭 证
年 月 日

付字第 号
贷方账户： 附 件 张

摘 要	借 方 账 户		金 额	记 账
	一级账户	明细账户		
合 计				

会计主管： 记账： 出纳： 审核： 制单：

（3）转账凭证。是用于记录不涉及库存现金和银行存款业务的会计凭证。它是根据有关转账业务的原始凭证填制的。转账凭证是登记总分类账及有关明细分类账的依据。其基本格式见表6-3。

表 6-3

转 账 凭 证

年 月 日

转字第　号
附件　张

摘　要	一级账户	明细账户	借方金额	贷方金额	记账
合　　　　计					

会计主管：　　　　　记账：　　　　　审核：　　　　　制单：

有一些小型企事业单位会计人员较少,发生的日常经济业务也比较少,为了简化凭证手续,也可以只使用一种记账凭证,即通用记账凭证来记录各种经济业务。

2. 按其填制的方式分类。记账凭证按其填制的方式不同,又可分为单式记账凭证和复式记账凭证两种。

(1) 单式凭证。是指每一张记账凭证只填列经济业务事项所涉及的一个会计科目及其金额的记账凭证。填列借方科目的称为借项凭证,填列贷方科目的称为贷项凭证。在采用单式记账凭证的情况下,一项经济业务的会计分录,涉及几个对应的会计科目,就应分别填制几张记账凭证,借方科目填制借项记账凭证,贷方科目填制贷项记账凭证。借、贷项记账凭证一般分别用不同颜色的纸张,以示区别。采用单式记账凭证,内容单一,便于汇总计算每一会计科目的发生额,便于分工记账,但制证工作量大,且不能在一张凭证上反映经济业务的全貌,内容分散,也不便于查账。单式记账凭证的一般格式如表 6-4 和表 6-5 所示。

表 6-4

借项记账凭证

年 月 日

对应科目：

编号
附件　张

摘　要	一级账户	明细账户	金　额	记账

会计主管：　　　记账：　　　复核：　　　出纳：　　　制单：

表 6-5

贷项记账凭证

年 月 日

对应科目：

编号
附件　张

摘　要	一级账户	明细账户	金　额	记账

会计主管：　　　记账：　　　复核：　　　出纳：　　　制单：

(2) 复式凭证。是指将每一笔经济业务事项所涉及的全部会计科目及其发生额均在同一张记账凭证中反映的一种凭证。复式记账凭证具有可以集中反映一项经济业务的科目对应关系，便于了解有关经济业务的全貌，减少凭证数量，节约纸张等优点，但它不便于汇总计算每一个会计科目的发生额。一般格式与转账凭证基本相同。

3. 按其是否经过汇总分类。记账凭证按其是否经过汇总可分为汇总记账凭证和非汇总记账凭证。

(1) 汇总记账凭证。汇总记账凭证是根据非汇总记账凭证按一定的方法汇总填制的记账凭证。汇总记账凭证按汇总方法不同，可分为分类汇总和全部汇总两种。

① 分类汇总凭证。分类汇总凭证是根据一定期间的记账凭证按其种类分别汇总填制的，如根据收款凭证汇总填制的"汇总收款凭证"和"汇总付款凭证"；以及根据转账凭证汇总填制的"汇总转账凭证"都是分类汇总凭证。一般格式如表6-6、表6-7和表6-8所示。

表6-6

汇总收款凭证
年　月

借方科目：　　　　　　　　　　　　　　　　　　　　　　　　　　汇收第　号

贷方科目	金　额				总账页数	
	(1)	(2)	(3)	合计	借方	贷方
合计						

会计主管：　　　　记账：　　　　复核：　　　　出纳：　　　　制单：

表6-7

汇总付款凭证
年　月

贷方科目：　　　　　　　　　　　　　　　　　　　　　　　　　　汇付第　号

借方科目	金　额				总账页数	
	(1)	(2)	(3)	合计	借方	贷方
合计						

会计主管：　　　　记账：　　　　复核：　　　　出纳：　　　　制单：

表 6-8   **汇总转账凭证**
                                   年   月

贷方科目：   汇转第   号

借方科目	金 额				总账页数	
	（1）	（2）	（3）	合计	借方	贷方
合计						

会计主管：   记账：   复核：   出纳：   制单：

② 全部汇总凭证。全部汇总凭证是根据一定期间的记账凭证全部汇总填制的，如科目汇总表就是全部汇总凭证。一般格式见表 6-9。

表 6-9   **科目汇总表**

日期：   年   月   编号
凭证起讫号数自   号起至   号止

会计科目	1~10日		11~20日		21~31日		合计		总账页数
	借方	贷方	借方	贷方	借方	贷方	借方	贷方	
合 计									

核准：   复核：   记账：   制单：

（2）非汇总记账凭证。非汇总记账凭证，是没有经过汇总的记账凭证，前面介绍的收款凭证、付款凭证和转账凭证以及通用记账凭证都是非汇总记账凭证。

第二节 会计凭证的填制与审核

一、原始凭证的填制与审核

（一）原始凭证的基本内容

不同的经济业务需要用不同的原始凭证进行反映，因此每一张原始凭证所记录的具体业务内容也就不可能完全一致。例如，商品发票是销售方出具给购货方的购货证明；车票是交通运输部门出具给乘客的准乘证明；停车票是停车收费证明等。虽然这些原始凭证的形式和内容不同，但是它们都有一些共同点，而这些共同特点通常可以称为原始凭证的基本要素：

（1）原始凭证的名称，如"增值税专用发票"、"限额领料单"等。通过原始凭证的名称能基本体现该凭证所反映的经济业务类型。

(2) 填制原始凭证的具体日期和经济业务发生的日期。

(3) 填制原始凭证的单位或个人名称。

(4) 对外原始凭证要有接受凭证的单位名称。

(5) 经济业务的内容。原始凭证对经济业务内容的反映,可以通过原始凭证内专设的"内容摘要"栏进行,如"收据"、"通用发票"等,也可以通过原始凭证本身来体现,如"火车票"等。

(6) 经济业务的数量、单价和金额。这是保证经济活动完整地进行所必需的,也是会计记录所要求的。

(7) 经办人员的签字或盖章。如果是外来的原始凭证,还要有填制单位的财务专用章或公章。

(二) 原始凭证的填制要求

原始凭证是具有法律效力的证明文件,是进行会计核算的依据,必须认真填制。为了保证原始凭证能够正确、及时、清晰地反映各项经济业务的真实情况,原始凭证的填制必须符合下列要求:

1. 记录真实。原始凭证所填列的经济业务内容和数字,必须真实可靠,即符合国家有关政策、法令、法规、制度的要求;原始凭证上填列的内容、数字,必须真实可靠,符合有关经济业务的实际情况,不得弄虚作假,更不得伪造凭证。

2. 内容完整。原始凭证所要求填列的项目必须逐项填列齐全,不得遗漏和省略;必须符合手续完备的要求,经办业务的有关部门和人员要认真审核,签名盖章。

3. 手续完备。单位自制的原始凭证必须有经办单位领导人或者其他指定的人员签名盖章;对外开出的原始凭证必须加盖本单位公章;从外部取得的原始凭证,必须盖有填制单位的公章;从个人取得的原始凭证,必须有填制人员的签名盖章。

4. 书写清楚、规范。原始凭证要按规定填写,文字要简要,字迹要清楚,易于辨认,不得使用未经国务院公布的简化汉字。大小写金额必须相符且填写规范,小写金额用阿拉伯数字逐个书写,不得写连笔字,在金额前要填写人民币符号"¥",人民币符号"¥"与阿拉伯数字之间不得留有空白,金额数字一律填写到角分,无角分的,写"00"或符号"—",有角无分的,分位写"0",不得用符号"—";大写金额用汉字壹、贰、叁、肆、伍、陆、柒、捌、玖、拾、佰、仟、万、亿、元、角、分、零、整等,一律用正楷或行书字书写,大写金额前未印有"人民币"字样的,应加写"人民币"3个字,"人民币"字样和大写金额之间不得留有空白,大写金额到元或角为止的,后面要写"整"或"正"字,有分的,不写"整"或"正"字。如小写金额为¥1 009.00,大写金额应写成"壹仟零玖元整"。

5. 编号连续。如果原始凭证已预先印定编号,在写坏作废时,应加盖"作废"戳记,妥善保管,不得撕毁。

6. 不得涂改、刮擦、挖补。原始凭证有错误的,应当由出具单位重开或更正,更正处应当加盖出具单位印章。原始凭证金额有错误的,应当由出具单位重开,不得在原始凭证上更正。

7. 填制及时。各种原始凭证一定要及时填写，并按规定的程序及时送交会计机构、会计人员进行审核。

由于各种原始凭证的内容和格式千差万别，其具体填制方法也不完全相同。通常，自制原始凭证，一部分是根据经济业务的执行和完成的实际情况直接填制的，如根据实际领用的材料名称和数量填制领料单等；另一部分自制原始凭证是根据账簿记录对某项经济业务加以归类、整理而重新编制的。例如，月末计算产品成本时，根据"制造费用"账户本月借方发生额，填制"制造费用分配表"，将本月发生的制造费用，按照一定的分配标准，摊配到有关产品的成本中去。另外，自制的汇总原始凭证是根据若干张反映同类经济业务的原始凭证定期汇总填列的，而外来原始凭证是由其他单位或个人填制的。

（三）原始凭证的填制举例

1. 增值税专用发票的填写。增值税专用发票是标有增值税率及增值税额的销货发票，是销货方在销售商品时开出的销货凭证，该发票一式四联，各联用途如下：

第一联，存根联，销货单位留存备查；
第二联，发票联，交给购货单位作记账凭证；
第三联，抵扣联，交给发货单位作抵扣税款凭证；
第四联，记账联，销货单位作记账凭证。

表 6-10　　　　　　　　　增值税专用发票联

开发票日期：2011 年 6 月 16 日

购货单位	名称	新华公司			纳税人登记号							87659054						
	地址	海口市新华南路			开户银行及账号							工行新华分理处 345267						
商品或应税劳务名称	计量单位	数量	单价	金额							税率(%)	税额						
				万	千	百	十	元	角	分		万	千	百	十	元	角	分
40#圆钢	吨	5	1 300		6	5	0	0	0	0	17		1	1	0	5	0	0
合计					6	5	0	0	0	0			1	1	0	5	0	0
税价合计（大写）柒仟陆佰零伍元整												7 605						
销货单位	名称	南沙钢铁厂			纳税人登记号							45327890						
	地址	海口市南沙路			开户银行及账号							工行南沙分理处						

收款人：王期　　　　　　　　　　开票单位：

2. 限额领料单的填写。又称"定额领料单"。指当月或一定期间在规定限额内可以多次使用，凭以领发材料的一种累计凭证。通常适用于有消耗定额或领用限额、领料次数较多的材料（见表6-11）。

表 6-11　　　　　　　　　　　　限额领料单

领料部门：一车间
用途：生产A产品　　　　　　　　2011年6月　　　　　　　　　　　　No 23696

日期		材料名称	数量（千克）	单价（元/千克）	金额（元）	材料用途
月	日					
6	10	A材料	1 000	20	20 000	生产甲产品
合计			1 000		20 000	

3. 收据的填写。收到外单位和职工的各种赔款、罚款、预付款、包装物押金和职工归还借款等款项，应填写正式的收据。

表 6-12

收据

2011年6月15日

今收到　李利

交来　出差报销退回余款

人民币（大写）　肆佰贰拾元整　　　　　¥420.00

收款单位　　　　　　　　　　　　　收款人

（公章）　　　　　　　　　　　　　（签字）××

4. 支票的填写。支票是付款人签发，委托银行将款项支付给收款人或持票人的一种票据。支票填制的格式见表6-13。

表 6-13

中国工商银行 转账支票存根 Ⅵ Ⅱ 03335689	中国工商银行 转账支票 Ⅵ Ⅱ
科　目＿＿＿＿＿＿＿ 对方科目＿＿＿＿＿＿＿ 签发日期 2011 年 5 月 6 日 收款人：大同公司 金　额：￥60 000.00 用　途：货　款 备　注 单位主管　　　会计张红	出票日期（大写）贰零零伍年伍月零陆日　　开户行名称×× 收款人：大同公司　　　　　　　　　　　　签发人账号×× 人民币（大写）　陆万元整　　　　￥6 0 0 0 0 0 0 0 用途　货　款　　　　　　科目（借）＿＿＿＿＿ 　　　　　　　　　　　　对方科目（贷）＿＿＿＿ 上列款项请从 我账户内支付　　　　　　付讫日期　年　月　日 签发人盖章　　　　　　　出纳　记账　复核

（本支票付款期限十天）

5. 进账单的填写。进账单是存款人向开户银行存入从外单位取得的转账支票等需委托银行收款时填制的单证，一般一式三联。填好后连同转账支票正本送银行受理或收款后在回单或收款通知联上盖"已受理"或"转讫"（转账收讫）章，退给单位。企业根据收账通知联，作已收款记账依据。参考格式如表 6-14 所示。

表 6-14　　　　　　　　　中国工商银行进账单

付款人	全　称	海南省海达公司	收款人	全　称	海南新华公司
	账　号	81652163		账　号	83556676
	开户银行	中国工商银行海口市支行		开户银行	中国工商银行新华办事处
人民币大写	陆万元整			千百十万千百十元角分 ￥6 0 0 0 0 0 0 0	
票据种类	转账支票				
票据张数	1 张		收款人开户行盖章		
单位主管　　会计　　复核　　记账					

6. 差旅费报销单的填写。差旅费报销单的格式不统一，应根据本单位经济业务的需要自行设计。主要内容有：报销日期、报销单、报销人姓名、职务、出差事由、出差天数、往返日期及时间、起程及到达地名、交通费金额、住宿费金额、借款金额、报销金额、退款或补款数额、其他费用等项目（见表6-15）。

表6-15 差旅费报销单

2011年6月25日

单位名称	供应科		姓名		李利	职别		采购员	
出差事由			采购材料			出差日期	自2005年6月8日		
到达地点			上海				至2005年6月17日共10天		
项目	交通工具				其他	旅馆费		伙食补助	
	火车	汽车	飞机	轮船	出租车	旅馆费		在途 天	住勤 天
			3 200.00		580.00	第*等房间共9天		/	/
总计金额人民币（大写）：伍仟伍佰捌拾元整								￥5 580.00	
主 管：××			领款人：李利			月	日	顺序号	明细科目编号或名称

主管：×××　　　　　　　　　　　　　　　　　　　　出纳员：×××

7. 收料单的填写。收料单是一次性的自制原始凭证，是购货方对供应方送料或送检时所提供的货品所进行描述的单据。填写的主要项目有供应单位名称、单据编号、材料类别、材料名称、规格、单位、数量、单价、总价等（见表6-16）；企业根据实际收到的原材料进行记录，最后由相关单位的人员签字盖章。收料单一般为一式多联：一联交验收人员留存，一联交仓库保管人员据以登记明细账，一联连同发票交财会部门办理结算。

表6-16 材料收料单

公司　　　　　　　　　　2005年5月8日　　　　　　　　　　单位：元

材料名称	规格	单位	数量	单价	金额	发货单位	
圆钢	40#	吨	200	1 300	260 000.00	金沙钢铁厂	
						合同号	450

财务主管：张洁　　　供应科长：陈建　　　验收：王宁　　　采购员：李立

8. 出库单的填写。出库单是企业之间互相调货的凭证，它便于对账和结算，减少现金支付。出库单一式三联：存根联、财务联、回联，用不同颜色区分。填写的内容有货品名、数量、单价、交易额以及买卖方、经手人、日期等（见表 6-17）。企业提货时，提供入库单，填写出库单并盖印章或签名，被提货方可以凭借出库单找提货方收款。

表 6-17　　　　　　　　　　　　新华公司产品出库单

收货单位　　　　　　　　　　　　2005 年 5 月 31 日　　　　　　　　　　　　　　　单位：元

产品名称	计量单位	数量	单价	金额
甲产品	台	200	1 200	240 000.00
乙产品	台	120	1 600	192 000.00
合计				432 000.00

主管：　　　　　　　　　　审核：王萧　　　　　　　　　　制单人：刘义

9. 运货单的填写。运货单是货运部门承运的单据，如表 6-18 所示。

表 6-18　　　　　　　　　　　　铁路局运费专用发票

运输号码 69874　　　　　　　　　　成都铁路局　　　　　　　　　　　　　No 125698

发站	海南	到站	成都	车种车号		货物自重	
集装箱型		运到期限		保价金额		运价里程	
收货人	全称	成都金福公司	发货人	全称	新华公司	现付费用	
	地址	金福街 10 号		地址	新华南 36 号	项目	金额
货物名称	件数	货物重量	计费重量	运价号	运价率	附记	运费	2000.00
B 产品	5 件	2 000 千克					保险费	300.00
发货人声明事项								
铁路声明事项							合计	2 300.00

第二联 报销凭证

10. 托收承付凭证的填写。托收承付凭证（见表 6-19）是企业之间使用的一种款项划拨方式。邮划托收承付结算凭证一式五联：

第一联（回单）是收款单位开户银行给收款单位的回单；

第二联（委托收款凭证）是收款单位委托开户银行办理托收款项后的收款凭证；

第三联（支款凭证）是付款单位向开户银行支付贷款的支款凭证；
第四联（收账通知）是收款单位开户银行在款项收妥后给收款单位的收账通知；
第五联（承付支款通知）是付款单位开户银行通知付款单位按期承付货款的承付（支款）通知。

表6–19　　　　　　　　　　托收承付凭证（回单）

委托日期：2005年5月26日　　　　　　　　　　　　　　　　　　　No 264321

收款人	全称	新华公司	付款人	全称	成都金福公司	此联是银行给收款人的回单
	账号	265489111		账号	236589441	
	开户银行	工商银行新华办事处		开户银行	工商银行金福支行	
委托收款金额	人民币（大写）：叁拾伍万叁仟叁佰元整				百十万千百十元角分 ¥ 3 5 3 3 0 0 0 0	
附寄单据	4	商品发运情况		合同号码	32 564	
备注	款项收托日期　　年　月　日			开户银行盖章 2005年5月26日		

表6–20　　　　　　　　中国工商银行进账单（收账通知）

　　　　　　　　　　　　　2005年5月29日　　　　　　　　　　　　第14号

收款人	全称	新华公司	付款人	全称	宏大公司	此联是银行给收款人的回单
	账号	265489111		账号	698745121	
	开户银行	工商银行新华办事处		开户银行	工商银行大河支行	
人民币（大写）：伍万陆仟元整					千百十万千百十元角分 ¥ 5 6 0 0 0 0 0	
票据种类	转账支票			收款人开户银行盖章		
票据张数	1张					
单位主管　　会计　　复核　　记账						

表 6-21　　　　　　　　　　　　　**工资费用汇总分配表**

2005 年 5 月 30 日　　　　　　　　　　　　　　　　　　　　　　单位：元

车间、部门		应分配金额
车间生产人员工资	甲产品工人	40 000.00
	乙产品工人	20 000.00
	车间生产人员工资合计	60 000.00
车间管理人员		10 000.00
厂部管理人员		5 000.00
专设销售机构人员		3 000.00
合计		78 000.00

主管：　　　　　　　　　审核：陈红　　　　　　　　　制单：李轻

表 6-22　　　　　　　　　　　　　**发料凭证汇总表**

2005 年 5 月 31 日　　　　　　　　　　　　　　　　　　　　　　单位：元

应借科目 \ 应贷科目		原材料						合计
		40#圆钢			8MM 线材			
		数量	单价	金额	数量	单价	金额	
生产成本	甲产品	90	1 300	117 000	5.6	5 000	28 000	145 000
	乙产品	65	1 300	84 500	5.1	5 000	25 500	110 000
制造费用					0.6	5 000	3 000	3 000
管理费用					0.1	5 000	500	500
其他业务成本					0.1	5 000	500	500
合计		155		201 500	11.5		57 500	259 000

（四）原始凭证的审核

《中华人民共和国会计法》第十四条规定："会计机构、会计人员必须按照国家统一的会计制度的规定对原始凭证进行审核，对不真实、不合法的原始凭证有权不予接受，并向单位负责人报告；对记载不准确、不完整的原始凭证予以退回，并要求按照国家统一的会计制度的规定更正、补充。"

原始凭证载有的内容只是含有会计信息的原始数据，必须经过会计确认，才能进入会计信息系统进行加工处理。企业的会计部门对各种原始凭证都要进行严格的审核，只有经过严格审核合格的原始凭证，才能作为编制记账凭证和登记账簿的依据。审核原始凭证不仅是确保会计初始信息真实、可靠的一项重要措施，同时也是发挥会计监督作用的重要手段，还是会计机构、会计人员的重要职责。审核原始凭证主要应从以下3个方面进行：

1. 审核原始凭证的真实性。按照会计真实性原则的要求，原始凭证所记载的内容必须与实际发生的经济业务内容相一致。所以，审核原始凭证的真实性就是要审核原始凭证所记载的与经济业务有关的当事单位和当事人是否真实，原始凭证的填制日期、经济业务内容、数量以及金额是否与实际情况相符等。

2. 审核原始凭证的完整性。原始凭证所反映的内容包括很多个项目，所以在审核时要注意审核原始凭证填制的内容是否完整，应该填列的项目有无遗漏，有关手续是否齐全，金额的大小写是否相符，特别是有关签字或盖章是否都已具备等。

3. 审核原始凭证的合法性。审核原始凭证的合法性就是审核原始凭证所反映的经济业务内容是否符合国家政策、法律法规、财务制度和计划的规定，成本费用列支的范围、标准是否按规定执行，有无违反财经纪律、贪污盗窃、虚报冒领、伪造凭证等违法乱纪行为。

会计机构、会计人员在审核原始凭证时，对于不真实、不合法的原始凭证，如伪造或涂改的原始凭证等，有权不予受理，并向单位负责人报告，请求查明原因，追究当事人的责任，进行严肃处理；对于不合法、不合规定的一切开支，会计人员有权拒绝付款和报销；对于记载不准确、不完整的原始凭证，应予以退回，并要求经办人员按照国家统一的会计制度的规定进行更正、补充。

二、记账凭证的填制与审核

（一）记账凭证的内容

记账凭证是登记账簿的直接依据，它是在审核无误的原始凭证的基础上，系统归类整理编制而成的。记账凭证有很多种类，同一种类的记账凭证又有不同的格式，但所有的记账凭证都必须具备下列基本内容：

（1）记账凭证的名称和填制单位的名称；
（2）记账凭证的编号；
（3）填制凭证的日期；
（4）有关经济业务内容摘要；
（5）应借应贷账户的名称和金额；
（6）过账备注；
（7）附件的张数；
（8）有关人员的签名或盖章。

（二）记账凭证的填制

记账凭证的填制，是在对原始凭证进行整理、分类的基础上，借助复式记账方法，确定经济业务所涉及的账户的名称、记账方向和金额即确定会计分录的工作，是会计核算的重要环节。记账凭证是登记账簿的直接依据，因此填制记账凭证时应严格遵守下列要求。

1. 记账凭证的编制依据必须是经审核无误的原始凭证。在填制时，可以根据每一张原始凭证分别填列；也可以根据反映同类经济业务的若干张原始凭证汇总填列；或直接根据汇总原始凭证填制，但不能将不同内容和类别的原始凭证填制在一张原始凭证上。此外，用于调整、结账和更正错账的记账凭证可根据账簿记录填制。

2. 摘要应与原始凭证内容一致，表述要简短精练。

3. 会计分录的编制要正确，保证借贷平衡。会计科目必须按照会计制度规定的会计科目名称及核算内容使用会计科目，明细科目也应正确填写；记账方向要正确。在借贷记账法下，应借应贷对应关系要清晰明确；金额计算要正确：一是借贷双方的金额要相等，二是总账科目的金额应与其所属明细账科目的金额相等。

4. 附件张数要明确。记账凭证必须附有原始凭证并注明张数（结账更正错误除外）。原始凭证的张数一般以自然张数为准。差旅费等零散票券，可贴在一张纸上，作为一张原始凭证。一张原始凭证涉及几张记账凭证的，可将原始凭证附在一张主要记账凭证后面，在其他记账凭证上注明主要记账凭证的编号。

5. 记账凭证必须编号。采用通用凭证的，将全部记账凭证统一编号，即按填制凭证的时间顺序编号，每月从第 1 号凭证开始，至月末最后一张结束；采用多种凭证，货币资金收付业务比较均衡的，按收款凭证、付款凭证和转账凭证 3 类分别编号。每月从第 1 号凭证开始，例如，收字 1 号、付字 1 号、转字 1 号等；采用多种凭证，货币资金收付业务比较繁多的，按现金收款凭证、现金付款凭证、银行存款收款凭证、银行存款付款凭证和转账凭证 5 类分别编号。每月从第 1 号凭证开始，例如，现收 1 号、现付 1 号、银收 1 号、银付 1 号、转 1 号等。

无论采用上述哪种方法，都要对记账凭证连续编号，不能跳号或重号。当一项经济业务需要填制两张以上的记账凭证时，要采用"分数编号法"。例如，一项转账业务，按业务排序为第 5 项，需要填制 4 张记账凭证，编号应为：转 5（1/4）号；转 5（2/4）号；转 5（3/4）号；转 5（4/4）号。

6. 记账凭证的填制人员和有关负责人，应在正确无误的记账凭证上签名盖章，以明确经济责任。

7. 对于只涉及现金和银行存款之间相互划转的业务，通常只编制付款凭证，不编收款凭证，以免重复记账。

（三）记账凭证的填制举例

1. 收款凭证的填制。在借贷记账法下，在收款凭证左上方所填列的借方科目，应是"库存现金"或"银行存款"科目。在凭证内所反映的贷方科目，应填列与"库存现金"或"银行存款"相对应的科目。金额栏填列经济业务实际发生的数额，在凭证的右侧填写所附原始凭证张数，并在出纳及制单处签名或盖章。其格式和填制方法举例如下：

【例 6-1】2011 年 2 月 15 日，A 公司收到金达公司前欠的购货款 30 000 元，款项当即存入银行。填制的银行存款收款凭证格式和内容如表 6-23 所示。

表 6-23　　　　　　　　　　　　　　　**收款凭证**

借方科目：银行存款　　　　　　　　　2011 年 2 月 15 日　　　　　　　　　银收字第 10 号

摘要	应贷科目		√	金额									
	总账科目	明细科目		千	百	十	万	千	百	十	元	角	分
收到金达公司货款	应收账款	金达公司	√		3	0	0	0	0	0	0	0	0
合　计				¥	3	0	0	0	0	0	0	0	0

附件 1 张

财务主管：××　　　记账：××　　　出纳：××　　　复核：××　　　制单：××

2. 付款凭证的填制。付款凭证的格式及填制方法与收款凭证基本相同，只是将凭证的"借方科目"与"贷方科目"栏目交换位置；填制时先填写"贷方科目"的"库存现金"或"银行存款"科目，再填写作为与付出现金或银行存款相对应的一级科目和二级科目。对于现金和银行存款之间以及各种银行存款之间相互划转业务的，一般只填制一张付款凭证。如从银行取出现金备用，根据该项经济业务的原始凭证，只填制一张银行存款付款凭证。记账时，根据该凭证同时记入"库存现金"和"银行存款"账户。这种方法不仅可以减少记账凭证的编制，而且可以避免重复记账。

【**例 6-2**】2010 年 1 月 15 日，A 公司从银行提取现金 80 000 元。填制的付款凭证格式和内容如表 6-24 所示。

表 6-24　　　　　　　　　　　　　　　**付款凭证**

贷方科目：银行存款　　　　　　　　　2011 年 1 月 15 日　　　　　　　　　银付字第 10 号

摘要	应借科目		√	金额									
	总账科目	明细科目		千	百	十	万	千	百	十	元	角	分
提现	库存现金		√			8	0	0	0	0	0	0	0
合　计				¥		8	0	0	0	0	0	0	0

附件 1 张

财务主管：××　　　记账：××　　　出纳：××　　　复核：××　　　制单：××

3. 转账凭证的填制。在借贷记账法下，将经济业务所涉及的会计科目全部填列在凭证内，借方科目在先，贷方科目在后，将各会计科目所记应借应贷的金额填列在"借方金额"或"贷方金额"栏内。借、贷方金额合计数应该相等。制单人应在填制凭证后签名盖章，并在凭证的右侧填写所附原始凭证的张数。

在会计中，转账凭证用以编制不涉及"库存现金"和"银行存款"科目的会计分录。而涉及"库存现金"或者"银行存款"科目的会计分录，应当编制现金凭证或者银行凭证（也可以是收款凭证或者付款凭证）。

【例6-3】2011年12月31日，运达公司结转主营业务成本400 000元，结转营业税金及附加25 000元，结转销售费用15 000元，结转其他业务成本60 000元。填制的转账凭证格式和内容如表6-25所示。

表6-25　　　　　　　　　　　转账凭证

2011年12月31日　　　　　　　　　　　　　　　　　　　转字第　35-1/2号

摘要	总账科目	明细科目	√	借方金额（千百十万千百十元角分）	√	贷方金额（千百十万千百十元角分）
结转本年利润	本年利润		√	5 0 0 0 0 0 0 0		
	主营业务成本				√	4 0 0 0 0 0 0 0
	营业税金及附加				√	2 5 0 0 0 0 0
	销售费用				√	1 5 0 0 0 0 0
	其他业务成本				√	6 0 0 0 0 0 0
	合　计			¥5 0 0 0 0 0 0 0		¥5 0 0 0 0 0 0 0

财务主管：××　　　　记账：××　　　　出纳：××　　　　制单：××

4. 通用记账凭证的填制。通用记账凭证，是用以记录各种经济业务的记账凭证。采用通用记账凭证的经济单位，不再根据经济业务的内容分别填制收款凭证、付款凭证和转账凭证。涉及货币资金收、付业务的记账凭证是由出纳员根据审核无误的原始凭证收、付款填制的。涉及转账业务的记账凭证，是由有关会计人员根据审核无误的原始凭证填制的。通用记账凭证的格式见表6-26，其填制方法参考转账凭证的填制。

表6-26　　　　　　　　　　　记　账　凭　证

年　月　日　　　　　　　　　　　　　　　　　　　　　　凭证编号：

摘要	一级科目	明细科目	过账	借方金额（千百十万千百十元角分）	贷方金额（千百十万千百十元角分）
	合计				

会计主管：　　　记账：　　　出纳：　　　审核：　　　制单：

(四) 记账凭证的审核

记账凭证是登记账簿的依据,为了保证账簿登记的正确性,记账凭证填制完毕必须进行审核。记账凭证审核的内容包括:

(1) 所附原始凭证是否完整,记账凭证的内容是否与原始凭证的内容一致;

(2) 记账凭证中的会计分录是否正确;

(3) 记账凭证中各项内容是否填写齐全、正确,有关人员是否签章;

(4) 记账凭证所列金额计算是否准确,书写是否清楚、符合要求;

(5) 有无涂改、伪造记账凭证的现象;

(6) 实行会计电算化的单位,对于机制的记账凭证要认真审核,做到会计科目使用正确,数字准确无误。打印出来的机制凭证要加盖制单人员、稽核人员、记账人员和会计主管人员的签名或印章。

我国《会计法》规定,任何单位和个人不得伪造、变造会计凭证。对于伪造、变造会计凭证,授意、指使、强令会计机构、会计人员及其他人员伪造、变造会计凭证的,都应承担相应的法律责任。

在审核记账凭证中,如果发现差错或遗漏,应按规定及时更正或补充;如果已登记入账,要按规定方法进行更正。

三、填制与审核会计凭证的意义

会计凭证的填制与审核,对于完成会计工作任务,发挥会计在经济管理的作用具有重要意义。从会计审核的角度看,填制和审核会计凭证是会计核算工作的起点,对保证会计核算资料的正确性起着至关重要的作用。只有将这项基础工作做好,才能保证会计工作的质量。从会计监督的角度看,通过会计凭证的填制与审核可以起到加强岗位责任制和加强全面的经济责任制的作用。其具体作用表现在以下几个方面:

(一) 可以正确、及时地反映各项经济业务的执行和完成情况

任何经济业务的发生都要填制会计凭证和取得会计凭证,将经济业务如实记录下来,经过严格的审核,再根据审核无误的会计凭证登记账簿,这样就能把日常发生的各种各样的经济业务通过会计凭证正确、及时地反映出来。从而为登记账簿提供可靠的依据。因此,会计凭证对经济业务的发生起着证明的作用。

(二) 可以加强对经济业务的监督、检查

经济业务是否真实、正确、合理、合法,在记账前都要根据会计凭证进行逐笔审核。由于会计凭证是经济业务的记录,因此通过审核凭证可以检查该项业务是否符合有关政策、法令、制度等的规定,有无违法乱纪或铺张浪费等行为,从而发挥会计的监督和保护社会主义财产的安全完整的作用。

(三) 可以加强经营管理上的责任制

由于每一项经济业务都要由经办部门的有关人员办理凭证手续并在凭证上签名盖章。对经济业务的真实性和合法性负完全责任，根据凭证可以明确哪些人应该对哪项业务负责，各负什么责任。这样就可以促使经办业务的部门和人员加强责任感，使其严格按规定办事，一旦发现了问题，也能根据凭证查清责任。同时通过凭证审核还可以及时发现经营管理上的薄弱环节，也可以总结经验教训以便采取措施，改进工作。

第三节 会计凭证的传递与保管

一、正确组织会计凭证的传递的意义

会计凭证的传递，是指会计凭证从编制时起到归档时为止，在单位内部各有关部门及人员之间的传递程序和传递时间。为了能够利用会计凭证，及时反映各项经济业务，提供会计信息，发挥会计监督的作用，必须正确、及时地进行会计凭证的传递，不得积压。正确进行会计凭证的传递，对于及时处理和登记经济业务，明确经济责任，实行会计监督，具有重要作用。从一定意义上说，会计凭证的传递起着在单位内部经营管理各环节之间协调和组织的作用。会计凭证传递程序是企业管理规章制度重要的组成部分，传递程序的科学与否，说明该企业管理的科学程度。其作用如下：

第一，有利于完善经济责任制度。经济业务的发生或完成及记录，是由若干责任人共同负责，分工完成的。会计凭证作为记录经济业务、明确经济责任的书面证明，体现了经济责任制度的执行情况。单位会计制度可以通过会计凭证传递程序和传递时间的规定，进一步完善经济责任制度，使各项业务的处理顺利进行。

第二，有利于及时进行会计记录。从经济业务的发生到账簿登记有一定的时间间隔，通过会计凭证的传递，使会计部门尽早了解经济业务发生和完成情况，并通过会计部门内部的凭证传递，及时记录经济业务，进行会计核算，实行会计监督。

二、会计凭证的传递的要求

（一）确定会计凭证传递的路线

要结合不同经济业务的发生情况及单位内部机构组织和人员分工情况，设计每种会计凭证的份数，规定会计凭证必须经过的环节，使得有关部门和人员了解交接业务的情况，及时办理凭证手续，同时要避免凭证传递经过不必要的环节，以提高工作效率。合理的会计凭证传递程序，可以协调单位内部有关部门和有关人员形成一种内部牵制、相互监督的关系，从而督促有关部门和人员及时正确地完成各自经办的业务。

（二）规定会计凭证的传递时间

根据会计凭证的传递程序，规定凭证在每个环节上的停留时间。在不影响会计工作质量的前提下，尽量节约凭证传递时间，切忌拖延和积压会计凭证。

（三）严格凭证交接手续

会计凭证在各有关人员和部门之间进行传递，就需要办理凭证交接手续。应制定严格的凭证交接手续，即凭证的签收、交接制度。这样，既有利于加强岗位责任制，又可以保证会计凭证的安全完整。

会计凭证的传递，要求能够满足内部控制制度的要求，使传递程序合理有效，同时尽量节约传递时间，减少传递的工作量。

三、会计凭证的整理

会计凭证是单位重要的经济资料，是会计档案的重要组成部分。因此，在根据记账凭证登记账簿以后，要定期对会计凭证进行归类整理。会计凭证整理的具体方法和要求如下：

1. 编号。将记账凭证按编号顺序整理，检测有无缺号、重复编号情况，记账凭证所附原始凭证是否齐全。
2. 装订。将凭证折叠整齐，加上封面、封底，装订成册，并在装订线上加贴封签。
3. 封面上的要求。封面上应写明单位名称、会计凭证名称，该册凭证所反映的经济业务的年、月，本册凭证的起止号码和起止日期。会计凭证封面的格式如表6-27所示。
4. 封面上盖章。在封面上，还应加盖财会部门负责人、装订人等的印章，以便明确责任。
5. 原始凭证的保管。对业务性质相同、数量很大的原始凭证或重要的原始凭证，可以单独装订保管，但必须在与之相关的记账凭证上加以说明，以便查对。
6. 归档。年度结束之后，会计凭证应归入档案。

表6-27　　　　　　　　　　会计凭证封面

年月份第　册	（企业名称） 　　　　年　　　　月份　共　　册第　　册 收款 付款　　　凭证　第　号至第　号共　　张 转账 附：原始凭证共　　　　张 　　　会计主管（签章）　　　　　　　保管（签章）

四、会计凭证的保管

会计凭证的保管是指会计凭证记账后的整理、装订、归档和存查工作。作为记账的依据,会计凭证是重要的会计档案和经济资料。对会计凭证的保管的主要要求有:

1. 会计凭证应定期装订成册,防止散失。从外单位取得的原始凭证遗失时,应取得原签发单位盖有公章的证明,并注明原始凭证的号码、金额、内容等,由经办单位会计机构负责人、会计主管人员和单位负责人批准后,才能代作原始凭证。若确实无法取得证明的,如车票丢失,则应由当事人写明详细情况,由经办单位会计机构负责人、会计主管人员和单位负责人批准后,代作原始凭证。

2. 会计凭证封面应注明:单位名称、凭证种类、凭证张数、起止号数、年度、月份、会计主管人员、装订人员等有关事项,会计主管人员和保管人员应在封面上签章。

3. 会计凭证应加贴封条,防止抽换凭证。

原始凭证不得外借,其他单位如有特殊原因确实需要使用时,经本单位会计机构负责人、会计主管人员批准,可以复制。向外单位提供的原始凭证复制件,应在专设的登记簿上登记,并由提供人员和收取人员共同签名、盖章。

4. 原始凭证较多时,可单独装订,但应在凭证封面注明所属记账凭证的日期、编号和种类,同时在所属的记账凭证上应注明"附件另订"及原始凭证的名称和编号,以便查阅。各种经济合同,存出保证金收据以及涉外文件等重要的原始凭证,应另编目录,单独登记保管,并在有关的记账凭证和原始凭证上相互注明日期和编号。

每年装订成册的会计凭证,在年度终了时可暂由单位会计机构保管1年,期满后应当移交本单位档案机构统一保管;未设立档案机构的,应当在会计机构内部指定专人保管。出纳人员不得兼管会计档案。

5. 严格遵守会计凭证的保管期限要求,期满前不得任意销毁。任何单位不得擅自销毁会计凭证。

我国《会计法》规定,对于隐匿或者故意销毁依法应当保存的会计凭证,或授意、指使、强令会计机构、会计人员及其他人员隐匿、故意销毁依法应保存的会计凭证,必须承担相应的法律责任。

【本章小结】

本章介绍了会计凭证的概念、种类;原始凭证的填制与审核、记账凭证的填制与审核;会计凭证的传递与保管。

填制和审核会计凭证是会计核算的一种专门方法。会计凭证按填制程序和用途可以分为原始凭证和记账凭证两大类。原始凭证是在经济业务发生时取得的第一手资料,他是具有法律效力的证明文件、是进行会计核算的原始资料和重要依据。原始凭证的填制必须做到既符合政策规定,又准确无误。原始凭证必须经过审核无误后方可作为登记记账凭证的依据。记账凭证是登记账簿的主要资料,记账凭证的填制尤其要注意正确使用会计科目。记账凭证的审核主要是技术性审核和政策性审核。正确进行会计凭证的传递和保管,可以加强各部门的经济责任制，有利于会计检查工作的开展。

【中英文对照专业名词及术语】

会计凭证	Accounting Documents
原始凭证	Source Document
记账凭证	Accounting Voucher
收款凭证	Receipt Voucher
付款凭证	Payment Voucher
转账凭证	Transfer Voucher
通用记账凭证	General Purpose Voucher

复习思考题

1. 审核原始凭证对于登记记账凭证有何重要意义？
2. 为什么要编制记账凭证，记账凭证有什么作用？
3. 将多余的现金存入银行要填制什么凭证？从银行提现备用填什么凭证？为什么？

练习题

南方公司2011年6月发生下列经济业务：
（1）6月3日，收到投资者投入的2 000 000元，存入银行。
（2）6月5日，向构件厂购入建筑材料10 000元，材料已经验收入库，货款尚未支付。
（3）6月10日，以转账支票10 000元支付欠构件厂的货款。
（4）6月13日，计提生产用设备折旧800元。
（5）6月30日，销售商品一批，货款300 000元，增值税51 000元，收到一张期限为4个月、面额为315 000元银行承兑汇票。

要求：根据上述经济业务填制相关的记账凭证。

案例讨论题

一项工程的纠纷

2009年7月18日，A公司将一项工程承包给B公司。B公司按照A公司的要求开具了3张交款人为A公司的发票，分别为2009年8月19日开具金额为27 000元发票，于2009年10月20日开具金额为27 000元的发票，2009年11月22日开具金额为26 369元的发票，票面金额总计为80 369元。然而，A分公司并未按照发票上的时间、金额付款。2009年12月22日，A公司与B公司就工程量进行了结算，A公司向B公司出具了工程结算单，确认工程量为1 400平方米，并以此工程量为依据与B公司结算，工程价款为80 168元。B公司分别于2009年9月20日、2009年11月23日收到A公司付工程款10 000元和5 000元。2010年5月B

公司向 A 公司追讨剩余工程款 65 168 元。A 公司认定，B 公司施工后，A 公司已经与 B 公司进行了结算，原因是 B 公司已经开具了收款发票，这表明 A 公司已向 B 公司支付了工程款。双方因此闹上法庭。

请结合上述案例，分析 A、B 公司产生纠纷的原因，并指出在企业的经济活动中应该如何避免类似事件的发生。

第七章 会计账簿

【本章学习目的】 通过本章学习,你将能够知晓企业会计账簿的体系结构,理解会计账簿的启用、更换与保管,掌握会计账簿的登记方法和账簿记录的调整与更正,懂得账簿记录的核对与结算。

【案例导引】

某县万民有限责任公司(国有企业)林某自2003年起任总经理。因业绩突出2011年12月,组织部门预备提拔考核,准备升任该县某局副局长。在考核中,组织部门接到举报,举报人说林某在任职期间,公司设置大小两套账,大账对外,小账对内,且账簿记录较为混乱。随即,该县拟组成调查组对万民公司近年特别是林某任总经理期间的账目进行了全面的检查。你能从会计账簿的设置、登记、保管的视角为调查组提供专业咨询吗?

第一节 会计账簿的体系结构

一、会计账簿的概念

会计账簿,简称账簿,是以会计凭证为依据,对全部经济业务进行全面、系统、连续、分类地记录和核算的簿籍,由专门格式并以一定形式联结在一起的账页所组成。只有通过账簿的登记,才能把分散在会计凭证上的大量核算资料,加以集中和归类整理,从而形成一系列综合反映经济活动情况的财务指标,以便为经济管理提供系统的核算资料。由于账簿的记录是对经济活动的全面反映,因此账簿也是积累、储存经济活动情况的数据库。设置和登记账簿,是对经济信息进行加工整理的一种专门方法,是会计核算工作的重要环节。各单位都应根据具体情况和实际需要,设置必要的会计账簿并认真记账。

账簿与账户有着十分密切的联系。账户是根据会计科目开设的，并存在于账簿之中，账簿中的每一账页就是账户的存在形式和载体，没有账簿，账户就无法存在；然而，账簿只是一个外在形式，账户才是它的内容。账簿序时、分类地记载经济业务，是在个别账户中完成的，因此也可以说，账簿是由若干账页组成的一个整体，而开设于账页上的账户则是这个整体中的个别部分，所以账簿与账户的关系，是形式和内容的关系。

二、会计账簿的意义

在实际工作中，簿籍是账簿的外表形式，账户记录的是账簿的内容。设置、登记会计账簿主要基于人们为加强经济核算、提高管理水平而产生的对企业会计信息的需要。会计凭证的填制和审核能对每日发生的经济业务进行记录和反映，但是会计凭证所提供的信息资料是零星分散的，且数量庞杂，不能使阅读者快速而简洁地了解企业经营活动的全部过程。为了全面、系统、连续地反映企业单位的经济活动和财务收支情况，需要把会计凭证所记载的大量分散的资料加以分类、整理和登记，会计账簿就是实现这个目的的第一要务。通过账簿记录，既可对经济活动进行序时核算，又能进行分类核算；既可提供总括的核算资料，又可提供明细的核算资料。会计账簿的设置和记录是编制会计报表的前提，科学地设置和准确地登记账簿，对保证会计报表的准确性和编报工作的及时性，以及加强经济核算，改善和提高经济管理等方面都有着十分重要的意义，主要表现在以下几个方面：

1. 能够全面、系统地归纳累积会计核算资料。会计凭证虽然对每项经济业务做了详细的记录反映与监督，但这种会计信息资料比较零星、分散，不能连续、系统、全面地反映和监督一定时期内各类及全部经济活动的情况，不能满足经营管理上的需要。通过设置和登记账簿，对会计凭证所反映的经济业务，既可序时，又可分类地进行核算。这样，通过账簿提供的资料，可以系统、全面地反映企业单位在一定时期内每一类经济业务和所有经济业务的发生和完成情况，为企事业单位日常经营管理提供会计信息。

2. 为会计分析和会计检查提供依据。通过账簿的设置和登记，可以正确地计算一定时期内企业的财务收支、费用成本和财务成果，并将其与计划、预算相比较，从而可考核和分析各项计划、预算的完成情况，并从中找出差距与存在的问题，为今后加强经营管理、制订合理的生产经营计划、提高经济效益提供决策依据。

3. 为定期编制会计报表提供数据资料。账簿是定期编制会计报表的基础。会计报表中的各项数据资料有的是根据账簿记录直接填列，有的是根据账簿记录计算分析后填列。因此，账簿工作的好坏将直接影响会计报表和会计信息的质量。

4. 有利于加强经济责任制。会计账簿以会计凭证为依据。相关人员在记账后也必须在账簿上签字，在记账过程中也要对相关会计资料进行审核。因此，会计账簿和会计凭证一样，都可以达到加强经济责任制的目的。

5. 能够作为重要的经济档案。记账人员在记账后，必须按照会计制度的规定将已登记的账簿归类存档，因此账簿既是会计档案的重要资料，也是经济档案和经济史料的重要组成部分。

三、会计账簿的种类

会计账簿的种类多种多样,在实际工作中,根据不同的标志和依据可以对账簿做出各种不同的分类。为了更好地了解和正确地运用账簿,下面按账簿的不同用途、外表形式和账页格式对其进行分类。

(一)账簿按用途分类

《会计法》规定会计账簿包括总账、明细账、日记账和其他辅助性账簿,总账和明细账都属于分类账,因此可以将账簿分为日记账、分类账和备查账。

1. 日记账。也称为时序账,是按照经济业务发生或完成时间的先后顺序逐日逐笔进行登记的账簿。早期的日记账往往表现为把每天发生的经济业务所编制的会计分录全部按照时间顺序逐笔登记,这种日记账叫普通日记账,也称为分录簿。由于登记普通日记账要花费大量的时间和精力,而且查阅也不方便,后来逐渐被各种特种日记账所代替。所谓特种日记账,就是仅将性质相同、发生频率高、易发生舞弊行为而需要经常查核的经济业务,按照时间顺序逐笔登记的日记账。我国企业目前主要设置的现金日记账和银行日记账就是基于这一原理而在实际工作中普遍使用的特种日记账,其主要的作用在于加强对货币资金的监督和控制。

2. 分类账。分类账是按照账户对经济业务进行分类核算和监督的账簿。分类账按照反映内容的详细程度不同,可分为总分类账和明细分类账两种。总分类账是按照一级会计科目设置的,用以分类反映和监督各项资产、负债、所有者权益、费用、成本和收入等总括性核算资料,反映全部经济业务和资金状况的账簿,简称总账。明细分类账是按照二级或二级以下科目设置的,详细记录某一种经济业务增减变化及其结果的账簿,简称明细账。

3. 备查账。也称辅助账,是对日记账和分类账未能记载或记载不全面,而在经营管理中又必须掌握其信息数据的经济事项,进行补充登记的辅助性账簿。它可以为经营管理提供必要的参考资料,如租入包装物、代管商品物资、委托加工材料以及某些无价财产等就需要在备查账簿中登记。它是对账簿记录的一种补充辅助登记,有备查的性质,与其他账簿之间不存在着严密的依存和钩稽关系,也没有固定的格式,可根据企业管理的实际需要来进行具体的设计。这种账簿不是企业必须设置的,而是企业根据实际的需要自行决定是否设置。

(二)账簿按外表形式分类

账簿按外表形式的不同可以分为订本账、活页账、卡片账和电子账。

1. 订本账。订本账是在启用前固定装订成册并预先按顺序固定编号的账簿。订本账一般用于现金日记账、银行存款日记账等日记账和总分类账的登记。它的优点是可以防止账页的散失和非法抽换,能够很好地起到控制作用;缺点是账页固定后,不便于分工记账,在同一时间内,只能由一个人登记,也不能根据记账的需要增减账页,可能存在预留空白账页过多或者不足的情况。

2. 活页账。活页账是把账页装订在账夹内,可以随时增添或取出账页的账簿。这种账簿的优点是可以根据需要增添或重新排列账页,并且可以进行同时分工记账;缺点是账页容易丢失和被抽换。采用活页账,平时应按账页顺序编号,由相关的记账人员在账簿使用记录上做好记载,并签名盖章,明确经济责任,并在会计期末装订成册。装订完毕后,应按照实际账页顺序数进行编号,并加目录。这种账簿主要用于一般的明细分类账。

3. 卡片账。卡片账是根据核算和管理的特殊需要,采用分散卡片的形式,用专门格式和栏次记录相关指标和内容的一种账簿。这种账簿主要用于"固定资产明细账"和"低值易耗品明细账"等需要特殊管理的项目,这种账一般用卡片箱装置,可以随取随放,它实际上是一种特殊的活页账。卡片账除具有一般活页账的优点外,还具有不需每年更换、可以跨年度使用、便于分类汇总、并根据管理的需要灵活移动等特点。

4. 电子账。电子账,是随着电子信息化和存储设施的发展而形成的,指用磁盘或光盘等多媒体介质记录经济业务活动的账簿。这种账簿没有"账"的形式,在经过会计电算化,"账"在电脑内作为文件打印输出前,是摸不着的,打印输出后才有实体账簿。这种账簿体积小、信息量大,可以随时启用和分析。

(三) 账簿按账页格式分类

账簿按账页格式分类,分为两栏式账簿、三栏式账簿、多栏式账簿、数量金额式账簿和横线登记式账簿。

1. 两栏式账簿。两栏式账簿是由两栏式账页组成的账簿。一般采用"借方"和"贷方"作为基本结构,分别用于反映某项资金的增加或减少。普通日记账一般采用这种格式。

2. 三栏式账簿。三栏式账簿是由三栏式账页组成的账簿。三栏式账页一般采用"借方"、"贷方"和"余额"三栏作为基本结构,分别用于反映某项资金的增加、减少和结余情况。三栏式账页适用于只需要进行金额核算的经济业务。特种日记账、总分类账、结算类账户等可以采用三栏式的账簿。

3. 多栏式账簿。多栏式账簿是由多栏式账页组成的账簿。多栏式账页包括若干金额栏,主要用于需要进行分项目反映的经济业务。账页上设有借方和贷方两个基本金额栏,在借方和贷方基本栏下再分设若干栏的账簿。收入、费用等明细账通常采用这种格式。

4. 数量金额式账簿。数量金额式账簿是由数量金额式账页组成的账簿。其基本结构也采用"借方(收入)"、"贷方(发出)"和"余额(结存)"三栏,但是在每栏下面再分别设置"数量"、"单价"和"金额"三小栏。该种账簿适用于既需要进行金额核算又需要进行数量核算的经济业务。"原材料"、"库存商品"等明细账通常采用这种格式。

5. 横线登记式账簿。横线登记式账簿是利用平行式账页将同一经济业务的若干内容在统一的横行进行详细登记的账簿。主要适用于需要逐笔进行结转的经济业务。如"在途物资"明细账采用的账簿就是横线登记式账簿。

四、会计账簿设置原则

会计账簿的设置,包括确定账簿的种类、内容和规定账簿登记的方法等。因此,为了充分发挥会计账簿的作用,并切实做好记账工作,设置账簿应遵守以下基本原则:

1. 设置账簿要做到繁简得当。设置账簿不但要保证完成会计任务的需要,还要结合本经济主体科学管理的要求,既要防止账簿重叠、辗转誊抄、烦琐复杂,又要防止过于简化,以至于不能提供日常管理所需要的资料和编制报表的数据,应使人力、物力、财力得到合理利用。

2. 设置账簿要组织严密、层次分明。账簿之间要互相衔接、互相补充、互相制约,能清晰地反映账户之间的对应关系,以便能提供完整、系统的资料。

3. 设置账簿要考虑企业经营规模的大小和经济业务的特点。企业经营规模大小和经济业务特点的不同就要求有不同的账簿体系与之相适应,企业的各种账簿之间既要互相联系又要有合理的分工,使之形成互相联系又密切配合的账簿体系,以满足不同的需要。

4. 设置账簿要遵循内部控制原则。设置账簿要在账簿设计中体现出会计业务分工与岗位责任制的紧密结合,既要保证会计工作的合理分工,又要注意会计工作各岗位的职责分离,以保证会计信息的真实性和完整性,企业资产的安全完整性。

5. 设置账簿要遵守相关财经法律法规的规定。相关财经法律法规为财会工作的顺利进行提供了法律保障,设置账簿时遵守相关的法律法规既是对会计工作人员的行为约束,又是对他们的合理保护。如《会计法》规定各单位发生的各项经济业务事项应当在依法设置的会计账簿上统一登记、核算,不得违反会计法和国家统一的会计制度的规定私设会计账簿登记、核算。

五、会计账簿的体系结构

企业应当结合会计信息使用者的需要和企业内部经营管理的具体要求,建立完整的会计账簿体系。在我国,企业应当设立分类账和序时账(日记账)两类账簿。在分类账中,强调按类别、分类地记录企业的经济交易与事项;在序时账中,则强调按经济交易与事项发生的时间先后顺序进行记录。分类账包括总分类账和明细分类账。总分类账是由总分类账户组成的账簿,基于满足会计信息使用者的信息需要而设立。总分类账全面提供关于各个会计要素及其具体项目增减变动的系统化的信息,这些信息是编制财务报表所需的经济活动的基本信息。从这个意义上讲,总分类账是企业最重要的会计账簿,居账簿体系的核心地位。明细分类账基于企业内部财产管理、财务管理等的特殊需要而设立。在内容上,明细分类账提供的信息是对总分类账所提供信息的一种补充或详细说明。在我国,企业一般设立现金日记账和银行存款日记账两种特种序时账簿,逐日逐笔记录影响现金、银行存款发生变动的收款与付款经济交易与事项。其目的在于强化对流动性较强的现金和银行存款的日常管理,预防舞弊发生。我国企业目前设置的账簿体系主要如图7-1所示。

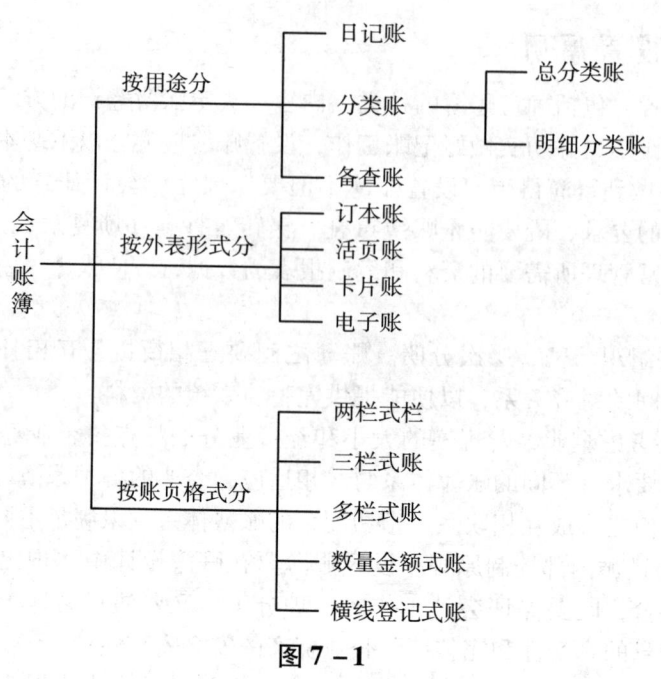

图 7-1

第二节 会计账簿的登记方法

一、会计账簿的构成要素

由于账簿记录的经济业务不同,因而账簿的格式就多种多样,但各种账簿一般应具备以下几个基本内容:

1. 封面。填写账簿名称、记账单位名称和会计年度。
2. 扉页。账簿扉页包括账簿启用表及交接表和科目索引表,账簿启用表及交接表注明启用日期、起讫页数、册次、记账人员姓名和盖章、会计主管人员盖章、账户目录等内容。账簿扉页分正面和反面,正面是账簿启用及交接表,格式如表7-1所示,反面是科目索引表,其格式如表7-2所示。
3. 账页。根据经济业务的不同账页具有多种格式,其基本内容应包括:
(1) 账户的名称:账户的名称即是会计科目的名称,应按照相关规定规范填写。
(2) 账户的类别:科目的类别是指总账、明细账或日记账等内容。
(3) 记账日期栏:用于记载经济业务的发生的年、月、日等要素。在这一栏填写经济业务发生日期,其中年度和月份通常只在开始换页时填写。也就是说,每一账页记录开始时须全部填写年度、月份和日期各项内容,登账时按规定填写月份、日期等项。

表 7-1　　　　　　　　　　　　账簿启用及接交表

单位名称				账簿名称		
账簿编号	字第　号第　册共　册			单位主管签章		
账簿页数	本账簿共计　页　号					
启用截止日期	20××年　月　日起至20××年　月　日止					
责任人（签章）	会计主管		会计	记账	审核	
经管人员姓名	经管日期	签章	移交日期	签章	监交人姓名	签章
	20××年　月　日		20××年　月　日			
	20××年　月　日		20××年　月　日			
	20××年　月　日		20××年　月　日			
印花税票粘贴处						

表 7-2　　　　　　　　　　　　　科目索引表

科目	账号	起止页数	科目	账号	起止页数	科目	账号	起止页数

（4）凭证种类和号数栏：凭证种类是指登记账簿所用的收、付、转凭证和登记总账所用的汇收、汇付、汇转凭证（汇总记账凭证会计核算程序）或科汇凭证（科目汇总表会计核算组织程序）等凭证类别。号数为记账凭证的顺序编号。对凭证种类和凭证号数的记录主要是为日后查找相关记账凭证指明顺序。

（5）摘要栏：主要用于对经济业务作简要的说明或简要阐明编制会计分录的原因。会计账簿中摘要栏的内容应与记账凭证中摘要的内容栏相吻合。

（6）借方、贷方、余额等金额栏和余额方向栏：用以记录经济业务的金额增减变动情况及其应借、应贷、余额及余额方向。

二、会计账簿的登记规则

登记账簿是会计核算的重要基础工作和中心环节，账簿登记是否正确、是否完整，关系到企业整个会计核算的质量。为了向经营管理者提供正确可靠的会计资料，必须认真负责地做好记账工作，为此在登记账簿时，必须按照记账规则的要求登记账簿。

登记账簿必须按以下要求进行：

1. 账簿必须根据审核无误的会计凭证连续、系统地登记，不能错记、漏记和重记，并将会计凭证的序号记入账簿，在记账时必须使用会计科目、子目、细目的全称，不得简化。记账时，应将记账凭证的日期、种类、编号、业务的内容摘要和金额等逐项记入账簿内，并做到数字准确、登记及时。记账后，要在记账凭证上签名或盖章。同时注明所记载账簿的页数，或画"√"号，表示已登记入账，以避免重记、漏记和错记。

2. 登记账簿时必须使用钢笔，用蓝黑或黑墨水登记，不能使用圆珠笔和铅笔，红墨水只能在结账画线、改错和冲账时使用，以防篡改。

3. 各种账簿必须按照事先编定的页码连续登记，不能隔页、跳行，如果不慎发生类似的情况，应在空页或空行处用红墨水画对角的叉线，并注明此页或此行空白，而且要加盖印鉴，不得任意撕毁或抽换账页。

4. 登账时或登账后如果发现差错，应根据错误的具体情况，按照更正错账的方法进行更正，不得刮擦、挖补、涂改和用褪色药水更改字迹，应保持账簿和字迹清晰、整洁。

5. 摘要栏的文字应简明扼要，并采用标准的简化汉字，不能使用不规范的汉字；金额栏的数字应该采用阿拉伯数字，并且对齐位数，注意"0"不能省略和连写；数字和文字一般应书写在行距下方的1/2处，为更正错误留有余地。

6. 每登满一页账页，应该在该页的最后一行加计本页的发生额及余额，在摘要栏中注明"过次页"，并在下一页的首行记入上页的发生额和余额，在摘要栏内注明"承前页"，以便对账和结账。

7. 记账可采用下列一些代用符号：
单价可用"@"表示；
号码顺序可用"#"表示；
已记账或核对无误可用"√"表示；
账户余额为零可用"0"或"平"表示等。

8. 定期打印。实行会计电算化的单位，总账和明细账应当定期打印。发生收款和付款业务的，在输入收款凭证和付款凭证的当天必须打印出现金日记账和银行存款日记账，并与库存现金核对无误。

三、日记账的格式与登记方法

（一）普通日记账的格式与登记

普通日记账，是用来登记全部经济业务的账簿，是在把经济业务记入总分类账簿之前，根据日常发生的经济业务所取得的原始凭证逐日逐笔序时登记的表列式记录。普通日记账的格式统一便于使用，一般只设借方和贷方两个金额栏，所以也称为两栏式日记账，其格式如表7-3所示。

表 7-3　　　　　　　　　　　××企业普通日记账

20××年		摘要	账户名称	借方金额	贷方金额	过账
月	日					
9	1	生产领用	生产成本——A产品 原材料——甲材料	50 000	50 000	√ √

普通日记账的登记方法：

(1) 日期栏：登记经济业务发生的日期，按经济业务发生的先后顺序逐项登记；

(2) 摘要栏：简明扼要地说明每一项经济业务的内容；

(3) 账户名称栏：填写应借、应贷账户的名称；

(4) 借方金额栏：将借方金额填入此栏，与借方账户同一行次；

(5) 贷方金额栏：将贷方金额填入此栏，与贷方账户同一行次；

(6) 过账栏：根据普通日记账中应借、应贷的账户名称和金额登记有关账簿后，在过账栏打"√"符号，表示已登记入账，以便日后查账。

应用一本日记账，可以集中地、序时地记录全部经济业务。当企业的规模较小，经济业务不多，又比较简单时，应用一本日记账就完全可以满足需要了。如企业单位的规模较大，经济业务较多，且较复杂，应用一本日记账就不便于记账分工，难以清晰地反映各类经济业务情况而且从日记账逐笔地过入分类账各账户，工作量较大。因此，这种日记账目前很少使用。

普通日记账也可采用多栏式，这种日记账通常称为专栏日记账，也是用来序时地记录和反映全部经济业务的发生和完成情况，但它为常用的账户专门设置金额栏予以登记。其格式如表 7-4 所示。

表 7-4　　　　　　　　　　　××企业多栏式普通日记表

20××年		摘要	现金		银行存款		材料采购（借方）	主营业务收入（贷方）	其他			过账
月	日		借方	贷方	借方	贷方			账户名称	借方	贷方	
3	1	提取现金	500			500						√
	2	领用原材料							生产成本	3 000		√
		投入生产							原材料		3 000	√
		销售产品										
	3	领备用金	4 000				4 000					√
	4					300			备用金	300		√

该种日记账登记方法基本上与上述两栏式日记账相同，仍须每天逐笔进行登记。只是对

于设有专栏的账户名称（如现金、银行存款、物资采购、主营业务收入），只需将其金额记入其专栏内。对那些没有设专栏的账户名称，则应记入"其他"栏下的账户名称栏内，并把借方和贷方额记入"借方"和"贷方"金额栏内。"其他"栏的分录要逐笔过账，对于设有专栏的只需在月结算合计数，将合计数过入总账。过账后则把所记总账的页数记在专栏合计数的下面。

显然，多栏式日记账与两栏式日记账相比，节省了大量的过账工作，这是多栏式日记账的主要优点。但多栏式日记账也只有一本日记账，不便于分工记账，也不能反映各类经济业务的发生和完成情况。

举例说明普通日记账的格式和登记。

【例7-1】光明公司20××年7月发生如下经济业务（不考虑增值税）：

（1）1日，接受外单位现金投资300 000元，存入银行存款账户；
（2）3日，以银行存款80 000元购买一台设备；
（3）6日，向银行提取5 000元现金备用；
（4）8日，以银行存款3 000元支付本月水电费；
（5）12日，以现金800元购买办公用品；
（6）15日，职工张三借差旅费5 000元；
（7）18日，归还银行借款80 000元；
（8）20日，收回A公司前欠货款50 000元，存入银行存款账户；
（9）22日，以银行存款30 000元预付购货款；
（10）25日，向A公司赊销甲产品80 000元；
（11）29日，职工张三报销差旅费4 600元，原预借差旅费5 000元；
（12）31日，分配本月职工工资28 000元。其中生产工人工资14 000元，车间人员工资5 500元，行政管理人员工资8 500元；
（13）31日，提取固定资产折旧，其中：车间用固定资产折旧3 000元，行政管理部门用固定资产折旧800元。

根据上述经济业务的有关凭证登记普通日记账。

普通日记账的格式及登记方法如表7-5所示。

表7-5　　　　　　　　　　　　　普通日记账

20××年		摘要	账户名称	借方金额	贷方金额	过账
月	日					
7	1	接受外单位投资	银行存款	300 000		√
			实收资本		300 000	√
	3	购买固定资产	固定资产	80 000		√
			银行存款		80 000	√

续表

20××年		摘要	账户名称	借方金额	贷方金额	过账
月	日					
	6	提取现金作备用	库存现金	5 000		√
			银行存款		5 000	√
	8	用银行存款支付水电费	管理费用	3 000		√
			银行存款		3 000	√
	12	用现金买办公用品	管理费用	800		√
			库存现金		800	√
	15	张三预借差旅费	其他应收款——张三	5 000		√
			库存现金		5 000	√
	18	归还银行借款	短期借款	80 000		√
			银行存款		80 000	√
	20	收回A公司欠款	银行存款	50 000		√
			应收账款——A		50 000	√
	22	用银行存款预付货款	预付账款	30 000		√
			银行存款		30 000	√
	25	向A公司赊销甲产品	应收账款	80 000		√
			营业收入		80 000	√
	29	张三报销差旅费	管理费用	4 600		√
			库存现金	400		√
			其他应收款——张三		5 000	√
	31	分配7月工资	生产成本	14 000		√
			制造费用	5 500		√
			管理费用	8 500		√
			应付职工薪酬		28 000	√
	31	提取固定资产折旧	管理费用	500		√
			制造费用	3 000		√
			累计折旧		3 500	√

（二）特种日记账的格式与登记

特种日记账是对特定经济业务进行序日记录的账簿。设置特种日记账的基本原则是：特种日记账主要记录本单位大量发生、重复次数很多的经济业务。企业常见的特种日记账是"现金日记账"和"银行日记账"。除此之外，有的集团企业设置"转账日记账"，商业企业设置"购货日记账"和"销货日记账"。特种日记账的设置不但有利于分工记录，而且还能够对大量重复发生的经济业务进行分类反映；缺点是不能全面反映企业在会计期间所发生的全部经济业务。

1. 现金日记账的设置与登记。现金日记账是由出纳人员根据审核无误的现金收款、付款凭证，序时逐笔登记的账簿。而对于从银行提取现金的业务，由于只填制银行存款付款凭证，不填制现金收款凭证，因而现金的收入数，应根据银行存款付款凭证登记。

现金日记账的格式主要有：三栏式和多栏式。

（1）三栏式现金日记账。三栏式现金日记账，现金的收入和支出在同一张账页上，各个对方科目，不分别设专栏反映。其格式如表7-6所示，它的基本结构为"收入"、"付出"和"结余"三栏，或者"借方"、"贷方"和"余额"三栏，两种格式的实质一样，因为现金的收入数是记在现金账户的借方；现金的支出数是记在现金账户的贷方；收支差额就是借贷差额。出纳人员在每日业务终了，应将收、付款项逐笔登记，并结出余额，同实存现金相核对，借以检查每日现金的收、付、存情况及库存现金限额的执行情况。

表7-6　　　　　　　　　　　现金日记账　　　　　　　　　　　第　页

20××年		凭证		摘要	对方科目	借方	贷方	余额
月	日	种类	号数					

三栏式现金日记账的登记方法如下：

① 日期栏：指记账凭证的日期，应与现金实际收付日期一致。

② 凭证栏：指登记入账的收付款凭证的种类和编号，如："现金收（付）款凭证"简写为"现收（付）"，"银行存款收（付）款凭证"简写为"银收（付）"。凭证栏还应登记凭证的编号数，以便于查账和核对。

③ 摘要栏：摘要说明登记入账的经济业务的内容，文字要简练，但要能说明问题。

④ 对方科目栏：指现金收入的来源科目或支出的用途科目。如从银行提取现金，其来源科目（即对方科目）为"银行存款"，其作用在于了解经济业务的来龙去脉。

⑤ 借方、贷方栏：指现金实际收付的金额。每日终了，应分别计算现金收入和付出的合计数，结出余额，同时将余额与出纳员的库存现金核对，即通常说的"日清"。如账实不符，应查明原因，并记录备案。月终同样要计算现金收、付和结存的合计数，通常称为"月结"。

（2）多栏式现金日记账。多栏式现金日记账，是在三栏式日记账基础上发展建立起来的。现金支出数按应借科目分设专栏，收入数按应贷科目分设专栏。各有关专栏的合计数，就可用以登记有关的总账。这种现金日记账的收入栏和支出栏，如果分别按其对应科目设置专栏，并列入一本账簿，那么账簿的篇幅势必太大，因而一般将这种日记账分为现金收入日记账和现金支出日记账。其格式如表7-7、表7-8所示。

表7-7　　　　　　　　　　　现金收入日记账　　　　　　　　　　第　页

20××年		凭证		摘要	应贷科目			支出合计	结余
月	日	种类	号数				收入合计		
				合计					

表7-8　　　　　　　　　　　现金支出日记账　　　　　　　　　　第　页

20××年		凭证号数		摘要	应借科目			支出合计
月	日	种类	号数					
				合计				

三栏式现金日记账的登记方法，一般是根据现金收款凭证、现金付款凭证等直接逐日逐笔登记，填明业务日期、凭证号数、摘要、对方科目、收入或支出金额，每日账要每日清，不得数日合并登记。从银行提取现金时，由于只编银行存款的付款凭证，不再编现金的收款凭证，因而应根据银行存款付款凭证登记。

多栏式现金日记账的登记方法，其基本原理与三栏式一样，区别主要在于现金收入和支出分别反映在两本账上。根据现金付款凭证登记现金支出日记账，并按日结出每天的现金支出总数填记在支出合计栏内，同时将现金支出日记账上的支出合计数转记到现金收入日记账上。根据现金收入凭证登记现金收入日记账,并按日结出每天现金收入总数,登记在收入合计栏内,同时按"上期结存+本期收入-本期支出=本期结存"的计算公式,结出当天现金的结存余额,再与现金实存数核对是否相符。

举例说明特种日记账的格式和登记。

【例 7 - 2】 光明公司 20××年 7 月份发生下列现金收款、付款业务:

(1) 6 日,向银行提取 5 000 元现金备用;
(2) 12 日,以现金 800 元购买办公用品;
(3) 15 日,职工张三预借差旅费 5 000 元;
(4) 29 日,职工张三报销差旅费 4 600 元,原预借差旅费 5 000 元。

假设"库存现金"账户期初余额为 1 000 元。根据 7 月份经济业务的现金收款凭证、现金付款凭证及银行存款付款凭证登记现金日记账。现金日记账的格式及登记方法如表 7 - 9 所示。

表 7 - 9 现金日记账 第 1 页

20××年		凭证号码		摘要	对方科目	借方	贷方	余额
月	日	种类	编号					
7	1			期初余额				1 000
	6	银付		提取现金	银行存款	5 000		6 000
	12	现付		购买办公用品	管理费用		300	5 700
	15	现付		张三预借差旅费	其他应收款		5 000	700
	29	现收		张三报销差旅费	其他应收款	400		1 100
7	31			本月合计		5 400	5 300	1 100

2. 银行存款日记账的格式与登记。银行存款日记账,是由出纳人员根据银行存款收款凭证、银行存款付款凭证和现金付款凭证(记录将现金存入银行业务)按经济业务发生时间的先后顺序,逐日逐笔进行登记的账簿。若一个单位开设有若干银行存款账户,应分别设置日记账登记,便于与银行核对,也有利于单位对银行存款的管理。银行存款日记账的"借方栏"一般根据银行存款收款凭证登记,"贷方栏"一般根据银行存款付款凭证登记。但对于现金存入银行或从本单位其他存款户转入本存款户的银行存款的业务,规定只编制现金付款凭证或其他存款户的银行存款付款凭证,不再填制收款凭证。所以,对于将现金送存银行或从本单位其他存款户转入本存款户的银行存款收入数额,应根据现金付款凭证或本单位其他存款户的银行存款付款凭证登记银行存款日记账的借方栏。每次收付银行存款后,应随时结出银行存款的余额,至少将每日收付款项逐笔登记完毕后,计算出每日银行存款收入和支出的合计数及账面余额,以便定期同银行送来的对账单核对,并随时检查、监督各种款项收付,避免因超过实有余额的付款而出现透支。

为了坚持内部牵制原则,实行钱、账分管,出纳人员不得负责登记现金日记账和银行存款日记账以外的任何账簿。出纳人员登记现金日记账和银行存款日记账后，应把各种收付款凭证交由会计人员据以登记总分类账及有关的明细分类账。通过"现金"和"银行存款"总账与日记账的定期核对，达到控制现金日记账、银行存款日记账的目的。

银行存款日记账格式有三栏式和多栏式两种，基本结构与现金日记账类似。由于银行存款的收付，都是根据特定的结算凭证进行的，为了反映结算凭证的种类、号数，特设有"结算凭证种类、号数"栏。三栏式银行存款日记账的格式如表 7-10 所示。

表 7-10　　　　　　　　　　　　　　银行存款日记账　　　　　　　　　　　　　　第　页

20××年		凭证		摘要	结算凭证		对方科目	收入	付出	结余
月	日	种类	号数		种类	号数				
				合计						

如果银行存款的对应科目较多，为了避免账页过宽，可以分别设置"银行存款收入日记账"和"银行存款支出日记账"，其格式见表 7-11 和表 7-12。

表 7-11　　　　　　　　　　　　　　银行存款收入日记账　　　　　　　　　　　　　　第　页

20××年		凭证		摘要	结算凭证		应贷科目		收入合计
月	日	种类	号数		种类	号数	种类	号数	
				合计					

表 7-12　　　　　　　　　　　　　银行存款支出日记账　　　　　　　　　　　　　第　页

20××年		凭证		摘要	结算凭证		应借科目		支出合计
月	日	种类	号数		种类	号数	种类	号数	
				合计					

多栏式日记账的登记,可以采用以下两种方法:

(1) 由出纳人员根据审核后的收、付款凭证逐日逐笔登记银行存款的收入日记账和支出日记账,每日应将支出日记账中当日支出合计数,转入收入日记账中当日支出合计栏内,以结算当日账面结余额,会计人员应对多栏式银行存款日记账的记录加强监督检查,并于月末根据多栏式银行存款日记账各专栏的合计数,分别登记有关总分类账。

(2) 另外设置银行存款出纳登记簿,并由出纳人员根据审核后的收、付凭证逐日登记,以便掌握银行存款收入情况并同银行核对收付款项。然后将收、付款凭证交给会计人员,由其据以逐日汇总登记多栏式银行日记账,并于期末根据日记账登记总账,出纳登记簿与多栏式银行存款日记账要互相核对,采用这种方法有利于加强内部控制和监督。

举例说明银行存款日记账的格式和登记。

【例 7-3】光明公司 20××年 7 月份发生下列银行存款收入、支出业务:

(1) 1 日,接受外单位现金投资 500 000 元,存入银行存款账户;

(2) 4 日,以银行存款 50 000 元购买一台设备;

(3) 7 日,向银行提取 3 000 元现金备用;

(4) 9 日,以银行存款 2 000 元支付本月水电费;

(5) 19 日,以银行存款 40 000 元归还银行借款;

(6) 21 日,收回 A 公司前欠货款 20 000 元,存入银行存款账户;

(7) 25 日,以银行存款 15 000 元预付购货款。

假定"银行存款"账户期初余额为 30 000 元。根据 7 月份经济业务的银行存款收款凭证、银行存款付款凭证及现金付款凭证登记银行存款日记账。

以上业务的会计处理分录如下:

(1) 借:银行存款　　　　　　　　　　　　　　　　　500 000
　　　贷:实收资本　　　　　　　　　　　　　　　　　　　500 000

(2) 借:固定资产　　　　　　　　　　　　　　　　　　50 000
　　　贷:银行存款　　　　　　　　　　　　　　　　　　　 50 000

(3) 借:库存现金　　　　　　　　　　　　　　　　　　 3 000
　　　贷:银行存款　　　　　　　　　　　　　　　　　　　　3 000

（4）借：管理费用　　　　　　　　　　　　　　　　　　　　　　2 000
　　　贷：银行存款　　　　　　　　　　　　　　　　　　　　　　　　2 000
（5）借：短期借款　　　　　　　　　　　　　　　　　　　　　　40 000
　　　贷：银行存款　　　　　　　　　　　　　　　　　　　　　　　　40 000
（6）借：银行存款　　　　　　　　　　　　　　　　　　　　　　20 000
　　　贷：应收账款——A公司　　　　　　　　　　　　　　　　　　20 000
（7）借：预付账款　　　　　　　　　　　　　　　　　　　　　　15 000
　　　贷：银行存款　　　　　　　　　　　　　　　　　　　　　　　　15 000

银行存款日记账的格式及登记方法如表7–13所示。

表7–13　　　　　　　　　　　　银行日记账　　　　　　　　　　　　第　页

20××年		凭证		摘要	对方科目	借方	贷方	余额
月	日	种类	号数					
7	1			期初余额				30 000
	1	银收		接受外单位投资	实收资本	500 000		530 000
	4	银付		购买设备	固定资产		50 000	480 000
	7	银付		提取现金准备	库存现金		3 000	477 000
	9	银付		支付水电费	管理费用		2 000	475 000
	19	银付		归还银行借款	短期借款		40 000	435 000
	21	银收		收回A公司欠款	应收账款	20 000		455 000
	25	银付		预付购货款	预付账款		15 000	440 000
	31			本月合计		520 000	11 000	440 000

3. 转账日记账的设置与登记。转账日记账是根据每天的转账凭证按照时间顺序逐日逐笔进行登记。转账业务不多的企业，也可不设转账日记账。转账日记账的格式如表7–14。

表7–14　　　　　　　　　　　　转账日记账

20××年		转账凭证号数	摘要	借方		贷方	
月	日			一级账户	金额	一级账户	金额
			合计				

转账日记账登记方法，首先记明日期和转账凭证号数，在"摘要"栏内简明填写经济业务主要内容。"借方"栏和"贷方"栏内分别按转账凭证上的借方、贷方账户和金额进行登记。

四、分类账的格式与登记方法

分类账簿是对各项经济业务按照账户进行分类登记的一种账簿。在会计核算中，分类账簿主要作用是：系统地归纳、综合同类经济业务，提供资产、负债和所有者权益、费用、收入等总括或明细资料，为编制会计报表做好基础准备。分类账簿按照其提供的各会计要素指标的详略程度可分为总分类账簿和明细分类账簿。按照会计制度的规定，每一会计单位都应设置这两种分类账。

（一）总分类账的格式与登记

总分类账是根据会计制度规定的统一会计科目中的一级会计科目设置的，用以记录全部经济业务总括核算资料的分类账簿。因为总分类账能分类、连续、全面、总括地反映企业经济活动的情况，并为编制会计报表提供资料，所以每一个企业必须设置总分类账簿。总分类账的设置应按照会计科目的编号顺序，为每个一级会计科目开设账户。总账的表现形式一般采用订本式账簿。总分类账一般有以下两种形式，即三栏式总分类账和多栏式总分类账。

1. 三栏式总分类账。三栏式总分类账一般采用借、贷、余三栏式，其格式如表7-15所示。为了便于反映经济业务的具体内容并方便检查监督，还应登记记账日期、凭证种类及号数、摘要等。三栏式总分类账的登记依据可视企业账务处理形式的不同而有所区别。具体地说，总分类账可以按记账凭证逐笔进行登记，也可按汇总记账凭证进行登记，还可按科目汇总表在月末时汇总登记。

表7-15　　　　　　　　　三栏式总分类账　　　　　　　　　第　页

20××年		凭证		摘要	借方	贷方	借/贷	余额
月	日	种类	号数					
				合计				

2. 多栏式总分类账。多栏式总分类账是按会计科目分设专栏，将所有科目的总分类核算集中在一张账页上进行，其格式如表7-16所示，这种总账只适用于企业业务量少，所设科目不多的情况。所以，一般单位较少采用多栏式总分类账。

表 7-16　　　　　　　　　　　　　多栏式总分类账　　　　　　　　　　　第　页

20××年		凭证号数	摘要	发生额	科目		科目		科目		科目	
月	日				借方	贷方	借方	贷方	借方	贷方	借方	贷方
			合计									

3. 总分类账的登记方法。由于会计核算的账务处理程序有多种，下面仅以记账凭证会计核算方式下总分类账的登记为例说明总分类账的登记程序：

第一，按照记账凭证的顺序编号，依次登记记账凭证中会计分录所设计的相关总分类账户。一般情况下，先过入借方账户，再过入贷方账户。如果贷方账户的账页在总账中排列的次序在借方账户的账页之前，也可以先过入贷方账户。

第二，记账日期、凭证种类及编号、借方金额以及贷方金额各栏，均应根据记账凭证明的内容誊抄一遍，总分类账摘要栏中的内容应与记账凭证上注明的摘要基本一致。每笔账过完了应在记账凭证上的"过账"栏内作出相应的过账标志，一般用"√"表示。

第三，结算并登记余额栏。账户的余额在计算并填入相应的栏次后，还应指明余额的借贷方向。资产类账户（除累计折旧、坏账准备等账户）的余额通常在借方，负债和所有者权益类账的余额通常在贷方。若账户余额为零则在余额的"借或贷"栏内填"平"字，并在余额栏内做标记。现金和银行存款总账的余额应定期与现金日记账和银行存款日记账核对相符，其他总账的余额在会计期末必须与之所属的明细账核对相符。

（二）明细分类账的设置与登记

明细分类账，也称明细账，它是根据经营管理需要，按照某些一级会计科目下的二级或明细科目设置的，用来分类连续地记录和反映经济活动详细情况的账簿。明细分类账是总账的必要补充，也是编制会计报表的重要依据。明细分类账是出于管理需要而设置的，不同的管理对明细账所需要记录和反映的内容也不一样，因而明细分类账簿的格式也多种多样。最常见的明细分类账格式包括三栏式明细分类账、数量金额式明细分类账和多栏式明细分类账三种。

1. 三栏式明细账。三栏式明细账的结构与总分类账的结构基本相同，只设有借方、贷方和余额三个金额栏，这种格式只适用于那些只要求核算金额的明细账，如"应收账款"、"应付账款"、"其他应收款"、"其他应付款"、"实收资本"、"资本公积"等明细账的核算。其格式如表 7-17 所示。

表 7-17   三栏式明细分类账

二级或明细账户：　　　　　　　　　　　　　　　　　　　　　　　　　　　　第　页

20××年		凭证号数	摘要	借方	贷方	借/贷	余额
月	日						
			合计				

2. 数量金额式明细账。数量金额式明细账设有借方、贷方和结存三大栏，每一栏下又分别设置数量、单价和金额三小栏，主要适用于既要进行金额核算、又要进行数量核算的各种实物资产的账户，如："原材料"、"库存商品"等账户的明细核算。其格式如表 7-18 所示。

表 7-18   数量金额式明细分类账

类　别：　　　　计划单价：　　　　最高储量：　　　　存放地点：　　　　第　页
品名规格：　　　材料代码：　　　　最低储量：　　　　编　号：　　　　　计量单位：

20××年		凭证号数	摘要	借方			贷方			结存		
月	日			数量	单价	金额	数量	单价	金额	数量	单价	金额
			合计									

3. 多栏式明细账。多栏式明细分类账，是根据经济业务的特点和经营管理的需要，在一张账页内按有关明细科目或明细项目分设若干专栏，用以在同一张账页上集中反映各有关明细科目或明细项目的核算资料。按明细分类账登记的经济业务不同，多栏式明细分类账页又分为借方多栏、贷方多栏和借贷方均多栏三种格式。

借方多栏式明细分类账的账页格式适用于借方需要设多个明细科目或明细项目的账户，如"生产成本"、"制造费用"、"管理费用"等账户的明细分类核算，其格式与内容见表 7-19；贷方多栏式明细分类账的账页格式适用于贷方需要设多个明细科目或明细项目的账户，如"主营业务收入"、"营业外收入"等账户明细分类核算，其格式与内容见表 7-20；借方、贷方多栏式明细分类账的账页格式适用于借方、贷方均需要设置多个明细科目或明细项目的账户,如"本年利润"账户的明细分类核算。借方、贷方均设多栏式明细分类账页,其格式与内容见表7-21。

表7-19　　　　　　　　　　　　制造费用明细账　　　　　　　　　　　　　第　页

20××年		凭证号数	摘要	应借账户								
月	日			工资薪酬	福利费	差旅费	折旧费	修路费	办公费	水电费	其他	合计

表7-20　　　　　　　　　　　　主营业务收入明细账　　　　　　　　　　　　第　页

20××年		凭证号数	摘要	应贷账户				
月	日			主营业务收入	加工收入	……	其他	合计
			合计					

表7-21　　　　　　　　　　　　本年利润明细账　　　　　　　　　　　　　　第　页

20××年		凭证		摘要	借方项目		贷方项目		借或贷	余额
月	日	种类	号数			合计	……	合计		
				合计						

4.明细分类账登记方法。各种明细分类账,应根据记账凭证及所附的原始凭证登记。在登记时,可以根据这些凭证逐笔或逐日登记,或定期汇总登记。一般来说,固定资产、债

权债务等明细分类账应当逐笔登记；商品、材料物资明细账可以逐笔登记，也可以逐日汇总登记；业务收入、费用开支等明细分类账可以逐笔登记，也可以逐日或定期汇总登记。各种明细分类账在每次登记完毕后，都应结算出余额。为了便于检查和核对账目，在明细分类账的摘要栏内，必须将有关经济业务的简要内容填写清楚。

五、备查账簿及其登记

备查账簿亦称备查簿、备查登记簿或辅助账簿，是指对某些在序时账簿和分类账簿中未能记载或记载不全的经济业务进行补充登记的账簿。设置和登记备查账簿，可以对某些经济业务的内容提供必要的参考资料。各企业、单位可以根据实际需要来设置这类账簿。然而在实际工作中，重视分类账、忽视备查账、重视金额记载、忽视事由及相关记载等现象较为普遍。

（一）备查账簿的作用及特点

备查账主要用于登记资产负债表表内（或分类账账内）需要说明原因的重要交易或事项，或资产负债表表外（或分类账账外）的重要交易或事项。它可以补充说明总分类账和明细分类账所不能详细反映的资料，具有备查备忘的基本作用。例如，分类账内没有反映的担保事项、分类账内虽已记录但性质重要的应收票据，都需要在备查账上进行登记说明。备查账对完善企业会计核算、加强企业内部控制与管理、强化对重要经济业务事项的监督、明确会计交接责任、准确填列财务会计报告附注内容等都具有重要意义。国家统一会计制度对备查账的设置有明确要求，所有企业都必须按要求依法设置会计账簿体系，包括总分类账、明细分类账、日记账和备查账簿。其特点如下：

1. 备查账是一种辅助账簿，是对某些在日记账和分类账中未能记载的会计事项进行补充登记的账簿。

2. 备查账应根据统一会计制度的规定和企业管理的需要设置。并不是每个企业都要设置备查账簿，而应根据管理的需要来确定，但是对于会计制度规定必须设置备查簿的科目如"应收票据"、"应付票据"等，必须按照会计制度的规定设置备查账簿。

3. 备查账的格式由企业自行确定。备查账没有固定的格式，与其他账簿之间也不存在严密的钩稽关系，其格式可由企业根据内部管理的需要自行确定。

4. 备查账的外表形式一般采用活页式。为使用方便备查账一般采用活页式账簿，与明细账一样，为保证账簿的安全、完整，使用时应顺序编号并装订成册，注意妥善保管，以防账页丢失。

（二）备查账簿的种类与登记

1. 应收账款备查簿。该备查簿用于登记财务报表内（或账内）需要说明原因的重要应收款项或表外（或账外）的应收款项。例如，对于企业债务重组，如果未来应收金额大于应收债权账面金额的，则未来应收款项在债务重组时不作账务处理，但应在备查簿中进行登记。待实际收到债权时，如果实际收到的金额大于应收债权账面金额，则将其差额作为当期营业外收入处理。在企业以应收债权取得质押借款的情况下，因与用于质押的应收债权相关的风险和报酬并没有发生实质性变化，所以企业应设置备查簿，详细记录质押的应收债权的账面金额、质押期限及回款情况等。对金融机构应计利息在超过规定期限（如90天）尚未收回的，应冲回所计利息。同时，将应收利息转账外核算，并在备查簿上登记。企业的委托贷款按期计提的利息到付息期不能收回的，应当立即停止计提利息，并冲回原来已计提的利息，同时在备查簿上登记。

2. 应收票据备查簿。该备查簿用于逐笔登记每一应收票据的种类、号数、出票日期、票面金额、票面利率、交易合同号，付款人、承兑人、背书人的姓名或单位名称，到期日、背书转让日、贴现日期、贴现率、贴现净额、未计提的利息，以及收款日期和收回金额、退票情况等资料。应收票据到期结清票款或退票后，应当在备查簿内逐笔注销。对于到期不能收回的带息应收票据，转入"应收账款"科目核算后，期末不再计提利息，其所包含的利息在有关备查簿中进行登记，待实际收到时，再冲减收到当期的财务费用。

3. 分期收款发出商品备查簿。该备查簿用于详细记录分期收款发出商品的数量、成本、售价、代垫运杂费、已收取的货款和尚未收取的货款等有关情况。

4. 受托加工来料备查簿。该备查簿用于登记企业对外进行来料加工装配业务而收到的原材料、零件等收发结存数额。收到的物资由于所有权不属于本企业，不应包括在"原材料"科目的核算范围内。

5. 代管商品备查簿。对已经办完销售手续、但购买单位在月末尚未提取的库存商品，单独在该备查簿中逐笔登记，不再在"库存商品"科目核算。企业以集资合作方式修建的职工住房建成后，按代管资产处理，并设置备查簿予以登记。

6. 在用低值易耗品备查簿。对于在用低值易耗品以及使用部门退回仓库的低值易耗品，应当加强实物管理，在该备查簿上进行登记。

对于施工企业，在用周转材料以及使用部门退回仓库的周转材料，应当对其加强实物管理，并在备查簿上进行登记。

7. 出租出借包装物备查簿。该备查簿用于登记收回已使用过的出租出借包装物。

8. 临时租入固定资产备查簿。该备查簿用于登记临时租入的固定资产的有关情况。

9. 在建工程其他支出备查簿。该备查簿用于专门登记基建项目发生的构成项目概算内容但不通过"在建工程"科目核算的其他支出，包括按照建设项目概算内容购置的不需用安装设备、现成房屋、无形资产以及发生的递延费用等。企业在发生上述支出时，应当通过"固定资产"、"无形资产"和"长期待摊费用"科目核算，并同时在在建工程其他支出备查簿中进行登记。

10. 应付票据备查簿。该备查簿用于详细登记每一应付票据的种类、号数、签发日期、到期日、票面金额、票面利率、合同交易号、收款人姓名或单位名称以及付款日期和金额等资料。应付票据到期结清时，应当在备查簿内逐笔注销。

11. 应付债券备查簿。企业发行债券时，应将待发行债券的票面金额、债券票面利率、还本期限与方式、发行总额、发行日期和编号、委托代售部门、转换股份等情况在该备查簿中进行登记。

12. 递延税款备查簿。采用纳税影响会计法进行所得税会计处理的企业，应当设置该备查簿，详细记录发生的时间性差异的原因、金额、预计转回期限、已转回金额等。

13. 实收资本（股本）备查簿。该备查簿用于登记企业资本（股本）的变化情况。对于投资者按规定转让其出资的，企业应当于有关的转让手续办理完毕时，将出让方所转让的出资额，在资本（股本）账户的有关明细账户及各备查簿中转给受让方。企业因减资而注销股份、发还股款，以及因减资而更新股票等的变动情况，在股本账户的明细账以及有关备查簿中详细记录。

14. 持有股票备查簿。企业持有股票期间获得股票股利时，不作账务处理，但应在备查簿中登记所增加的股份。

15. 股权投资未确认亏损备查簿。采用权益法核算时，企业确认被投资单位发生的净亏损，以股权投资账面价值减记至 0 为限。若被投资单位以后继续发生亏损，则未确认的亏损额应在备查簿上登记。

16. 发票备查簿。该备查簿详细登记增值税专用发票、普通发票领购、缴销、结存等情况。

17. 账销案存资产备查簿。为了做好企业资产评估、财产清查中核销资产的变现、保管、销毁等工作，对处置的实物资产，应建立实物台账和处置档案。对核销的应收账款，应实行债销账留，继续保持追索权，建立备查簿单独反映和监督其回收情况。

18. 其他需要设置的备查簿。如企业对外担保事项，以及应由以后年度弥补的所得税计税亏损情况，也应设置备查簿进行登记。

当然，企业备查账簿还不止这些。企业应根据国家统一会计制度的要求，结合管理需要和满足填报会计报表附注的需要，规范备查账簿的设置和登记工作。设置内容应科学、完整，设置格式应简洁、明了，可采用订本式或合页等形式。在登记管理上，应建立相应的责任制度，明确何时登记、谁登记、谁保管、谁配合、谁检查，做到责任分明，并将备查账簿纳入企业重要的会计档案进行管理，有条件的企业可以开发必要的备查登记软件。

第三节 账簿记录的调整与更正

一、账簿记录调整的依据

会计信息使用者对信息的客观需要使得企业必须定期结算账户记录、计算特定期间的损益数量。会计期间假设不仅为定期结账提供了理论依据，同时也为"跨期项目"的产生奠定了基础。跨期项目是指经济交易与事项发生所引起的、同时影响到几个会计期间会计确认与计量事项的收入和费用项目。例如，企业预付下一季度的房屋租金，该项经济交易涉及本月和下一季度各月的会计确认与计量事项，因此预付房屋租金属于跨期项目；企业预收次月交货的商品款，该项经济交易涉及本月及次月两个期间的会计处理，因此预收销售商品货款也属于跨期项目。从内容来看，跨期项目包括跨期收入项目和跨期费用项目。

跨期项目产生的客观原因是与收入或费用项目相关的货币资金收付时间同受益期不相一致。如企业在预付下一季度的房屋租金时，其现金或银行存款的支付时间在本月，而其受益期却是下一季度的各个月份。然而，在会计上，权责发生制原则要求按收入权利的形成时间、费用发生的责任期间来进行确认，因此在各个会计期末必须对这些跨期项目予以调整，以便正确确认各个期间的收入、费用和利润数额。

就跨期项目的形成方式来看，跨期项目主要包括递延项目和应计项目。

二、账簿记录调整方法

（一）递延项目

递延项目是指在费用的受益期或收入权利形成之前预先支付或收取货币资金而形成的跨期项目。其包括预付费用和未实现收入。

1. 预付费用。预付费用是指预先支付货币资金而由其后几个会计期间共同受益的项目。预付项目的发生，会导致相关经济利益在未来期间流入企业。典型的预付费用项目有预付租金、预付保险费等。预付费用也称"递延费用"，因为已经支付的货币资产需要被递延至其后的几个会计期间来共同分摊。

预付费用项目的会计处理包括两个方面：一是在预付项目实际支付现金或银行存款时，在有关账户中进行记录；二是在受益期的各个会计期末对预付项目进行调整。对预付项目的期末调整，实际上是按一定比例分摊当期应当负担的费用数额并将其记入账户。

【例7-4】20××年6月10日，光明公司以现金预付7～9月份的办公房屋租金9 000元。

此项经济交易发生后，企业的现金资产减少9 000元，同时预付费用项目增加9 000元。按权责发生制会计原则分析，该项预付费用应当在7月、8月和9月之间分摊，各月均摊3 000元。相关会计分录如下：

（1）6月10日支付房屋租金：

借：预付账款　　　　　　　　　　　　　　　　　　　　　　9 000
　　贷：库存现金　　　　　　　　　　　　　　　　　　　　　　9 000

（2）7、8、9月月末按权责发生制进行账项调整（调整分录相同）：

借：管理费用　　　　　　　　　　　　　　　　　　　　　　3 000
　　贷：预付账款　　　　　　　　　　　　　　　　　　　　　　3 000

2. 未实现收入。未实现收入是指预先收取货币资金而在其后会计期间确认收入的项目，也称"递延收入"。例如，企业预收取房屋租金，该预收款项是一种"未实现"的收入，其必须递延至之后的实际出租期才能真正实现。按权责发生制，房屋租金收入应当由实际出租期的各个月份共同享用。在租赁期开始前，预收房屋租金实际上形成企业的一项负债。

【例7-5】20××年9月1日，光明公司收到长江公司预先支付的仓库租金80 000元，款项已存入银行。按合同规定，仓库租期为9月、10月、11月、12月4个月。

该项经济交易发生后，公司的银行存款资产增加80 000元，未实现的租金收入同时增加 80 000 元。按权责发生制原则，该项租金收入应递延至 9~12 月份确认，各期应当确认的收入金额为 20 000 元。相关会计分录如下：

（1）9 月 1 日预收租金时：

 借：银行存款   80 000

  贷：预收账款   80 000

（2）10 月末的调整分录为（10 月、11 月、12 月相同）：

 借：预收账款   20 000

  贷：其他业务收入   20 000

（二）应计项目

应计项目是指费用的责任已经产生、取得收入的权利已经形成但在以后的会计期间才实际支付或收到货币资金的跨期项目。其包括应计费用和应计收入。

1. 应计费用。应计费用是指当期承担费用的责任已经发生但需在未来会计期间实际支付现金或银行存款的费用项目。应付利息费用、应付工资费用等是典型的应计费用项目。企业发生应计费用，表明企业因在当期已经受益而增加了企业的当期费用，同时由于尚未实际支付现金或银行存款，因而企业承担的负债也相应增加。应计费用在空间上被视作一种负债。

【例 7-6】 20××年 8 月 1 日光明公司取得建设银行短期贷款 1 000 000 元。合同约定的年利率为 6%，贷款期限为 8 月 1 日至 10 月 31 日，利息按月结算，到期时一次还本付息。

该项经济交易发生后，企业的银行存款资产增加了 1 000 000 元，同时短期借款也增加了 1 000 000 元。由于是贷款，就必须支付利息。因此，企业除了归还本金外还必须承担利息费用的责任。按照权责发生的原则，由于公司 8~10 月均使用该借款，因而 8~10 月就必须承担相应的利息费用。各月应当负担的利息费用为 5 000（1 000 000×6%÷12）元。

有关会计分录如下：

（1）8 月 1 日，取得借款时：

 借：银行存款   1 000 000

  贷：短期借款   1 000 000

（2）8 月末，计算确定本月应计利息费用（期末调整）：

 借：财务费用   5 000

  贷：应付利息   5 000

9 月、10 月末的调整分录同上。

（3）10 月 31 日，企业一次还本付息时：

 借：短期借款   1 000 000

   应付利息   15 000

  贷：银行存款   1 015 000

2. 应计收入。应计收入是指当期取得收入的权利已经形成但需要在以后某一会计期间才能实际收到现金或银行存款的收入项目。例如，企业出租房屋给美容店，合同约定租期为

6个月，每月租金5 000元，租期届满时一次收取款项。对于该企业而言，在房屋租期中的每个月，应当计算其已经取得但尚未实际收到款项的租金收入，即"应计收入"。

【例7-7】20××年2月1日，光明公司与天美有限公司签订租赁协议，将本公司的一台设备出租给天美有限公司使用。合同约定租期为2～12月，租金11 000元于租赁期届满时一次性收取。按照权责发生制原则，光明公司2～12月各月均实现了设备出租租金收入1 000元，应当予以确认。

有关会计分类如下：

（1）2月末确认设备租金收入，进行期末调整：

借：应收账款　　　　　　　　　　　　　　　　　　　1 000
　　贷：其他业务收入　　　　　　　　　　　　　　　　　　1 000

3～12月各月月末的调整分类同上。

（2）12月末租期届满，实际收到全部租金时：

借：银行存款　　　　　　　　　　　　　　　　　　　11 000
　　贷：应收账款　　　　　　　　　　　　　　　　　　　　11 000

递延项目与应计项目的期末调整，必然会影响到财务会计报表及其结果。

三、错账的查找方法

在日常的会计核算中，发生差错的现象时有发生。如发现错误：一是要确认错误的金额；二是要确认错在借方还是贷方；三是根据产生差错的具体情况，分析可能产生差错的原因，采取相应的查找方法，便于缩短查找差错的时间，减少工作量。

查找错误的方法有很多，现将常用的几种方法介绍如下：

1. 顺查法（亦称正查法）。顺查法是按照账务处理的顺序，从原始凭证、账簿、编制会计报表全部过程进行查找的一种方法。即首先检查记账凭证是否正确，然后将记账凭证、原始凭证同有关账簿记录一笔一笔地进行核对，最后检查有关账户的发生额和余额。这种检查方法，可以发现重记、漏记、错记科目、错记金额等。这种方法的优点是查的范围大，不易遗漏；缺点是工作量大，需要的时间比较长。所以在实际工作中，一般是在采用其他方法查找不到错误的情况下采用这种方法。

2. 逆查法（亦称反查法）。这种方法与顺查法相反，是按照账务处理的顺序，从会计报表、账簿、原始凭证的过程进行查找的一种方法。即先检查各有关账户的余额是否正确，然后将有关账簿按照记录的顺序由后向前同有关记账凭证或原始凭证进行逐笔核对，最后检查有关记账凭证的填制是否正确。这种方法的优缺点与顺查法相同。所不同的是根据实际工作的需要，对由于某种原因造成后期产生差错的可能性较大而采用的。

3. 抽查法。抽查法是对整个账簿记账记录抽取其中某部分进行局部检查的一种方法。当出现差错时，可根据具体情况分段、重点查找。将某一部分账簿记录同有关的记账凭证或原始凭证进行核对。还可以根据差错发生的位数有针对性地查找。如果差错是角、分，只要查找元以下尾数即可；如果差错是整数的千位、万位，只需查找千位、万位数即可；其他的位数就不用逐项或逐笔地查找了。这种方法的优点是范围小，可以节省时间，减少工作量。

4. 偶合法。偶合法是根据账簿记录差错中经常遇见的规律，推测与差错有关的记录而进行查找的一种方法。这种方法主要适用于漏记、重记、错记的查找。

(1) 漏记的查找。

① 总账一方漏记。总账一方漏记，在试算平衡时，借贷双方发生额不平衡，出现差错，在总账与明细账核对时，会发现某一总账所属明细账的借（或贷）方发生额合计数大于总账的借（或贷）方发生额，也出现一个差额，这两个差额正好相等。而且在总账与明细账中有与这个差额相等的发生额，这说明总账一方的借（或贷）漏记，借（或贷）方哪一方的数额小，漏记就在哪一方。

② 明细账一方漏记。明细账一方漏记，在总账与明细账核对时可以发现。总账已经试算平衡，但在进行总账与明细账核对时，发现某一总账借（或贷）方发生额大于其所属各明细账借（或贷）发生额之和，说明明细账一方可能漏记，可对该明细账的有关凭证进行查对。

③ 凭证漏记。如果整张的记账凭证漏记，则没有明显的错误特征，只有通过顺查法或逆查法逐笔查找。

(2) 重记的查找。

① 总账一方重记。如果总账一方重记，在试算平衡时，借贷双方发生额不平衡，出现差错；在总账与明细账核对时，会发现某一总账所属明细账的借（或贷）方发生额合计数小于该总账的借（或贷）方发生额，也出现一个差额，这两个差额正好相等，而且在总账与明细账中有与这个差额相等的发生额记录，说明总账借（或贷）重记，借（或贷）方哪一方的数额大，重记就在哪一方。

② 明细账一方重记。如果明细账一方重记，在总账与明细账核对时可以发现。总账已经试算平衡，与明细账核对时，某一总账借（或贷）方发生额小于其所属明细账借（或贷）方发生额之和，则可能是明细账一方重记，可对与该明细账有关的记账凭证查对。

③ 如果整张的记账凭证重记账，则没有明显的错误特征，只能用顺查法或逆查法逐笔查找。

(3) 记反账的查找。

① 总账一方记反。记反账是指在记账时把发生额的方向弄错，将借方发生额记入贷方，或者将贷方发生额记入借方。总账一方记反账，则在试算平衡时发现借贷双方发生不平衡，出现差错。这个差错是偶数，能被 2 整除，所得的商数则在账簿上有记录，借（或贷）方哪一方大，就反在哪一方。

② 如果明细账记反了，而总账记录正确，则总账发生额试算是正确的，可用总账与明细账核对的方法查找。

(4) 错记账的查找。在实际工作中，错记账是指把数字写错。常见的有：

① 数字错位。数字错位是指应记的位数不是前移就是后移，即小记大或大记小。如把千位数变成了百位数（大变小），或把百位数变成千位数（小变大）。例如，把 1 600 记成 160（大变小），把 2.43 记成 243（小变大）。

如果是大变小，在试算平衡或者总账与明细账核对时，正确数字与错误数字的差额是一个正数,这个差额除以9后所得的商与账上错误的数额正好相等。查账时可以遵循:差额能够除以9,所得商恰是账上的数,可能记错了位,错误的性质大变小。

如果是小变大,在试算平衡或者总账与明细账核对时,正确数与错误数的差额是一个负数,这个差额除以9后所得商数再乘以10,得到的绝对数与账上错误恰好相等。查账时应遵循:差额负数除以9,商数乘以10的数账上有,记账错误可以查,错误是由小变大。

② 错记。错记是在登记账簿过程中的数字误写。对于错记的查找,可根据由于错记而形成的差数,分别确定查找方法,查找时不仅要查找发生额,同时也要查找余额。一般情况下,同时错记而形成的差数有以下几种情况:

第一种,邻数颠倒。邻数颠倒是指在登记账簿时把相邻的两个数字互换了位置。如43错记34,或把34错记43。

如果前大后小颠倒为后大前小,在试算平衡时,正确数与错误数的差额是一个正数,这个差额除以9后所得商数中的有效数字正好与相邻颠倒两数的差额相等,并且不大于9。可以根据这个特征在差值相同的两个邻数范围内查找。

如果前小后大颠倒为前大后小,在试算平衡或者总账与明细账核算时,正确数与错误数的差额是一负数,其他特征同上。在上述情况下,应遵循:差额能除以9,有效数字不过9,可能记账数颠倒,根据差值确定查找。

在本例中,应收账款的总账科目余额合计数应为881.34,而明细表合计数为944.34,两表不等。有关明细账的资料见下表7-22。

表7-22

序 号	户 名	金额(万元)
1	甲	623.45
2	乙	1 031.68
3	丙	451.89
4	丁	81.18
5	戊	90.24
	合 计	944.34

查找步骤:

第一,求正误差值:881.34 - 944.34 = -63。

第二,判断差值可否用9整除,差值63正好可以为9整除(63÷9=7万元)。

第三,求差值系数:-63÷9 = -7。

第四,在错误表中查找有无相邻两数相差为7的数字。差值系数为负值时,查前大后小;反之,查前小后大。经查,该表中第4行81.18中的"8" - "1" =7,前大后小,可以判断为属于数字倒置的错误,即可能是18.18而误写为81.18。

第五,将第4行按18.18更正,重新加总,其合计数则为881.34与总账一致。

有关相邻两数、差数及差额的关系列表如表 7-23 所示。

表 7-23

邻数差值	正错差值	相邻两数							
1	9	10	21	32	43	54	65	76	87	98
-1	-9	11	12	23	34	45	56	67	78	89
2	18	20	31	42	53	64	75	86	97	
-2	-18	22	13	24	35	46	57	68	79	
3	27	30	41	52	63	74	85	96		
-3	-27	33	14	25	36	47	58	69		
4	36	40	51	62	73	84	95			
-4	-36	44	15	26	37	48	59			
5	45	50	61	72	83	94				
-5	-45	55	16	27	38	49				
6	54	60	71	82	93					
-6	-54	66	17	28	39					
7	63	70	81	92						
-7	-63	77	18	29						
8	72	80	91							
-8	-72	88	19							
9	81	90								
-9	-81	99								

注：表中，如"13"邻数差值为"3"与"1"是"2"（或"-2"）若误写为31，则正错的差值，查表为-18（多记），再按照上面除x法进行处理。

第二种，隔位数字倒置。如：425 记成 524，701 记成 107 等等，这种倒置所产生的差数的有效数字是 3 位以上，而且中间数字必然是 9，差数以 9 除之所得的商数必须是位相同的数，如 22，33，34，…商数中的 1 个数又正好是两个隔位倒置数字之差。如 802 误记 208 元，差数是 594，以 9 除之则商数为 66，两个倒置数 8 与 2 的差也是 6。于是可采用就近邻位数字倒置差错的查找方法去查找账簿记录中百位和个位两数之差为 6 的数字，即 600 与 006、701 与 107、802 与 208、903 与 309 四组数，便可查到隔位数字倒置差错。

采用上述方法时，要注意：一是正确选择作为对比标准的基数；二是保证对比指标口径的可比性；三是同时分析相对数和绝对数的变化，并计算其对总量的影响。

会计人员在日常填制会计凭证和登记账簿过程中，可能出现一些差错，切忌生搬硬套，要从具体的实际工作出发，灵活运用查找的方法，有时还要几种方法结合起来并用，通过反复核实，一定会得出正确的结果。

错账的查找是一项非常复杂和细致的工作，往往为了查找一笔差错需要花费很长的时间，有时甚至影响结账，延误决算时间。因此，在日常工作中必须以高度的责任感，尽可能地减少差错。这就要求广大财会人员熟练地掌握有关财务、会计制度，不断提高业务技术水平和技能，记一笔复核一笔，减少和防止差错的发生，提高核算水平。

四、错账的更正方法

在发现错账之后，要根据产生错账的不同原因，使用不同的更正方法。填制会计凭证或登记账簿发生的差错，一经查找出就应立即更正。由于差错性质不同，发现的时间有先有后，所以采用的更正方法也有所不同。现将通常更正错误的几种主要方法介绍如下：

1. 划线更正法。在填制凭证、登记账簿过程中，如发现文字或数字记错时，可采用划线更正法进行更正。即先在错误的文字数字上划一红线，然后在划线上方填写正确的记录。在划线时，如果是文字错误，可只划销错误部分；如果是数字上错误，应将全部数字划销，不得只划销错误数字。划销时必须注意使原来的错误字迹仍可辨认。更正后，经办人应在划线处盖章，以示负责。

2. 红字更正法。在记账以后，如果在当年内发现记账凭证所记的科目或金额有错时，可以采用红字更正法进行更正。所谓红字更正法，即先用红字填制一张与原错误完全相同的记账凭证，即用红字登记入账，冲销原有的错误记录；同时再用蓝字填制一张正确的记账凭证，注明"订正×年×月×号凭证"，据以登记入账，这样就把原来的差错更正过来。应用红字更正法是为了正确反映账簿中的发生额和科目对应关系。例如，长期借款利息支出 5 000 元，在固定资产已办理竣工决算以后发生的，应记入当期损益，而误记为工程成本，并已登记入账。其订正方法如下：

① 用红字金额填制一张与原错误分录相同的记账凭证，其分录如下：

借：在建工程（或固定资产）　　　　　　　　　　　　　　　　$\boxed{5\ 000}$

　　贷：长期借款　　　　　　　　　　　　　　　　　　　　　　$\boxed{5\ 000}$

注：$\boxed{5\ 000}$ 代表红字，下同。

② 再用蓝字填制一张正确记账凭证，其分录如下：

借：财务费用　　　　　　　　　　　　　　　　　　　　　　　5 000

　　贷：长期借款　　　　　　　　　　　　　　　　　　　　　　5 000

根据上列两张记账凭证分别记入有关科目。另外，科目并无错误，但所填的金额大于应填的金额时，也可按照正确数字与错误数字的差额用红字金额填制一张记账凭证，据以登记入账，以冲销多记部分。在账簿摘要栏注明"注销×年×月×号凭证多记金额"。例如，采用商业汇票结算方式，收到购货方开出并承兑的商业汇票 10 000 元。作为销售实现。在填制记账凭证时，将金额 10 000 元，多记了 90 000 元，并已入账。其误记分录为：

借：应收票据　　　　　　　　　　　　　　　　　　　　　　　100 000

　　贷：主营业务收入　　　　　　　　　　　　　　　　　　　　100 000

为了更正有关账户多记的 90 000 元，就应用红字金额填制一张记账凭证。其分录如下：

借：应收票据　　　　　　　　　　　　　　　90 000

　　贷：主营业务收入　　　　　　　　　　　　　90 000

根据此记账凭证登记入账后，使"应收票据"和"主营业务收入"两科目原来的错误记录都得到了更正。

3. 补充登记法。在记账以后，发现记账凭证填写的金额小于实际金额时，可采用补充登记法进行更正。更正时，可将少记数额填制一张记账凭证补充登记入账，并在摘要栏注明"补充×年×月×日×号凭证少记金额"。例如，通过开户银行收到某购货单位偿还的前欠货款 6 500 元，在填制记账凭证时，将金额误记为 5 600 元，少记了 900 元，并已登记入账。更正时，应将少记的 900 元用蓝字填制一张记账凭证，并登记入账。其补充更正分录是：

借：银行存款　　　　　　　　　　　　　　　900

　　贷：应收账款　　　　　　　　　　　　　　　900

根据此记账凭证登记入账后，使"银行存款"和"应收账款"两科目的原来错误都得到了更正。

红字更正法和补充登记法都是用来更正因记账错误而产生的记账差错。如果记账凭证无错，只是登记入账时发生误记，这种非因记账凭证误记的差错，无论何时发现（在实际工作中，由于定期核对账目，不可能经过很长时间才被发现）都不能用这两种方法更正，而应用划线法进行更正。因为记账必须以凭证为根据，一张记账凭证不仅是登记明细账的根据，也是汇总登记总账的根据。在同一记账根据的基础上，不一定两种账同时都记错，假如总账未记错，只是某一明细科目记错了数字，如果为订正这一明细科目差错，而采用了红字更正法或补充登记法，势必影响总账发生变动，即将原来的正确数订正为错误数。所以，非因记账凭证误记的差错只能用划线更正法进行更正。

以上只是对当年内发现填写记账凭证或登记账簿错误而采用的方法，如果发现以前年度记账凭证中有错误（指科目和金额）并导致账簿登记错误的，应当用蓝字填制一张更正的记账凭证。

第四节　账簿记录的核对与结算

一、账簿记录的核对

如实反映企业经济活动情况，是会计核算的一个基本原则。为了各种账簿记录的完整和正确，如实地反映和监督经济活动，为编制会计报表提供真实可靠的数据资料，企业必须对账簿记录进行核对工作。通常，账簿记录的核对简称"对账"，对账简单地说就是核对账目，即把账簿上记载的资料进行内部核对、内外核对、账实核对，以保证账证相符、账账相符和账实相符。包括记账凭证与账簿之间的核对（账证核对）、不同账簿之间的核对（账账核对）、账簿记录与财产物资实际情况之间的核对（账实核对）等内容。

（一）账证核对

账簿记录中的数据来源于记账凭证及其所附的原始凭证，因此定期将账簿记录与相关会计凭证进行核对，有助于发现过账中可能存在的问题。对于所发现的记账错误，应根据错账的具体情况采取相应的措施予以更正，以确保账证相符。一般来讲，账证核对包括以下内容：总账与相关的记账凭证相互核对；明细账与相关的记账凭证及所附的原始凭证相互核对；现金、银行存款日记账与相关的收、付款凭证相互核对。在进行账证核对时，应逐项检查指标记录和会计凭证在所记账户名称、记账方向以及金额等方面是否一致。

（二）账账核对

为满足会计信息使用者的要求，企业建立了以总分类账为主体的账簿体系。会计期间终了，企业应当根据账簿自己的关联关系检查指标记录的正确性。例如，根据总分类账与所属明细分类账自己的控制与被控制关系，核对二者的相关数据是否一致。账账核对主要包括总分类账本身的核对和总分类账与其他账簿之间的核对。

1. 总分类账核对。总分类账中记录了企业在一定会计期间所发生的全部经济交易与事项，并且是按照"有借必有贷、借贷必相等"的方式予以记录的，因此同一会计期间全部账户的本期借方发生额合计必然等于其本期贷方发生额合计。由于总分类账户记录是按照借贷记账法予以登记的，所以可以利用借贷记账法的试算平衡原理检查总分类账户记录的正确性。

利用试算平衡表检查总分类账记录是否正确时，主要是验证试算平衡表中本期借方发生额合计是否等于本期贷方发生额合计。如果两者不相等，说明本期账簿记录肯定存在错误；两者相等，说明本期账簿的记录可能正确也可能有错，因为重记、漏记经济交易与事项或者记录某项经济交易与事项记入不同账户借方与贷方的金额出现等额差错时，并不影响全部账户借方、贷方本期发生额合计数之间的平衡关系。当确定账簿记录存在错误时，应当通过错账查找方法进一步查明错账的具体情况。

2. 总分类账与其他账簿的核对。在总分类账记录准确无误的前提下，需要将总分类账与相关明细分类账、现金及银行存款日记账核对。总分类账与所属明细分类账核对时，先编制"明细分类账户记录汇总表"（或称"明细分类账户发生额与余额明细表"），再将其与总分类账户的本期发生额与期末余额进行核对，验证其是否一致。

总分类账与现金或银行存款日记账核对时，将现金或银行存款日记账中计算出的本期发生额及期末余额分别与"现金"或"银行存款"总分类账户的相应记录予以对比，以确定现金或银行存款日记账记录是否存在错误。

（三）账实核对

从理论上讲，账簿记录所提供的信息应当与企业财产物资的实际情况相吻合。然而，许多客观与主观原因往往使得账实并不一致。因此，为确保企业会计信息真实可靠，企业必须定期对企业财产物资进行清理检查，并做到账实相符。

账实相符通常是结合企业的财产清查工作进行的。财产清查，亦称"盘存"，是通过对各项财产的盘点和核对，确定各项财产物资、货币资金、债务、债权的实存数，并与各项财产的账面结存数核对，借以查明账存数与实存数是否相符的一种会计核算方法。目的是为了保护财产完整、维护财经纪律、提高经济效益、确保会计报表的质量。通过对企业财产物资进行清查，可以发现企业财产管理存在的漏洞，防止舞弊与资产流失，从而加强对财产的管理与控制。在财产清查过程中，需要将财产物资（如现金、银行存款、原材料、库存商品、固定资产等）的账面数量与其实有数量进行对比，确定是否存在"盘盈"或"盘亏"现象。所谓盘盈是指财产物资的实有数大于其账面数的情况，而盘亏是指财产物资的实有数小于账面数的情况。盘盈意味着企业获得了一项额外的"收益"，而盘亏则意味着企业发生了一项的"损失"。对于在财产清查过程中发现的盘盈及盘亏问题，企业管理部门应当认真查明原因并及时予以处理。会计上，对于发现的盘盈与盘亏数量以及企业管理部门关于盘盈或盘亏的处理结论，企业应当设立专门的账户——"待处理财产损溢"账户进行核算。

企业在进行财产清查前，应先核对账簿记录，并保证其正确无误。由于财产物资的内容不同、特征各异，针对不同的财产物资应采用不同的清查方法。如对现金、存货、固定资产、银行存款、债权、债务等可以采用不同的方法来进行核对。核算的方法有两种：实地盘存制和永续盘存制。实地盘存制又称定期盘存制，是指企业平时只根据会计凭证在账簿中登记各种存货的增加数，不登记减少数，而在期末通过实地盘存来确定各种存货的数额，进而计算出本期存货减少的一种盘存制度。在这种制度下的存货明细账的存货结存数额的计算公式为：本期减少数 = 账面期初余额 + 本期增加数 − 期末实际结存数。实地盘存制的优点是工作较简单，工作量较小。但同时它也存在一定的缺陷：首先，在实地盘存制下对各项库存的变动情况没有严密的凭证，同时通过倒轧得到的库存的变动数额中成分比较复杂，除了正常耗用外，可能存在很多的非正常因素，不便于实行会计监督；其次，由于一般是在期末进行盘存，所以对存货的变动不能及时反映，这样就会导致缺乏制订存货计划的依据，降低存货管理的效果。永续盘存制又称账面盘存制，是指企业平时对各项存货的实收和发出数，都要根据原始凭证在有关账簿中进行连续登记，并随时结出各种存货的账面余额的一种方法。它可以及时地反映库存实有数量，也可以方便地计算发出成本。在这种制度下的存货明细账的存货结存数额的计算公式为：账面期末余额 = 账面期初余额 + 本期增加额 − 本期减少额。永续盘存制的优点在于：首先，在永续盘存制下要求存货的变动都需要严密的凭证，同时记录过程连续清晰，这样有利于进行会计监督；其次，永续盘存制可以及时反映出存货的变动和结存状况，便于随时掌握存货的占用情况及其动态，有利于加强存货的管理。同样的，永续盘存制也有它的不足之处：首先，是根据存货变动凭证记账时可能会发生账实不符的情况；其次，永续盘存制在存货的明细分类核算工作中的工作量较大，需要花费更多的人力、物力和财力。在财产清查过程中，对于查证、核实的财产物资的实有数以及盘盈、盘亏情况，需要及时填写有关原始表格或单据，如"财产盘存单"、"账存实存对比表"等。在账实不符而需要调整有关账户的记录时，这些原始表格或单据，就是会计记录的原始凭证。

对财产清查过程及结果的会计记录。主要包括两方面内容：（1）在财产清查过程中发现盘盈或盘亏时,在"待处理财产损溢"账户记录发现的盘盈或盘亏数量,同时调增或调减相关财产物资的账面数额;(2)在企业管理部门对盘盈或盘亏做出处理结论或意见时,在"待处理财产损溢"账户记录处理的盘盈或盘亏数量(即冲销原来的盘盈或盘亏记录),同时记录该处理结论或意见对相关资产、收入、费用等的影响结果(如有关责任人赔偿而形成的债权、列作当期管理费用、转利得或损失等)。

【例 7-8】 光明公司进行库存现金清查中发现长款 150 元。其会计处理如下:

(1)批准前:

借:库存现金　　　　　　　　　　　　　　　　　　　　　　　　150
　　贷:待处理财产损溢——待处理流动资产损溢　　　　　　　　　　　150

(2)经反复核查,未查明原因,报经批准转作营业外收入:

借:待处理财产损溢——待处理流动资产损溢　　　　　　　　　　　150
　　贷:营业外收入　　　　　　　　　　　　　　　　　　　　　　　150

【例 7-9】 20××年 3 月 25 日,光明公司进行财产清查。当月发现 A 材料短缺 15 公斤,单位成本为 30 元。经查,A 材料短缺系保管员张三失职造成。3 月 31 日,公司下达书面通知,责成保管员张三赔偿该材料损失。

(1)3 月 25 日,记录 A 材料短缺:

借:待处理财产损溢——待处理流动资产损溢　　　　　　　　　　　526.5
　　贷:原材料——A 材料　　　　　　　　　　　　　　　　　　　　450
　　　　应交税费——应交增值税(进项税额转出)　　　　　　　　　76.5

(2)3 月 31 日,记录应收保管员张三的赔偿款项:

借:其他应收款——张三　　　　　　　　　　　　　　　　　　　　526.5
　　贷:待处理财产损溢——待处理流动资产损溢　　　　　　　　　　　526.5

【例 7-10】 光明公司在财产清查中,盘亏设备一台,其原价为 200 000 元,累计折旧为 50 000 元。其会计处理如下:

(1)批准前:

借:待处理财产损溢——待处理固定资产损溢　　　　　　　　　　　150 000
　　累计折旧　　　　　　　　　　　　　　　　　　　　　　　　　50 000
　　贷:固定资产　　　　　　　　　　　　　　　　　　　　　　　200 000

(2)批准后予以转销:

借:营业外支出　　　　　　　　　　　　　　　　　　　　　　　　150 000
　　贷:待处理财产损溢——待处理固定资产损溢　　　　　　　　　　　150 000

"待处理财产损溢"账户属于双重性账户,其借方记录在财产清查中发现的盘亏数和盘盈数的处理(冲销数),贷方记录在财产清查中发现的盘盈数和盘亏数的处理(冲销数),期末借方余额表示待处理财产盘亏数大于盘盈数的差额,期末贷方余额表示待处理财产盘盈数大于盘亏数的差额。

二、账簿记录的结算

会计期间假设为企业定期结算(即结账)提供了依据。

(一)结账的概念及作用

结账是会计期末对账簿记录所作的结束工作,也就是把一定时间内所发生的经济业务在全部登记入账的基础上,计算出各种账簿记录的本期发生额和期末余额,以便根据账簿记录,编制会计报表。每到会计期末,为了了解当期的经营成果和期末财务状况,必须将所有账户的数据汇总编表。利润表账户的用途是归集各期的收入、费用数,故期末应予汇总,并结转至"本年利润"账户中反映当期盈亏,也便于下期重新开始记录新会计期的收入、费用。这种将收入、费用账户结清的工作,称为结账。另外,经过一个会计期的经营之后,资产负债表账户也发生了增减变化,为了解期末财务状况,应计算这些账户的期末余额,并结转到下期,这也称为结账。结账的最终目的,是要为编制利润表和资产负债表提供必要的数据。

结账时,首先要查明本期所发生的经济业务是否已经全部入账,属于本期的应计收入和应计成本、费用是否都已调整入账,进而计算出当期的产品成本和财务成果,结出全部账户的本期发生额及余额并试算平衡,从而为编制会计报表提供正确、完整的账簿资料。结账是一个单位经营了一个会计期间后,对本单位的账目所进行的整理和对全部账户所作的总结。其主要作用是:

(1)有利于正确了解本单位在一个会计期内的生产经营状况及其财务成果;

(2)有利于全面了解本单位在期末的实际财务状况。

结账工作是否正确、及时,直接关系到核算资料的正确性和会计报表编制的及时性。

(二)结账的程序

结账是会计期末对账簿记录的总结工作。它是一个过程,包括以下基本程序:

1. 查明本期所发生的经济业务是否已全部登记入账,若发现漏账、错账,应及时补记、更正;

2. 在全面入账的基础上,按照权责发生制的原则将收入和费用归属于各个相应的会计期间,即编制调整分录,包括摊配已登账的待摊费用、递延已经收到但未完全实现的收入、计提应承担但尚未支付的应付或预提费用、确认已实现但尚未收到的应收收益等。然后,据以登记入账;

3. 编制结账分录:对于各种收入、费用类账户的余额,应在有关账户之间进行结转,如将产品销售收入、产品销售成本、管理费用、财务费用、销售费用等损益类账户的余额转入本年利润账户,以便在账簿上重新记录下一个会计期间的业务。结账分录也需要登记到相应的账簿中去;

4. 计算各账户的本期发生额合计和期末余额,划双线以结束本期记录。然后,将期末余额结转到下期,作为下一个会计期间的期初余额。

（三）结账的种类和方法

结账按照结算的时期不同，主要有月结、季结和年结 3 种。

1. 月结。月结时应该根据各账户的不同特点分别采用不同的方法，具体如下：

（1）对不需要按月结计本期发生额而只需要计算余额的明细账，每次记账以后，都要随时结出余额，如结算类、资本类、财产物资类账户明细账。要在最后一笔经济业务记录行的下一行靠上线画通栏单红线（也称结账线），不需要再结计一次余额。划线的目的，是为了突出有关数字，表示本期的会计记录已经截止或结束，并将本期与下期的记录明显分开。

（2）对需要按月结计发生额和期末余额的账户月末结账时，要加计本月的发生额并计算出余额。如现金、银行存款日记账、采用"记账凭证核算形式"所登记的总账、成本费用类明细账、采用"结账法"下的损益类明细账等，要在最后一笔经济业务记录行的下一行（月结行）并紧靠上线处画通栏单红线，并在其行内结出本月发生额和余额，在日期栏内填写本月最后一天的号数，在摘要栏内注明"本月合计"字样，再在"月结行"的下一行并紧靠上线处画通栏单红线。

（3）对需要结计本年累计发生额的账户既要进行本月发生额的月结，又要进行年度累计发生额的月结。如"本年利润"、"利润分配"总账及其从属明细账，采用"表结法"下的损益类账户。每月结账时先在该月最后一笔经济业务记录的下一行（月结行）并紧靠上线处划通栏单红线，进行月结；然后再在"月结行"的下一行（本年累计行），结出自年初始至本月末止累计发生额和月末余额，在摘要栏内注明"本年累计"字样，并在本年累计行的下一行紧靠上线处画通栏单红线。

（4）总账（除"本年利润"、"利润分配"账户和采用"记账凭证核算形式"所登记的总账）平时只需要结出月末余额，即只需要在最后一笔经济业务记录之下画通栏单红线，不需要再结计一次余额。

2. 季结。季度结账一般是总账才需要，由于总账在年终结账时要将所有总账结出全年发生额和年末余额，以便于总括反映本年全年各项资金运动情况的全貌并核对账目，而总账在各月只结余额而不结发生额，为减少年终结账的工作量而对总账进行季结，即在每季度结束时，应按季末月份月结后，"本季度累计"字样，并在该行下面再画一条通栏单红线。

3. 年结。

（1）如果年末没有余额，将总账在第四季度"本季度累计"行下一行的"摘要"栏内注明"本年合计"字样，加计 1~4 季度的"本季度累计"，填在该行的"借方"、"贷方"栏内，并在"借/贷"栏写"平"字和"余额栏"画"0"符号。然后在"本年合计"行下画通栏双红线（也称为封账线），封账即可。

（2）如果年末有余额，对于总账，应分借、贷加计 1~4 季度的"本季度累计"行下一行的相关栏内，同时在该行的"摘要"栏内注明"本年合计"字样；对于明细账，如果是只需结计期末余额和结计本年累计发生额的 12 月份的月结就是年结，而需要按月结计发生额的，还需要在 12 月月结的基础上分借、贷方加计全年的发生额，并将其发生额和年末余额（12 月月末的余额）填在 12 月月结行的下一行相关栏内，同时在该行的"摘要"栏内注明"本年合计"字样。

（3）结转下年，要将其年末余额结转下年，即将余额记入新账第一页第一行的"余额"栏内并在新账第一行的"摘要"栏内注明"上年结转"字样；同时，需在"本年合计"行下一行的"摘要"栏内注明"结转下年"字样，并将余额记入同一行的"余额"栏内，然后在"结转下年"行下画两条通栏红线，封账即可。

结转下年既不需要编制记账凭证，也不必以相反的方向记入下一行（"结转下年"行）的发生额栏内，使本年有余额的账户的余额为0。因为，既然年末时有余额的账户，其余额应当如实地在账户中加以反映，否则容易混淆有余额的。

第五节　会计账簿的启用、更换与保管

一、账簿的启用规则

新的会计年度开始，每个会计主体都应该启用新的会计账簿。在启用新账簿时，应在账簿的有关位置记录以下相关信息：

（1）设置账簿的封面与封底。除订本账不另设封面以外，各种活页账都应设置封面和封底，并登记单位名称、账簿名称和所属会计年度。

（2）填写账簿启用及经管人员一览表。在启用新会计账簿时，应首先填写在扉页上印制的"账簿启用及交接表"中的启用说明，其中包括单位名称、账簿名称、账簿编号、起止日期、单位负责人、主管会计、审核人员和记账人员等项目，并加盖单位公章。在会计人员发生变更时，应办理交接手续并填写"账簿启用及交接表"中的交接说明。"账簿启用及交接表"的格式和内容如本章表7-1所示。

（3）填写账户目录。总账应按照会计科目的编号顺序填写科目名称及启用页号。在启用活页式明细分类账时，应按照所属会计科目填写科目名称和页码，在年度结账后，撤去空白账页，填写使用页码。

（4）粘贴印花税票。印花税票应粘贴在账簿的右上角，并且划线注销。在使用缴款书缴纳印花税时，应在右上角注明"印花税已缴"及缴款金额。

二、账簿的更换

账簿的更换是指在会计年度终了时，将上年度的账簿更换为次年度的新账簿。在每一会计年度结束，新会计年度开始时，应按会计制度的规定，更换一次总账、日记账和大部分明细账。一小部分明细账还可以继续使用，年初可以不必更换账簿，如固定资产明细账等。

更换账簿时，应将上年度各账户的余额直接记入新年度相应的账簿中，并在旧账簿中各账户年终余额的摘要栏内加盖"结转下年"戳记。同时，在新账簿中相关账户的第一行摘要栏内加盖"上年结转"戳记，并在余额栏内记入上年余额。

三、账簿的保管

会计账簿是会计工作的重要资料,也是重要的经济档案。在经济管理中具有重要的作用。因此,每一个企业、单位都应按照国家有关规定,加强对会计账簿的管理,做好账簿的保管工作。

账簿的保管,应该明确责任,保证账簿的安全和会计资料的完整,防止交接手续不清和可能发生的舞弊行为。在账簿交接保管时,应将账簿的页数、记账人员姓名、启用日期、交接日期等列表附在账簿的扉页上,并由有关方面签字盖章。账簿要定期(一般为年终)收集,审查核对,整理立卷,装订成册,专人保管,严防丢失和损坏。

账簿应按照规定期限保管。各账簿的保管期限分别为:日记账一般为15年,其中现金日记账和银行存款日记账为25年;固定资产卡片在固定资产报废清理后应继续保存5年;其他总分类账、明细分类账和辅助账簿应保存15年。保管期满后,要按照会计档案管理办法的规定,由财会部门和档案部门共同鉴定,报经批准后进行处理。

合并、撤销单位的会计账簿,要根据不同情况,分别移交给并入单位、上级主管部门或主管部门指定的其他单位接收,并由交接双方在移交清册上签名盖章。

账簿日常应由各自分管的记账人员专门保管,未经领导和会计负责人或有关人员批准,不许非经管人员翻阅、查看、摘抄和复制。会计账簿除非特殊需要或司法介入要求,一般不允许携带外出。

新会计年度对更换下来的旧账簿应进行整理、分类,对有些缺少手续的账簿,应补办必要的手续,然后装订成册,并编制目录,办理移交手续,按期归档保管。

对会计账簿的保管既是会计人员应尽的职责,又是会计工作的重要组成部分。

【本章小结】

本章主要阐述会计账簿的意义及种类,账簿的结构体系,账簿的格式与登记、记账规则,账簿记录的调整与更正以及结账和对账等问题。

账簿是指以会计凭证为依据,序时、连续、系统、全面地记录和反映企业、机关和事业单位等经济活动全部过程的簿籍。账簿按用途分为序时账簿、分类账簿、备查账簿;按外表形式分为订本账、活页账、卡片账和电子账。账簿按其账页格式分为三栏式账簿、多栏式账簿和数量金额式账簿等。

为了保证账簿记录的质量,会计应遵循账簿启用规则、账簿交接规则和账簿登记规则。常用的错账更正方法有划线更正法、红字更正法和补充登记法3种。

对账,简单来说就是核对账目,是指在会计核算中,为保证账簿记录的真实可靠,对账簿及其记录的有关数据进行检查和核对的工作。通过对账,应当做到账证相符、账账相符、账实相符。

结账,简单来说就是结算账目,是指在一定时期内所发生的经济业务全部登记入账的基础上,按照规定的方法结算出本期发生额合计和期末余额,并将期末余额结转下期的方法。

年度终了时要将主要会计账簿更换为新账簿。旧账簿应妥善保管,定期归档。保管期满的会计账簿，应按规定的手续销毁。

【中英文对照专业名词及术语】

账簿	Books
总分类账	General Ledger
明细分类账	Subsidiary Ledger
现金日记账	Cash Journal
银行存款日记账	Bank Deposits Journal
三栏式明细账	Detailed Ledger of Two Columns
多栏式明细账	Detailed Ledger of Multi-columns
数量金额式明细账	Detailed Ledger in Quantity Amount Type
登账	Posting
记账	Recording the Accounts
结账	Closing the Accounts
对账	Checking the Accounts
扉页	Title Page
错账	Wrong Account
查账	Auditing of Account
账项调整	Adjusting the Accounts
账账核对	Books Checking Books
账实核对	Comparing the Accounts and the Actual
账证核对	Checking between Document and Books
划线更正法	Correction Method of the Crossed
红字更正法	Correction Method in Red
补充登记法	Supplementary Registration Method
月结	Month-end Closing
季结	Quarter-end Closing
年结	Year-end Closing
账簿的启用	Start Using Books
账簿的更换	Replacing Books
账簿的保管	Keeping Books
递延项目	Deferrals
预付费用	Prepaid Expenses
未实现收入	Unearned Revenues
应计费用	Accrued Expenses
应计收入	Accrued Revenues

复习思考题

1. 如何对账簿进行分类？
2. 简述错账更正的方法及其适用的范围。
3. 结账前应做好哪些工作？
4. 账簿记录如何调整？

练习题

某企业 5 月查账时发现下列错账：

（1）从银行提取现金 3 500 元，会计凭证无误，登记账簿时将金额记为 5 300 元。

（2）用银行存款偿还短期借款 4 000 元，查账时发现凭证与账簿中科目无误，但金额均记为 40 000 元。

（3）接受某单位投资固定资产确认价值 70 000 元，查账时发现凭证与账簿均记为"借：固定资产 70 000 元；贷：资本公积 70 000 元"。

（4）将一部分盈余公积金按规定程序转为实收资本，查账时发现凭证与账簿均少计金额 72 000 元。

要求：按正确的方法更正以上错账。

案例讨论题

由"小金库"引发的案例

唐某、郑某系某国有企业经理与副经理，两人为掩盖公司"小金库"的开支内容，指使会计刘某、出纳沈某，4 人共同将"小金库"的会计账簿资料用废纸粉碎机予以销毁。后经司法鉴定，被销毁的"小金库"会计资料，涉及收入金额 35 万余元，支出金额 33 万余元，累计金额 69 万余元。

要求：请利用所学会计知识对该案例进行分析。

第八章
财务报表

【本章学习目的】 通过本章学习,你将能够了解财务报表的分类,知晓财务报表的结构和内在联系,掌握资产负债表、利润表、现金流量表、所有者权益变动表的编制方法。

【案例导引】

香港中文大学金融学教授郎咸平通过对上市公司公开的财务报告信息进行大量的数据分析,痛陈国企改革中的国有资产流失弊病,质疑某些企业侵吞国有资产,并提出目前一些地方上推行的"国退民进"式的国企产权改革已步入误区,引起了社会和经济界的巨大反响。尤其在2004年,郎咸平教授对我国知名的上市公司财务报告中所披露的信息提出了质疑:(1) 2004年6月,郎咸平质疑TCL产权改革方案。(2) 2004年8月,郎咸平四问海尔管理层,试图得出海尔高管人员进行了MBO(管理者收购)不法操作的结论。(3) 2004年8月,郎咸平质疑格林科尔董事局主席顾××,通过对财务报告的分析揭示顾××以"七大板斧"不法手段席卷了国家财富,即安营扎寨、乘虚而入、反客为主、投桃报李、洗个大澡、相貌迎人以及借鸡生蛋。

由此可见,企业的财务报告是反映企业经营状况的重要工具,也是外部报表使用者了解和分析企业的财务现状及前景的主要媒介。那么,企业应该对外报送哪些财务报告呢?如何编制这些财务报告呢?

第一节 财务报表概述

一、财务报表的定义

我国《企业会计准则——基本准则》规定,企业应当编制财务会计报告,又称财务报告。财务会计报告是指根据日常会计核算资料,通过归集、整理、加工、汇总,用以反映企业一定日期的财务状况及经营成果和现金流量情况的报告文件。企业的财务会计报告包括财务报表和其他应当在财务报告中披露的相关信息和资料。财务报表是财务会计报告的主要内容之一,同时也是财务会计报告的主体和核心。具体而言,财务报表是以统一的货币为计量单位,主要运用表格方式,依据账簿记录,总括地对企业财务状况、经营成果和现金流量等方面进行的结构性表述。

二、财务报表的内容

我国《企业会计准则》规定:一套完整的财务报表应当由4张基本报表和报表附注组成。基本报表主要是运用表格的方式对企业财务状况、经营成果和现金流量等方面进行的结构性表述。基本报表主要包括资产负债表、利润表、现金流量表、所有者权益(或股东权益)变动表。

1. 资产负债表。是反映企业在某一特定日期的财务状况的财务报表。企业编制资产负债表的目的是通过如实反映企业的资产、负债和所有者权益金额及其结构情况,从而有助于使用者评价企业资产的质量以及短期偿债能力、长期偿债能力、利润分配能力等。

2. 利润表。是反映企业在一定会计期间的经营成果的财务报表。企业编制利润表的目的是通过如实反映企业实现的收入、发生的费用以及应当计入当期利润的利得和损失等金额及其结构情况,从而有助于使用者分析评价企业的盈利能力及其构成与质量。

3. 现金流量表。是反映企业在一定会计期间的现金和现金等价物流入和流出的财务报表。企业编制现金流量表的目的是通过如实反映企业各项活动的现金流入和现金流出,从而有助于使用者评价企业生产经营过程特别是经营活动中所形成的现金流量和资金周转情况。

4. 所有者权益变动表。是反映所有者权益各组成部分当期的增减变动情况的财务报表。所有者权益变动表便于会计信息使用者对企业的资本保值增值情况作出正确判断。

4张基本报表中资产负债表是反映企业在一定时点上财务状况的财务报表,报表数据主要来源于会计账簿的期末余额。利润表、现金流量表以及所有者权益变动表是反映企业在一定时期经营成果、现金流量和所有者权益变动的财务报表,这3张报表主要用来揭示资产负债表中的重点数据如何从期初数演变为期末数,其报表数字主要来自于有关账簿的本期发生额。

附注是对资产负债表、利润表、现金流量表和所有者权益变动表等报表中所列示项目进行具体的文字描述或明细资料的提供,以及对未能在这些报表中列示项目的说明等。附注披露的相关信息应当与资产负债表、利润表、现金流量表和所有者权益变动表等报表中列示的项目相互参照。

三、编制财务报表的意义

财务报表既是企业对自身财务状况、经营成果和资金变动等情况的总结,也是会计信息使用者了解企业财务会计信息的重要渠道。企业提供真实有用的财务报表信息对投资者和债权人进行正确的投资决策,国家经济管理部门进行宏观调控和管理以及企业自身加强和改善经营管理等都具有一定的现实意义。

(一）财务报表提供的信息为投资者和债权人进行决策提供了依据

财务报表将企业生产经营情况和财务方面的信息提供给投资者和债权人，投资者可以通过对企业财务报表的分析，了解企业的财务状况及生产经营情况，分析企业偿债能力和盈利能力，并对企业的财务状况作出准确的判断，作为投资、信贷、融资等决策的依据；同时，一些投资者还需要通过财务报表提供的信息，了解企业生产经营情况，监督企业生产经营管理，以保护自身的合法权益。投资者通过阅读财务报表，分析投资的风险与报酬。债权人一般不直接参与企业的生产经营活动，通过阅读财务报表，可以了解企业的负债比例，信贷资金使用情况及偿债能力，为借款资金回收安全性进行分析提供依据。

（二）财务报表提供的信息为国家经济管理部门进行宏观调控和管理提供了依据

财务报表将企业生产经营情况和财务方面的信息提供给政府经济管理部门，有利于政府部门及时掌握各企业单位的经营情况和管理情况，并通过对企业的财务报告提供的资料进行汇总分析，了解和考核国民经济总体的运行情况，为政府进行国民经济宏观调节和控制提供依据。国家有关部门还可以通过财务报表所提供的信息，检查和评价各项政策的制定是否科学合理，为有关部门制定和修订政策提供依据。国家行政管理机关，如工商行政管理局、国家及地方税务局（所）、统计局（所）等通过阅读财务报表可以了解企业经营状况、财务状况、税金交纳情况等。

（三）财务报表提供的经济信息是企业加强和改善经营管理的重要依据

企业管理人员通过阅读财务报表，可以全面、系统、总括地了解企业生产经营活动情况、财务情况和经营成果，从而了解企业各项经营成果和存在的不足，迅速作出决策，安排计划，采取有效措施，改善企业的生产经营管理。企业职工通过财务报表，了解企业福利情况、未来发展状况，通过企业的债务结构和盈利能力了解企业的稳定性和发展可能性。

四、财务报表的种类

为了更加清晰地了解财务报表的构成，财务报表可以根据需要，按不同的标准进行分类。

（一）按财务报表的编制时间分类

1. 年度财务报表。它是以一个完整的会计年度为基础编制的财务报表。年度财务报表是全面反映企业财务状况、经营成果、现金流量及所有者权益变动等方面的报表。年度财务报表应包括完整的资产负债表、利润表、现金流量表和所有者权益变动表这4张基本报表。

2. 中期财务报表。它是以短于一个完整的会计年度为基础编制的财务报表。具体包括月报、季报和半年度报表。我国《企业会计准则——基本准则》规定，执行新会计准则的企业中期报表至少应该包括资产负债表、利润表和现金流量表。

(二) 按财务报表反映的资金状态分类

1. 静态财务报表。它是反映企业在一定时点上财务状况的财务报表,如资产负债表。静态报表的数据主要反映相关项目的期初和期末余额。

2. 动态财务报表。它是反映企业在一定时期经营成果、现金流量和所有者权益变动状况的财务报表,如利润表、现金流量表和所有者权益变动表。动态报表的数据主要反映相关项目的本期发生额。

(三) 按财务报表的会计主体分类

1. 个别财务报表。它是指在以母公司和子公司组成的具有控股关系的企业集团中,由母公司和子公司各自为主体分别单独编制的报表,用以分别反映母公司和子公司本身各自的财务状况和经营成果。

2. 合并财务报表。它是以母公司和子公司组成的企业集团为一会计主体,以母公司和子公司单独编制的个别财务报表为基础,由母公司编制的综合反映企业集团经营成果、财务状况及其资金变动情况的财务报表。

五、编制财务报表的基本要求

为了充足施展财务报表的作用,保证财务报表所提供的信息品质,在编制财务报表时应遵照以下几点要求。

(一) 数字真实可靠、内容完整齐全

编制财务报表必须如实反映财务状况和经营情况,不能用估量数代替实际数,必须做到数字真实,任何人不得改动或授意、唆使、强令别人篡改财务报表的有关数字。必须做到定期结账,认真对账和进行财产清查。在结账、对账和财产清查的基础上,通过编制总分类账户本期发生额试算平衡表以验算账目有无错漏,为准确编制财务报表提供可靠的数据。

同时,每个单位都必须按照财政部规定的报表品种、格式和内容编制财务报表,以保证财务报表的完整性。对不同的会计期间(中期、年度)应当编报的各种财务报表,必须编报齐全;应当填列的报表指标,无论是表内项目,还是补充资料,必须全部填列;应当汇总编制的所属各单位的财务报表,必须全部汇总,不得漏编、漏报。

(二) 以持续经营为基础

在编制财务报表进程中,企业管理层应当在考虑市场经营风险、企业盈利能力、偿债能力、财务弹性以及企业管理层转变经营政策的动向等因素的基础上,对企业的持续经营能力进行评价。假如对企业的持续经营能力产生重大怀疑,应当在附注中披露导致对持续经营能力产生重大疑虑的影响因素。企业正式决议或被迫在当期或将在下一个会计期间进行清理或结束营业的,表明其处于非持续经营状况,应当采用其他基础编制财务报表,并在附注中申明财务报表未以持续经营为基础列报,并披露未以持续经营为基础的原因和财务报表的编制基础。

(三) 遵循重要性原则

财务报表项目是单独列报还是合并列报,应当依据重要性原则来判断。财务报表某项目的省略或错报会影响使用者据此作出经济决策的,该项目具备重要性。企业应当依据所处环境,从项目的性质和金额大小两方面予以判定项目的重要性,应当斟酌该项目的性质是否属于企业日常运动、是否对企业的财务状况和经营成果具有较大影响等因素;判断项目金额大小的重要性,应当通过单项金额占资产总额、负债总额、所有者权益总额、营业收入总额、营业成本总额、净利润等直接相关项目金额的比重加以肯定。对于性质或功效不同的项目,如长期股权投资、固定资产等,应当在财务报表中独自列报,但不存在重要性的项目除外;对于性质或功能相似的项目,如库存商品、原材料等,应当予以合并,作为存货项目列报,但拥有重要性的项目除外。

(四) 遵循可比性原则

企业编制的财务报表应当具有可比性。同一企业不同时期发生的雷同或者相似的交易或者事项,应当采用一致的会计政策,不得随便变更。确需变更的,应当在附注中阐明。不同企业发生的相同或者类似的交易或者事项,应当采用规定的会计政策,确保会计信息口径一致、彼此可比。

(五) 报送及时

财务报表必须按照国家或上级机关规定的期限和程序,及时编制和报送,以保证报表的及时性。月度中期财务报表一般应于月份终了后6天内(节假日顺延,下同)对外提供;季度中期财务报表正常应于季度终了后15天内对外提供;半年度中期财务报表应于年度中期停止后60天内(相当于两个持续月份)对外提供;年度财务报表应于年度终了后4个月内对外提供。

第二节 资产负债表

一、资产负债表的概念及意义

资产负债表是反映企业在某一特定日期(月末、年末)财务状况的报表。由于该表主要是揭示企业在某一特定日期的资产、负债、所有者权益的情况,因而又称财务状况表。资产负债表反映能够帮助报表使用者了解企业某一特定日期所掌握的各种经济资源,以及这些资源的分布与结构。利用该表揭示的财务状况信息进行分析,可以了解资产的分布是否得当;资产、负债和所有者权益之间的结构是否合理;企业的财务实力是否雄厚;短期偿债能力的强弱;所有者持有权益的多少等;通过前后期资料的对比分析,还可以预测企业未来的盈利能力和财务状况的变动趋势。

二、资产负债表的结构及格式

资产负债表是以"资产=负债+所有者权益"这一会计平衡公式为理论基础编制的静态报表。资产负债表的结构一般有两种，即报告式资产负债表和账户式资产负债表。报告式资产负债表是上下结构，上半部列示资产，下半部列示负债和所有者权益。账户式资产负债表将报表分为左右两方，左方反映企业拥有资产的分布状况；右方反映企业所承担的债务和所有者拥有权益的状况。英国和美国等国家采用报告式资产负债表，其他许多国家采用账户式资产负债表。目前我国资产负债表的格式采用的是账户式。

资产负债表由表首、基本部分和补充资料3部分组成。

（一）表首

表首是报表的基本标志，列有报表名称、编制单位、报表编号、编报日期和金额单位等项目。由于资产负债表是反映期末资金静态的报表，所以编报的日期应填写报告期末最后一天的日期。

（二）基本部分

基本部分是报表的主体，资产负债表分为左右两方。

1. 左方。左方项目全部为企业资产项目。资产项目根据资产变现能力的顺序排列，分为两大类：

（1）流动资产类。由货币资金、交易性金融资产、应收账款、预付账款、其他应收款、存货、一年内到期的非流动资产等项目组成。

（2）非流动资产类由持有至到期投资、可供出售金融资产、长期股权投资、固定资产、无形资产和长期待摊费用等项目组成。

2. 右方。资产负债表的右方项目包括负债和所有者权益（或股东权益）项目。

负债项目按照需要偿还的先后顺序排列，分为两大类：

（1）流动负债类由短期借款、应付账款、预收账款、应付职工薪酬、应交税费、应付股利、其他应付款等项目组成。

（2）非流动负债类由长期借款和应付债券、长期应付款等组成。

所有者权益（或股东权益）项目包括实收资本、资本公积、盈余公积、未分配利润等项目。

（三）补充资料

补充资料也是资产负债表的重要组成部分，列在资产负债表的下端。补充资料所提供的是使用者需要了解，但在基本部分中无法反映或难以单独反映的一些资料。主要注明商业承兑汇票贴现的金额；融资租入固定资产的原价等。

账户式资产负债表的基本格式如表8-1所示。

表 8－1　　　　　　　　　　　资产负债表

会企01表

编制单位：　　　　　　　　　　年　月　日　　　　　　　　　　　　单位：

资　产	期末余额	年初余额	负债和所有者权益	期末余额	年初余额
流动资产			流动负债		
货币资金			短期借款		
交易性金融资产			交易性金融负债		
应收票据			应付票据		
应收股利			应付账款		
应收利息			应收账款		
应收账款			预收账款		
预付账款			应付职工薪酬		
其他应收款			应交税费		
存货			应付利息		
一年内到期的非流动资产			应付股利		
其他流动资产			其他应付款		
流动资产合计			一年内到期的非流动负债		
非流动资产			其他流动负债		
可供出售的金融资产			流动负债合计		
持有至到期投资			非流动负债		
长期应收款			长期借款		
长期股权投资			应付债券		
投资性房地产			长期应付款		
固定资产			专项应付款		
在建工程			预计负债		
固定资产清理			递延所得税负债		
无形资产			其他非流动负债		
开发支出			非流动负债合计		
商誉			负债合计		
长期待摊费用			所有者权益（或股东权益）：		
递延所得税资产			实收资本（或股本）		
其他非流动资产			资本公积		
非流动资产合计			减：库存股		
			盈余公积		
			未分配利润		
			所有者权益（或股东权益）合计		
资产总计			负债和所有者权益（或股东权益）总计		

三、资产负债表的编制方法

我国的资产负债表主体部分的各项目都列有"期末余额"和"年初余额"两个栏目，是一种比较会计报表。"年初余额"栏各项的数字，应按上年年末资产负债表中"期末余额"栏中的数字填列。若本年度资产负债表中规定的各项目的名称和内容与上年度不一致，应对上年年末资产负债表各项的名称和数字按照本年度的规定进行调整后，填入表中的"年初余额"栏。

"期末余额"栏内各项数字根据会计期末各总账账户及所属明细账户余额填列，具体填列有以下几种情况：

（一）直接根据总账账户的余额填列

主要包括应收票据、应收股利、应收利息、固定资产清理、短期借款、应付票据、其他应付款、应付职工薪酬、应交税费、应付股利、实收资本（或股本）、资本公积、盈余公积等项目。

上述项目中，如果其相应的账户出现相反方向余额，则以"－"号填列。如"应交税费"项目，如果其相应的账户为借方余额，则应以"－"号填列。

（二）根据有关总分类账户期末余额合并计算填列

例如，"货币资金"项目根据"库存现金"、"银行存款"和"其他货币资金"3个总分类账户的期末余额之和填列；"存货"项目根据"材料采购"、"原材料"、"包装物"、"低值易耗品"、"发出商品"、"委托加工物资"、"生产成本"和"库存商品"等总分类账户的期末余额之和，加或者减"材料成本差异"等账户的期末余额，减去"存货跌价准备"账户期末余额后的金额填列；"固定资产"、"无形资产"项目应分别根据其账户的期末余额，减去其相应的"累计折旧"或"累计摊销"以及"固定资产减值准备"或"无形资产减值准备"账户的期末余额后的差额填列；"未分配利润"项目，应根据"本年利润"账户和"利润分配"账户的期末余额计算填列，如为未弥补亏损，则在本项目内以"－"号填列。

（三）根据有关明细分类账户期末余额合并计算填列

例如，"应收账款"项目，应根据"应收账款"账户和"预收账款"账户所属明细账户的期末借方余额合计金额填列；"预收账款"项目，应根据"预收账款"账户和"应收账款"账户所属明细账户的期末贷方余额合计填列；"预付账款"项目，应根据"预付账款"账户和"应付账款"账户所属明细账户的期末借方余额合计填列；"应付账款"项目，应根据"应付账款"账户和"预付账款"账户所属明细账户的期末贷方余额合计填列。

（四）根据总账账户和明细账户余额分析计算填列

例如"长期借款"项目需要根据"长期借款"总账账户的期末余额，扣除"长期借款"账户所属明细账户中反映的将于一年内到期的长期借款部分分析计算填列，对于剩余偿还期短于一年的长期借款金额应在报表项目"一年内到期的非流动负债"中填列。此类项目还有"长期待摊费用"、"长期应付款"、"应付债券"等项目。

（五）根据有关科目余额减去其备抵科目余额后的净额填列

资产负债表中的"应收账款"、"长期股权投资"、"在建工程"等项目，应当根据"应收账款"、"长期股权投资"、"在建工程"等科目的期末余额减去"坏账准备"、"长期股权投资减值准备"、"在建工程减值准备"等科目余额后的净额填列。"固定资产"项目，应当根据"固定资产"科目的期末余额减去"累计折旧"、"固定资产减值准备"备抵科目余额后的净额填列；"无形资产"项目，应当根据"无形资产"科目的期末余额，减去"累计摊销"、"无形资产减值准备"备抵科目余额后的净额填列。

四、资产负债表编制示例

【资料】新星公司 2010 年 12 月 31 日有关账户余额资料如表 8-2 所示。

表 8-2　　　　新星公司 2010 年 12 月 31 日有关账户总账余额表　　　　单位：元

账户名称	借方余额	贷方余额	账户名称	借方余额	贷方余额
库存现金	10 000		短期借款		35 000
银行存款	350 000		应付票据		60 000
其他货币资金	25 000		应付账款		100 000
交易性金融资产	220 000		预收账款		20 000
应收票据	35 000		应付职工薪酬		135 000
应收股利	35 000		应付股利		120 000
应收利息	10 000		应交税费		145 000
应收账款	300 000		其他应付款		85 000
预付账款	60 000		长期借款		500 000
其他应收款	30 000		实收资本		1 000 000
原材料	350 000		资本公积		80 000
库存商品	105 000		盈余公积		250 000
生产成本	85 000		利润分配		60 000
存货跌价准备		15 000			
可供出售金融资产	350 000				
长期股权投资	40 000				
固定资产	800 000				
累计折旧		300 000			
无形资产	120 000				
累计摊销		20 000			
合计	2 925 000	335 000	合计		2 590 000

明细账说明：以上资料中，"应收账款"明细账户有贷方余额 100 000 元；"应付账款"明细账户有借方余额 20 000 元；"预付账款"明细账户有贷方余额 10 000 元。"长期借款"中有一笔本金为 200 000 元到期一次还本付息的借款，借款日为 2008 年 1 月 1 日，借款期为 4 年，截止到 2010 年 12 月 31 日已计提利息 30 000 元。

根据上述资料，编制新星公司 2010 年 12 月 31 日的资产负债表，如表 8-3 所示。

表 8-3　　　　　　　　　　　　　　　　资产负债表

编制单位：新星公司　　　　　　　　　　2010 年 12 月 31 日　　　　　　　　　　单位：元

资产	期末余额	年初余额	负债和所有者权益（或股东权益）	期末余额	年初余额
流动资产：		（略）	流动负债：		（略）
货币资金	385 000		短期借款	35 000	
交易性金融资产	220 000		交易性金融负债		
应收票据	35 000		应付票据	60 000	
应收账款	400 000		应付账款	130 000	
预付款项	90 000		预收款项	120 000	
应收利息	10 000		应付职工薪酬	135 000	
应收股利	35 000		应交税费	145 000	
其他应收款	30 000		应付利息		
存货	525 000		应付股利	120 000	
一年内到期的非流动资产			其他应付款	85 000	
其他流动资产			一年内到期的非流动负债	230 000	
流动资产合计	1 730 000		其他流动负债		
非流动资产：			流动负债合计	1 060 000	
可供出售金融资产	350 000		非流动负债：		
持有至到期投资			长期借款	270 000	
长期应收款			应付债券		
长期股权投资	40 000		长期应付款		
投资性房地产			专项应付款		
固定资产	500 000		预计负债		
在建工程			递延所得税负债		
工程物资			其他非流动负债		
固定资产清理			非流动负债合计	270 000	

续表

资产	期末余额	年初余额	负债和所有者权益（或股东权益）	期末余额	年初余额
无形资产	100 000		负债合计	1 330 000	
商誉			所有者权益（或股东权益）：		
长期待摊费用			实收资本（或股东）	1 000 000	
递延所得税资产			资本公积	80 000	
其他非流动资产			盈余公积	250 000	
非流动资产合计	990 000		未分配利润	60 000	
			所有者权益（或股东权益）合计	1 390 000	
资产总计	2 720 000		负债及所有者权益（或股东权益）总计	2 720 000	

部分报表项目金额填列说明如下：

货币资金项目金额 = 10 000 + 350 000 + 25 000 = 385 000

存货项目金额 = 350 000 + 105 000 + 85 000 − 15 000 = 525 000

预付账款项目金额 = 70 000 + 20 000 = 90 000

固定资产项目金额 = 800 000 − 300 000 = 500 000

无形资产项目金额 = 120 000 − 20 000 = 100 000

应付账款项目金额 = 120 000 + 10 000 = 130 000

预收账款项目金额 = 20 000 + 100 000 = 120 000

一年内到期的非流动负债项目金额 = 200 000 + 30 000 = 230 000

长期借款项目金额 = 500 000 − 230 000 = 270 000

第三节 利润表的编制

一、利润表的概念及意义

利润表是反映企业在一定会计期间经营成果的报表，也称为损益表或收益表。通过利润表，可以反映企业一定会计期间的收入来源及金额，反映一定会计期间的费用分配项目及金额。通过一定期间收入与费用的配比，可以反映企业生产经营活动的成果，即净利润的实现情况，据以判断资本保值、增值情况。将利润表中的信息与资产负债表中的信息相结合，还可以提供进行财务分析的基本资料。如将赊销收入净额与应收账款平均余额进行比较，计算出应收账款周转率；将销货成本与存货平均余额进行比较，计算出存货周转率；将净利润与资产总额进行比较，计算出资产收益率等，可以表现企业资金周转情况以及企业的盈利能力和水平，便于财务报表使用者判断企业未来的发展趋势，作出经济决策。

二、利润表的结构及格式

利润表是以会计等式"收入－费用＝利润"为基础来编制的报表。利润表的结构一般有两种：单步式和多步式。单步式利润表是将当期所有的收入列在一起然后将所有的费用列在一起两者相减得出当期净损益。多步式利润表是通过对当期的收入、费用、支出项目按性质加以归类，按利润形成的主要环节列示一些中间性利润指标，如营业利润、利润总额、净利润，分步计算当期净损益。根据国家统一的会计准则的规定，我国企业的利润表采用多步式。多步式利润表的一般格式如表8－4所示。

利润表一般由表首、正表两部分组成。

1. 表首。表首列有报表名称、编制单位、编制日期、报表编号、货币名称、计量单位等；

表8－4　　　　　　　　　　　利　润　表

会企02表

编制单位：　　　　　　　　　年　月　　　　　　　　　　单位：元

项　目	本期金额	上期金额
一、营业收入		
减：营业成本		
营业税金及附加		
销售费用		
管理费用		
财务费用		
资产减值损失		
加：公允价值变动收益（损失以"－"号填列）		
投资收益（损失以"－"号填列）		
其中：对联营企业和合营企业的投资收益		
二、营业利润（损失以"－"号填列）		
加：营业外收入		
减：营业外支出		
其中：非流动资产处置损失		
三、利润总额（亏损总额以"－"号填列）		
减：所得税费用		
四、净利润（净亏损以"－"号填列）		
五、每股收益		
（一）基本每股收益		
（二）稀释每股收益		

2. 正表。正表是利润表的主体,反映形成经营成果的各个项目和计算过程,利润表中净利润的计算分为三步来完成:

第一步,以经营收入为基础,减去营业成本、营业税金及附加、销售费用、管理费用、财务费用、资产减值损失,加上公允价值变动收益(减去公允价值变动损失)和投资收益(减去投资损失),计算出营业利润;

第二步,以营业利润为基础,加上营业外收入,减去营业外支出,计算出利润总额;

第三步,以利润总额为基础,减去所得税费用,计算出净利润(或净亏损)。

三、利润表的编制方法

利润表是一张动态财务报表,反映企业某一会计期间收入、收益、费用和损失的形成金额。由于最小的会计期间是月份,在填写日期时只能以月份为最小日期单位。例如2011年的年度利润表日期为"2011年",2011年3月的月度利润表日期为"2010年3月",而不是"2010年3月31日"。

为了清楚地反映各项指标的报告期及上期数,在利润表中分别设置"本期金额"和"上期金额"两个栏目,"本期金额"反映各项目的本期实际数,主要依据损益类账户本期实际发生额编制。如果上年度利润表与本期年度利润表项目名称和内容不一致,应对上年度利润表项目名称和数字按本年度的规定调整,并按调整后的数字填入本表"上期金额"。

利润表中具体项目的填列方法如表8-5所示。

表8-5　　　　　　　　利润表项目填列归纳表

项目名称	项目内容	填列方法
1. 营业收入	反映企业经营主要业务和其他业务所确认的收入总额	本项目应根据"主营业务收入"和"其他业务收入"科目的发生额合计分析填列
2. 营业成本	反映企业经营主要业务和其他业务所发生的成本总额	本项目根据"主营业务成本"和"其他业务成本"科目的发生额合计分析填列
3. 营业税金及附加	反映企业经营业务应负担的消费税、营业税、城市建设维护税、资源税、土地增值税和教育费附加等	本项目应根据"营业税金及附加"科目的发生额分析填列
4. 销售费用	反映企业在销售商品过程中发生的包装费、广告费等费用和为销售本企业商品而专设的销售机构的职工薪酬、业务费等经营费用	本项目应根据"销售费用"科目的发生额分析填列
5. 管理费用	反映企业为组织和管理生产经营发生的管理费用	本项目应根据"管理费用"的发生额分析填列
6. 财务费用	反映企业筹集生产经营所需资金等而发生的筹资费用	本项目应根据"财务费用"科目的发生额分析填列

续表

项目名称	项目内容	填列方法
7. 资产减值损失	反映企业各项资产发生的减值损失	本项目应根据"资产减值损失"科目的发生额分析填列
8. 公允价值变动收益	反映企业应当计入当期损益的资产或负债及公允价值变动收益或损失	本项目应根据"公允价值变动损益"科目的发生额分析填列,如为净损失本项目以"-"号填列
9. 投资收益	反映企业以各种方式对外投资所取得的收益或损失	本项目应根据"投资收益"科目的发生额分析填列,如为投资损失本项目以"-"号填列
10. 营业利润	反映企业实现的营业利润或亏损	本项目应根据以上1~9项目相加减计算填列,如为亏损本项目以"-"号填列
11. 营业外收入	反映企业发生的与经营业务无直接关系的各项收入	本项目应根据"营业外收入"科目的发生额分析填列
12. 营业外支出	反映企业发生的与经营业务无直接关系的各项支出	本项目应根据"营业外支出"科目的发生额分析填列
13. 利润总额	反映企业实现的利润或亏损总额	本项目应根据营业利润加上营业外收入减去营业外支出计算填列
14. 所得税费用	反映企业应从当期利润总额中扣除的所得税费用	本项目应根据"所得税费用"科目的发生额分析填列
15. 净利润	反映企业实现的净利润或净亏损	本项目应根据利润总额减去所得税费用计算填列,如为亏损本项目以"-"号填列

四、利润表编制示例

[资料] 新星公司2010年有关损益类账户的累计发生额如表8-6所示。

表8-6　　　　　　　　　利润表有关账户累计发生额　　　　　　　　　单位:元

账户名称	借方发生额	贷方发生额
主营业务收入		700 000
其他业务收入		40 000
投资收益		60 000
营业外收入		4 000
主营业务成本	500 000	
营业税金及附加	56 000	

续表

账户名称	借方发生额	贷方发生额
其他业务成本	10 000	
销售费用	60 000	
管理费用	80 000	
财务费用	40 000	10 000
资产减值损失	20 000	
营业外支出	12 000	
所得税费用	10 000	

根据以上资料，新星公司2010年度利润表的编制如表8-7所示。

表8-7 利 润 表

编报单位：新星公司　　　　　　　　2010年度　　　　　　　　单位：元

项　目	本期金额	上期金额
一、营业收入	740 000	（略）
减：营业成本	510 000	
营业税金及附加	56 000	
销售费用	60 000	
管理费用	80 000	
财务费用	30 000	
资产减值损失	20 000	
加：公允价值变动收益（损失以"-"号填列）	0	
投资收益（损失以"-"号填列）	60 000	
二、营业利润（亏损以"-"号填列）	44 000	
加：营业外收入	4 000	
减：营业外支出	12 000	
其中：非流动资产处置损失	0	
三、利润总额（净亏损以"-"号填列）	36 000	
减：所得税费用	10 000	
四、净利润	26 000	
五、每股收益：	（略）	
（一）基本每股收益	（略）	
（二）稀释每股收益	（略）	

第四节　现金流量表

一、现金流量表的概念及意义

现金流量表，是反映企业在一定会计期间现金和现金等价物流入和流出的报表。现金，是指企业库存现金以及可以随时用于支付的存款。现金等价物，是指企业持有的期限短、流动性强、易于转换为已知金额现金、价值变动风险很小的投资。

会计上所说的现金通常指企业的库存现金。而现金流量表中的"现金"不仅包括"库存现金"账户核算的库存现金，还包括企业"银行存款"账户核算的存入金融企业、随时可以用于支付的存款，也包括"其他货币资金"账户核算的外埠存款、银行汇票存款、银行本票存款和在途货币资金等其他货币资金。应注意的是，银行存款和其他货币资金中有些不能随时用于支付的存款，如不能随时支取的定期存款等，不应作为现金，而应列作投资；提前通知金融企业便可支取的定期存款，则应包括在现金范围内。

而现金等价物虽然不是现金，但其支付能力与现金的差别不大，可视为现金。一项投资被确认为现金等价物必须同时具备4个条件：期限短、流动性强、易于转换为已知金额现金、价值变动风险很小。其中，期限较短，一般是指从购买日起，3个月内到期。例如可在证券市场上流通的3个月内到期的短期债券投资等。

现金流量是某一段时期内企业现金流入和流出的数量。如企业销售商品、提供劳务、出售固定资产、向银行借款等取得现金，形成企业的现金流入；购买原材料、接受劳务、购建固定资产、对外投资、偿还债务等而支付现金等，形成企业的现金流出。将现金流入量和流出量相抵的差额称为现金净增加额。如果是正数，则为净流入；如果是负数，则为净流出。现金流量信息能够表明企业经营状况是否良好，资金是否紧缺，企业偿付能力大小。因此，通过现金流量表主要是向会计信息使用者提供以下几方面的信息：

1. 反映企业的现金流量，评价企业未来产生现金净流量的能力，从而为分析和判断企业的财务前景提供依据；

2. 评价企业偿还债务、支付股利的能力，谨慎判断企业财务状况，为会计信息使用者进行决策提供资料；

3. 分析净利润与现金流量间的差异，解释差异产生的原因，并有助于从现金流量的角度了解净利润的质量。

二、现金流量的分类

为了有助于深入地分析企业财务状况变动，预测现金流量未来前景，需对现金流量进行合理的分类，一般可分为经营活动产生的现金流量、投资活动产生的现金流量、筹资活动产生的现金流量3类。

1. 经营活动产生的现金流量。经营活动，是指企业投资活动和筹资活动以外的所有交易和事项。经营活动产生的现金流量至少应当单独列示反映下列信息的项目：销售商品、提供劳务收到的现金；收到的税费返还；收到其他与经营活动有关的现金；购买商品、接受劳务支付的现金；支付给职工以及为职工支付的现金；支付的各项税费；支付其他与经营活动有关的现金。

2. 投资活动产生的现金流量。投资活动，是指企业长期资产的购建和不包括在现金等价物范围的投资及其处置活动。投资活动产生的现金流量至少应当单独列示反映下列信息的项目：收回投资收到的现金；取得投资收益收到的现金；处置固定资产、无形资产和其他长期资产收回的现金净额；处置子公司及其他营业单位收到的现金净额；收到其他与投资活动有关的现金；购建固定资产、无形资产和其他长期资产支付的现金；投资支付的现金；取得子公司及其他营业单位支付的现金净额；支付其他与投资活动有关的现金。

3. 筹资活动产生的现金流量。筹资活动，是指导致企业资本及债务规模和构成发生变化的活动。筹资活动产生的现金流量至少应当单独列示反映下列信息的项目：吸收投资收到的现金；取得借款收到的现金；收到其他与筹资活动有关的现金；偿还债务支付的现金；分配股利、利润或偿付利息支付的现金；支付其他与筹资活动有关的现金。

三、现金流量表的格式及结构

我国现金流量表由正表和补充资料两部分组成。其中正表是以"现金流入－现金流出＝现金流量净额"为基础，采取报告式结构，分类反映经营活动、投资活动和筹资活动所产生的现金流入量和流出量，最后汇总反映企业某一期间现金及现金等价物的净增加额。

现金流量表的补充资料部分，主要提供净利润调节为经营活动现金流量和不涉及现金收支的投资活动和筹资活动等部分。

我国企业现金流量表的格式如表8－8所示。

表8－8　　　　　　　　　　　现金流量表

会企03表

编制单位：　　　　　　　　　　　年　　　　　　　　　　　单位：元

项　目	本期金额	上期金额
一、经营活动产生的现金流量：		
销售商品、提供劳务收到的现金		
收到的税费返还		
收到的其他与经营活动有关的现金		
经营活动现金流入小计		
购买商品、接受劳务支付的现金		
支付给职工以及为职工支付的现金		
支付的各种税费		
支付的其他与经营活动有关的现金		

续表

项　目	本期金额	上期金额
经营活动现金流出小计		
经营活动产生的现金流量净额		
二、投资活动产生的现金流量：		
收回投资所收到的现金		
取得投资收益所收到的现金		
处置固定资产、无形资产和其他长期资产收回的现金净额		
处置子公司及其他营业单位收到的现金净额		
收到的其他与投资有关的现金		
投资活动现金流入小计		
购建固定资产、无形资产和其他长期资产所支付的现金		
投资支付的现金		
取得子公司及其他营业单位支付的现金净额		
支付的其他与投资活动有关的现金		
投资活动现金流出小计		
投资活动产生的现金流量净额		
三、筹资活动产生的现金流量：		
吸收投资收到的现金		
取得借款收到的现金		
收到的其他与筹资活动有关的现金		
筹资活动现金流入小计		
偿还债务所支付的现金		
分配股利、利润或偿付利息所支付的现金		
支付的其他与筹资活动有关的现金		
筹资活动现金流出小计		
筹资活动产生的现金流量净额		
四、汇率变动对现金及现金等价物的影响额		
五、现金及现金等价物净增加额		
加：期初现金及现金等价物余额		
六、期末期初现金及现金等价物余额		

续表

项　　目	本期金额	上期金额
补充资料		
1. 将净利润调节为经营活动现金流量：		
净利润		
加：计提的资产减值准备		
固定资产折旧、油气资产所耗、生产性生物资产折旧		
无形资产摊销		
长期待摊费用摊销		
处置固定资产、无形资产和其他长期资产的损失（收益以"－"号填列）		
固定资产报废损失（收益以"－"号填列）		
财务费用（收益以"－"号填列）		
投资损失（收益以"－"号填列）		
递延所得税资产减少（增加以"－"号填列）		
递延所得税负债增加（减少以"－"号填列）		
存货的减少（增加以"－"号填列）		
经营性应收项目的减少（增加以"－"号填列）		
经营性应付项目的增加（减少以"－"号填列）		
其他		
经营活动产生的现金流量净额		
2. 不涉及现金收支的重大投资和筹资活动：		
债务转为资本		
一年内到期的可转换公司债券		
融资租入固定资产		
3. 现金及现金等价物净变动情况：		
现金的期末余额		
减：现金的期初余额		
加：现金等价物的期末余额		
减：现金等价物的期初余额		
现金及现金等价物净增加额		

四、现金流量表的编制方法

现金流量表正表的项目主要有：经营活动产生的现金流量、投资活动产生的现金流量、筹资活动产生的现金流量、汇率变动对现金及现金等价物的影响、现金及现金等价物净增加额、期末现金及现金等价物余额等项目。

（一）经营活动产生的现金流量有关项目的编制

1. 销售商品、提供劳务收到的现金。本项目反映企业销售商品、提供劳务实际收到的现金，包括销售收入和应向购买者收取的增值税销项税额，具体包括：本期销售商品、提供劳务收到的现金，以及前期销售商品、提供劳务本期收到的现金和本期预收的款项，减去本期销售本期退回的商品和前期销售本期退回的商品支付的现金。企业销售材料和代购代销业务收到的现金，也在本项目反映。本项目可以根据"库存现金"、"银行存款"、"应收票据"、"应收账款"、"预收账款"、"主营业务收入"、"其他业务收入"科目的记录分析填列。

2. 收到的税费返还。本项目反映企业收到返还的各种税费，如收到的增值税、营业税、所得税、消费税、关税和教育费附加返还款等。本项目可以根据有关科目的记录分析填列。

3. 收到的其他与经营活动有关的现金。本项目反映企业除上述各项目外，收到的其他与经营活动有关的现金，如罚款收入、经营租赁固定资产收到的现金、投资性房地产收到的租金收入、流动资产损失中由个人赔偿的现金收入、除税费返还外的其他政府补助收入等。其他与经营活动有关的现金，如果价值较大的，根据"库存现金"、"银行存款"、"管理费用"、"销售费用"等科目的记录分析填列。

4. 购买商品、接受劳务支付的现金。本项目反映企业购买材料、商品、接受劳务实际支付的现金，包括支付的货款以及与货款一并支付的增值税进项税额，具体包括：本期购买商品、接受劳务支付的现金，以及本期支付前期购买商品、接受劳务的未付款项和本期预付款项，减去本期发生的购货退回收到的现金。为购置存货而发生的借款利息资本化部分，应在"分配股利、利润或偿付利息支付的现金"项目中反映。本项目可以根据"库存现金"、"银行存款"、"应付票据"、"应付账款"、"预付账款"、"主营业务成本"、"其他业务成本"等科目的记录分析填列。

5. 支付给职工以及为职工支付的现金。本项目反映企业实际支付给职工的现金以及为职工支付的现金，包括企业为获得职工提供的服务，本期实际给予各种形式的报酬以及其他相关支出，如支付给职工的工资、奖金、各种津贴和补贴等，以及为职工支付的其他费用，不包括支付给在建工程人员的工资。支付的在建工程人员的工资，在"购建固定资产、无形资产和其他长期资产所支付的现金"项目中反映。本项目可以根据"库存现金"、"银行存款"、"应付职工薪酬"等科目的记录分析填列。

6. 支付的各项税费。本项目反映企业按规定支付的各项税费，包括本期发生并支付的税费，以及本期支付以前各期发生的税费和预交的税金，如支付的营业税、增值税、消费税、所得税、教育费附加、印花税、房产税、土地增值税、车船税等。不包括本期退回的增值税、所得税。本期退回的增值税、所得税等，在"收到的税费返还"项目中反映。本项目可以根据"应交税费"、"库存现金"、"银行存款"等科目分析填列。

7. 支付的其他与经营活动有关的现金。本项目反映企业除上述各项目外，支付的其他与经营活动有关的现金，如罚款支出、支付的差旅费、业务招待费、保险费、经营租赁支付的现金等。其他与经营活动有关的现金，如果金额较大的，应单列项目反映。本项目可以根据有关科目的记录分析填列。

（二）投资活动产生的现金流量有关项目的编制

1. 收回投资收到的现金。本项目反映企业出售、转让或到期收回除现金等价物以外的交易性金融资产、持有至到期投资、可供出售金融资产、长期股权投资而收到的现金。不包括债权性投资收回的利息、收回的非现金资产，以及处置子公司及其他营业单位收到的现金净额。债权性投资收回的本金，在本项目反映，债权性投资收回的利息，不在本项目中反映，而在"取得投资收益所收到的现金"项目中反映。处置子公司及其他营业单位收到的现金净额单设项目反映。本项目可以根据"交易性金融资产"、"持有至到期投资"、"可供出售金融资产"、"长期股权投资"、"库存现金"、"银行存款"等科目的记录分析填列。

2. 取得投资收益收到的现金。本项目反映企业因股权性投资而分得的现金股利，因债权性投资而取得的现金利息收入。股票股利由于不产生现金流量，不在本项目中反映。包括在现金等价物范围内的债券性投资，其利息收入在本项目中反映。本项目可以根据"应收股利"、"应收利息"、"投资收益"、"库存现金"、"银行存款"等科目的记录分析填列。

3. 处置固定资产、无形资产和其他长期资产收回的现金净额。本项目反映企业出售固定资产、无形资产和其他长期资产（如投资性房地产）所取得的现金，减去为处置这些资产而支付的有关费用后的净额。处置固定资产、无形资产和其他长期资产所收到的现金与处置活动支付的现金，两者在时间上比较接近，以净额反映更能准确反映处置活动对现金流量的影响。由于自然灾害等原因所造成的固定资产等长期资产报废、毁损而收到的保险赔偿收入，在本项目中反映。如处置固定资产、无形资产和其他长期资产所收回的现金净额为负数，则应作为投资活动产生的现金流量，在"支付的其他与投资活动有关的现金"项目中反映。本项目可以根据"固定资产清理"、"库存现金"、"银行存款"等科目的记录分析填列。

4. 处置子公司及其他营业单位收到的现金净额。本项目反映企业处置子公司及其他营业单位所取得的现金减去子公司或其他营业单位持有的现金和现金等价物以及相关处置费用后的净额。本项目可以根据有关科目的记录分析填列。处置子公司及其他营业单位收到的现金净额如为负数，则将该金额填列至"支付其他与投资活动有关的现金"项目中。

5. 收到的其他与投资活动有关的现金。本项目反映企业除上述各项目外，收到的其他与投资活动有关的现金。其他与投资活动有关的现金，如果价值较大的，应单列项目反映。本项目可以根据有关科目的记录分析填列。

6. 购建固定资产、无形资产和其他长期资产支付的现金。本项目反映企业购买、建造固定资产，取得无形资产和其他长期资产支付的现金，包括购买机器设备所支付的现金、建造工程支付的现金、支付在建工程人员的工资等现金支出，不包括为购建固定资产、无形资产和其他长期资产而发生的借款利息资本化部分，以及融资租入固定资产所支付的租赁费。为购建固定资产、无形资产和其他长期资产而发生的借款利息资本化部分，在"分配股利、利润或偿付利息支付的现金"项目中反映；融资租入固定资产所支付的租赁费，在"支付的其他与筹资活动有关的现金"项目中反映，不在本项目中反映。本项目可以根据"固定资产"、"在建工程"、"工程物资"、"无形资产"、"库存现金"、"银行存款"等科目的记录分析填列。

7. 投资支付的现金。本项目反映企业进行权益性投资和债权性投资所支付的现金,包括企业取得的除现金等价物以外的交易性金融资产、持有至到期投资、可供出售金融资产而支付的现金,以及支付的佣金、手续费等交易费用。

企业购买股票和债券时,实际支付的价款中包含的已宣告但尚未领取的现金股利或已到付息期但尚未领取的债券利息,应在"支付的其他与投资活动有关的现金"项目中反映;收回购买股票和债券时支付的已宣告但尚未领取的现金股利或已到付息期但尚未领取的债券利息,应在"收到的其他与投资活动有关的现金"项目中反映。

本项目可以根据"交易性金融资产"、"持有至到期投资"、"可供出售金融资产"、"投资性房地产"、"长期股权投资"、"库存现金"、"银行存款"等科目的记录分析填列。

8. 取得子公司及其他营业单位支付的现金净额。本项目反映企业取得子公司及其他营业单位购买出价中以现金支付的部分,减去子公司或其他营业单位持有的现金和现金等价物后的净额。本项目可以根据有关科目的记录分析填列。

(三) 筹资活动产生的现金流量有关项目的编制

1. 吸收投资收到的现金。本项目反映企业以发行股票、债券等方式筹集资金实际收到的款项净额(发行收入减去支付的佣金等发行费用后的净额)。本项目可以根据"实收资本(或股本)"、"资本公积"、"银行存款"等科目的记录分析填列。

2. 取得借款收到的现金。本项目反映企业举借各种短期、长期借款而收到的现金,以及发行债券实际收到的款项净额(发行收入减去直接支付的佣金等发行费用后的净额)。本项目可以根据"短期借款"、"长期借款"、"交易性金融负债"、"应付债券"、"库存现金"、"银行存款"等科目的记录分析填列。

3. 收到的其他与筹资活动有关的现金。本项目反映企业除上述各项目外,收到的其他与筹资活动有关的现金。其他与筹资活动有关的现金,如果价值较大的,应单列项目反映。本项目可根据有关科目的记录分析填列。

4. 偿还债务所支付的现金。本项目反映企业以现金偿还债务的本金,包括:归还金融企业的借款本金、偿付企业到期的债券本金等。企业偿还的借款利息、债券利息,在"分配股利、利润或偿付利息所支付的现金"项目中反映。本项目可以根据"短期借款"、"长期借款"、"交易性金融负债"、"应付债券"、"库存现金"、"银行存款"等科目的记录分析填列。

5. 分配股利、利润或偿付利息支付的现金。本项目反映企业实际支付的现金股利、支付给其他投资单位的利润或用现金支付的借款利息、债券利息。本项目可以根据"应付股利"、"应付利息"、"利润分配"、"财务费用"、"在建工程"、"制造费用"、"研发支出"、"库存现金"、"银行存款"等科目的记录分析填列。

6. 支付的其他与筹资活动有关的现金。本项目反映企业除上述各项目外,支付的其他与筹资活动有关的现金,如以发行股票、债券等方式筹集资金而由企业直接支付的审计、咨询等费用。其他与筹资活动有关的现金,如果价值较大的,应单列项目反映。本项目可以根据有关科目的记录分析填列。

现金流量表的补充资料的主要项目包括将净利润调节为经营活动现金流量、不涉及现金收支的重大投资和筹资活动、现金及等价物净变动情况。这些项目的编制方法将在《中级财务会计》中编写。

第五节 所有者权益变动表

一、所有者权益变动表的概念

所有者权益变动表是反映构成所有者权益各组成部分当期的增减变动情况的报表。所有者权益变动表应当全面反映一定时期所有者权益变动的情况，不仅包括所有者权益总量的增减变动，还包括所有者权益增减变动的重要结构性信息，特别是要反映直接计入所有者权益的利得和损失，让报表使用者准确理解所有者权益增减变动的根源。

二、所有者权益变动表的结构及格式

为了清楚地表明构成所有者权益的各组成部分当期的增减变动情况，所有者权益变动表应当以矩阵的形式列示：一方面，列示导致所有者权益变动的交易或事项，改变了以往仅仅按照所有者权益的各组成部分反映所有者权益变动情况，而是从所有者权益变动的来源对一定时期所有者权益变动情况进行全面反映；另一方面，按照所有者权益各组成部分（包括实收资本、资本公积、盈余公积、未分配利润和库存股）及其总额列示交易或事项对所有者权益的影响。此外，企业还需要提供比较所有者权益变动表，所有者权益变动表还就各项目再分为"本年金额"和"上年金额"两栏分别填列。我国所有者权益变动表的格式如表8-9所示。

表8-9 所有者权益变动表

会企04表

编制单位： 年度 单位：元

项目	本年金额						上年金额					
	实收资本（或股本）	资本公积	减：库存股	盈余公积	未分配利润	所有者权益合计	实收资本（或股本）	资本公积	减：库存股	盈余公积	未分配利润	所有者权益合计
一、上年年末余额												
加：会计政策变更												
前期差错更正												

续表

项　　目	本年金额						上年金额					
	实收资本（或股本）	资本公积	减:库存股	盈余公积	未分配利润	所有者权益合计	实收资本（或股本）	资本公积	减:库存股	盈余公积	未分配利润	所有者权益合计
二、本年年初余额												
三、本年增减变动金额（减少以"－"号填列）												
（一）净利润												
（二）直接计入所有者权益的利得和损失												
1. 可供出售金融资产公允价值变动净额												
2. 权益法下被投资单位其他所有者权益变动的影响												
3. 与计入所有者权益项目相关的所得税影响												
4. 其他												
上述（一）和（二）小计												
（三）所有者投入和减少资本												
1. 所有者投入资本												
2. 股份支付计入所有者权益的金额												
3. 其他												

续表

项　目	本年金额						上年金额					
	实收资本（或股本）	资本公积	减:库存股	盈余公积	未分配利润	所有者权益合计	实收资本（或股本）	资本公积	减:库存股	盈余公积	未分配利润	所有者权益合计
（四）利润分配												
1. 提取盈余公积												
2. 对所有者（或股东）的分配												
3. 其他												
（五）所有者权益内部结转												
1. 资本公积转增资本（或股本）												
2. 盈余公积转增资本（或股本）												
3. 盈余公积弥补亏损												
4. 其他												
四、本年年末余额												

三、所有者权益变动表的填列方法

1. "上年年末余额"，反映上年资产负债表中实收资本（或股本）、资本公积、库存股、盈余公积、未分配利润的年末余额。

2. "会计政策变更"、"前期差错更正"，分别反映采用追溯调整法处理的会计政策变更的累积影响金额和采用追溯重述法处理的会计差错更正的累积影响金额。

3. "本年增减变动金额"。

（1）"净利润"，反映企业当年实现的净利润（或净亏损）金额。

（2）"直接计入所有者权益的利得和损失"，反映企业当年直接计入所有者权益的利得和损失金额。

①"可供出售金融资产公允价值变动净额"，反映企业持有的可供出售金融资产当年公允价值变动的金额。

②"权益法下被投资单位其他所有者权益变动的影响"，反映企业按照权益法核算的长

期股权投资,在被投资单位除当年实现的净损益以外其他所有者权益当年变动中应享有的份额。

③"与计入所有者权益项目相关的所得税影响",反映企业根据《企业会计准则第18号——所得税》规定应计入所有者权益项目的当年所得税影响金额。

(3)"所有者投入和减少资本",反映企业当年所有者投入的资本和减少的资本。

①"所有者投入资本",反映企业接受投资者投入形成的实收资本(或股本)和资本溢价或股本溢价。

②"股份支付计入所有者权益的金额",反映企业处于等待期中的权益结算的股份支付当年计入资本公积的金额。

(4)"利润分配",反映企业当年的利润分配金额。

①"提取盈余公积",反映企业按照规定提取的盈余公积。

②"对所有者(或股东)的分配",反映对所有者(或股东)分配的利润(或股利)金额。

(5)"所有者权益内部结转",反映企业构成所有者权益的组成部分之间的增减变动情况。

①"资本公积转增资本(或股本)",反映企业以资本公积转增资本或股本的金额。

②"盈余公积转增资本(或股本)",反映企业以盈余公积转增资本或股本的金额。

③"盈余公积弥补亏损",反映企业以盈余公积弥补亏损的金额。

【本章小结】

财务报表是以统一的货币为计量单位,主要运用表格方式,依据账簿记录,总括地对企业财务状况、经营成果和现金流量等方面进行的结构性表述。财务报表包括报表本身和报表附注。资产负债表、利润表、现金流量表、所有者权益变动表是企业应对外报送的4张基本报表。财务报表可以按不同的标志进行分类。按编制时间分,分为年度财务报表和中期财务报表;按反映的资金状态分,分为静态财务报表和动态财务报表;按编表的会计主体分,分为个别财务报表和合并财务报表。财务报表的编制要满足内容完整、数字真实和遵循重要性原则和可比性原则以及编报及时的要求。资产负债表是反映单位在某一特定日期财务状况的财务会计报告,按月编制,是对外报送的主要财务报表之一。我国采用的资产负债表的结构是"账户式",以"资产=负债+所有者权益"这一平衡公式为理论基础,资产负债表是静态报表,表中的数字来自于有关账户的期末余额。利润表是反映单位在一定期间经营成果的财务会计报告,是对外报送的主要财务报表之一。我国采用的利润表的结构是"多步式",以"收入-费用=利润"这一平衡公式为理论基础,将收入与成本费用按照业务的类型分类,分层次计算出最终利润。利润表是动态报表,表中各项目数字的形成基础是收入、成本和费用账户的本期发生额。现金流量表是反映企业在一定会计期间现金和现金等价物流入和流出的报表。所有者权益变动表是反映构成所有者权益的各组成部分在某一期间增减变动情况的报表。

【中英文对照专业名词及术语】

财务报表	Financial Statement
资产负债表	Balance Sheet
利润表	Income Statement
现金流量表	Cash Flow Statement
所有者权益变动表	Statement of Changes in Equity
填列方法	Fills Column Method

复习思考题

1. 财务报表的组成内容有哪些？
2. 四张基本报表之间的逻辑钩稽关系是什么？
3. 资产负债表的理论依据、结构是什么？
4. 简述资产负债表中"期末数"栏各项目的具体填列方法。
5. 利润表的理论依据、结构是什么？
6. 简述利润表中"本月数"栏各项目数字的具体填列方法。
7. 现金流量表的作用以及结构是什么？
8. 如何理解现金流量表中"现金"的含义？
9. 现金流量表中的现金流量由哪几类构成？
10. 所有者权益变动表的定义以及结构是什么？

练习题

1. 甲企业 2008 年 12 月 31 日有关账户的余额如下：

应收账款——A 24 000 元（贷方）
　　　　——B 21 000 元（借方）
应付账款——C 35 000 元（贷方）
　　　　——D 17 000 元（借方）
预收账款——E 16 000 元（借方）
　　　　——F 25 000 元（贷方）
预付账款——G 42 000 元（贷方）
　　　　——H 31 000 元（借方）

要求：计算填列资产负债表中以下项目：
（1）"应收账款"项目　　　　（2）"应付账款"项目
（3）"预收账款"项目　　　　（4）"预付账款"项目

2. 明星公司 2001 年 1 月 31 日各账户期末余额如表 1 所示。

表1　　　　　　　　　明星公司2001年1月31日账户余额表　　　　　　　单位：元

账户名称	借方余额	账户名称	期初余额
库存现金	5 000	短期借款	100 000
银行存款	1 200 000	应付账款	52 000
应收账款	50 000	应交税费	40 000
其他应收款	10 000	应付职工薪酬	10 000
原材料	140 000	长期借款	300 000
生产成本	70 000	应付利息	7 000
库存商品	180 000	实收资本	2 100 000
固定资产	2 000 000	资本公积	100 000
无形资产	35 000	盈余公积	500 000
长期股权投资	57 000	利润分配	180 000
		本年利润	20 000
		累计折旧	323 000
		累计摊销	15 000
合计	3 747 000	合计	3 747 000

要求：根据表1的有关资料编制明星公司2001年1月31日的资产负债表。

3. 美心公司2008年1月1日至12月31日损益类科目累计发生额如表2所示。

表2　　　　　　　美心公司2008年损益类科目累计发生额　　　　　　　单位：元

账　户	本年累计金额	
	借方	贷方
主营业务收入		500 000
主营业务成本	300 000	
营业税金及附加	21 000	
其他业务收入		67 000
其他业务成本	38 000	
管理费用	40 000	
财务费用	10 000	13 000
销售费用	23 000	
投资收益		5 000
营业外收入		12 000
营业外支出	4 000	
所得税费用	1 500	

要求：
(1) 计算美心公司 2008 年的营业利润、利润总额和净利润。
(2) 编制美心公司 2008 年年度利润表。

案例讨论题

对会计报表的质疑

资料：会计王华于 2011 年 1 月初被聘请为石门公司的会计，单位原会计向王华提供了该公司 2010 年的年度资产负债和利润表，具体报表资料分别见表 3 和表 4 所示。原会计同时将有关账簿资料移交给了王华，王华审核了有关账簿余额，并重新编制了 2010 年有关总账余额和发生额汇总表，具体汇总表如表 5 和表 6 所示。同时王华发现石门公司还尚未对 2010 年的净利润进行任何的利润分配。

表 3　　　　　　　　　　　　　　　资产负债表

编制单位：石门公司　　　　　2010 年 12 月 31 日　　　　　　　　　　　　单位：元

资　产	期末余额	年初余额	负债和所有者权益（或股东权益）	期末余额	年初余额
流动资产：		（略）	流动负债：		（略）
货币资金	200 000		短期借款	50 000	
交易性金融资产	20 000		交易性金融负债		
应收票据	35 000		应付票据	20 000	
应收账款	80 000		应付账款	30 000	
预付款项	90 000		预收款项	20 000	
应收利息	10 000		应付职工薪酬	35 000	
应收股利	5 000		应交税费	45 000	
其他应收款	30 000		应付利息		
存货	420 000		应付股利	20 000	
一年内到期的非流动资产			其他应付款	5 000	
其他流动资产			一年内到期的非流动负债		
流动资产合计	890 000		其他流动负债		
非流动资产：			流动负债合计	225 000	
可供出售金融资产			非流动负债：		
持有至到期投资			长期借款	200 000	

续表

资　产	期末余额	年初余额	负债和所有者权益（或股东权益）	期末余额	年初余额
长期应收款			应付债券		
长期股权投资	40 000		长期应付款		
投资性房地产			专项应付款		
固定资产	500 000		预计负债		
在建工程			递延所得税负债		
工程物资			其他非流动负债		
固定资产清理			非流动负债合计	200 000	
无形资产	100 000		负债合计	425 000	
商誉			所有者权益（或股东权益）：		
长期待摊费用			实收资本（或股东）	1 000 000	
递延所得税资产			资本公积	5 000	
其他非流动资产			盈余公积	60 000	
非流动资产合计	640 000		未分配利润	40 000	
			所有者权益（或股东权益）合计	1 105 000	
资产总计	1 530 000		负债及所有者权益（或股东权益）总计	1 530 000	

表4　　　　　　　　　　　　　　利　润　表

编报单位：石门公司　　　　　　2010年度　　　　　　　　　　　　　　　　单位：元

项　目	本年累计数	上年数
一、营业收入	700 000	（略）
减：营业成本	500 000	
营业税金及附加	60 000	
销售费用	40 000	
管理费用	50 000	
财务费用	3 000	
资产减值损失	2 000	

续表

项　目	本年累计数	上年数
加：公允价值变动收益（损失以"-"号填列）	0	
投资收益（损失以"-"号填列）	10 000	
二、营业利润（亏损以"-"号填列）	55 000	
加：营业外收入	10 000	
减：营业外支出	12 000	
其中：非流动资产处置损失	0	
三、利润总额（净亏损以"-"号填列）	53 000	
减：所得税费用	10 000	
四、净利润	43 000	
五、每股收益：	（略）	
（一）基本每股收益	（略）	
（二）稀释每股收益	（略）	

表5　　　　　　石门公司2010年12月31日账户余额表　　　　　　单位：元

账户名称	借方余额	账户名称	贷方余额
库存现金	5 000	短期借款	50 000
银行存款	195 000	应付账款	30 000
应收账款	80 000	应交税费	45 000
交易性金融资产	20 000	应付票据	20 000
应收票据	35 000	预收账款	20 000
其他应收款	30 000	应付职工薪酬	35 000
预付账款	90 000	其他应付款	5 000
应收利息	10 000	应付股利	20 000
应收股利	5 000	长期借款	200 000
原材料	140 000	实收资本	1 000 000
生产成本	180 000	资本公积	5 000
库存商品	180 000	盈余公积	60 000
固定资产	500 000	利润分配	40 000
无形资产	100 000	累计折旧	30 000
长期股权投资	40 000	累计摊销	10 000
合计	1 610 000	合计	1 570 000

表 6 石门公司 2010 年损益类科目累计发生额

账 户	本年累计金额	
	借方	贷方
主营业务收入		500 000
主营业务成本	400 000	
营业税金及附加	60 000	
其他业务收入		200 000
其他业务成本	100 000	
管理费用	50 000	
财务费用	3 000	40 000
销售费用	40 000	
投资收益		10 000
资产减值损失	2 000	
营业外收入		10 000
营业外支出	12 000	
所得税费用	10 000	

根据以上王华整理和获得的资料，王华对石门公司 2001 年度编制的会计报表金额产生了质疑，你认为王华的思考正确吗？如果报表金额有误，那正确的报表金额又应该是多少呢？

第九章
会计核算组织程序

【本章学习目的】 通过本章的学习,你将知晓会计核算组织程序的意义和组织会计核算组织程序的要求;理解和掌握记账凭证会计核算组织程序、科目汇总表会计核算组织程序和汇总记账凭证会计核算组织程序的特点、基本程序的步骤、优缺点及适用范围;并能够结合实例对各种会计核算组织程序能够灵活运用。

【案例导引】

东湖社区的老张和小李在院子里散步。老张问小李,你在哪里工作呀?小李说,我在一个小企业做会计工作。老张说,那我们是同行啊,你们在进行会计核算时采用的是哪一种会计核算组织程序呢?小李回答,我们公司规模较小,业务量不大,我们采用的是记账凭证会计核算组织程序。您呢?老张说,我在一个大公司工作,企业规模大,会计业务量多,我们采用的是科目汇总表会计核算组织程序。

两家公司采用的会计核算组织程序合适吗?

第一节 会计核算组织程序概述

一、会计核算组织程序的概念

会计核算组织程序也称会计核算形式。是指账簿组织、记账程序和记账方法相互结合的方式。账簿组织是指账簿的种类、格式和各种账簿之间的相互关系;记账程序和记账方法是指从凭证的整理、填制、账簿的登记到编制会计报表的步骤和方法。

在会计实际工作中,填制凭证、登记账簿以及编制会计报表等会计核算方法不是孤立运用的,而是以一定形式相互结合在一起的。取得和填制会计凭证是会计工作的初始阶段和首要环节,也是登记账簿的依据;而会计凭证的种类、格式和内容,则是由办理业务和登记账簿的要求所决定的。账簿既要用来对经济业务进行日常的核算和监督,又要为编制会计报表提供资料，所以账簿的种类、格式和记录的内容，是由日常管理要求和编制会计报表的要求所决定的。而会计报表应该提供哪些核算指标，其种类、格式和项目则是由会计信息使用者的要求所决定的。可见，凭证、账簿、报表的种类、格式和内容，既取决于各类经济管理的要求，同时彼此之间也是相互依存，互相影响。

此外，进行会计核算时，各种会计凭证之间，各种账簿之间也需要有机地进行配合，合理地安排各种凭证的整理、各种账簿的登记，直至根据账簿记录编出会计报表。确定企业、单位的会计核算组织程序要明确如下的内容：应选用哪些账簿，这些账簿如何结合；应使用哪些凭证，这些凭证与账簿是什么关系；编制哪些报表，在什么环节编制；凭证、账簿、报表之间如何有机结合，形成一个整体。

二、合理组织会计核算组织程序的意义

合理、科学地确定会计核算组织程序是正确地组织会计核算工作的基础，也是会计制度设计的重要组成部分。对于加强会计核算方法之间的有效衔接、配合、规范会计核算组织程序工作，提高会计核算效率、保证核算质量、实现会计目标都具有重要的意义。

1. 可以保证会计信息在整个处理过程的各个环节有条不紊地进行传递，保证会计记录的正确、及时、完整，并迅速编制会计报表，从而提高会计核算的工作效率。

2. 可以保证会计信息方便而迅速地形成，保证为经济管理及时提供全面、准确、有用的会计信息，从而提高会计核算工作的质量。

3. 可以减少不必要的核算环节和手续，避免烦琐重复，节约人力、物力，从而提高会计核算工作的效益。

此外，合理的会计核算组织程序，还有利于会计核算工作的合理分工协作，明确责任，加强岗位责任制，充分发挥会计的监督职能。

三、合理组织会计核算组织程序的要求

选择合理的、适用的会计核算组织程序，一般应符合以下要求：

1. 必须与本单位的业务性质、组织规模的大小，经济业务的繁简程度和经济管理水平高低及记账分工的特点相适应。

2. 能够准确、及时地提供经济管理所需要的财务状况、经营成果和资本增减变动的各种信息资料，满足会计信息使用者的需要。

3. 在保证会计工作质量的前提下，尽量简化核算手续，节约人力、物力和财力，提高会计工作效率。

四、会计核算组织程序的种类

由于凭证、账簿的形式、记账程序和记账方法相结合的方式不同，也就形成了各种不同的会计核算组织程序。目前，我国会计工作中应用的会计核算组织程序主要包括以下五种：

1. 记账凭证会计核算组织程序；
2. 科目汇总表会计核算组织程序；

3. 汇总记账凭证会计核算组织程序；
4. 多栏式日记账会计核算组织程序；
5. 日记总账会计核算组织程序。

第二节 记账凭证会计核算组织程序

一、记账凭证会计核算组织程序的特点

记账凭证会计核算组织程序是对发生的一切经济业务，都要根据原始凭证或原始凭证汇总表编制记账凭证，据以登记总分类账的一种会计核算组织程序。其主要特点是直接根据记账凭证逐笔登记总分类账。它是最基本的一种会计核算组织程序，其他各种会计核算组织程序都是在此基础上发展而来的。

二、记账凭证会计核算组织程序下凭证、账簿的格式和设置

在记账凭证会计核算组织程序下，记账凭证可采用一种通用的记账凭证，也可以采用收款凭证、付款凭证和转账凭证3种格式的专用凭证。总分类账和日记账一般可采用三栏式；总分类账应按总分类科目设置，明细分类账可根据管理需要设置，其格式可采用三栏式、数量金额式和多栏式。

三、记账凭证会计核算组织程序的步骤

1. 根据原始凭证或原始凭证汇总表编制记账凭证；
2. 根据收款凭证、付款凭证及所属原始凭证，由出纳人员逐笔登记现金日记账和银行存款日记账；
3. 根据记账凭证和原始凭证（或原始凭证汇总表）登记各种明细分类账；
4. 根据各种记账凭证逐笔登记总分类账；
5. 日记账、明细分类账分别与总分类账定期核对；
6. 月末，根据总分类账、明细分类账和其他有关资料编制会计报表。

记账凭证会计核算组织程序一般步骤见图9-1。

四、记账凭证会计核算组织程序的优缺点及适用范围

（一）优点

1. 记账层次清楚、简单明了，手续简便，容易掌握。
2. 总分类账能系统地反映某一类经济业务的发生情况，便于查账和为经济管理服务。

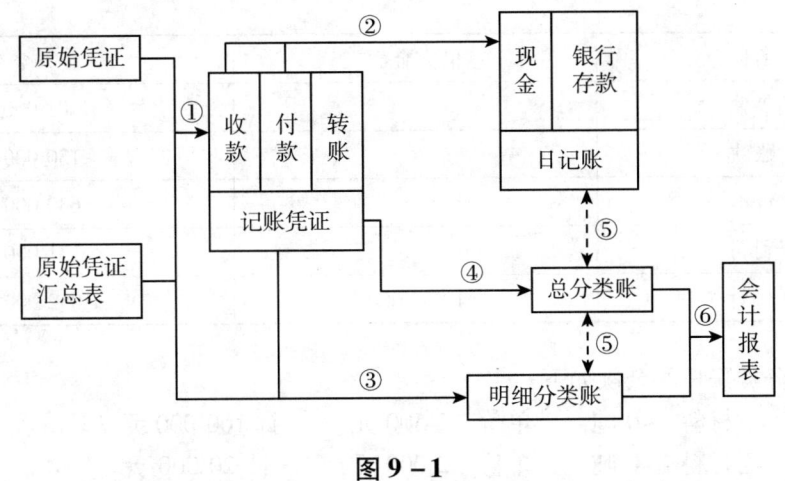

图 9-1

(二) 缺点

其主要缺点是登记总分类账的工作量较大。为此,应尽可能地将同类经济业务的原始凭证汇总编制"原始凭证汇总表",减少记账凭证的数量,从而减轻登记总分类账的工作量。

(三) 适用范围

记账凭证会计核算组织程序一般适用于规模较小、经济业务较少的企业和单位。

五、记账凭证会计核算组织程序实例

以永华公司为例,说明记账凭证会计核算组织程序。

资料如下:

永华公司 2010 年 9 月 30 日各总分类账账户余额如表 9-1 所示。

表 9-1
单位:元

账户名称	借方金额	贷方金额
库存现金	2 250	
银行存款	75 750	
应收账款	110 000	
其他应收款	4 000	
原材料	120 000	
生产成本	250 000	
库存商品	290 000	
固定资产	200 000	
累计折旧		80 000

续表

账户名称	借方金额	贷方金额
短期借款		81 000
应付账款		130 000
实收资本		630 000
本年利润		131 000
合　　计	1 052 000	1 052 000

有关明细分类账户的余额如下：

原材料：　甲材料　40吨　　单价　2 500元　　计 100 000元

　　　　　乙材料　10吨　　单价　2 000元　　计 20 000元

应付账款：宝钢　　　　　　　　　　　　　　60 000元

　　　　　武钢　　　　　　　　　　　　　　70 000元

永华公司10月份发生下列经济业务（原始凭证略），采购和销售业务暂不考虑增值税：

1. 10月1日，以银行存款支付欠宝钢材料款20 000元。

2. 10月5日，接银行通知，收到东风工厂原欠货款30 000元。

3. 10月6日，以银行存款归还短期借款40 000元。

4. 10月8日，出售A商品一批，收到销货款280 000元存入银行（假定不考虑税金）。

5. 10月9日，开出支票一张，向银行提取现金80 000元备发工资。

6. 10月9日，以现金80 000元发放工资（注：若工资通过银行直接发放，则只需要做一笔会计分录）。

7. 10月12日，向武钢购进甲材料30吨，单价2 500元，计75 000元尚未支付，材料已收到入库（不通过"物资采购"账户，下同）。

8. 10月16日，以银行存款归还原欠武钢材料款70 000元，归还宝钢材料款20 000元。

9. 10月17日，生产A商品领用甲材料20吨，计50 000元，领用乙材料5吨，计10 000元。

10. 10月18日，收到光明工厂投资转入全新设备一台，价值35 000元，已交付使用。

11. 10月19日，向市工商银行申请取得短期借款69 000元存入公司存款户。

12. 10月20日，接银行通知，委托银行向红旗工厂收取的应收货款30 000元已收到入户。

13. 10月21日，向宝钢购进乙材料5吨，单价2 000元，计10 000元，货款以存款支付，材料已入库。

14. 10月22日，企业又收到光明工厂投资40 000元存入银行。

15. 10月23日，企业从银行提取现金300元，备作零星开支。

16. 10月24日，采购员出差预借差旅费900元（出纳开出900元现金支票一张由借支人自行去银行提取）。

17. 10月28日，以现金购买厂部办公用复印纸400元，并交付使用。

18. 10月31日，分配本月工资80 000元，其中生产工人工资76 000元，车间管理人员工资4 000元。

19. 10月31日，计提本月固定资产折旧2 000元，其中生产车间和厂部分别应负担1 200元和800元。

20. 10月31日，结转本月制造费用5 200元。

21. 10月31日，生产车间生产完工A商品10件，验收入库，单位生产成本为8 320元，共计生产成本83 200元。

22. 10月31日，结转本月销售商品的生产成本210 000元。

23. 10月31日，将本月收入280 000元转入本年利润账户。

24. 10月31日，将本月销售成本210 000元，管理费用1 200元转入本年利润账户。

根据上述资料，说明记账凭证会计核算组织程序的应用。

（一）编制记账凭证

根据经济业务资料（代替原始凭证）分别编制收款、付款和转账凭证等记账凭证。如表9－2～表9－25所示。

表9－2　　　　　　　　　　付　款　凭　证　　　　　　　　　总　号　1
贷方科目：银行存款　　　　　2010年10月1日　　　　　　银付字第　1　号

摘　要	借方科目		账页	金　额
	总分类账科目	明细科目		
偿还前欠宝钢货款	应付账款	宝钢		20 000
附件共1张	合　　　计			¥20 000

会计主管：　　　　　记账：　　　　　出纳：　　　　　审核：　　　　　填制：

表9－3　　　　　　　　　　收　款　凭　证　　　　　　　　　总　号　2
借方科目：银行存款　　　　　2010年10月5日　　　　　　银收字第　1　号

摘　要	贷方科目		账页	金　额
	总分类账科目	明细科目		
收到东风工厂前欠货款	应收账款	东风工厂		30 000
附件共1张	合　　　计			¥30 000

会计主管：　　　　　记账：　　　　　出纳：　　　　　审核：　　　　　填制：

表9-4　　　　　　　　　　　　　付　款　凭　证　　　　　　　　总　号　3
贷方科目：银行存款　　　　　　　2010年10月6日　　　　　　　银付字第　2　号

摘　要	借方科目		账页	金　额
	总分类账科目	明细科目		
归还短期借款	短期借款			40 000
附件共1张	合　　计			￥40 000

会计主管：　　　　记账：　　　　出纳：　　　　审核：　　　　填制：

表9-5　　　　　　　　　　　　　收　款　凭　证　　　　　　　　总　号　4
借方科目：银行存款　　　　　　　2010年10月8日　　　　　　　银收字第　2　号

摘　要	贷方科目		账页	金　额
	总分类账科目	明细科目		
出售A商品收到款项	主营业务收入			280 000
附件共2张	合　　计			￥280 000

会计主管：　　　　记账：　　　　出纳：　　　　审核：　　　　填制：

表9-6　　　　　　　　　　　　　付　款　凭　证　　　　　　　　总　号　5
贷方科目：银行存款　　　　　　　2010年10月9日　　　　　　　银付字第　3　号

摘　要	借方科目		账页	金　额
	总分类账科目	明细科目		
提取现金备发工资	库存现金			80 000
附件共1张	合　　计			￥80 000

会计主管：　　　　记账：　　　　出纳：　　　　审核：　　　　填制：

表 9-7　　　　　　　　　　　　付　款　凭　证　　　　　　　　　　　总　号　6
贷方科目：库存现金　　　　　　　2010 年 10 月 9 日　　　　　　　　现付字第　1　号

摘　要	借方科目		账页	金　额
	总分类账科目	明细科目		
支付工资	应付职工薪酬			80 000
附件共 1 张	合　　　　　计			¥80 000

会计主管：　　　　　记账：　　　　　出纳：　　　　　审核：　　　　　填制：

表 9-8　　　　　　　　　　　　转　账　凭　证　　　　　　　　　　　总　号　7
　　　　　　　　　　　　　　　　2010 年 10 月 12 日　　　　　　　　转字第　1　号

摘　要	总账科目	明细科目	账页	借方金额	贷方金额
购进甲材料 30 吨，2 500 元每吨	原材料	甲材料		75 000	
	应付账款	武钢			75 000
附件共 2 张	合　　　计			¥75 000	¥75 000

会计主管：　　　　　记账：　　　　　出纳：　　　　　审核：　　　　　填制：

表 9-9　　　　　　　　　　　　付　款　凭　证　　　　　　　　　　　总　号　8
贷方科目：银行存款　　　　　　　2010 年 10 月 16 日　　　　　　　银付字第　4　号

摘　要	借方科目		账页	金　额
	总分类账科目	明细科目		
偿还前欠货款	应付账款	武钢		70 000
		宝钢		20 000
附件共 1 张	合　　　　　计			¥90 000

会计主管：　　　　　记账：　　　　　出纳：　　　　　审核：　　　　　填制：

表 9-10

转 账 凭 证

2010 年 10 月 17 日

总　号 __9__
转字第 __2__ 号

摘　　要	总账科目	明细科目	账页	借方金额	贷方金额
生产领用材料	生产成本	A 商品		60 000	
	原材料	甲材料			50 000
		乙材料			10 000
附件共 1 张	合　　　　计			￥60 000	￥60 000

会计主管：　　　　记账：　　　　出纳：　　　　审核：　　　　填制：

表 9-11

转 账 凭 证

2010 年 10 月 8 日

总　号 __10__
转字第 __3__ 号

摘　　要	总账科目	明细科目	账页	借方金额	贷方金额
收到光明工厂投入固定资产	固定资产			35 000	
	实收资本	光明工厂			35 000
附件共 1 张	合　　　　计			￥35 000	￥35 000

会计主管：　　　　记账：　　　　出纳：　　　　审核：　　　　填制：

表 9-12

收 款 凭 证

借方科目：银行存款　　　　2010 年 10 月 19 日

总　号 __11__
银收字第 __3__ 号

摘　　要	贷方科目		账页	金　额
	总分类账科目	明细科目		
取得短期借款	短期借款			69 000
附件共 1 张	合　　　　计			￥69 000

会计主管：　　　　记账：　　　　出纳：　　　　审核：　　　　填制：

表 9-13　　　　　　　　　　　收　款　凭　证　　　　　　　　　总　号　2
借方科目：银行存款　　　　　　　2010 年 10 月 20 日　　　　　　　银收字第　4　号

摘　要	贷方科目		账页	金　额
	总分类账科目	明细科目		
收到红星工厂前欠货款	应收账款	红星工厂		30 000
附件共 1 张	合　　　计			¥30 000

会计主管：　　　　　　记账：　　　　　　出纳：　　　　　　审核：　　　　　　填制：

表 9-14　　　　　　　　　　　付　款　凭　证　　　　　　　　　总　号　13
贷方科目：银行存款　　　　　　　2010 年 10 月 21 日　　　　　　　银付字第　5　号

摘　要	借方科目		账页	金　额
	总分类账科目	明细科目		
购入乙材料 5 吨，每吨 2 000 元	原材料	乙材料		10 000
附件共 2 张	合　　　计			¥10 000

会计主管：　　　　　　记账：　　　　　　出纳：　　　　　　审核：　　　　　　填制：

表 9-15　　　　　　　　　　　收　款　凭　证　　　　　　　　　总　号　14
借方科目：银行存款　　　　　　　2010 年 10 月 22 日　　　　　　　银收字第　5　号

摘　要	贷方科目		账页	金　额
	总分类账科目	明细科目		
收到光明工厂投入现款	实收资本	光明工厂		40 000
附件共 1 张	合　　　计			¥40 000

会计主管：　　　　　　记账：　　　　　　出纳：　　　　　　审核：　　　　　　填制：

表 9-16

付 款 凭 证

2010 年 10 月 23 日

总 号 __15__
银付字第 __6__ 号

贷方科目：银行存款

摘 要	借方科目		账页	金 额
	总分类账科目	明细科目		
提取备用金	库存现金			300
附件共 1 张	合　　计			￥300

会计主管：　　　　记账：　　　　出纳：　　　　审核：　　　　填制：

表 9-17

付 款 凭 证

2010 年 10 月 24 日

总 号 __16__
银付字第 __7__ 号

贷方科目：银行存款

摘 要	借方科目		账页	金 额
	总分类账科目	明细科目		
预借差旅费	其他应收款	采购员		900
附件共 2 张	合　　计			￥900

会计主管：　　　　记账：　　　　出纳：　　　　审核：　　　　填制：

表 9-18

付 款 凭 证

2010 年 10 月 28 日

总 号 __17__
现付字第 __2__ 号

贷方科目：库存现金

摘 要	借方科目		账页	金 额
	总分类账科目	明细科目		
购买复印纸	管理费用	办公费		400
附件共 1 张	合　　计			￥400

会计主管：　　　　记账：　　　　出纳：　　　　审核：　　　　填制：

表 9-19

转 账 凭 证

2010 年 10 月 31 日

总 号 __18__

转字第 __4__ 号

摘　要	总账科目	明细科目	账页	借方金额	贷方金额
分配工资费用	生产成本	A 商品		76 000	
	制造费用			4 000	
	应付职工薪酬				80 000
附件共 1 张	合　　计			￥80 000	￥80 000

会计主管：　　　　　记账：　　　　　出纳：　　　　　审核：　　　　　填制：

表 9-20

转 账 凭 证

2010 年 10 月 31 日

总 号 __19__

转字第 __5__ 号

摘　要	总账科目	明细科目	账页	借方金额	贷方金额
计提折旧费	制造费用			1 200	
	管理费用			800	
	累计折旧				2 000
附件共 1 张	合　　计			￥2 000	￥2 000

会计主管：　　　　　记账：　　　　　出纳：　　　　　审核：　　　　　填制：

表 9-21

转 账 凭 证

2010 年 10 月 31 日

总 号 __20__

转字第 __6__ 号

摘　要	总账科目	明细科目	账页	借方金额	贷方金额
结转制造费用	生产成本	A 商品		5 200	
	制造费用				5 200
附件共 1 张	合　　计			￥5 200	￥5 200

会计主管：　　　　　记账：　　　　　出纳：　　　　　审核：　　　　　填制：

表 9-22

转 账 凭 证

2010 年 10 月 31 日

总 号 __21__

转字第 __7__ 号

摘　要	总账科目	明细科目	账页	借方金额	贷方金额
A 商品生产完工验收入库	库存商品	A 商品		83 200	
	生产成本	A 商品			83 200
附件共 1 张	合　　计			￥83 200	￥83 200

会计主管：　　　　　记账：　　　　　出纳：　　　　　审核：　　　　　填制：

表 9-23

转 账 凭 证

2010 年 10 月 31 日

总 号 __22__
转字第 __8__ 号

摘　要	总账科目	明细科目	账页	借方金额	贷方金额
结转销售成本	主营业务成本			210 000	
	库存商品				210 000
附件共 1 张	合　　　计			￥210 000	￥210 000

会计主管：　　　　记账：　　　　出纳：　　　　审核：　　　　填制：

表 9-24

转 账 凭 证

2010 年 10 月 31 日

总 号 __23__
转字第 __9__ 号

摘　要	总账科目	明细科目	账页	借方金额	贷方金额
结转收入到损益类账户	主营业务收入			280 000	
	本年利润				280 000
附件共 1 张	合　　　计			￥280 000	￥280 000

会计主管：　　　　记账：　　　　出纳：　　　　审核：　　　　填制：

表 9-25

转 账 凭 证

2010 年 10 月 31 日

总 号 __24__
转字第 __10__ 号

摘　要	总账科目	明细科目	账页	借方金额	贷方金额
结转成本、费用到损益类账户	本年利润			211 200	
	主营业务成本				210 000
	管理费用				1 200
附件共 1 张	合　　　计			￥211 200	￥211 200

会计主管：　　　　记账：　　　　出纳：　　　　审核：　　　　填制：

（二）登记日记账

根据收款凭证、付款凭证登记现金日记账和银行存款日记账，如表 9-26、表 9-27 所示。

表 9-26　　　　　　　　　　　　　现 金 日 记 账

第　页

2010年		记账凭证字号	对方科目	摘　要	借方	贷方	余额
月	日						
10	1			期初余额			2 250
	9	银付 3	银行存款	提取现金	80 000		82 500
	9	现付 1	应付职工薪酬	支付工资		80 000	2 250
				本日合计	80 000	80 000	2 250
	23	银付 6	银行存款	提备用金	300		2 550
				本日合计	300		2 550
	28	现付 2	管理费用	买复印纸		400	2 150
				本日合计		400	2 150
	31			本月合计	80 300	80 400	2 150

表 9-27　　　　　　　　　　　　　银 行 存 款 日 记 账

第　页

2010年		记账凭证		摘　要	借方	贷方	余额
月	日	字	号				
10	1			期初余额			75 750
	1	银付	1	偿还欠款		20 000	55 750
				本日合计		20 000	55 750
	5	银收	1	收到货款	30 000		85 750
				本日合计	30 000		85 750
	6	银付	2	偿还借款		40 000	45 750
				本日合计		40 000	45 750
	8	银收	2	出售商品	280 000		325 750
				本日合计	280 000		325 750
	9	银付	3	提取现金		80 000	245 750
				本日合计		80 000	245 750
	16	银付	4	偿还欠款		90 000	155 750
				本日合计		90 000	155 750

续表

2010年		记账凭证		摘 要	借 方	贷 方	余 额
月	日	字	号				
	19	银收	3	取得借款	69 000		224 750
				本日合计	69 000		224 750
	20	银收	4	收到货款	30 000		254 750
				本日合计	30 000		254 750
	21	银付	5	购买材料		10 000	244 750
				本日合计		10 000	244 750
	22	银收	5	收到投资	40 000		284 750
				本日合计	40 000		284 750
	23	银付	6	提备用金		300	284 450
				本日合计		300	284 450
	24	银付	7	预借差旅费		900	283 550
				本日合计		900	283 550
	31			本月合计	449 000	241 200	283 550

(三)登记明细分类账

根据原始凭证和记账凭证登记有关的明细分类账(这里只登记原材料、应付账款、生产成本、制造费用、管理费用明细分类账,其他从略,下同)。如表9-28~表9-34所示。

表9-28　　　　　　　　　　　　原 材 料 明 细 账

名称及规格:甲材料　　　　　　　　计量单位:吨　　　　　　　　　　第　页

2010年		凭证号数	摘要	收 入			发 出		结 存		
月	日			数量	单价	金额	数量	金额	数量	单价	金额
10	1		期初余额						40	2 500	100 000
	12	转1	购入材料	30	2 500	75 000			70	2 500	175 000
	17	转2	领用材料				20	50 000	50	2 500	125 000
	31		本月合计	30	2 500	75 000	20	50 000	50	2 500	125 000

表 9-29   原 材 料 明 细 账

名称及规格：乙材料　　　　　　　计量单位：吨　　　　　　　　　　　第　页

2010年		凭证号数	摘要	收入			发出		结存		
月	日			数量	单价	金额	数量	金额	数量	单价	金额
10	1		期初余额						10	2 000	20 000
	17	转2	领用材料				5	10 000	5	2 000	10 000
	21	银付5	购入材料	5	2 000	10 000			10	2 000	20 000
	31		本月合计	5	2 000	10 000	5	10 000	10	2 000	20 000

表 9-30   应 付 账 款 明 细 账

供应单位名称：宝钢　　　　　　　　　　　　　　　　　　　　　　　第　页

2010年		记账凭证		摘　要	借方	贷方	借或贷	余　额
月	日	字	号					
10	1			期初余额			贷	60 000
	1	银付	1	偿还货款	20 000		贷	40 000
	16	银付	4	偿还货款	20 000		贷	20 000
	31			本月合计	40 000		贷	20 000

表 9-31   应 付 账 款 明 细 账

供应单位名称：武钢　　　　　　　　　　　　　　　　　　　　　　　第　页

2010年		记账凭证		摘　要	借方	贷方	借或贷	余　额
月	日	字	号					
10	1			期初余额			贷	70 000
	12	转	1	购料欠款		75 000	贷	145 000
	16	银付	4	偿还货款	70 000		贷	75 000
	31			本月合计	70 000	75 000	贷	75 000

表 9-32 生产成本明细账

账户名称：A 商品　　　　　　　　　　　　　　　　　　　　　　　　　　　　第　页

2010年		记账凭证		摘要	借方				贷方	余额
月	日	字	号		直接材料	直接人工	制造费用	合计		
10	1			期初余额						250 000
	17	转	2	领用材料	60 000			60 000		
	31	转	4	分配工资费用		76 000		76 000		
	31	转	6	结转制造费用			5 200	5 200		
	31	转	7	结转完工入库成本					83 200	
	31			本月合计	60 000	76 000	5 200	141 200	83 200	308 000

表 9-33 制造费用明细账

账户名称：　　　　　　　　　　　　　　　　　　　　　　　　　　　　　　　第　页

2010年		记账凭证		摘要	借方			贷方	余额
月	日	字	号		工资福利费	折旧费	合计		
10	31	转	4	分配工资费用	4 000		4 000		
	31	转	5	计提折旧费		1 200	1 200		
	31	转	6	结转制造费用				5 200	
	31			本月合计	4 000	1 200	5 200	5 200	0

表 9-34 管理费用明细账

账户名称：　　　　　　　　　　　　　　　　　　　　　　　　　　　　　　　第　页

2010年		记账凭证		摘要	借方			贷方	余额
月	日	字	号		办公费	折旧费	合计		
10	28	现付	2	购买复印纸	400		400		
	31	转	5	计提折旧费		800	800		
	31	转	10	结转管理费用				1 200	
	31			本月合计	400	800	1 200	1 200	0

(四) 登记总分类账

根据各种记账凭证逐笔登记总分类账,如表9-35~表9-52所示。

表 9-35 总　账

账户名称:库存现金　　　　　　　　　　　　　　　　　　　　　　　　　第　页

2010年		记账凭证		摘　要	借　方	贷　方	借或贷	余　额
月	日	字	号					
10	1			期初余额			借	2 250
	9	银付	3	提取现金	80 000		借	82 250
	9	现付	1	支付工资		80 000	借	2 250
	23	银付	6	提取现金	300		借	2 550
	28	现付	2	购买复印纸		400	借	2 150
	31			本月合计	80 300	80 400	借	2 150

表 9-36 总　账

账户名称:银行存款　　　　　　　　　　　　　　　　　　　　　　　　　第　页

2010年		记账凭证		摘　要	借　方	贷　方	借或贷	余　额
月	日	字	号					
10	1			期初余额			借	75 750
	1	银付	1	偿还欠款		20 000	借	55 750
	5	银收	1	收到货款	30 000		借	85 750
	6	银付	2	偿还借款		40 000	借	45 750
	8	银收	2	出售商品	280 000		借	325 750
	9	银付	3	提取现金		80 000	借	245 750
	16	银付	4	偿还欠款		90 000	借	155 750
	19	银收	3	取得借款	69 000		借	224 750
	20	银收	4	收到货款	30 000		借	254 750
	21	银付	5	购买材料		10 000	借	244 750
	22	银收	5	收到投资	40 000		借	284 750
	23	银付	6	提备用金		300	借	284 450
	24	银付	7	预借差旅费		900	借	283 550
	31			本月合计	449 000	241 200	借	283 550

表 9-37　　　　　　　　　　　　　　　　总　账
账户名称：应收账款　　　　　　　　　　　　　　　　　　　　　　　第　页

2010年		记账凭证		摘要	借方	贷方	借或贷	余额
月	日	字	号					
10	1			期初余额			借	110 000
	5	银收	1	收到货款		30 000	借	80 000
	20	银收	4	收到货款		30 000	借	50 000
	31			本月合计		60 000	借	50 000

表 9-38　　　　　　　　　　　　　　　　总　账
账户名称：其他应收款　　　　　　　　　　　　　　　　　　　　　　第　页

2010年		记账凭证		摘要	借方	贷方	借或贷	余额
月	日	字	号					
10	1			期初余额			借	4 000
	24	银付	7	预借差旅费	900		借	4 900
	31			本月合计	900		借	4 900

表 9-39　　　　　　　　　　　　　　　　总　账
账户名称：原材料　　　　　　　　　　　　　　　　　　　　　　　　第　页

2010年		记账凭证		摘要	借方	贷方	借或贷	余额
月	日	字	号					
10	1			期初余额			借	120 000
	12	转	1	购进材料	75 000		借	195 000
	17	转	2	领用材料		60 000	借	135 000
	21	银付	5	购进材料	10 000		借	145 000
	31			本月合计	85 000	60 000	借	145 000

表 9-40 总　账

账户名称：库存商品　　　　　　　　　　　　　　　　　　　　　　　　　　　第　页

2010年		记账凭证		摘　要	借方	贷方	借或贷	余　额
月	日	字	号					
10	1			期初余额			借	290 000
	31	转	7	完工入库	83 200		借	373 200
	31	转	8	结转销售成本		210 000	借	163 200
	31			本月合计	83 200	210 000	借	163 200

表 9-41 总　账

账户名称：固定资产　　　　　　　　　　　　　　　　　　　　　　　　　　　第　页

2010年		记账凭证		摘　要	借方	贷方	借或贷	余　额
月	日	字	号					
10	1			期初余额			借	200 000
	18	转	3	收到投资	35 000		借	235 000
	31			本月合计	35 000		借	235 000

表 9-42 总　账

账户名称：累计折旧　　　　　　　　　　　　　　　　　　　　　　　　　　　第　页

2010年		记账凭证		摘　要	借方	贷方	借或贷	余　额
月	日	字	号					
10	1			期初余额			贷	80 000
	31	转	5	计提折旧费		2 000	贷	82 000
	31			本月合计		2 000	贷	82 000

表 9-43 总　账

账户名称：短期借款　　　　　　　　　　　　　　　　　　　　　　　　　　　第　页

2010年		记账凭证		摘　要	借方	贷方	借或贷	余　额
月	日	字	号					
10	1			期初余额			贷	81 000
	6	银付	2	归还借款	40 000		贷	41 000
	19	银收	3	取得借款		69 000	贷	110 000
	31			本月合计	40 000	69 000	贷	110 000

表 9-44
账户名称：应付账款

总　账　　　　　　　　　　　　　　　　　第　页

2010年		记账凭证		摘　要	借　方	贷　方	借或贷	余　额
月	日	字	号					
10	1			期初余额			贷	130 000
	1	银付	1	偿还货款	20 000		贷	110 000
	12	转	1	购进材料		75 000	贷	185 000
	16	银付	4	偿还货款	90 000		贷	95 000
	31			本月合计	110 000	75 000	贷	95 000

表 9-45
账户名称：应付职工薪酬

总　账　　　　　　　　　　　　　　　　　第　页

2010年		记账凭证		摘　要	借　方	贷　方	借或贷	余　额
月	日	字	号					
10	9	现付	1	支付工资	80 000		借	80 000
	31	转	4	分配工资费用		80 000	平	0
	31			本月合计	80 000	80 000	平	0

表 9-46
账户名称：实收资本

总　账　　　　　　　　　　　　　　　　　第　页

2010年		记账凭证		摘　要	借　方	贷　方	借或贷	余　额
月	日	字	号					
10	1			期初余额			贷	630 000
	18	转	3	收到投资		35 000	贷	665 000
	22	银收	5	收到投资		40 000	贷	705 000
	31			本月合计		75 000	贷	705 000

表 9-47
账户名称：本年利润

总　账　　　　　　　　　　　　　　　　　第　页

2010年		记账凭证		摘　要	借　方	贷　方	借或贷	余　额
月	日	字	号					
10	1			期初余额			贷	131 000
	31	转	9	结转收入		280 000	贷	410 000
	31	转	10	结转成本、费用	211 200		贷	199 800
	31			本月合计	211 200	280 000	贷	199 800

表 9-48 总　账

账户名称：生产成本　　　　　　　　　　　　　　　　　　　　　　　　　　　　第　　页

2010年		记账凭证		摘　要	借　方	贷　方	借或贷	余　额
月	日	字	号					
10	1			期初余额			借	250 000
	17	转	2	领用材料	60 000		借	310 000
	31	转	4	分配工资费用	76 000		借	386 000
	31	转	6	结转制造费用	5 200		借	391 200
	31	转	7	产品完工入库		83 200	借	308 000
	31			本月合计	141 200	83 200	借	308 000

表 9-49 总　账

账户名称：制造费用　　　　　　　　　　　　　　　　　　　　　　　　　　　　第　　页

2010年		记账凭证		摘　要	借　方	贷　方	借或贷	余　额
月	日	字	号					
10	31	转	4	分配工资费用	4 000		借	4 000
	31	转	5	计提折旧费	1 200		借	5 200
	31	转	6	结转制造费用		5 200	平	0
	31			本月合计	5 200	5 200	平	0

表 9-50 总　账

账户名称：主营业务收入　　　　　　　　　　　　　　　　　　　　　　　　　　第　　页

2010年		记账凭证		摘　要	借　方	贷　方	借或贷	余　额
月	日	字	号					
10	1	银收	2	出售商品		280 000	贷	280 000
	31	转	9	结转收入	280 000		平	0
	31			本月合计	280 000	280 000	平	0

表 9-51 总　账

账户名称：主营业务成本　　　　　　　　　　　　　　　　　　　　　　　　　　第　　页

2010年		记账凭证		摘　要	借　方	贷　方	借或贷	余　额
月	日	字	号					
10	31	转	8	结转销售成本	210 000		借	210 000
	31	转	10	转入本年利润		210 000	平	0
	31			本月合计	210 000	210 000	平	0

表 9-52　　　　　　　　　　　　　　　　　总　账

账户名称：管理费用　　　　　　　　　　　　　　　　　　　　　　　　　　　　　　第　页

2010年		记账凭证		摘　要	借方	贷方	借或贷	余　额
月	日	字	号					
10	28	现付	2	购买复印纸	400		借	400
	31	转	5	计提折旧费	800		借	1 200
	31	转	10	结转管理费用		1 200	平	0
	31			本月合计	1 200	1 200	平	0

（五）核对

现金日记账、银行存款日记账和各种明细分类账分别与总分类账定期进行核对。

在核对时，先把全部总分类账账户计算清楚，编制"总分类账账户本期发生额和余额试算表"，如表 9-53 所示，再编制"明细分类账户本期发生额和余额明细表"，如表 9-54、表 9-55 所示，然后再进行核对。

表 9-53　　　　　　　　　总分类账户本期发生额和余额试算表

2010 年 10 月　　　　　　　　　　　　　　　　　　　　　　　　　单位：元

账户名称	期初余额		本期发生额		期末余额	
	借方	贷方	借方	贷方	借方	贷方
库存现金	2 250		80 300	80 400	2 150	
银行存款	75 750		449 000	241 200	283 550	
应收账款	110 000			60 000	50 000	
其他应收款	4 000		900		4 900	
原材料	120 000		85 000	60 000	145 000	
库存商品	290 000		83 200	210 000	163 200	
固定资产	200 000		35 000		235 000	
累计折旧		80 000		2 000		82 000
短期借款		81 000	40 000	69 000		110 000
应付账款		130 000	110 000	75 000		95 000
应付职工薪酬			80 000	80 000		
实收资本		630 000		75 000		705 000
本年利润		131 000	211 200	280 000		199 800

续表

账户名称	期初余额		本期发生额		期末余额	
	借方	贷方	借方	贷方	借方	贷方
生产成本	250 000		141 200	83 200	308 000	
制造费用			5 200	5 200		
主营业务收入			280 000	280 000		
主营业务成本			210 000	210 000		
管理费用			1 200	1 200		
合计	1 052 000	1 052 000	1 812 200	1 812 200	1 191 800	1 191 800

表 9-54 **原材料明细分类账户发生额和余额明细表**

2010 年 10 月 单位：元

明细分类账户名称	计量单位	期初余额			本期发生额					期末余额		
					收入			发出				
		数量	单价	金额	数量	单价	金额	数量	金额	数量	单价	金额
甲材料	吨	40	2 500	100 000	30	2 500	75 000	20	50 000	50	2 500	125 000
乙材料	吨	10	2 000	20 000	5	2 000	10 000	5	10 000	10	2 000	20 000
合计				120 000					60 000			145 000

表 9-55 **应付账款明细分类账户发生额和余额明细表**

2010 年 10 月 单位：元

明细分类账户名称	期初余额		本期发生额		期末余额	
	借方	贷方	借方	贷方	借方	贷方
宝钢		60 000	40 000			20 000
武钢		70 000	70 000	75 000		75 000
合计		130 000	110 000	75 000		95 000

其他"明细分类账户发生额和余额明细表"从略。

根据以上登记和计算的结果可以看出，全部总分类账户的本期发生额和期初、期末余额的借方、贷方分别相等；现金日记账、银行存款日记账分别同现金总分类账、银行存款总分类账的金额相等；原材料、应付账款明细分类账的金额分别同原材料总分类账、应付账款总分类账的金额相等。这些有关数字核对相符，就可以表明其登记和计算基本上是正确的。如果核对不符，应当查明原因，予以更正。

(六) 编制会计报表

根据总分类账、明细分类账及其他有关的资料,编制资产负债表、利润表、现金流量表等会计报表。如表9-56、表9-57、表9-58所示。

表9-56 资产负债表

编制单位:永华公司　　　　　　　2010年10月31日　　　　　　　单位:元

资　产	期末余额	年初余额	负债和所有者权益	期末余额	年初余额
流动资产:		略	流动负债:		略
货币资金	285 700		短期借款	110 000	
交易性金融资产			交易性金融负债		
应收票据			应付票据		
应收账款	50 000		应付账款	95 000	
预付款项			预收账款		
应收利息			应付职工薪酬		
应收股利			应交税费		
其他应收款	4 900		应付利息		
存货	616 200		应付股利		
一年内到期的非流动资产			其他应付款		
其他流动资产			一年内到期的非流动负债		
流动资产合计	956 800		其他流动负债		
非流动资产:			流动负债合计:	205 000	
可供出售金融资产			非流动负债:		
持有至到期投资			长期借款		
长期应收款			应付债券		
长期股权投资			长期应付款		
投资性房地产			专项应付款		
固定资产	153 000		预计负债		
工程物资			递延所得税负债		
在建工程			其他非流动负债		
固定资产清理			非流动负债合计		
生产性生物资产			负债合计	205 000	
油气资产			所有者权益:		

续表

资 产	期末余额	年初余额	负债和所有者权益	期末余额	年初余额
无形资产			实收资本	705 000	
开发支出			资本公积		
商誉			减：库存股		
递延所得税资产			盈余公积		
其他非流动资产			未分配利润	199 800	
非流动资产合计	153 000		所有者权益合计	904 800	
资产总计	1 109 800		负债和所有者权益总计	1 109 800	

表 9-57　　　　　　　　　　　利　润　表

编报单位：永华公司　　　　　　2010 年 10 月　　　　　　　　　　　单位：元

项　目	本期金额	上期金额
一、营业收入	280 000	略
减：营业成本	210 000	
营业税金及附加		
销售费用		
管理费用	1 200	
财务费用		
资产减值损失		
加：公允价值变动收益（损失以"-"号填列）		
投资收益（损失以"-"号填列）		
其中：对联营企业和合并企业的投资收益		
二、营业利润（亏损以"-"号填列）	68 800	
加：营业外收入		
减：营业外支出		
其中：非流动资产处置损失		
三、利润总额（净亏损以"-"号填列）	68 800	
减：所得税费用		
四、净利润	略	
五、每股收益：		
（一）基本每股收益		
（二）稀释每股收益		

表 9-58　　　　　　　　　　　　现 金 流 量 表

编制单位：永华公司　　　　　　　　　　2010 年 10 月　　　　　　　　　　　　单位：元

项　　目	本期金额	上期金额
一、经营活动产生的现金流量：		略
销售商品、提供劳务收到的现金	340 000	
收到的税费返还		
收到的其他与经营活动有关的现金		
现金流入小计	340 000	
购买商品、接受劳务支付的现金	10 000	
支付给职工以及为职工支付的现金	80 000	
支付的各项税费		
支付的其他与经营活动有关的现金	1 300	
现金流出小计	91 300	
经营活动产生的现金流量净额	248 700	
二、投资活动产生的现金流量：		
收回投资所收到的现金		
取得投资收益所收到的现金		
处置固定资产、无形资产和其他长期资产所收回的现金净额		
处置子公司及其他营业单位收到的现金净额		
收到的其他与投资活动有关的现金		
现金流入小计		
购建固定资产、无形资产和其他长期资产所支付的现金		
投资所支付的现金		
取得子公司及其他营业单位支付的现金净额		
支付的其他与投资活动有关的现金		
现金流出小计		
投资活动产生的现金流量净额		
三、筹资活动产生的现金流量：		

续表

项　　目	本期金额	上期金额
吸收投资所收到的现金	40 000	
借款所收到的现金	69 000	
收到的其他与筹资活动有关的现金		
现金流入小计	109 000	
偿还债务所支付的现金	150 000	
分配股利、利润或偿付利息所支付的现金		
支付的其他与筹资活动有关的现金		
现金流出小计	150 000	
筹资活动产生的现金流量净额	-41 000	
四、汇率变动对现金及现金等价物的影响		
五、现金及现金等价物净增加额	207 700	
加：期初现金及现金等价物余额	78 000	
六、期末现金及现金等价物余额	285 700	
补充资料：		
1. 将净利润调节为经营活动现金流量：		
净利润		
加：资产减值准备		
固定资产折旧、油气资产折旧、生产性生物资产折旧		
无形资产摊销		
长期待摊费用摊销		
处置固定资产、无形资产和其他长期资产的损失（减：收益）		
固定资产报废损失（减：收益）		
公允价值变动损失（减：收益）		
财务费用（减：收益）		
投资损失（减：收益）		
递延所得税资产减少（减：增加）		

续表

项 目	本期金额	上期金额
递延所得税负债增加（减：减少）		
存货的减少（减：增加）		
经营性应收项目的减少（减：增加）		
经营性应付项目的增加（减：减少）		
其他		
经营活动产生的现金流量净额		
2. 不涉及现金收支的重大投资和筹资活动：		
债务转为资本		
一年内到期的可转换公司债券		
融资租入固定资产		
3. 现金及现金等价物净增加情况：		
现金的期末余额		
减：现金的期初余额		
加：现金等价物的期末余额		
减：现金等价物的期初余额		
现金及现金等价物净增加额		

第三节 科目汇总表会计核算组织程序

一、科目汇总表会计核算组织程序的特点

科目汇总表会计核算组织程序，是指对发生的各种经济业务，根据原始凭证或原始凭证汇总表编制记账凭证，根据记账凭证定期编制科目汇总表，并据以登记总分类账的一种会计核算组织程序。它的主要特点是，根据记账凭证定期编制科目汇总表，再根据科目汇总表登记总分类账。

二、科目汇总表会计核算组织程序下凭证、账簿的格式和设置

在科目汇总表会计核算组织程序下，除设置收款凭证、付款凭证、转账凭证外，还应增设科目汇总表。日记账、各种明细分类账、总分类账的格式和设置与记账凭证会计核算组织程序基本相同。

科目汇总表的编制方法是：将一定时期内全部记账凭证，依据相关会计科目进行归类（可开设"T"形账户）、汇总，计算出每一个会计科目的本期借方发生额和贷方发生额，并将其填入科目汇总表的相应栏内。汇总计算以后，还应加总借方、贷方发生额，进行发生额的试算平衡。科目汇总表的汇总时间，可以是每月汇总，也可以是每日、3日、5日、10日、半月汇总，主要是依据企业、单位业务多少而定。

科目汇总表的格式主要有两种，如表9-59、表9-60所示。

表9-59　　　　　　　　　　　科目汇总表（格式1）

　　　年　月　日至　日　　　　　　　　　　　　　　第　号

会计科目	账页	本期发生额		记账凭证起讫号数
		借方	贷方	
合计				

这种格式适用于按设定时间段汇总的企业单位，如1日、3日、5日、1个月等。

表9-60　　　　　　　　　　　科目汇总表（格式2）

会计科目	账页	自1日至10日		自11日至20日		自21日至月末		本月合计	
		借方	贷方	借方	贷方	借方	贷方	借方	贷方
合计									

这种格式适用于按旬汇总的企业、单位。

三、科目汇总表会计核算组织程序的步骤

1. 根据原始凭证或原始凭证汇总表编制记账凭证；
2. 根据收款凭证、付款凭证逐日逐笔登记现金、银行存款日记账；
3. 根据记账凭证和原始凭证（或原始凭证汇总表）登记各明细分类账；
4. 根据各种记账凭证定期编制科目汇总表；
5. 根据科目汇总表登记总分类账；
6. 日记账、明细分类账分别与总分类账定期核对；
7. 月末，根据总分类账、明细分类账和其他有关资料编制会计报表。

科目汇总表会计核算组织程序一般步骤如图9-2所示。

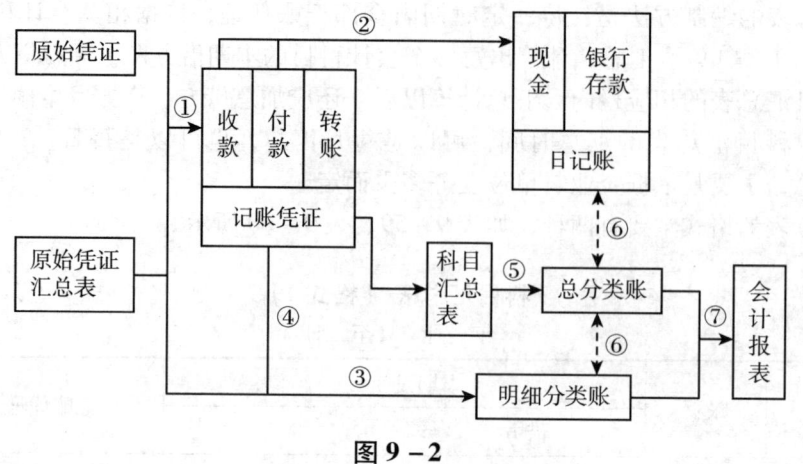

图 9-2

四、科目汇总表会计核算组织程序的优缺点及适用范围

（一）优点

1. 采用科目汇总表会计核算组织程序，每月对每个科目只汇总登记一次或几次总分类账，大大简化了登记总分类账的工作量。
2. 记账层次比较清晰，易于掌握。
3. 利用科目汇总表可以进行试算平衡，从而提高总分类账所登记数据的质量。

（二）缺点

1. 这种会计核算组织程序不能反映账户对应关系。
2. 总分类账不能详细反映经济业务的来龙去脉，只能反映金额的增减变动，不便于对经济活动进行分析和检查。
3. 根据记账凭证编制科目汇总表时工作量也较大。

（三）适用范围

这种会计核算组织程序适用范围比较广，一般适用于规模较大、经济业务较多的企业和单位。

五、科目汇总表会计核算组织程序实例

仍以本章永华公司10月份的经济业务为例，说明科目汇总表会计核算组织程序。

（一）编制记账凭证

根据经济业务资料（代替原始凭证）分别编制收款、付款和转账凭证等记账凭证。如表9-2～表9-25所示。

(二）登记日记账

根据收款凭证、付款凭证登记现金日记账和银行存款日记账。如表9-26、表9-27所示。

(三）登记明细分类账

根据原始凭证和记账凭证登记有关的明细分类账。如表9-28～表9-31所示。

(四）定期编制科目汇总表

根据各种记账凭证定期编制科目汇总表。这里采用一月编制一次。

先根据记账凭证中所涉及的全部会计科目，分别开设"T"形账户（作为草稿），并登记、计算每个账户的本期借方发生额和贷方发生额，再将其抄入科目汇总表。如图9-3～图9-20及表9-61～表9-79所示。

借方	现金		贷方
银付3	80 000	现付1	80 000
银付6	300	现付2	400
合计	80 300	合计	80 400

图9-3

借方	银行存款		贷方
银收1	30 000	银付1	20 000
银收2	280 000	银付2	40 000
银收3	69 000	银付3	80 000
银收4	30 000	银付4	90 000
银收5	40 000	银付5	10 000
		银付6	300
		银付7	900
合计	449 000	合计	241 200

图9-4

借方	应收账款		贷方
		银收1	30 000
		银收4	30 000
		合计	60 000

图9-5

借方	其他应收款		贷方
银付7	900		
合计	900		

图9-6

借方	原材料		贷方
转1	75 000	转字2	60 000
银付5	10 000		
合计	85 000	合计	60 000

图9-7

借方	库存商品		贷方
		转8	210 000
转7	83 200		
合计	83 200	合计	210 000

图9-8

借方	固定资产		贷方
转 3	35 000		
合计	35 000		

图 9-9

借方	累计折旧		贷方
		转 5	2 000
		合计	2 000

图 9-10

借方	短期借款		贷方
银付 2	40 000	银收 3	69 000
合计	40 000	合计	69 000

图 9-11

借方	应付账款		贷方
银付 1	20 000	转 1	75 000
银付 4	90 000		
合计	110 000	合计	75 000

图 9-12

借方	应付职工薪酬		贷方
现付 1	80 000	转 4	80 000
合计	80 000	合计	80 000

图 9-13

借方	实收资本		贷方
		转 3	35 000
		银收 5	40 000
		合计	75 000

图 9-14

借方	本年利润		贷方
转 10	211 200	转 9	280 000
合计	211 200	合计	280 000

图 9-15

借方	生产成本		贷方
		转 7	83 200
转 2	60 000		
转 4	76 000		
转 6	5 200		
合计	141 200	合计	83 200

图 9-16

借方	制造费用		贷方
转 4	4 000	转 6	5 200
转 5	1 200		
合计	5 200	合计	5 200

图 9-17

借方	主营业务收入		贷方
		银收 2	280 000
转 9	280 000		
合计	280 000	合计	280 000

图 9-18

借方	主营业务成本	贷方		借方	管理费用	贷方
转8	210 000	转10	210 000	现付2	400	转10	1 200
合计	210 000	合计	210 000	转5	800		
				合计	1 200	合计	1 200

图 9-19

图 9-20

表 9-61

科 目 汇 总 表

2010 年 10 月 1 日至 31 日

科字 1 号

会计科目	账页	本期发生额		记账凭证起讫号数
		借方	贷方	
库存现金		80 300	80 400	现付1——现付2
银行存款		449 000	241 200	
应收账款			60 000	银收1——银收5
其他应收款		900		
原材料		85 000	60 000	银付1——银付7
库存商品		83 200	210 000	
固定资产		35 000		转1——转10
累计折旧			2 000	
短期借款		40 000	69 000	
应付账款		110 000	75 000	
应付职工薪酬		80 000	80 000	
实收资本			75 000	
本年利润		211 200	280 000	
生产成本		141 200	83 200	
制造费用		5 200	5 200	
主营业务收入		280 000	280 000	
主营业务成本		210 000	210 000	
管理费用		1 200	1 200	
合计		1 812 200	1 812 200	

（五）根据科目汇总表登记总分类账。

表 9-62　　　　　　　　　　　　　　　**总　账**

账户名称：库存现金　　　　　　　　　　　　　　　　　　　　　　　　　　　第　页

2010 年		记账凭证		摘　要	借　方	贷　方	借或贷	余　额
月	日	字	号					
10	1			期初余额			借	2 250
	31	科	1	本期发生额	80 300	80 400	借	2 150
	31			本月合计	80 300	80 400	借	2 150

表 9-63　　　　　　　　　　　　　　　**总　账**

账户名称：银行存款　　　　　　　　　　　　　　　　　　　　　　　　　　　第　页

2010 年		记账凭证		摘　要	借　方	贷　方	借或贷	余　额
月	日	字	号					
10	1			期初余额			借	75 750
	31	科	1	本期发生额	449 000	241 200	借	283 550
	31			本月合计	449 000	241 200	借	283 550

表 9-64　　　　　　　　　　　　　　　**总　账**

账户名称：应收账款　　　　　　　　　　　　　　　　　　　　　　　　　　　第　页

2010 年		记账凭证		摘　要	借　方	贷　方	借或贷	余　额
月	日	字	号					
10	1			期初余额			借	110 000
	31	科	1	本期发生额		60 000	借	50 000
	31			本月合计		60 000	借	50 000

表 9-65　　　　　　　　　　　　　　　**总　账**

账户名称：其他应收款　　　　　　　　　　　　　　　　　　　　　　　　　　第　页

2010 年		记账凭证		摘　要	借　方	贷　方	借或贷	余　额
月	日	字	号					
10	1			期初余额			借	4 000
	31	科	1	本期发生额	900		借	4 900
	31			本月合计	900		借	4 900

表 9－66 总　账

账户名称：原材料　　　　　　　　　　　　　　　　　　　　　　　　　　　　　　第　页

2010 年		记账凭证		摘　要	借　方	贷　方	借或贷	余　额
月	日	字	号					
10	1			期初余额			借	120 000
	31	科	1	本期发生额	85 000	60 000	借	145 000
	31			本月合计	85 000	60 000	借	145 000

表 9－67 总　账

账户名称：库存商品　　　　　　　　　　　　　　　　　　　　　　　　　　　　　　第　页

2010 年		记账凭证		摘　要	借　方	贷　方	借或贷	余　额
月	日	字	号					
10	1			期初余额			借	290 000
	31	科	1	本期发生额	83 200	210 000	借	163 200
	31			本月合计	83 200	210 000	借	163 200

表 9－68 总　账

账户名称：固定资产　　　　　　　　　　　　　　　　　　　　　　　　　　　　　　第　页

2010 年		记账凭证		摘　要	借　方	贷　方	借或贷	余　额
月	日	字	号					
10	1			期初余额			借	200 000
	31	科	1	本期发生额	35 000		借	235 000
	31			本月合计	35 000		借	235 000

表 9－69 总　账

账户名称：累计折旧　　　　　　　　　　　　　　　　　　　　　　　　　　　　　　第　页

2010 年		记账凭证		摘　要	借　方	贷　方	借或贷	余　额
月	日	字	号					
10	1			期初余额			贷	80 000
	31	科	1	本期发生额		2 000	贷	82 000
	31			本月合计		2 000	贷	82 000

表 9-70　　　　　　　　　　　　　　　总　账

账户名称：短期借款　　　　　　　　　　　　　　　　　　　　　　第　页

2010年		记账凭证		摘　要	借　方	贷　方	借或贷	余　额
月	日	字	号					
10	1			期初余额			贷	81 000
	31	科	1	本期发生额	40 000	69 000	贷	110 000
	31			本月合计	40 000	69 000	贷	110 000

表 9-71　　　　　　　　　　　　　　　总　账

账户名称：应付账款　　　　　　　　　　　　　　　　　　　　　　第　页

2010年		记账凭证		摘　要	借　方	贷　方	借或贷	余　额
月	日	字	号					
10	1			期初余额			贷	130 000
	31	科	1	本期发生额	110 000	75 000	贷	95 000
	31			本月合计	110 000	75 000	贷	95 000

表 9-72　　　　　　　　　　　　　　　总　账

账户名称：应付职工薪酬　　　　　　　　　　　　　　　　　　　　第　页

2010年		记账凭证		摘　要	借　方	贷　方	借或贷	余　额
月	日	字	号					
10	31	科	1	本期发生额	80 000	80 000	平	0
	31			本月合计	80 000	80 000	平	0

表 9-73　　　　　　　　　　　　　　　总　账

账户名称：实收资本　　　　　　　　　　　　　　　　　　　　　　第　页

2010年		记账凭证		摘　要	借　方	贷　方	借或贷	余　额
月	日	字	号					
10	1			期初余额			贷	630 000
	31	科	1	本期发生额		75 000	贷	705 000
	31			本月合计		75 000	贷	705 000

表 9-74 总　账

账户名称：本年利润　　　　　　　　　　　　　　　　　　　　　　　　　　　第　页

2010年		记账凭证		摘　要	借方	贷方	借或贷	余　额
月	日	字	号					
10	1			期初余额			贷	131 000
	31	科	1	本期发生额	211 200	280 000	贷	199 800
	31			本月合计	211 200	280 000	贷	199 800

表 9-75 总　账

账户名称：生产成本　　　　　　　　　　　　　　　　　　　　　　　　　　　第　页

2010年		记账凭证		摘　要	借方	贷方	借或贷	余　额
月	日	字	号					
10	1			期初余额			借	250 000
	31	科	1	本期发生额	141 200	83 200	借	308 000
	31			本月合计	141 200	83 200	借	308 000

表 9-76 总　账

账户名称：制造费用　　　　　　　　　　　　　　　　　　　　　　　　　　　第　页

2010年		记账凭证		摘　要	借方	贷方	借或贷	余　额
月	日	字	号					
10	31	科	1	本期发生额	5200	5 200	平	0
	31			本月合计	5 200	5 200	平	0

表 9-77 总 账

账户名称：主营业务收入 第 页

2010 年		记账凭证		摘 要	借 方	贷 方	借或贷	余 额
月	日	字	号					
10	31	科	1	本期发生额	280 000	280 000	平	0
	31			本月合计	280 000	280 000	平	0

表 9-78 总 账

账户名称：主营业务成本 第 页

2010 年		记账凭证		摘 要	借 方	贷 方	借或贷	余 额
月	日	字	号					
10	31	科	1	本期发生额	210 000	210 000	平	0
	31			本月合计	210 000	210 000	平	0

表 9-79 总 账

账户名称：管理费用 第 页

2010 年		记账凭证		摘 要	借 方	贷 方	借或贷	余 额
月	日	字	号					
10	31	科	1	本期发生额	1 200	1 200	平	0
	31			本月合计	1 200	1 200	平	0

（六）核对

现金日记账、银行存款日记账和各种明细分类账分别与总分类账定期进行核对。

在核对时，先把全部总分类账户计算清楚，编制"总分类账户本期发生额和余额试算表"，如表 9-53 所示，再编制"明细分类账户本期发生额和余额明细表"，如表 9-54、表 9-55 所示，然后再进行核对。

（七）编制会计报表

根据总分类账、明细分类账及其他有关资料编制资产负债表、利润表、现金流量表等会计报表。见表 9-56～表 9-58 所示。

第四节 汇总记账凭证会计核算组织程序

一、汇总记账凭证会计核算组织程序的特点

汇总记账凭证会计核算组织程序是指根据记账凭证定期编制汇总记账凭证，再根据汇总记账凭证登记总分类账的一种会计核算组织程序。这种会计核算组织程序也是在记账凭证会计核算组织程序的基础上发展起来的。它的特点表现为登记总分类账的依据是汇总记账凭证。

二、汇总记账凭证会计核算组织程序下凭证、账簿的格式及设置

在汇总记账凭证会计核算组织程序下，记账凭证要设置两套，一套是与前面所述相同的收款凭证、付款凭证和转账凭证，另一套是汇总收款凭证、汇总付款凭证和汇总转账凭证。账簿体系也包括日记账、各种明细分类账和总分类账。日记账和各种明细分类账的格式与记账凭证会计核算组织程序基本相同。总分类账除采用借、贷、余三栏式格式外，还可以采用在借、贷两栏外开设"对方科目"专栏的多栏式格式，以便于清晰反映账户之间的对应关系。

汇总记账凭证的格式及编制方法：

1. 汇总收款凭证是根据一定时期（5日、10日等）的"库存现金"或"银行存款"收款凭证分别汇总编制的凭证，其格式如表9-80所示。

汇总收款凭证的编制方法是"以借方为主，按贷方归类"。即按照"库存现金"和"银行存款"科目的借方分别设置两张汇总收款凭证，将与"现金"或"银行存款"对应的贷方科目进行归类汇总，期末结出合计数，一方面据以登记现金、银行存款总分类账的借方，另一方面登记在各对应科目总分类账的贷方。

2. 汇总付款凭证是根据一定时期（5日、10日等）的"库存现金"或"银行存款"付款凭证分别汇总编制的凭证，其格式如表9-81、表9-82所示。

汇总付款凭证的编制方法是"以贷方为主，按借方归类"。即按照"库存现金"和"银行存款"科目的贷方分别设置两张汇总付款凭证，将与"库存现金"或"银行存款"对应的借方科目进行归类汇总，期末结出合计数，一方面据以登记现金凭证的贷方科目，另一方面登记在各对应科目总分类账的借方。

3. 汇总转账凭证是根据一定时期（5日、10日等）全部转账凭证进行归类、汇总，直接根据汇总转账凭证登记总分类账，格式如表9-83～表9-84所示。

汇总转账凭证的编制方法是"以贷方为主，按借方归类"，设置若干张汇总记账凭证，将与转账凭证贷方科目对应的借方科目进行归类汇总，期末结出合计数，如果汇总期内某一贷方科目的不编汇总转账凭证，直接根据转账凭证登记总分类账。

三、汇总记账凭证会计核算组织程序的步骤

1. 根据原始凭证或原始凭证汇总表编制记账凭证；
2. 根据收款凭证、付款凭证登记现金日记账和银行存款日记账；
3. 根据记账凭证和原始凭证（或原始凭证汇总表）登记明细分类账；
4. 根据记账凭证编制汇总记账凭证；
5. 根据汇总记账凭证登记总分类账；
6. 日记账、明细分类账分别与总分类账定期核对；
7. 根据总分类账、明细分类账和其他有关资料编制会计报表。

汇总记账凭证会计核算组织程序一般步骤见图9-21。

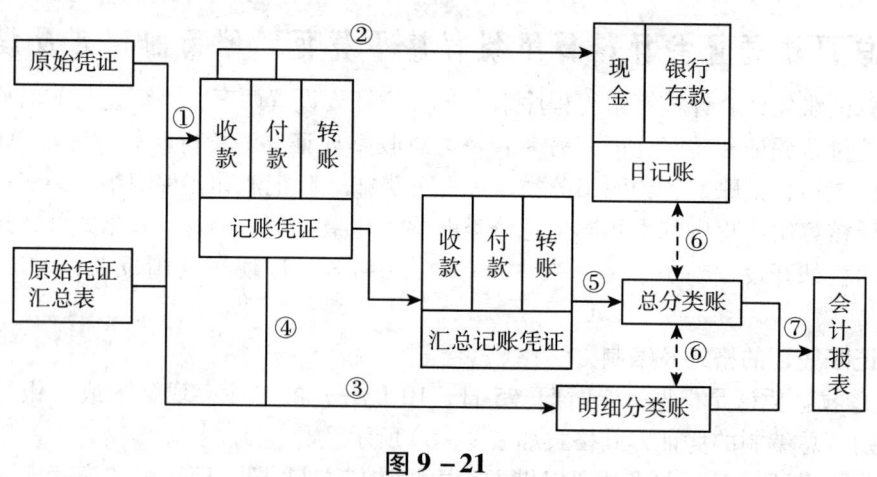

图9-21

账凭证会计核算组织程序的优缺点及适用范围

目的对应入

（二）缺点 把一定时期内所有记账凭证进行汇总，月末一次登记总分类账，
作量。
1. 编制汇总记账凭 的对方科目整理、汇总，据以登记总分类账，能够了解科
2. 汇总转账凭证是按贷方 业务的内容，便于对经济业务进行检查分析。
而，不利于对日常核算工作进行合理
而不是按经济业务的性质归类汇总的，因

（三）适用范围

汇总记账凭证会计核算组织程序一般适用于生产经营规模、业务量较大，记账凭证较多的企业、单位。

五、汇总记账凭证会计核算组织程序实例

仍以本章永华公司 10 月份的经济业务为例，加以说明。

（一）编制记账凭证

根据经济业务资料（代替原始凭证）分别编制收款、付款和转账凭证等记账凭证。如表 9-2~表 9-25 所示。

（二）登记日记账

根据收款凭证、付款凭证登记现金日记账和银行存款日记账。如表 9-26、表 9-27 所示。

（三）登记有关的明细分类账

根据原始凭证和记账凭证登记有关的明细分类账。如表 9-28~表 9-31 所示。

（四）定期编制汇总记账凭证

根据各种记账凭证定期编制汇总记账凭证。如表 9-80~表 9-93 所示。

表 9-80　　　　　　　　　　　　　汇 总 收 款 凭 证

借方科目：银行存款　　　　　　2010 年 10 月 31 日　　　　　　汇收字 第 1 号

贷方科目	金额				总账页数	
	1 日至 10 日收款凭证第 1 号至第 2 号	11 日至 20 日收款凭证第 3 号至第 4 号	21 日至 31 日收款凭证第 5 号至第 5 号	合计	借方	贷方
应收账款	30 000	30 000		60 000		
主营业务收入	280 000			280 000		
短期借款		69 000		69 000		
实收资本			40 000	40 000		
本月合计	¥310 000	¥99 000	¥40 000	¥449 000		

表 9-81   汇总付款凭证

贷方科目：银行存款　　　　　　　　2010 年 10 月 31 日　　　　　　　　汇付字第 1 号

借方科目	金额				总账页数	
	1 日至 10 日付款凭证第 1 号至第 3 号	11 日至 20 日付款凭证第 4 号至第　号	21 日至 31 日付款凭证第 5 号至第 7 号	合计	借方	贷方
应付账款	20 000	90 000		110 000		
短期借款	40 000			40 000		
库存现金	80 000		300	80 300		
原材料			10 000	10 000		
其他应收款			900	900		
本月合计	¥140 000	¥90 000	¥11 200	¥241 200		

表 9-82   汇总付款凭证

贷方科目：库存现金　　　　　　　　2010 年 10 月 31 日　　　　　　　　汇付字第 2 号

借方科目	金额				总账页数	
	1 日至 10 日付款凭证第 1 号至第　号	11 日至 20 日付款凭证第　号至第　号	21 日至 31 日付款凭证第 2 号至第　号	合计	借方	贷方
应付职工薪酬	80 000			80 000		
管理费用			400	400		
本月合计	¥80 000		¥400	¥80 400		

表 9-83   汇总转账凭证

贷方科目：应付账款　　　　　　　　2010 年 10 月 31 日　　　　　　　　汇转字第 1 号

借方科目	金额				总账页数	
	1 日至 10 日转账凭证第　号至第　号	11 日至 20 日转账凭证第 1 号至第　号	21 日至 31 日转账凭证第　号至第　号	合计	借方	贷方
原材料		75 000		75 000		
本月合计		¥75 000		¥75 000		

表9-84

汇总转账凭证

贷方科目：原材料　　　　　　2010年10月31日　　　　　　汇转字第2号

借方科目	金额			合计	总账页数	
	1日至10日转账凭证第　号至第　号	11日至20日转账凭证第2号至第　号	21日至31日转账凭证第　号至第　号		借方	贷方
生产成本		60 000		60 000		
本月合计		￥60 000		￥60 000		

表9-85

汇总转账凭证

贷方科目：实收资本　　　　　　2010年10月31日　　　　　　汇转字第3号

借方科目	金额			合计	总账页数	
	1日至10日转账凭证第　号至第　号	11日至20日转账凭证第3号至第　号	21日至31日转账凭证第　号至第　号		借方	贷方
固定资产		35 000		35 000		
本月合计		￥35 000		￥35 000		

表9-86

汇总转账凭证

贷方科目：应付职工薪酬　　　　　　2010年10月31日　　　　　　汇转字第4号

借方科目	金额			合计	总账页数	
	1日至10日转账凭证第　号至第　号	11日至20日转账凭证第　号至第　号	21日至31日转账凭证第4号至第　号		借方	贷方
生产成本			76 000	76 000		
制造费用			4 000	4 000		
本月合计			￥80 000	￥80 000		

表 9-87　　　　　　　　　　　　　汇 总 转 账 凭 证

贷方科目：累计折旧　　　　　　　2010 年 10 月 31 日　　　　　　　汇转字第 5 号

借方科目	金额				总账页数	
	1 日至 10 日转账凭证第　号至第　号	11 日至 20 日转账凭证第　号至第　号	21 日至 31 日转账凭证第 5 号至第　号	合计	借方	贷方
制造费用			1 200	1 200		
管理费用			800	800		
本月合计			¥2 000	¥2 000		

表 9-88　　　　　　　　　　　　　汇 总 转 账 凭 证

贷方科目：制造费用　　　　　　　2010 年 10 月 31 日　　　　　　　汇转字第 6 号

借方科目	金额				总账页数	
	1 日至 10 日转账凭证第　号至第　号	11 日至 20 日转账凭证第　号至第　号	21 日至 31 日转账凭证第 6 号至第　号	合计	借方	贷方
生产成本			5 200	5 200		
本月合计			¥5 200	¥5 200		

表 9-89　　　　　　　　　　　　　汇 总 转 账 凭 证

贷方科目：生产成本　　　　　　　2010 年 10 月 31 日　　　　　　　汇转字第 7 号

借方科目	金额				总账页数	
	1 日至 10 日转账凭证第　号至第　号	11 日至 20 日转账凭证第　号至第　号	21 日至 31 日转账凭证第 7 号至第　号	合计	借方	贷方
库存商品			83 200	83 200		
本月合计			¥83 200	¥83 200		

表 9-90

汇 总 转 账 凭 证

2010 年 10 月 31 日

贷方科目：库存商品　　　　　　　　　　　　　　　　　　　　　汇转字第 8 号

借方科目	金　额			合计	总账页数	
	1 日至 10 日转账凭证第　号至第　号	11 日至 20 日转账凭证第　号至第　号	21 日至 31 日转账凭证第 8 号至第　号		借方	贷方
主营业务成本			210 000	210 000		
本月合计			￥210 000	￥210 000		

表 9-91

汇 总 转 账 凭 证

2010 年 10 月 31 日

贷方科目：本年利润　　　　　　　　　　　　　　　　　　　　　汇转字第 9 号

借方科目	金　额			合计	总账页数	
	1 日至 10 日转账凭证第　号至第　号	11 日至 20 日转账凭证第　号至第　号	21 日至 31 日转账凭证第 9 号至第　号		借方	贷方
主营业务收入			280 000	280 000		
本月合计			￥280 000	￥280 000		

表 9-92

汇 总 转 账 凭 证

2010 年 10 月 31 日

贷方科目：主营业务成本　　　　　　　　　　　　　　　　　　　汇转字第 10 号

借方科目	金　额			合计	总账页数	
	1 日至 10 日转账凭证第　号至第　号	11 日至 20 日转账凭证第　号至第　号	21 日至 31 日转账凭证第 10 号至第　号		借方	贷方
本年利润			210 000	210 000		
本月合计			￥210 000	￥210 000		

表 9-93　　　　　　　　　汇总转账凭证

贷方科目：管理费用　　　　　2010年10月31日　　　　　　　汇转字第 11 号

借方科目	金　额				总账页数	
	1日至10日转账凭证第　号至第　号	11日至20日转账凭证第　号至第　号	21日至31日转账凭证第11号至第　号	合计	借方	贷方
本年利润			1 200	1 200		
本月合计			￥1 200	￥1 200		

（五）登记总分类账

根据汇总记账凭证登记总分类账。如表 9-94～表 9-111 所示。

表 9-94　　　　　　　　　　　总　　账

账户名称：库存现金　　　　　　　　　　　　　　　　　　　　　　　第　页

2010年		记账凭证		摘　要	借方	贷方	借或贷	余　额
月	日	字	号					
10	1			期初余额			借	2 250
	31	汇付	1	提取现金	80 300		借	
	31	汇付	2	本期发生额		80 400	借	
	31			本月合计	80 300	80 400	借	2 150

表 9-95　　　　　　　　　　　总　　账

账户名称：银行存款　　　　　　　　　　　　　　　　　　　　　　　第　页

2010年		记账凭证		摘　要	借方	贷方	借或贷	余　额
月	日	字	号					
10	1			期初余额			借	75 750
	31	汇收	1	本期发生额	449 000		借	
	31	汇付	1	本期发生额		241 200	借	
	31			本月合计	449 000	241 200	借	283 550

表9-96　　　　　　　　　　　　　　　总　账

账户名称：应收账款　　　　　　　　　　　　　　　　　　　　　　　　　　　第　页

2010年		记账凭证		摘　要	借　方	贷　方	借或贷	余　额
月	日	字	号					
10	1			期初余额			借	110 000
	31	汇收	1	收到货款		60 000	借	50 000
	31			本月合计		60 000	借	50 000

表9-97　　　　　　　　　　　　　　　总　账

账户名称：其他应收款　　　　　　　　　　　　　　　　　　　　　　　　　第　页

2010年		记账凭证		摘　要	借　方	贷　方	借或贷	余　额
月	日	字	号					
10	1			期初余额			借	4 000
	31	汇付	1	预借差旅费	900			
	31			本月合计	900		借	4 900

表9-98　　　　　　　　　　　　　　　总　账

账户名称：原材料　　　　　　　　　　　　　　　　　　　　　　　　　　　第　页

2010年		记账凭证		摘　要	借　方	贷　方	借或贷	余　额
月	日	字	号					
10	1			期初余额			借	120 000
	31	汇付	1	购进材料	10 000			
	31	汇转	1	购进材料	75 000			
	31	汇转	2	领用材料		60 000		
	31			本月合计	85 000	60 000	借	145 000

表9-99　　　　　　　　　　　　　　　总　账

账户名称：库存商品　　　　　　　　　　　　　　　　　　　　　　　　　　第　页

2010年		记账凭证		摘　要	借　方	贷　方	借或贷	余　额
月	日	字	号					
10	1			期初余额			借	290 000
	31	汇转	7	完工入库	83 200			
	31	汇转	8	结转销售成本		210 000		
	31			本月合计	83 200	210 000	借	163 200

表 9-100　　　　　　　　　　　　　　　　　总　账

账户名称：固定资产　　　　　　　　　　　　　　　　　　　　　　　　　　　　第　页

2010年		记账凭证		摘要	借方	贷方	借或贷	余额
月	日	字	号					
10	1			期初余额			借	200 000
	31	汇转	3	收到投资	35 000			
	31			本月合计	35 000		借	235 000

表 9-101　　　　　　　　　　　　　　　　　总　账

账户名称：累计折旧　　　　　　　　　　　　　　　　　　　　　　　　　　　　第　页

2010年		记账凭证		摘要	借方	贷方	借或贷	余额
月	日	字	号					
10	1			期初余额			贷	80 000
	31	汇转	5	计提折旧费		2 000	贷	82 000
	31			本月合计		2 000	贷	82 000

表 9-102　　　　　　　　　　　　　　　　　总　账

账户名称：短期借款　　　　　　　　　　　　　　　　　　　　　　　　　　　　第　页

2010年		记账凭证		摘要	借方	贷方	借或贷	余额
月	日	字	号					
10	1			期初余额			贷	81 000
	31	汇收	1	取得借款		69 000		
	31	汇付	1	归还借款	40 000			
	31			本月合计	40 000	69 000	贷	110 000

表 9-103　　　　　　　　　　　　　　　　　总　账

账户名称：应付账款　　　　　　　　　　　　　　　　　　　　　　　　　　　　第　页

2010年		记账凭证		摘要	借方	贷方	借或贷	余额
月	日	字	号					
10	1			期初余额			贷	130 000
	31	汇付	1	偿还货款	110 000			
	31	汇转	1	购进材料		75 000		
	31			本月合计	110 000	75 000	贷	95 000

表 9-104　　　　　　　　　　　　　　　总　账

账户名称：应付职工薪酬　　　　　　　　　　　　　　　　　　　　　　　　第　页

2010年		记账凭证		摘　要	借方	贷方	借或贷	余　额
月	日	字	号					
10	31	汇付	2	支付工资	80 000		借	80 000
	31	汇转	4	分配工资费用		80 000		
	31			本月合计	80 000	80 000	平	0

表 9-105　　　　　　　　　　　　　　　总　账

账户名称：实收资本　　　　　　　　　　　　　　　　　　　　　　　　　　第　页

2010年		记账凭证		摘　要	借方	贷方	借或贷	余　额
月	日	字	号					
10	1			期初余额			贷	630 000
	31	汇收	1	收到投资		40 000		
	31	汇转	3	收到投资		35 000		
	31			本月合计		75 000	贷	705 000

表 9-106　　　　　　　　　　　　　　　总　账

账户名称：本年利润　　　　　　　　　　　　　　　　　　　　　　　　　　第　页

2010年		记账凭证		摘　要	借方	贷方	借或贷	余　额
月	日	字	号					
10	1			期初余额			贷	131 000
	31	汇转	9	结转收入		280 000		
	31	汇转	10	结转销售成本	210 000			
	31	汇转	11	结转管理费用	1 200			
	31			本月合计	211 200	280 000	贷	199 800

表 9-107　　　　　　　　　　　　　　　总　账

账户名称：生产成本　　　　　　　　　　　　　　　　　　　　　　　　　　第　页

2010年		记账凭证		摘　要	借方	贷方	借或贷	余　额
月	日	字	号					
10	1			期初余额			借	250 000
	31	汇转	2	领用材料	60 000			
	31	汇转	4	分配工资费用	76 000			
	31	汇转	6	结转制造费用	5 200			
	31	汇转	7	产品完工入库		83 200		
	31			本月合计	141 200	83 200	借	308 000

表9-108　　　　　　　　　　　总　账

账户名称：制造费用　　　　　　　　　　　　　　　　　　　第　页

2010年		记账凭证		摘要	借方	贷方	借或贷	余额
月	日	字	号					
10	31	汇转	4	分配工资费用	4 000			
	31	汇转	5	计提折旧费	1 200			
	31	汇转	6	结转制造费用		5 200		
	31			本月合计	5 200	5 200	平	0

表9-109　　　　　　　　　　　总　账

账户名称：主营业务收入　　　　　　　　　　　　　　　　　第　页

2010年		记账凭证		摘要	借方	贷方	借或贷	余额
月	日	字	号					
10	31	汇收	1	出售商品		280 000		
	31	汇转	9	结转收入	280 000			
	31			本月合计	280 000	280 000	平	0

表9-110　　　　　　　　　　　总　账

账户名称：主营业务成本　　　　　　　　　　　　　　　　　第　页

2010年		记账凭证		摘要	借方	贷方	借或贷	余额
月	日	字	号					
10	31	汇转	8	结转销售成本	210 000			
	31	汇转	10	转入本年利润		210 000		
	31			本月合计	210 000	210 000	平	0

表9-111　　　　　　　　　　　总　账

账户名称：管理费用　　　　　　　　　　　　　　　　　　　第　页

2010年		记账凭证		摘要	借方	贷方	借或贷	余额
月	日	字	号					
10	31	汇付	2	购买复印纸	400			
	31	汇转	5	计提折旧费	800			
	31	汇转	11	结转管理费用		1 200		
	31			本月合计	1 200	1 200	平	0

(六)核对

现金日记账、银行存款日记账和各种明细分类账分别与总分类账定期进行核对。

在核对时,先把全部总分类账账户计算清楚,编制"总分类账户本期发生额和余额试算表",如表9-53所示,再编制"明细分类账户本期发生额和余额明细表",如表9-54、表9-55所示,然后再进行核对。

(七)编制会计报表

根据总分类账、明细分类账及其他有关资料编制资产负债表、利润表、现金流量表等会计报表。如表9-56~表9-58所示。

第五节 多栏式日记账会计组织核算程序

一、多栏式日记账会计组织核算程序的特点

多栏式日记账会计组织核算程序是根据记账凭证登记多栏式日记账,并根据多栏式日记账汇总登记总分类账的一种会计核算形式。其主要特点是设置多栏式特种日记账,并定期根据多栏式特种日记账登记总分类账。

二、多栏式日记账会计组织核算程序下凭证、账簿的格式及设置

凭证和账簿组织在多栏式日记账会计核算形式下,会计凭证的组织与记账凭证会计核算形式的账簿的组织基本一致。

多栏式日记账的设置方法根据会计主体的业务内容可以有两种设置方法。转账业务种类不多的情况下,可以只设置多栏式现金日记账和多栏式银行存款日记账;转账业务种类较多的情况下,可以设置多栏式现金日记账和多栏式银行存款日记账,并对主要的转账业务设置多栏式转账日记账,如多栏式材料采购日记账、多栏式制造成本及产品成本日记账、多栏式销售日记账等,还可编制汇总转账凭证,而对于其余为数不多的转账业务仍可直接根据转账凭证登记总分类账,不必再设置多栏式转账日记账。

总分类账的登记方法在只设置多栏式现金日记账和多栏式银行存款日记账的情况下,对于现金和银行存款的收付业务,总分类账应根据多栏式现金日记账和多栏式银行存款日记账进行登记;对于转账业务,总分类账一般根据转账凭证逐笔登记。既设置多栏式现金日记账和多栏式银行存款日记账,又设置多栏式转账日记账的情况下,总分类账应根据多栏式现金日记账、多栏式银行存款日记账和主要业务的多栏式转账日记账进行登记;对于多栏式日记账中未能涉及的转账业务,可以直接根据转账凭证进行登记。

三、多栏式日记账会计组织核算程序的步骤

(1) 根据原始凭证或汇总原始凭证汇总表编制记账凭证;

(2) 根据记账凭证中的收款凭证和付款凭证登记多栏式现金日记账和多栏式银行存款日记账;

(3) 根据原始凭证、汇总原始凭证和记账凭证登记有关的明细分类账;

(4) 根据多栏式现金日记账和多栏式银行存款日记账、转账日记账或转账凭证等登记总分类账;

(5) 将多栏式日记账、银行存款日记账和明细分类账同总分类账进行核对;

(6) 根据总分类账和明细分类账编制会计报表。

多栏式日记账会计组织核算程序的一般步骤如图 9-22 所示。

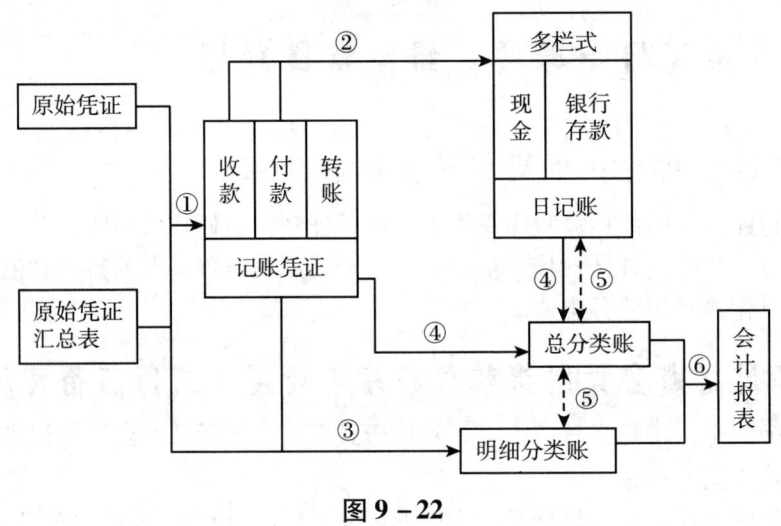

图 9-22

四、多栏式日记账会计组织核算程序的优缺点及适用范围

(一) 优点

多栏式日记账会计核算形式根据设置的多栏式日记账,对有关的业务内容进行汇总后登记总分类账,可以简化登记总分类账的核算手续,尤其是对于现金和银行存款业务,根据多栏式现金日记账和多栏式银行存款日记账直接登记总分类账的情况下,既可以简化登记总分类账上的工作量,又可以通过多栏式现金日记账和多栏式银行存款日记账清晰地反映现金和银行存款收付业务的来龙去脉。

(二) 缺点

如果会计主体的业务内容繁杂,多栏式日记账的页次会过多,致使账页过长,不便于记

账,也不便于会计核算的分工;尤其是在根据多栏式现金日记账和多栏式银行存款日记账登记总分类账的情况下,不便于现金和银行存款业务的核对。

(三) 适用范围

多栏式日记账会计核算形式一般适应于规模不大,业务内容比较简单,而且收付业务量较大但转账业务较少的单位。

五、多栏式日记账会计核算组织程序实例

仍以本章永华公司10月份的经济业务为例,说明多栏式日记账会计核算组织程序。

(一) 编制记账凭证

根据经济业务资料(代替原始凭证)分别编制收款、付款和转账凭证等记账凭证。如表9-2~表9-25所示。

(二) 登记日记账

根据收款凭证、付款凭证登记多栏式现金收入日记账、现金支出日记账、银行存款收入日记账和银行存款支出日记账。如表9-112~表9-115所示。

表9-112　　　　　　　　　现金收入日记账

第　页

2010年		凭证字号	摘要	应贷账户			余额
月	日			银行存款	收入合计	支出合计	
10	1		月初余额				2 250
	9	银付3	提现	80 000			
	23	银付6	提现	300			
			本月合计	80 300	80 300	80 400	2 150

表9-113　　　　　　　　　现金支出日记账

第　页

2010年		凭证字号	摘要	应借账户			支出合计
月	日			应付职工薪酬	管理费用		
10	1	现付1	支付工资	80 000			
	28	现付2	购纸张		400		
			本月合计	80 000	400		80 400

表 9-114 银行存款收入日记账

2010年		凭证字号	摘要	应贷账户						收入合计	支出合计	余额
月	日			短期借款	主营业务收入	应收账款	实收资本					
10	1		月初余额									75 750
	1	银收1	收到货款			30 000				30 000		
	8	银收2	销售收款		280 000					280 000		
	19	银收3	取得借款	69 000						69 000		
	20	银收4	收到货款			30 000				30 000		
	22	银收5	收到投资				40 000			40 000		
	31		本月发生额及期末余额	69 000	280 000	60 000	40 000			449 000	241 200	283 550

表 9-115 银行存款支出日记账

2010年		凭证字号	摘要	应借账户						支出合计
月	日			库存现金	其他应收款	应收账款	应付账款	短期借款	原材料	
10	1	银付1	偿还欠款				20 000			20 000
	6	银付2	偿还借款					40 000		40 000
	9	银付3	提现	80 000						80 000
	16	银付4	偿还欠款				90 000			90 000
	21	银付5	购买材料						10 000	10 000
	23	银付6	提现	300						300
	24	银付7	预借款		900					900
	31		本月发生额	80 300	900		11 000	40 000	10 000	241 200

（三）登记明细分类账

根据原始凭证和记账凭证登记有关的明细分类账。如表 9-28~表 9-31 所示。

（四）登记总分类账

根据多栏式日记账和转账凭证登记总分类账。如表 9-116~表 9-133 所示。

表 9-116　　　　　　　　　　　　　　总　　账

账户名称：库存现金　　　　　　　　　　　　　　　　　　　　　　　　第　页

2010 年		记账凭证		摘　要	借方	贷方	借或贷	余　额
月	日	字	号					
10	1			期初余额			借	2 250
	31			本期发生额	80 300	80 400	借	
	31			本月合计	80 300	80 400	借	2 150

表 9-117　　　　　　　　　　　　　　总　　账

账户名称：银行存款　　　　　　　　　　　　　　　　　　　　　　　　第　页

2010 年		记账凭证		摘　要	借　方	贷方	借或贷	余　额
月	日	字	号					
10	1			期初余额			借	75 750
	31			本期发生额	449 000	241 200		
	31			本月合计	449 000	241 200	借	283 550

表 9－118　　　　　　　　　　　总　账
账户名称：应收账款　　　　　　　　　　　　　　　　　　　　　　第　　页

2010 年		记账凭证		摘　要	借　方	贷　方	借或贷	余　额
月	日	字	号					
10	1			期初余额			借	110 000
	31			本期发生额		60 000	借	
	31			本月合计		60 000	借	50 000

表 9－119　　　　　　　　　　　总　账
账户名称：其他应收款　　　　　　　　　　　　　　　　　　　　　第　　页

2010 年		记账凭证		摘　要	借　方	贷　方	借或贷	余　额
月	日	字	号					
10	1			期初余额			借	4 000
	31			预借差旅费	900		借	4 900
	31			本月合计	900		借	4 900

表 9－120　　　　　　　　　　　总　账
账户名称：原材料　　　　　　　　　　　　　　　　　　　　　　　第　　页

2010 年		记账凭证		摘　要	借　方	贷　方	借或贷	余　额
月	日	字	号					
10	1			期初余额			借	120 000
	12	转	1	购进材料	75 000			195 000
	17	转	2	领用材料		60 000		135 000
	31			购进材料	10 000			145 000
	31			本月合计	85 000	60 000		145 000

表 9－121　　　　　　　　　　　总　账
账户名称：库存商品　　　　　　　　　　　　　　　　　　　　　　第　　页

2010 年		记账凭证		摘　要	借　方	贷　方	借或贷	余　额
月	日	字	号					
10	1			期初余额			借	290 000
	31	转	7	完工入库	83 200		借	373 200
	31	转	8	结转销售成本		210 000	借	163 200
	31			本月合计	83 200	210 000	借	163 200

表 9-122　　　　　　　　　　　　　　　　　总　账

账户名称：固定资产　　　　　　　　　　　　　　　　　　　　　　　　　　　　第　页

2010 年		记账凭证		摘　要	借　方	贷　方	借或贷	余　额
月	日	字	号					
10	1			期初余额			借	200 000
	18	转	3	收到投资	35 000		借	235 000
	31			本月合计	35 000		借	235 000

表 9-123　　　　　　　　　　　　　　　　　总　账

账户名称：累计折旧　　　　　　　　　　　　　　　　　　　　　　　　　　　　第　页

2010 年		记账凭证		摘　要	借　方	贷　方	借或贷	余　额
月	日	字	号					
10	1			期初余额			贷	80 000
	31	转	5	计提折旧费		2 000	贷	82 000
	31			本月合计		2 000	贷	82 000

表 9-124　　　　　　　　　　　　　　　　　总　账

账户名称：短期借款　　　　　　　　　　　　　　　　　　　　　　　　　　　　第　页

2010 年		记账凭证		摘　要	借　方	贷　方	借或贷	余　额
月	日	字	号					
10	1			期初余额			贷	81 000
	31	日		归还借款	40 000		贷	41 000
	31	日		取得借款		69 000	贷	110 000
	31			本月合计	40 000	69 000	贷	110 000

表 9-125　　　　　　　　　　　　　　　　　总　账

账户名称：应付账款　　　　　　　　　　　　　　　　　　　　　　　　　　　　第　页

2010 年		记账凭证		摘　要	借　方	贷　方	借或贷	余　额
月	日	字	号					
10	1			期初余额			贷	130 000
	12	转		购进材料		75 000	贷	
	31	日		偿还货款	110 000		贷	
	31			本月合计	110 000	75 000	贷	95 000
							贷	

表 9-126　　　　　　　　　　　总　账

账户名称：应付职工薪酬　　　　　　　　　　　　　　　　　　　　　　　　第　页

2010年		记账凭证		摘　要	借　方	贷　方	借或贷	余　额
月	日	字	号					
10	31	日		支付工资	80 000		借	80 000
	31	转	4	分配工资费用		80 000	平	0
	31			本月合计	80 000	80 000	平	0

表 9-127　　　　　　　　　　　总　账

账户名称：实收资本　　　　　　　　　　　　　　　　　　　　　　　　　　第　页

2010年		记账凭证		摘　要	借　方	贷　方	借或贷	余　额
月	日	字	号					
10	1			期初余额			贷	630 000
	18	转	3	收到投资		35 000	贷	665 000
	31	日		收到投资		40 000	贷	705 000
	31			本月合计		75 000	贷	705 000

表 9-128　　　　　　　　　　　总　账

账户名称：本年利润　　　　　　　　　　　　　　　　　　　　　　　　　　第　页

2010年		记账凭证		摘　要	借　方	贷　方	借或贷	余　额
月	日	字	号					
10	1			期初余额			贷	131 000
	31	转	9	结转收入		280 000	贷	410 000
	31	转	10	结转成本、费用	211 200		贷	199 800
	31			本月合计	211 200	280 000	贷	199 800

表 9-129　　　　　　　　　　　总　账

账户名称：生产成本　　　　　　　　　　　　　　　　　　　　　　　　　　第　页

2010年		记账凭证		摘　要	借　方	贷　方	借或贷	余　额
月	日	字	号					
10	1			期初余额			借	250 000
	17	转	2	领用材料	60 000		借	310 000
	31	转	4	分配工资费用	76 000		借	386 000
	31	转	6	结转制造费用	5 200		借	391 200
	31	转	7	产品完工入库		83 200	借	308 000
	31			本月合计	141 200	83 200	借	308 000

表 9-130

总　账

账户名称：制造费用　　　　　　　　　　　　　　　　　　　　　　　　　　　　　第　页

2010年		记账凭证		摘　要	借　方	贷　方	借或贷	余　额
月	日	字	号					
10	31	转	4	分配工资费用	4 000		借	4 000
	31	转	5	计提折旧费	1 200		借	5 200
	31	转	6	结转制造费用		5 200	平	0
	31			本月合计	5 200	5 200	平	0

表 9-131

总　账

账户名称：主营业务收入　　　　　　　　　　　　　　　　　　　　　　　　　　　　第　页

2010年		记账凭证		摘　要	借　方	贷　方	借或贷	余　额
月	日	字	号					
10	31	日		出售商品		280 000	贷	280 000
	31	转	9	结转收入	280 000		平	0
	31			本月合计	280 000	280 000	平	0

表 9-132

总　账

账户名称：主营业务成本　　　　　　　　　　　　　　　　　　　　　　　　　　　　第　页

2010年		记账凭证		摘　要	借　方	贷　方	借或贷	余　额
月	日	字	号					
10	31	转	8	结转销售成本	210 000		借	210 000
	31	转	10	转入本年利润		210 000	平	0
	31			本月合计	210 000	210 000	平	0

表 9-133

总　账

账户名称：管理费用　　　　　　　　　　　　　　　　　　　　　　　　　　　　　　第　页

2010年		记账凭证		摘　要	借　方	贷　方	借或贷	余　额
月	日	字	号					
10	31	日		购买复印纸	400		借	400
	31	转	5	计提折旧费	800		借	1 200
	31	转	10	结转管理费用		1 200	平	0
	31			本月合计	1 200	1 200	平	0

(五) 核对

现金日记账、银行存款日记账和各种明细分类账分别与总分类账定期进行核对。

在核对时,先把全部总分类账账户计算清楚,编制"总分类账户本期发生额和余额试算表",如表9-53所示;再编制"明细分类账户本期发生额和余额明细表",如表9-54、表9-55所示;然后再进行核对。

(六) 编制会计报表

根据总分类账、明细分类账及其他有关资料编制资产负债表、利润表、现金流量表等会计报表。如表9-56~表9-58所示。

第六节 日记总分类账会计组织核算程序

一、日记总分类账会计组织核算程序的特点

日记总分类账会计组织核算程序是根据记账凭证逐日登记日记总分类账的一种会计核算形式。设置日记总分类账是其会计核算形式的主要特点。

二、日记总分类账会计组织核算程序下凭证、账簿的格式及设置

凭证和账簿组织在日记总分类账会计核算形式下,除了设置日记总分类账外,会计凭证和其他账簿组织与记账凭证会计核算形式下的会计凭证和账簿组织相同。

日记总分类账的特点是既有日记账的特点,又有总分类账的作用,是将日记账同总分类账相结合的联合账簿。通过日记总分类账将所有分类账户都集中在一张总分类账页上,对所有的经济业务按发生的时间先后顺序进行序时记录,并且根据业务的性质,按账户的对应关系进行总分类登记。

日记总分类账的登记方法在现金日记账和银行存款日记账采用三栏式的情况下,应根据各种记账凭证逐日逐笔登记日记总分类账。在现金日记账和银行存款日记账采用多栏式的情况下,根据转账凭证逐日逐笔登记日记总分类账,并于月末根据多栏式现金日记账和银行存款日记账汇总登记日记总分类账,这种日记总分类账实质上是转账日记账同总分类账相结合的账簿。

三、日记总分类账会计组织核算程序的步骤

1. 根据原始凭证或原始凭证汇总表编制记账凭证;
2. 根据记账凭证中的收款凭证和付款凭证登记现金日记账和银行存款日记账;
3. 根据原始凭证、汇总原始凭证和记账凭证登记有关的明细分类账;
4. 根据各种记账凭证登记日记总分类账;

5. 将日记账和明细分类账同日记总分类账进行核对；

6. 根据日记总分类账和明细分类账编制会计报表。

日记总分类账会计组织核算程序的一般步骤如图9-23所示。

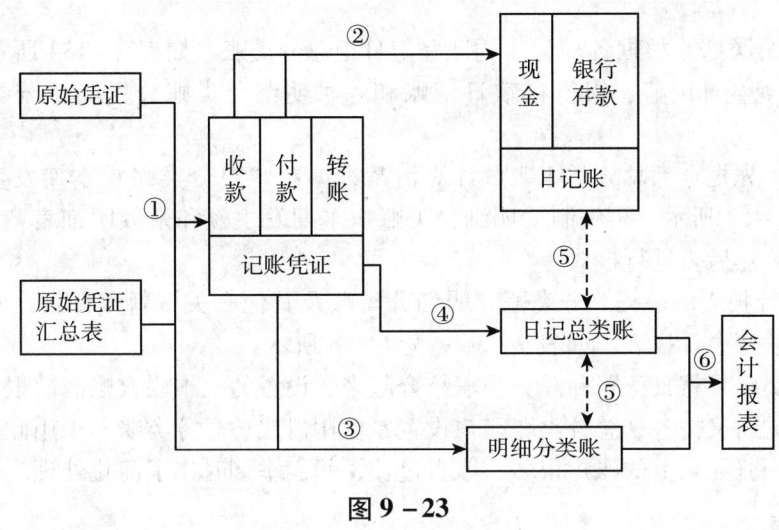

图 9-23

四、日记总分类账会计组织核算程序的优缺点及适用范围

(一) 优点

日记总分类账会计核算形式根据记账凭证直接登记日记总分类账，将日记账和分类账结合在一起简化了记账手续，而且日记总分类账将全部总分类账账户集中在一张账页上，反映每一经济业务的账户对应关系，便于检查账簿记录的正确性。

(二) 缺点

如果当会计账户较多时，日记总分类账的账页会过长，记账容易串行；另外，日记总分类账会计核算形式也不便于会计人员的分工和协作。

(三) 适用范围

日记总分类账会计核算形式一般适应于规模较小，业务比较简单，使用的会计账户也较少的单位。

五、日记总分类账会计核算组织程序实例

仍以本章永华公司10月份的经济业务为例，简要说明日记总分类账会计组织核算程序。

1. 编制记账凭证。根据经济业务资料（代替原始凭证）分别编制收款、付款和转账凭证等记账凭证。如表9-2~表9-25所示。

2. 登记日记账。根据收款凭证、付款凭证登记现金日记账、银行存款日记账。如表9-26、表9-27所示。

3. 登记明细分类账。根据原始凭证和记账凭证登记有关的明细分类账。如表9-28～表9-31所示。

4. 登记总分类账。根据各种记账凭证登记日记总分类账。如表9-134所示。

5. 核对。现金日记账、银行存款日记账和各种明细分类账分别与总分类账定期进行核对。

在核对时，先把全部总分类账账户计算清楚，编制"总分类账户本期发生额和余额试算表"，如表9-53所示，再编制"明细分类账户本期发生额和余额明细表"，如表9-54、表9-55所示，然后再进行核对。

6. 编制会计报表。根据总分类账、明细分类账及其他有关资料编制资产负债表、利润表、现金流量表等会计报表。如表9-56～表9-58所示。

日记总分类账是将日记账和总分类账结合起来，设置的一本联合账簿。根据记账凭证逐笔序时登记，同时又按各个总分类账账户设置专栏用以代替总分类账。采用此种会计核算组织程序，由于一张账页上的账户很多，账页过长，我们举例时作了简化处理。

【本章小结】

本章主要阐述了会计核算组织程序的概念、意义和基本要求，重点说明了当前企业、事业单位通常采用的3种基本的会计核算组织程序。

会计核算组织程序也称会计核算形式。是指账簿组织、记账程序和记账方法相互结合的方式。账簿组织是指账簿的种类、格式和各种账簿之间的相互关系；记账程序和记账方法是指从凭证的整理、填制，账簿的登记到编制会计报表的步骤和方法。合理、科学地确定会计核算组织程序是正确地组织会计核算工作的基础，也是会计制度设计的重要组成部分。对于加强会计核算方法之间的有效衔接、配合、规范会计核算组织程序工作，提高会计核算效率、保证核算质量、实现会计目标都具有重要的意义。由于凭证、账簿的形式、记账程序和记账方法相结合的方式不同，也就形成了各种不同的会计核算组织程序。目前，我国会计工作中应用的会计核算组织程序主要包括以下3种：记账凭证会计核算组织程序；科目汇总表会计核算组织程序；汇总记账凭证会计核算组织程序。

记账凭证会计核算组织程序是对发生的一切经济业务，都要根据原始凭证或原始凭证汇总表编制记账凭证，据已登记总分类账的一种会计核算组织程序。其主要特点是直接根据记账凭证逐笔登记总分类账。它是最基本的一种会计核算组织程序，其他各种会计核算组织程序都是在此基础上发展而来的科目汇总表会计核算组织程序，是指对发生的各种经济业务，根据原始凭证或原始凭证汇总表编制记账凭证，根据记账凭证定期编制科目汇总表，并据以登记总分类账的一种会计核算组织程序。它的主要特点是，根据记账凭证定期编制科目汇总表，再根据科目汇总表登记总分类账。

汇总记账凭证会计核算组织程序是指根据记账凭证定期编制汇总记账凭证，再根据汇总记账凭证登记总分类账的一种会计核算组织程序。这种会计核算组织程序也是在记账凭证会

表 9-134

日记总分类账
2010 年 10 月

2010年		凭证字号	摘要	库存现金		银行存款		应收账款		应付账款		短期借款		主营业务收入		…	所有者权益合计
月	日		发生额	借方	贷方	借方	贷方	借方	贷方	借方	贷方	借方	贷方	借方	贷方	…	
10		1	月初余额		2 250		75 750		110 000			130 000		81 000			
		1	偿还欠款 银付1	20 000				20 000			20 000						
		5	收到货款 银收1	300 000			30 000	40 000		30 000							
		6	还贷款 银付2	40 000									40 000				
		8	销售收款 银收2	280 000			280 000								280 000		
	31		本月发生额	80 300	2150	80 400	449 000	241 200		60 000	110 000	75 000	40 000	69 000	280 000		280 000
	31		月末余额				283 550		50 000			95 000		110 000			0

计核算组织程序的基础上发展起来的。它的特点表现为登记总分类账的依据是汇总记账凭证。

各种会计核算组织程序都有其优缺点和适用范围。

【中英文对照专业名词及术语】

会计核算组织程序	Accounting Procedure
记账凭证会计核算组织程序	Evidence for Keeping Account Accounting Procedure
科目汇总表会计核算组织程序	The subject Itemized Table Accounting Procedure
汇总记账凭证会计核算组织程序	Summary of Evidence for Keeping Account Accounting Procedure
多栏式日记账会计核算组织程序	Multi Column Journal Accounting Procedure

复习思考题

1. 什么是会计核算组织程序?
2. 如何合理组织会计核算组织程序?
3. 如何理解记账凭证会计核算组织程序的特点、步骤、优缺点和适用范围?
4. 如何理解科目汇总表会计核算组织程序的特点、步骤、优缺点和适用范围?
5. 如何理解汇总记账凭证会计核算组织程序的特点、步骤、优缺点和适用范围?

练习题

1. 假设某企业 2010 年 9 月 1 日各有关总分类账户余额如下:

库存现金	300	实收资本	340 000
银行存款	35 700	累计折旧	75 000
应收账款	30 000	短期借款	45 000
原材料	80 000	应付账款	20 000
生产成本	22 000	本年利润	5 000
库存商品	17 000		
固定资产	300 000		
合 计	485 000	合 计	485 000

有关明细分类账户的余额如下:

原材料　A 材料　　200 吨　　单价 300 元　　计 60 000 元
　　　　B 材料　　1 000 吨　单价 20 元　　　计 20 000 元
应付账款　中新工厂 18 000 元
　　　　　华联工厂 2 000 元

该企业 9 月份发生了以下经济业务:

(1) 9 月 2 日,收回中华企业前欠货款 30 000 元,存入银行;
(2) 9 月 4 日,以银行存款归还短期借款 45 000 元;

（3）9月6日，生产车间生产甲产品领用 A 材料50吨，单价300元，计15 000元；

（4）9月8日，收到外单位投入的固定资产计40 000元；

（5）9月10日，出售甲产品一批，货款10 000元，存入银行；

（6）9月11日，向中心工厂购进 A 材料50吨，单价300元，计15 000元，货款尚未支付；

（7）9月12日，以银行存款归还前欠中新工厂货款18 000元；

（8）9月14日，出售甲产品一批给光明工厂，货款30 000元尚未收到；

（9）9月15日，生产车间生产甲产品领用 B 材料500吨，价款10 000元；

（10）9月17日，向银行借入流动资金40 000元，存入银行；

（11）9月18日，用现金100元支付管理费用；

（12）9月19日，以银行存款归还前欠华联工厂的货款2 000元；

（13）9月20日，收到外单位投入流动资金100 000元，存入银行；

（14）9月24日，生产甲产品领用 A 材料100吨，价款30 000元；

（15）9月26日，以银行存款1 000元，支付管理费用；

（16）9月30日，分配生产甲产品生产工人工资费用20 000元，车间管理人员工资500元，厂部管理人员工资1 000元；

（17）9月30日，车间使用的固定资产提取折旧为1 000元，厂部使用固定资产提取折旧为1 000元；

（18）9月30日，将制造费用转入生产成本；

（19）9月30日，甲产品完工入库一批，结转其生产成本50 000元；

（20）9月30日，结转销售甲产品的生产成本32 000元；

（21）9月30日，计算结转销售产品的销售税金，税率为10%；

（22）9月30日，将有关的销售收入、销售成本、销售税金、管理费用转入"本年利润"账户。

要求：

（1）根据以上资料，开设有关的总分类账、现金日记账、银行存款日记账及"原材料"、"应付账款"明细分类账，（其他明细分类账从略），并登记初余额；

（2）根据9月份发生的经济业务，编制收款、付款、转账凭证（可用会计分录代替）；

（3）根据收款、付款凭证登记现金、银行存款日记账；

（4）根据有关的原始凭证（经济业务）和记账凭证登记开设的明细分类账（其他明细分类账从略）；

（5）根据各种记账凭证登记总分类账；

（6）计算有关账户的本期发生额和期末余额；

（7）编制试算平衡表；

（8）将总分类账与日记账、明细分类账进行核对；

（9）根据总分类账和明细分类账编制会计报表（略）。

2. 见上题资料。

要求：

（1）根据收款、付款、转账凭证编制科目汇总表；

（2）根据科目汇总表登记总分类账。

案例讨论题

武汉钢铁公司中不同的会计主体分别应用哪些会计核算组织程序？

第十章
会计规范与会计工作组织

【本章学习目的】 通过本章的学习,你能够知晓我国会计法律体系的构成,理解会计职业道德的内容和组织会计工作的意义和基本原则,掌握会计职业道德教育获取的途径、会计机构的设置、人员的配备的规则和会计档案的保存方法等内容。

【案例导引】

即将大学毕业的张华,在一次聚会上,听到朋友们在热议当前会计工作中遇到的几种现象:

现象一:会计人员看人办事:"官大办得快,官小办得慢,无官拖着办。"

现象二:会计人员"站得住的顶不住,顶得住的站不住",领导怎么说,我就怎样做,只要领导高兴,原则变成"圆则"。

现象三:会计人员常与钱物打交道,"常在河边走,就是不湿鞋",只要坚持"不犯罪"的底线就够了。

上述三种现象你怎样看?

第一节 会计法律规范

会计法律规范是国家权力机关和行政机关制定的各种有关会计工作的规范性文件的总称。会计法律规范是调整会计机构和会计人员在办理会计事务过程中以及国家在管理会计工作过程中发生的会计关系的法律规范,是保证会计工作健康、有序进行,保证会计信息质量的武器。

我国会计法律体系主要由四个层面构成:

第一层次:会计法律。会计法律是全国人民代表大会及其常委会经过立法程序制定的会计法律。例如,1999年10月31日九届全国人大常委会第十二次会议修订通过的《中华人民共和国会计法》。它是会计法律制度中层次最高的法律规范,是制定其他会计法规的依据，也是指导会计工作的最高准则。

第二层次：会计行政法规。会计行政法规是国务院或者国务院委托有关部门拟定并经国务院批准的法律规范，是调整经济生活中某些方面会计关系的法律规范。会计行政法规的制定依据是《中华人民共和国会计法》。例如，1990年12月31日国务院颁布的《总会计师条例》，2000年6月国务院颁布的《企业财务会计报告条例》，以及经国务院、财政部发布的《企业会计准则》、《事业单位会计准则》等。

第三层次：国家统一的会计制度。国家统一的会计制度是国务院财政部根据《中华人民共和国会计法》制定的进行会计工作所应遵循的规则、方法和程序的总称，包括会计规范性文件和会计部门规章。会计规范性文件是指主管全国会计工作的行政部门即国务院财政部门以文件形式印发的制度办法。例如，2000年财政部颁布的《企业会计制度》（现上市公司已停止使用）、《企业会计制度》、《会计基础工作规范》、《会计从业资格管理办法》，财政部与国家档案局联合发布的《会计档案管理办法》以及2006年2月15日财政部印发的《企业会计准则第1号——存货》等38项具体准则及2006年10月30日印发的《企业会计准则——应用指南》等。会计规范性文件的制定依据是会计法律、会计行政法规和会计规章。会计部门规章是根据《中华人民共和国立法法》规定的程序，由财政部制定，并由部门首长签署命令予以公布的制度办法，例如，2000年5月以财政部第26号部长令签发的《会计从业资格管理办法》、2001年2月20日以财政部第10号部长令签发的《财政部门实施会计监督办法》和2006年2月15日以财政部第33号部长令签发的《企业会计准则——基本准则》等。

第四层次：地方性会计法规。地方性会计法规是由各省、自治区、直辖市人民代表大会及其常务委员会在与宪法、会计法、会计行政法规不相抵触的前提下制定的适用于本行政区域内的会计规范性文件。

一、会计法

《会计法》全称《中华人民共和国会计法》，是就我国会计工作的主要方面作出规定的法律规范，是我国会计工作的根本大法，是制定各项会计法规的基本依据。《会计法》的立法宗旨是规范会计行为，保证会计资料真实、完整，加强经济和财务管理，提高经济效益，维护社会主义市场的经济秩序。

（一）会计法的历史沿革

1979年8月11日财政部会计制度司研究形成会计法起草大纲，并起草第一稿《中华人民共和国会计法（供讨论草稿）》，之后由会计、法律专家、教授以及部分财会部门会计管理工作者、基层单位会计人员成立会计法草案起草小组进行会计法草案的起草，几经审议和修改后，于1985年1月21日第六届全国人民代表大会常务委员会第九次会议通过了《中华人民共和国会计法》，从1985年5月1日起施行。《中华人民共和国会计法》共6章31条，这是新中国的第一部会计法，标志着我国的会计工作从此走上了法治的轨道。

1993年12月29日第八届全国人民代表大会常务委员会第五次会议审议通过《关于修

改〈中华人民共和国会计法〉的决定》，中华人民共和国第17号主席令公布，自公布之日起执行。

随着改革开放的扩大和社会主义市场经济向纵深发展，会计法已难以适应形势的变化和国家加强宏观经济调控的要求。1999年5月25日，朱镕基总理主持召开第十八次国务院常务会议，讨论并原则通过了《中华人民共和国会计法（修订草案）》。10月31日，第九届全国人大常委会第十二次会议修订通过《中华人民共和国会计法》。修订后的会计法自2000年7月1日起施行。

（二）会计法的主要内容

修订后的《会计法》共有7章52条。内容包括总则，会计核算，公司、企业会计核算的特别规定，会计监督，会计机构和会计人员，法律责任及附则。在本部分仅阐述会计核算的有关内容，会计监督、会计机构和会计人员的有关内容在将在后面两节进行介绍，在此不再展开。《会计法》全文见附录。

1. 会计核算的内容。下列经济业务事项，应当办理会计手续，进行会计核算：
（1）款项和有价证券的收付；
（2）财物的收发、增减和使用；
（3）债权债务的发生和结算；
（4）资本、基金的增减；
（5）收入、支出、费用、成本的计算；
（6）财务成果的计算和处理；
（7）需要办理会计手续、进行会计核算的其他事项。

2. 会计核算的特别规定。公司、企业进行会计核算不得有下列行为：
（1）随意改变资产、负债、所有者权益的确认标准或者计量方法，虚列、多列、不列或者少列资产、负债、所有者权益；
（2）虚列或者隐瞒收入，推迟或者提前确认收入；
（3）随意改变费用、成本的确认标准或者计量方法，虚列、多列、不列或者少列费用、成本；
（4）随意调整利润的计算、分配方法，编造虚假利润或者隐瞒利润；
（5）违反国家统一的会计制度规定的其他行为。

二、会计准则

会计准则也称会计原则，是从会计理论到会计方法和程序的一种指导思想。它是处理会计工作的规范，也是评价会计信息质量的标准。会计准则包括企业会计准则和非企业会计准则。非企业会计准则是企业之外的其他单位使用的会计准则。如我国1997年5月28日发布，1998年1月1日起试行的《事业单位会计准则（试行）》。在本章中着重讲解企业会计准则。

(一) 企业会计准则的历史沿革

为了实现与国际惯例接轨,1992年11月30日国务院财政部发布了我国首个企业会计准则《企业会计准则——基本准则》,要求企业从1993年7月1日起实施。标志着我国深刻的会计改革拉开了序幕。之后,财政部陆续颁布了16项具体会计准则。如:1998年3月20日发布的《企业会计准则——现金流量表》等。

21世纪,世界经济以经济全球化和资本的跨国界流动为特征,原有的会计准则在实施十多年后已经不能适应当前经济、法律环境的变化,已经不能更好地服务于社会主义市场经济的发展。同时,也为了实现与国际惯例的进一步趋同,对完整的会计准则体系的建立已迫在眉睫。2003年,会计准则委员会成功地进行了换届改组,正式启动了新会计准则的制定工作。2005年,会计准则的制定工作进入提速阶段,财政部先后发布了6批共22项会计准则的征求意见稿,此外,对现行的1997~2001年期间颁布的16项具体会计准则,也进行了全面的梳理、调整和修订。2006年2月15日,财政部正式颁布了总计39项会计准则,从2007年1月1日起开始实施。新企业会计准则体系主要由1项企业会计基本准则和38项企业会计具体准则组成。无论在形式上还是在实质内容上都实现了既保持"中国特色",又与国际财务报告标准的趋同,广泛采用了国际上通用的概念、原则和方法,并体现了会计信息的决策有用性和可靠性。

(二) 基本会计准则的主要内容

基本准则是概括组织会计核算工作的基本前提和基本要求,是说明会计核算工作的指导思想、基本依据、主要规则和一般程序。企业会计的账务处理程序、方法等都必须符合基本准则的要求。基本会计准则还是制定具体准则的主要依据和指导原则。具体准则涉及会计核算的具体业务,它必须体现基本准则的要求才能保证各具体准则之间的协调性、严密性及科学性。

我国企业会计准则体系中,基本准则属于部门规章,是由财政部于2006年2月15日以第33号部长令签发的;具体准则、应用指南和解释属于规范性文件;2007年11月16日和2008年8月7日财政部又分别印发了第1号和第2号企业会计准则解释。

新基本会计准则共11章50条。具体包括总则、会计信息质量要求、资产、负债、所有者权益、收入、费用、利润、会计计量、财务会计报告、附则等内容。大致可分为六个部分。

第一部分:总则

在此部分基本会计准则规定了适用范围、组成部分、财务会计报告的目标、会计基本假设、会计要素、会计核算基础、记账方法。

第二部分:会计信息质量要求

规定了所提供的会计信息应满足可靠性、相关性、可理解性、可比性、实质重于形式、重要性、谨慎性、及时性8个方面的要求。

第三部分:会计要素

分别给出了各要素的定义和确认条件。

第四部分：会计计量

指出了会计计量的定义，以及历史成本、重置成本、可变现净值、现值、公允价值五种计量属性。

第五部分：财务会计报告

指出了财务会计报告的定义和组成。财务会计报告包括：会计报表及其附注和其他应当在财务会计报告中应当披露的相关信息和资料。而会计报表至少包括资产负债表、利润表和现金流量表。小企业可以不编现金流量表。

第六部分：附则

规定了会计基本准则的解释权归属财政部以及开始施行时间为2007年1月1日。

第二节 会计职业道德规范

会计职业道德规范是指从事会计职业的人们在共同的职业兴趣、爱好、习惯、心理基础上形成的思想和行为方面的道德规范，如会计的职业责任、职业纪律等。

会计工作能否提供客观、公正的会计信息，能否对本单位经济活动的合法性、合规性、真实性进行监督，在很大程度上取决于会计人员在会计工作中是否遵守会计职业道德规范，按会计法律和会计准则的要求进行。会计职业道德规范贯穿于会计工作的所有领域和整个过程，着重点在于调整会计领域人与人之间、人与社会之间的关系，它的实现依靠人们内心的观念、惯例、传统、社会教育以及舆论的压力。

会计职业道德是会计人员在会计工作中应当遵循的道德规范。它是调整会计人员与国家、会计人员与不同利益和会计人员相互之间的社会关系及社会道德规范的总和，是基本道德规范在会计工作中的具体体现。它既是会计工作要遵守的行为规范和行为准则，也是衡量一个会计工作者工作好坏的标准。《会计法》第三十九条规定："会计人员应当遵守职业道德，提高业务素质。"这是对会计人员职业道德教育问题的规定，也是修订后的《会计法》在原《会计法》第二十三条关于"会计人员应当具备必要的专业知识"规定的基础上充实、强化的一项重要内容。

一、会计职业道德规范的职能

（一）调节职能

对于会计道德来说，调节是其基本职能。会计道德的调节职能是指会计道德具有纠正人们的会计行为和指导社会经济实践活动的功能。目前，我国仍处于社会主义的初级阶段，会计工作仍然存在着复杂的关系和矛盾，突出表现在会计人员之间、会计人员与其他工作人员之间、会计人员与企业、国家之间的关系上；表现在会计管理部门和基层单位之间、会计工作的负责人和一般职员之间的关系上。以上如此众多的关系和矛盾，除了依照国家颁布的财经会计法规调解解决外，还必须运用会计道德进行调解解决，从而理顺会计工作中人与人之间的关系，建立正常的工作秩序。

（二）导向职能

在社会经济生活中，会计道德就扮演着指导人们会计行为方向的"向导"的角色。会计道德的导向职能是指可以通过会计道德指导社会公民和会计人员自愿地选择有利于消除各种矛盾、调整相互关系的会计道德的行为，避免相互之间矛盾的产生与扩大，解决与缓和已产生的矛盾，改善会计领域内人与人之间、个人与国家之间的关系，促使会计人员协调一致、保质保量、及时地完成会计工作。同时，会计道德通过社会舆论和会计人员的职业道德表现，影响和引导会计科学发展的方向。会计领域中大量的事实表明，进步高尚的会计道德能够促进和影响会计科学研究沿着有利于社会的方向发展。

（三）教育职能

会计道德教育职能是指会计道德具有通过造成社会舆论、形成会计道德风尚、树立会计道德榜样等方式来深刻影响人们的会计道德观念和会计道德行为，培养人们的会计道德习惯和会计道德品质。其重大意义在于，会计道德教育职能可以启迪人们的会计道德觉悟，培养人们实践会计道德行为的自觉性和主动性。

（四）认识职能

会计道德认识职能是指能够通过会计道德判断、会计道德标准和会计道德理论等形式，反映会计人员与他人、与社会的关系，向人们提供进行会计道德选择的知识。会计道德认识职能的直接意义，是能够帮助人们提高对于会计、会计学、会计工作、会计地位、会计人员等一系列重大问题的正确认识水平，为实践会计道德行为作认识准备。

（五）促进职能

会计道德对提高社会道德水准有着强大的能量，会产生积极的影响。这主要表现在：

一方面，会计道德通过会计人员参加各种社会活动直接影响社会道德。因为会计人员确立了社会主义会计道德观念，并将其转化为自己的内心信念、义务感和职业荣誉感。这样，在职业生活和社会生活中就能正确处理个人与个人、个人与社会的关系，自觉约束自己的行为，避免和减少与他人、社会的矛盾冲突，而且还能通过道德活动，对社会公共生活中的道德行为加以褒奖，对非道德行为予以揭露，从而形成强大的社会舆论，影响社会公共生活。

另一方面，会计道德通过会计人员与服务对象的接触和联系，间接地影响社会道德。会计人员在理财过程中讲究会计道德，就可以以高尚的、有利于他人与社会的态度和行为去待人接物、办事处世，以优质服务和严格管理取信于民，在广大人民群众中展现自己的好作风、好风格、好品德。这样一来，直接与会计人员发生工作联系的服务对象就可以从中受到教育和启迪，还会自然而然地将他们的高尚会计道德传播到社会中去。

二、会计职业道德规范的特征

会计道德是从社会与经济生活之内的会计活动中提炼出来的,会计工作的特征必然对应于会计道德与职业道德的特征。具体说,会计道德的特征具体体现在以下几个方面:

(一) 内容的一致性

在我国会计工作已成为社会经济工作的重要组成部分,会计人员的个人利益、职业利益和社会利益是一致的。会计人员的职业活动不是为了个人利益,他们受国家或集体的委托从事会计工作,其目的是为了满足社会和人民群众的需要,故个人利益能在社会和人民需要中实现。因此,会计工作的目的与会计道德对会计人员的行为要求是一致的。

(二) 法律的制约性

会计职业道德与会计法规有着诸多职能上的区别。前者要求会计人员"应该怎么做",是一种道德意识的内心的信念;而后者要求会计人员"必须怎样做",是一种对禁止性后果的确认,是一种外在的强制力量。但应该看到,会计道德主要通过《会计基础工作规范》等形式和其他规章制度被固定下来,从而也含有"必须这样做"的内在规定性,使会计道德具有一定的法律约束性。

(三) 稳定的连续性

会计道德在内容上与会计工作时间是紧密结合的。在长期的会计工作中,会形成一种比较成熟的职业品质,并且在一个较长时间内这些道德的性质和方向保持不变。如任何社会的会计人员都希望自己正直廉洁,而这一点很少成为其他职业者的标准。会计人员这种行为方向的稳定性决定了会计道德的连续性,这种连续性表现为世代的会计传统、会计习惯和会计风格,正是这种稳定连续性使会计实现由低级向高级、有不完善向完善的方向发展和演进。

(四) 广泛的渗透性

从纵向来看,会计道德随着会计行为贯穿人类社会的始终,渗透到人类社会的各个发展阶段。从横向来看,会计道德渗透到同一历史时期的各个国家和地区,渗透到各个工商企业、行政单位、事业团体以及每一个独立核算单位,对这些单位的会计工作产生重大影响。会计道德还渗透到每个公民,特别是渗透到会计人员的头脑中去,形成他们的会计道德意识,培养他们的会计道德习惯,从而达到规范他们行为的目的。

(五) 经济的实践性

与其他道德相比,会计道德与社会经济实践活动总是密切联系在一起的。有经济活动的地方,就存在会计道德。会计道德起源于总结与经济实践,又作用于、运用于会计实践。会计道德对于经济实践来说,是保证社会再生产过程有效运行的最有价值、最"经济"的工具。会计道德不必消耗物资材料,不必开展大规模活动,不必花费大量成本,只需武装人们的思想观点，即可自发约束人们的心灵。

三、会计职业道德规范的主要内容

我国会计职业道德规范的主要内容包括8个方面：爱岗敬业、诚实守信、廉洁自律、客观公正、坚持准则、提高技能、参与管理和强化服务。

（一）爱岗敬业

1. 含义。热爱本职工作，这是做好一切工作的出发点。会计人员只有为自己建立了这个出发点，才会勤奋、努力钻研业务技术，使自己的知识和技能适应具体从事的会计工作的要求。

爱岗敬业包含"爱岗"和"敬业"两方面的要求。爱岗就是会计人员热爱本职工作，安心本职岗位，在任何时候、任何场合下都要做到忠于职守、尽职尽责。敬业，就是从事会计职业的人员充分认识到会计工作在国民经济中的地位和作用，以从事会计工作为荣，敬重会计工作，认真地对待本职工作，将身心与本职工作融为一体，具有献身于会计工作的决心。

爱岗敬业就是热爱会计工作、安心本职岗位、忠于职守、尽心尽力、尽职尽责。如果错误地认为会计不过是"打打算盘数数钞，写写数字填填表"的琐碎工作，就会产生消极懒惰的思想；如果错误地认为会计是人人必求的工作，就会导致办事拖沓的官僚主义作风的滋生；如果错误地认为"会计难当，职权难用，成绩难见，违纪难免"，就可能出现渎职甚至腐败现象。只有正确地认识会计本质、会计工作的重要性，爱岗敬业才有坚实的思想基础。

2. 基本要求。爱岗敬业是会计人员做好本职工作的基础和条件，是会计人员应具备的基本道德素质。爱岗敬业对会计人员的基本要求是：

（1）正确认识会计职业，树立爱岗敬业的精神。会计人员只有正确地认识会计本质，明确会计在经济管理工作中的地位和重要性，树立职业荣誉感，才有可能去爱岗敬业。这是做到爱岗敬业的前提，也是首要要求。

（2）热爱会计工作，敬重会计职业。热爱一项工作首先就意味着对这份工作有一种职业的荣誉感、自信心和自尊心；其次是对这份工作抱有浓厚的兴趣，把职业生活看成是一种乐趣。于是频繁的、甚至是锁粹的日常工作就成为生活中不可缺少的内容，并且能够在工作中时时去感受它的乐趣。

（3）安心工作、任劳任怨。无论是主动还是被动选择了会计职业，都应该热爱它、维护它、干好它。只有真正热爱会计工作，任劳任怨，才能增强从事会计职业的光荣感和责任感，才能无条件地忠诚于会计事业。

（4）严肃认真、一丝不苟。会计工作是一项严肃细致的工作，绝不能有"都是熟人不会错"的麻痹思想和"马马虎虎"的工作作风。对一些凭证、账簿、报表的填制和审核，必须严肃认真，把好关，守好口，不仅要求数字计算准确，手续清楚完备，还要将严肃认真、一丝不苟的职业作风贯穿于会计工作的始终。

（5）忠于职守、尽职尽责。忠于职守具体表现为会计人员对自己应承担的责任和义务所表现出的一种责任感和义务感,这种责任感和义务感包含两方面的内容:一是社会或他人对会计人员规定的责任;二是会计人员对社会或他人所负的道义责任。

(二) 诚实守信

1. 含义。诚实是指言行跟内心思想一致,不弄虚作假、不欺上瞒下,做老实人、说老实话、办老实事。守信就是遵守自己所作出的承诺,讲信用,重信用,信收诺言,保守秘密。诚实守信是做人的基本准则,是人们在古往今来所的交往中产生出的最基本的道德规范,也是会计职业道德的精髓。

诚实守信具有内在的因果联系,一般来说,诚实即为守信,守信就是诚实。有诚无信,道德品质得不到推广和延伸;有信无诚,信就失去了根基,德就失去了依托。

2. 基本要求。要做到会计诚信,就是要按照会计职业道德的基本要求,依法、规范、认真履行职责:

(1) 做老实人,说老实话,办老实事,不搞虚假。言行一致,表里如一,光明正大;是一说一、是二说二,不夸大,不缩小,不隐瞒,如实反映和披露单位经济业务事项;工作踏踏实实,不弄虚作假,不欺上瞒下。

(2) 实事求是,如实反映。从会计工作的实际出发,如实反映单位经济业务活动情况,不做假账,保证会计信息真实可靠。

(3) 保守秘密,不为利益所诱惑。会计资料是一个单位财务状况和财务经营的综合反映,而会计资料中的许多内容,往往涉及公司、企业、事业单位、社团等经济组织的资金投向、技术开发目标、提高市场竞争力的措施等商业秘密,涉及上市公司的内幕信息,涉及国家机关等国家机器组成单位的经济、政治、科研、国防等国家机密。这些商业秘密和国家机密,关系到经济组织的发展和国家安全、社会稳定,依法受到保护,不得随意泄露、传播,否则将给各经济组织和国家利益带来极为严重的影响。而会计人员由于会计工作性质的原因,有机会了解或者掌握重要的商业机密,因此会计人员应当保守本单位的商业秘密,除法律规定和单位负责人同意外,不能私自向外界提供或者泄露单位的会计信息,必须严守秘密。泄密是一种不道德行为,会计人员应当确立泄露商业秘密为大忌的观念,对于自己知悉的内部机密,在任何时候、任何情况下都严格保守,不能随意向外界泄露商业秘密。如有违反,应承担相应的法律责任。

(三) 廉洁自律

1. 含义。廉洁就是不贪污钱财,不收受贿赂,保持清白。自律是指自律主体按照一定的标准,自己约束自己、自己控制自己的言行和思想的过程。自律的核心就是用道德观念自觉抵制自己的不良欲望。

会计工作的特点决定了廉洁自律是会计职业道德的前提,也是会计职业道德的内在要求,也是会计职业声誉的"试金石"。廉洁自律,要求会计人员公私分明、不贪不占、遵纪守法、清正廉洁。

会计人员的廉洁是会计职业道德自律的基础,而自律是廉洁的保证。会计人员必须既廉洁又自律，二者不可偏废。

2. 基本要求

（1）树立正确的人生观和价值观。廉洁自律，首先要求会计人员必须加强世界观的改造，树立正确的人生观和价值观。人生观是人们对人生目的和意义的总的观点和看法。价值观是人们对于价值的根本观点和看法，它是世界观的重要组成部分，包括对价值的本质、功能、创造、认识、时限等一系列问题的基本观点和看法。会计人员应以马克思主义、毛泽东思想、邓小平理论、"三个代表"重要思想为指导，树立科学的人生观和价值观，自觉抵制享乐主义、个人主义、拜金主义等错误的思想。

（2）公私分明，不贪不占。公私分明就是实施严格划分公与私界限，公是公，私是私。如果公私分明，就能够廉洁奉公、一尘不染，坚持不义之财不取，在金钱面前不动摇，非己所属，眼不红、手不痒、不贪不占，依法规范履行职责，严格划分公与私的界限，公是公，私是私。切实做到："常在河边走，就是不湿鞋"。如果公私不分，就会出现牟私和腐败现象，甚至出现违法违纪行为。

（四）客观公正

1. 含义。客观是指按实物的本来面目去反映，不掺杂个人的主观意愿，也不为他人意见所左右。对会计职业活动而言，客观主要包含两层含义：一是真实性，以实际发生的经济业务为依据，对会计事项进行确认、计量、记录和报告；二是可靠性，即会计核算要准确，记录要可靠，凭证要合法。公正就是平等、公平正直，没有偏失。但公正是相对的，世上没有绝对的公正。对会计职业活动而言，公正就是要求各企、事业单位管理层和会计监督工作，即在履行会计职能时，摒弃单位、个人私利，公平公正，不偏不倚地对待相关利益各方。客观公正是会计职业道德所追求的理想目标。

2. 基本要求。

（1）依法办事。认真遵守法律法规，依法办事，是会计工作保证客观公正的前提。当会计人员有了正确的态度和专业知识技能之后，必须根据《会计法》、《企业会计准则》、《企业会计制度》等法律、法规和制度的规定进行会计业务处理，并对复杂疑难的经济业务，作出客观的会计职业判断，保证所提供的会计信息合法、真实、准确、及时、完整。而会计信息的合法、真实、准确、及时和完整，不但体现在会计凭证和会计账簿的记录上，还体现在财务报告上，使单位外部的投资者、债权人、社会公众以及社会监督部门能依照法定程序得到可靠的会计信息资料。要做到这一点并不容易，但会计人员的职业道德要求这样做，会计人员应该继续在这一点上树立自己职业的形象和职业人格的尊严，敢于抵制歪风邪气，同一切违法乱纪的行为作斗争。

（2）实事求是、不偏不倚。会计人员开展工作时客观公正应贯穿于会计活动的整个过程。一是在处理会计业务的过程中或进行职业判断时，应保持客观公正的态度，实事求是、不偏不倚；二是指会计人员对经济业务的处理结果是公正的。

（3）保持独立性。会计人员对会计业务的处理、对会计政策和会计方法的选择，以及对财务会计报表的编制、披露和评价，都必须独立进行职业判断，做到客观、公平、理智、诚实。保持会计人员的独立性,对于注册会计师行业尤为重要。

(五)坚持准则

1. 含义。这里所说的"准则"不仅指会计准则,而且包括会计法律、法规、国家统一的会计制度以及与会计工作相关的法律制度。

坚持准则,是指会计人员在处理业务过程中,要严格按照会计法律制度办事,不为主观或他人意志所左右,这是财会人员职业道德规范的重中之重。会计人员在进行核算和监督过程中,只有坚持准则,才能以准则作为自己的行动指南,在发生道德冲突时,应坚持准则,以维护国家利益、社会公众利益和正常的经济秩序。为此,要求财会人员必须具备高度的政治责任感,牢固树立财经法制意识,时刻保持清醒的头脑。

2. 基本要求。

(1)熟悉准则。熟悉准则是指会计人员应了解和掌握《中华人民共和国会计法》、《企业会计准则》和国家统一的会计制度及与会计相关的法律制度,这是遵循准则、坚持准则的前提。

(2)遵循准则。遵循准则即执行准则。准则是会计人员开展会计工作的外在标准和参照。会计人员在会计核算和监督时要自觉地严格遵守各项准则,将单位具体的经济业务事项与准则相对照,先作出是否合法合规的判断,对不合法的经济业务不予受理。

(3)坚持准则。会计人员应认真执行《企业会计准则》和国家统一的会计制度,依法履行会计监督职责,发生道德冲突时,应坚持准则,对法律负责,对国家和社会公众负责,敢于同违反会计法律法规和财务制度的现象作斗争,确保会计信息的真实性和完整性。

(六)提高技能

1. 含义。提高技能是指会计人员通过学习、培训和实践等途径,持续提高会计职能技能,以达到和维持足够的专业胜任能力的活动。遵守会计职业道德客观上需要不断提高会计职业技能。

职业技能,也可称为职业能力,是人们进行职业活动,承担职业责任的能力和手段。就会计职业而言,职业技能包括会计理论水平,会计实务操作能力,职业判断能力,自动更新知识能力,提供会计信息的能力,沟通交流能力以及职业经验等。

会计工作是一门专业性和技术性很强的工作,从业人员必须"具备一定的会计专业知识和技能",才能胜任会计工作,才能够勤勉、谨慎地运用其知识、技能和经验,善于根据客观环境作出正确的职业判断,如选择恰当的会计政策、作出合理的会计估计等。并且会计人员只有不断学习,才能保持持续的专业胜任能力、职业判断能力和交流沟通能力,不断提高会计专业技能,以适应我国深化会计改革和会计国际化的要求。

2. 基本要求。

(1)具有不断提高会计专业技能的意识和愿望。会计人员要想在激烈的竞争中生存和发展,就必须具有不断提高会计专业技能的意识和愿望,才能不断进取,才会主动地求知、求学,刻苦钻研,使自身的专业技能不断提高,使自己的知识不断更新,从而掌握过硬的本领，在会计人才的竞争中立于不败之地。

（2）具有勤学苦练的精神和科学的学习方法。谦虚好学、刻苦钻研、锲而不舍，是练就高超的专业技术和过硬本领的唯一途径，也是衡量会计人员职业道德水准高低的重要标志之一。

（七）参与管理

1. 含义。参与管理简单地讲就是参加管理活动，为管理者当参谋，为管理活动服务。会计管理是企业管理重要组成部分，在企业管理中具有十分重要的作用。但会计工作的性质决定了会计在企业管理活动中更多的是从事间接管理活动。参与管理就是要求会计人员积极主动地向单位领导反映本单位的财务、经营状况以及存在的问题，主动提出合理化建议，积极地参与市场调研和预测，参与决策方案的制订和选择，参与决策的执行、检查和监督，为领导的经营管理和决策活动当好参谋和助手。

2. 基本要求。

（1）努力钻研业务，熟悉财经法规和相关制度，提高业务技能，为参与管理打下基础。会计人员应当努力钻研业务，使自己的知识和技能适应所从事工作的要求。只有具备娴熟的业务能力和精湛的技能，才能更好地参与管理，为改善经营管理、提高经济效益服务。会计人员应当熟悉并深刻领会财经法律、法规、规章，广泛宣传有关会计规章制度，充分利用掌握的会计信息去分析单位的管理，找出问题和薄弱环节，为单位管理决策提供专业支持。

（2）熟悉服务对象的经营活动和业务流程，使参与管理的决策更具针对性和有效性。会计人员应当熟悉本单位的生产经营、业务流程和管理情况，掌握单位的生产经营能力、技术设备条件、产品市场及资源状况等情况，结合财会工作的综合信息优势，积极参与预测，有针对性地拟定可行性方案，参与优化决策。对计划、预算的执行，要充分利用工作的优势，积极协助、参与监控，为改善单位内部管理、提高经济效益服务。

（八）强化服务

1. 含义。强化服务就是要求会计人员具有文明的服务态度、强烈的服务意识和优良的服务质量。服务态度是服务者的行为表现，"文明服务，以礼待人"，不仅仅是对服务行业提出道德的要求，而是对所有职业活动提出的道德要求。在我们的社会生活中，各岗位上的就业者都处于服务他人和接受他人服务的地位。在接受他人的过程中，人们承担对他人的责任和义务的同时，也接受他人的服务。

强化服务的结果，就是奉献社会。任何职业的利益、职业劳动者个人的利益都必须服从社会的利益、国家的利益。如果说爱岗敬业是职业道德的出发点，那么强化服务、奉献社会就是职业道德的归宿点。

2. 基本要求。

（1）强化服务意识。会计人员要树立强烈的服务意识，为管理者服务、为所有者服务、为社会公众服务、为人民服务。

（2）提高服务质量。会计人员在会计工作中提供上乘的服务质量，并非是无原则地满足服务主体的需要，而是在坚持原则、坚持准则的基础上尽量满足用户或服务主体的需要。会计人员提高服务质量要不断地开拓创新。

《会计基础工作规范》要求财政部门、业务主管部门和各单位应当定期检查会计人员遵守职业道德规范的情况，并作为会计人员晋升、晋级、聘任专业职务、表彰奖励的重要考核依据。会计人员违反职业道德的，由所在单位进行处罚；情节严重的，由会计发证机关吊销其会计证。

四、会计职业道德教育形式

实现以"诚信"为核心的会计职业道德目标，必须要多管齐下，开展全方位、多形式、多渠道的会计职业道德教育，从而有利于逐步培养会计人员的会计职业道德情感，树立会计职业道德观念，提高会计职业道德水平，使会计职业健康发展。

会计职业道德教育的主要形式包括接受教育和自我教育。

（一）接受教育

接受教育即外在教育，是指通过学校或培训单位对会计从业人员进行以职业责任、职业义务为核心内容的正面灌输，以规范其职业行为，维护国家和社会公众利益的教育。接受教育具有导向作用，行业部门或行业协会通常是职业道德教育的组织者，由其对从业人员开展正面职业道德教育和灌输；接受教育是一种被动学习、被动授受教育。

（二）自我教育

自我教育是内在教育，是从业人员自我学习、自我改造、自身道德修养的行为活动。自我教育是把外在的职业道德的要求，逐步转变为会计从业人员内在的职业道德情感、职业道德意志和职业道德信念。要大力提倡和引导会计人员自我教育，在社会实践中不断地加强职业道德修养，养成良好的道德行为，从而实现道德境界的升华。

五、会计职业道德教育内容

（一）会计职业道德观念教育

就是在社会上广泛宣传会计职业道德基本常识，使广大会计人员懂得什么是会计职业道德，了解会计职业道德对社会经济秩序、会计信息质量的影响，以及违反会计职业道德将受到的惩戒和处罚。并利用广播电视、报纸杂志等媒介，表彰坚持原则、德才兼备会计人员，鞭笞违法违纪的会计行为。形成遵守职业道德光荣，违反职业道德可耻的社会氛围。

（二）会计职业道德规范教育

会计职业道德规范教育就是指对会计人员开展以会计职业道德规范为内容的教育。会计职业道德规范的主要内容包括爱岗敬业、诚实守信、廉洁自律、客观公正、坚持准则、提高技能、参与管理和强化服务等。这是会计职业道德教育的核心内容，应贯穿于会计职业道德教育的始终。

(三) 会计职业道德警示教育

会计职业道德警示教育就是指通过开展对违反会计职业道德行为和对违法会计行为典型案例的讨论和剖析,给会计人员以启发和警示,从而可以提高会计人员的法律意识和会计职业道德观念,提高会计人员辨别是非的能力。

(四) 其他与会计职业道德相关的教育

其他与会计职业道德相关的教育包括:形势教育、品德教育、法制教育等。

六、会计职业道德教育的途径

职业道德建设是一项长期的、艰苦的实践活动,任重而道远,要靠我们每个会计人员不懈的努力。人无信不立,国无信不强,会计人员只有进一步加强会计职业道德建设,全面提高从业人员的道德素质,牢固树立良好的职业道德,让"诚实守信"这一道德规范深深植根于每个会计人员的心中,我国的会计职业道德水平才会跃上一个新台阶。

(一) 岗前职业道德教育

岗前职业道德教育是指对将要从事会计职业的人员进行的道德教育。包括会计专业学历教育及获取会计从业资格中的职业道德教育。教育的重点应放在职业观念、职业情感以及职业规范等方面。

1. 会计学历教育中的职业道德教育。《公民道德建设实施纲要》中指出:"学校是进行系统道德教育的重要阵地。各级各类学校必须认真贯彻党的教育方针,全面推进素质教育"。在我国,大专院校是培养各类专门人才的基地,其会计类专业就读的学生,是会计队伍的预备人员,他们当中大部分将步入会计队伍,从事会计工作。在会计学历教育的阶段是他们的会计职业情感、道德观念和是非善恶判断标准初步形成的时期。所以,会计专业类大专院校是会计职业道德教育的重要阵地,是会计人员岗前道德教育的主要场所,在会计职业道德教育中具有基础性地位。据统计,我国每年有10万名左右的大中专毕业生步入会计队伍的行列。为保证进入到会计队伍的新鲜血液具有良好的职业道德观念,会计职业道德教育必须从会计学历教育抓起。

2. 获取会计从业资格中的职业道德教育。在我国,根据财政部门的有关规定,从事会计工作必须持证上岗。对于要从事会计工作的从业人员来说,必须通过考试取得会计从业资格。为了使希望从事会计职业的人员在进入会计岗位时具备一定的会计职业道德,财政部在会计从业资格考试科目中增加了《财经法规与会计职业道德》。我国注册会计师资格《审计》科目的考试中,也加入了注册会计师职业规范体系和注册会计师法律责任的内容。这就是说从事会计工作,就要接受必要的会计职业道德教

(二) 岗位职业道德继续教育

1. 定义。继续教育是指从业人员在完成某一阶段专业学习后,重新接受一定形式的、有组织的、知识更新的教育和培训活动。会计人员继续教育是强化会计职业道德教育的有效形式。会计职业道德教育应贯穿于整个会计人员继续教育的始终。

2. 具体内容。会计职业道德教育应贯穿于整个会计人员继续教育的始终。在职业首先的继续教育中应体现出社会经济的发展变化对道德的要求,也就是说在不同的阶段,道德教育的和侧重点应有所不同。就现阶段而言,会计人员继续教育中的会计职业道德教育目标是适应新的市场经济形势的发展变化,在不断更新、补充、拓展会计人员业务能力的同时,使其政治素质、职业道德水平不断提高,具体包括以下内容:

(1) 形势教育。形势教育教育的重点是要贯彻"以德治国"重要思想和"诚信为本操守为重,坚持准则,不做假账"的指示精神,进一步全面、系统地加强会计职业道德培训,提高广大会计人员的政治水平和思想道德意识。

(2) 品德教育。教育的重点是引导会计人员自觉地用会计职业道德规范指导和约束自身的行为,提高职业道德自律能力,最终形成良好的、稳定的道德品行。

(3) 法制教育。教育的重点是引导会计人员熟悉并了解不同历史时期的会计法律法规政策,学会运用法律的手段处理会计事务。

(三) 会计职业道德的自我教育与修养

1. 自我教育。自我教育是会计职业道德教育的一种重要形式,是会计职业道德的作用得以顺利实现的重要环节。通过自我教育有利于培养会计职业道德情感;锻炼会计职业道德意志;树立会计职业道德信念;养成良好的会计职业道德行为,从而凝结成会计职业道德品质。

(1) 自我教育的内容。自我教育包括以下内容:

第一,职业义务教育。会计职业客观上要求会计人员承担起本职工作对社会和国家的道德使命与职责。会计人员自我教育的目的,就在于提高会计人员对本职工作社会责任的认识,使会计人员具有强烈的职业道德义务感,能做到在没有社会舆论压力、没有他人监督的情况下,都能很好地履行自己应尽的职业道德义务。

第二,职业荣誉教育。就是通过会计实践活动,使会计人员充分认识到本职工作在社会经济活动中的重要社会地位和真正的职业价值,从而逐步形成对自己所从事职业的光荣感、自豪感、幸福感。

第三,职业节操教育。节操,也叫志气、气节。会计职业节操,就是要不畏压力、不为利诱,在任何时候、任何情况下都要诚信为本,坚持准则,廉洁自律,严格把关,尽职尽责,一尘不染。

(2) 自我教育的方法。要达到会计人员职业道德自我教育的目的,需要借助正确的自我教育方法,主要方法有:

第一,自我解剖法。就是会计人员对自己所做的会计工作要进行自我批评、自我解剖,用会计职业道德这面镜子对照检查，认真找出自己的缺点、差距，并通过主观努力来加以改正，使自己的行为纳入职业道德规范和要求的轨道，用自我批评的方法来加强自身的职业道德修养，同时要虚心听取别人意见。对待别人的批评，要态度诚恳，虚心接受。

第二，自重自省法。就是会计人员通过注意自己的言行，反省自己的缺点，不断摒除杂念，严于自我剖析，敢于做到是非观、价值观、知行观的自我斗争，逐步树立起正确的道德观念，培养高尚的道德品质，提高自己的精神境界。

第三，自警自励法。自警就是要随时警醒、告诫自己，要警钟长鸣，防止各种不良思想对自己的侵袭。自励就是要以崇高的会计职业道德理想、信念激励自己、教育自己。经常用会计职业道德规范这把标尺，认真度量自己在职业实践中的一切言行，树立起正确的会计职业道德观。

第四，自律慎独法。慎独就是在单独处事、无人监督时，仍能坚持道德准则，不做任何对国家、对社会、对他人不道德的事情。慎独，既是一种道德修养方法，又是一种很高的道德境界。通过自我约束、自我监督，可以更好地培养、锻炼坚强的职业道德信念和意志。慎独的最基本特征是以高度自觉性为前提，要求会计人员在独立工作、无人监督的环境下，也能够严格按照会计职业道德规范行事。

2. 会计职业道德修养。

（1）会计职业道德修养的概念。良好的会计职业道德的形成，离不开职业道德的教育与灌输。教育灌输使会计从业人员将会计职业规范看做是外在的、不受内心支配的东西，而被动地去遵守、服从。教育灌输并不必然使道德规范这种外在要求转化为从业人员的内在要求，也难以让人们自觉地产生符合道德要求的道德行为和道德情感。因此，要达到职业道德的更高境界，就应该向以职业良心为特征的自律型职业道德发展。职业良心是对职业责任的自觉意识，是认识和情感、意志和信念的统一，它不仅会使从业人员表现出强烈的道德责任感，而且能够使其自觉地依据一定的职业道德原则和规范选择和决定其职业行为，这种发自内心的巨大精神动力，在从业人员的职业活动中起主导作用。实施这种转换的途径，就是要开展会计人员的职业道德修养。

会计职业道德修养是指会计人员在会计职业活动中，按照会计职业道德的基本要求，在自身道德品质方面进行的自我教育、自我改造、自我锻炼、自我提高，从而达到一定的职业道德境界。

会计职业道德修养要求会计人员学习职业道德的知识，培养自己的职业情感，在履行义务时，克服困难障碍，磨炼职业道德意志，树立坚定的职业道德信念。职业道德修养的最终目的，在于把职业道德原则和规范逐步地转化为自己的职业道德品质，从而将职业实践中对职业道德的意识情感和信念上升为职业道德习惯，使其贯穿于职业活动的始终。此时，会计人员对职业道德规范的遵守，已成为自己的职业本能。

会计职业道德修养和会计职业道德教育是相辅相成的两个方面。在我国经济体制转型期间，先进与落后的道德思想并存，因此必须通过教育、灌输和培养，以使先进的道德思想发扬光大。而道德觉悟和道德境界的形成，最终必须通过自我修养和自我改造，甚至要经过一个非常复杂的自我磨炼过程。因此，会计职业道德教育是外因，会计职业道德修养是内因，职业道德原则和规范转化为会计人员的职业道德品质和行为,是一个内外结合、外因通过内因起作用的过程。所以,在我国的会计职业道德体系的建设中,对职业道德教育和职业道德修养要齐抓共建。

(2) 会计职业道德修养的途径。高尚的会计职业品德的形成,不是一蹴而就的,而是刻苦进行道德修养的结果。会计职业道德修养,虽然是道德品质和思想素质方面的自我锻炼,但决非指"闭门思过",我们所说的修养,是在社会实践中的自我锻炼。

在会计职业活动中,会计人员会遇到各种利益关系和人际关系的协调处理,有成功的经验,也有失败的教训,这就需要加强意志的修养;在会计职业活动中,会计人员还会遇到现实的利益关系、理欲关系,要抵制社会各种不良风气和错误思潮的侵袭,就需要加强品质的修养;在会计职业活动中,会计人员为了更好地与职业对象打交道,还要注意自身形象的修养。总之,会计职业道德修养一刻也离不开社会实践,只有在社会实践中不断磨炼,才能不断提高会计职业道德修养。

(3) 会计职业道德修养的境界和方法。

第一,慎独。会计职业道德修养的最高境界在于做到"慎独"。即在一个人单独处事、无人监督的情况下,也应该自觉地按照道德准则去办事。慎独的前提是坚定的职业信念和职业良心。会计职业道德修养讲"慎独",就是要求每个会计人员严格要求自己,在履行职责时自律谨慎,不管财经法规、制度是否有漏洞,也不管是否有人监督,领导管理是否严格,都按照职业道德的要求去办。

第二,慎欲。就是指用正当的手段获得物质利益。会计人员做到慎欲,一是要把国家、社会公众和集体利益放在首位,在追求自身利益的时候,不损害国家和他人利益。二是做到节欲,对利益的追求要适度适当,要合理合法,反对用不正当手段达到利己的目的。

第三,慎微。就是指在微处、小处自律,从微处、小处着眼,积小善成大德。慎微,首先要求从微处自律,俗话说"千里之堤,溃于蚁穴";其次要求从小事着手,从一点一滴的小事做起,日积月累,就能获得良好的信誉。

第四,慎省。就是认真自省,就是通过自我反思、自我解剖、自我总结而发扬长处、克服短处,不断地自我升华、自我超越。

第三节 会计工作组织

一、合理会计工作组织的意义

会计工作的组织,主要是通过设置会计机构,配备会计人员,制定与执行会计规章制度,实施与改进会计工作的技术手段,管理会计档案,进行会计工作与其他经济管理工作间的协调,形成一个高效运行的会计工作体系。

会计工作是一项综合性、政策性、严密性都很强的工作,科学合理地组织会计工作,具有以下重要的意义。

(一) 科学合理地组织会计工作，有利于提高会计工作的效率和质量

会计反映的是再生产过程中各个阶段以货币表现的经济活动，具体又可表现为循环往复的资金运动。会计工作要把这些经济活动从凭证到账簿再到报表，连续地进行收集、记录、分类、汇总和分析等。这不但涉及复杂的计算，且包括一系列的程序和手续，各个程序之间、各种手续之间的密切联系，如果在任何一个环节出现问题都会造成整个核算结果错误。如果没有一套工作制度和程序，就不能科学的组织会计工作，更谈不上什么效率了。

(二) 科学合理地组织会计工作，有利于协调会计工作与其他经济管理工作的关系，充分发挥会计的职能作用

会计工作不但与宏观经济如国家财政、税收、金融等密切相关，而且与各单位内部的计划、统计等工作密切相关。会计工作一方面能够促进其他经济管理工作，另一方面也需要其他管理工作的配合。会计工作必须首先服从国家的宏观经济政策，要与之保持口径一致，同时又要与各单位的计划、统计工作之间保持协调关系。

(三) 科学合理地组织会计工作，有利于巩固与健全单位内部经济责任制，促进经济效益的提高

经济责任制是各经营单位实行内部控制和管理的重要手段，会计是经济管理的重要组成部分，必须要在贯彻经济责任制方面发挥重要作用，实行内部经济控制离不开会计。科学地组织会计工作可以促进会计单位内部有效利用资金，提高管理水平从而提高经济效益，为企业尽最大可能的创造利润。

(四) 科学地组织会计工作，有利于党和国家的政策、法令、制度的贯彻执行，维护财经纪律

会计工作组织的建立，根据单位规模和管理要求，一直可分层延伸到班、组和个人，而会计工作组织是否恰当直接影响国家方针政策和财经纪律、会计核算思想、会计管理要求的有效贯彻。因此，科学、合理地组织会计工作，可以在组织上、人员上和制度上保证国家政策、法令、制度等的贯彻执行。协助有关部门共同打击经济领域的违法犯罪行为，保护单位的财产物资安全，维护社会经济秩序的健康运行。

二、合理组织会计工作的基本原则

组织会计工作应遵循的原则是指组织会计工作必须遵循的管理工作的一般规律，它是做好会计工作、提高会计工作质量和效率必须遵守的原则。合理组织会计工作，应遵循以下几项基本原则。

1. 必须符合国家对会计工作的统一要求。组织会计工作，必须按照《会计法》对会计工作的统一要求，贯彻执行国家的有关规定。只有按照统一要求组织会计工作，才能发挥会计工作在维护社会主义市场经济秩序，加强经济管理，提高经济效益中的作用。因此，组织

会计工作必须按《会计法》、《企业会计准则》和《企业会计工作组织会计制度》等国家规定的法令制度进行。

2. 必须适应本单位的特点。会计工作必须适应本单位经营管理的特点，在遵循《会计法》、《企业会计准则》和《企业会计制度》等国家规定法令制度的前提下，结合自身的管理特点，制定出相应的具体办法，采用不同的账簿组织、记账方法和程序处理相应的经济业务。

3. 必须符合效益与精简节约相结合。会计工作十分复杂，如果组织不好，就会重复劳动，造成资源浪费。会计组织工作同样也要讲究"成本大于效益"原则，因此会计机构的设置与人员的配备，应力求精简、合理，提高工作效率；对会计处理程序和手续的规定，所有会计凭证、账簿、报告的设计等，要结合实际情况，避免烦琐，力求精简。

4. 组织会计工作既要保证贯彻整个单位的经济责任制，又要建立会计工作的责任制度。科学的组织会计工作，应在保证贯彻整个企业单位的经济责任制的同时，建立和完善会计工作本身的责任制度，合理分工，建立会计岗位，实现会计处理手续和会计工作程序的规范化。

三、会计机构

所谓会计机构，是指各单位贯彻执行财经法规，制定和执行会计制度，组织领导和办理会计事务的职能机构。《会计法》第三十六条明确规定：各单位应当根据会计业务的需要设置会计机构，或者在有关机构中设置会计人员并指定会计主管人员；不具备设置条件的，应当委托经批准设立从事会计代理记账业务的中介机构代理记账。

会计机构是处理会计业务工作的专职机构。会计机构的主要职能是制定和执行党和国家的方针政策，制定和执行会计法规制度，处理日常会计工作。

各单位是否设置会计机构，是根据各单位会计业务的需要、经营业务规模的大小、会计业务的复杂程度、机构人员的设置要求、办公自动化程度等来决定的。

（一）会计机构设置的原则

1. 根据业务需要设置会计机构。各单位是否设置会计机构，应当根据会计业务的需要来决定，即各单位可以根据本单位会计业务的繁简情况决定是否设置会计机构。一个单位是否需要设置会计机构，一般取决于以下几个方面的因素。

（1）单位规模的大小。从有效发挥会计职能作用的角度看，实行企业化管理的事业单位，大、中型企业应当设置会计机构；业务较多的行政单位、社会团体和其他组织也应设置会计机构。而对那些规模很小的企业、业务和人员都不多的行政单位等，可以不单独设置会计机构，将会计业务并入其他职能部门，或者委托代理记账。

（2）经济业务和财务收支的繁简。大、中型单位的经济业务复杂多样，在会计机构和会计人员的设置上应考虑全面、合理、有效的原则，但是也不能忽视单位经济业务的性质和财务收支的繁简问题。有些单位的规模相对较小，但其经济业务复杂多样，财务收支频繁，也要设置相应的会计机构和会计人员。

（3）经营管理的要求。经营管理上对会计机构和会计人员的设置要求是最基本的：如果没有经营管理上对会计机构和会计人员的要求，也就不存在单位对会计的要求了。单位设置会计机构和会计人员的目的，就是为了适应单位在经营管理上的需要。随着科学技术的进步，单位会计机构和会计人员的要求与手工会计核算相比有了很大的不同。数据的及时性、数据的准确性、数据的全面性比任何其他时候对会计机构和会计人员的要求都高。因此，如何设置会计机构和会计人员是单位会计设置中的重要课题。

2. 不设置会计机构的应设置会计人员并指定会计主管人员。会计主管人员是负责组织管理会计事务、行使会计机构负责人职权的负责人。它不同于通常所说的"会计主管"、"主管会计"、"主办会计"。一个单位如何配备会计机构负责人，主要应考虑单位的实际需要，不能使用"一刀切"的做法，要求完全统一标准。实际上，凡是设置了会计机构的单位，都配备了会计机构负责人。《中华人民共和国会计法》规定应在会计人员中指定会计主管人员，目的是强化责任制度，防止出现会计工作无人负责的局面。《会计基础工作规范》中，对会计人员配备、会计岗位设置的原则作了规定，如规定"会计工作岗位，可以一人一岗、一人多岗或者一岗多人"；会计岗位可以包括：会计机构负责人或者会计主管人员、出纳、财产物资核算、工资核算、成本费用核算、财务成果核算、资金核算、往来核算、总账报表、稽核、档案管理等。

（二）会计机构的设置

1. 各级财政部门会计管理机构及各级政府管理机关会计机构的设置。由于我国1992年11月颁布的企业会计准则要求取消统一的会计制度，普遍实行企业会计准则，我国各级管理部门的任务也随之发生了变化。如财政部门所属的会计机构负责统一会计准则的制定，其他各主管部门只是根据会计准则及相应的行业示范性会计制度，对本部门会计工作中出现的一些问题，作出解释。同时，还负责会计准则的制定，修订与解释等，目前，这一任务主要由财政部下设的会计司完成；会计人员的资格考试，这一工作主要各级财政部门组织完成；其他有关事项，如会计师事务所的管理等。

我国财政部设置会计事务管理司，主管全国的会计工作。地方财政部门（各省、自治区、直辖市财政厅、局）一般设置企业会计处，主管本地区所属单位的会计工作。各级政府管理机关和单位的主管部门一般设置财会管理部门，负责组织领导和监督所属单位的会计工作。这些会计机构的主要任务是：

（1）负责组织、领导和监督所属单位的会计工作；
（2）根据国家统一规定和要求，制定适用于本行业的会计制度；
（3）检查和指导所属单位的会计工作，并帮助解决工作上存在的问题；
（4）审核、批复所属单位上报的会计报表，并汇总编制本系统的会计报表；
（5）核算本单位与财政部门以及上下级之间的缴拨款项；
（6）总结并交流所属单位会计工作的先进经验。

2. 行政事业单位会计机构的设置。行政、事业单位在资金的取得与使用上，和企业单位有着根本的区别。它们的经费来源主要由预算拨款所形成。故，这些单位在设置会计机构时，只要能满足对经费的收支及时进行核算和报告的要求即可。而不必像企业单位那样考虑很多因素。当然，行政、事业单位的会计机构设置，也必须要考虑内部控制等基本因素，以保证各单位预算资金的安全完整和合理使用。

随着我国市场经济体制改革的不断深入，过去那种全额预算单位越来越少，除国家行政机关外，绝大多数事业单位都进行了企业化管理。

3. 企业单位设置的会计机构。企业机构的设置要达到如下要求：
（1）有效地进行会计核算；
（2）进行合理的会计监督；
（3）制定本单位的会计制度；
（4）参与本单位的各项计划制定，并考核计划的执行情况等。

因此，基层企业单位一般设财会处、科、股、组等。在厂长、经理、董事长或总会计师的领导下，负责办理本单位的财务会计工作，接受财政部门和有关上级财会部门的指导和监管。它们的主要任务是：
（1）参与编制各项经济计划、定额，签订经济合同，参加经济管理，参与经营决策；
（2）执行并有权要求全体职工执行财务计划、财务会计制度，遵守和维护财经纪律；
（3）记录经济活动，为管理者和投资者提供真实可靠的会计资料；分析财务计划的执行情况，提出增产节约，提高经济效益的建议；
（4）检查资产的利用情况，防止经济上的损失浪费和违法乱纪行为等。

要想使所设置的会计机构有效地进行工作，应该在会计机构内部进行适当的分工，按照会计核算的流程设置责任岗位，配置人员。同时，会计机构内部的岗位分工上应符合内部控制制度的要求。因此，企业会计机构内部还可根据业务繁简分设职能小组，如制造业企业的财务会计部门内部可分设财务组、资金组、材料组、工资组、成本组、综合组等职能组等。同时，在财务会计机构内部，还可以按照会计工作的内容和会计人员的配备情况，进行合理的分工，使每一项会计工作都有专人负责，每一个会计人员都应明确其岗位职责。会计人员的岗位有：会计主管人员、出纳人员、固定资产核算人员、物资核算人员、成本费用核算人员、收入利润核算人员、综合分析人员、稽核人员、档案保管人员等。这些岗位，可以一人一岗，也可以一人多岗，或一岗多人。对于各个岗位要具体规定岗位的职责标准、要求和工作程序。

四、会计工作的组织形式

会计工作的组织形式是指在单位内部组织开展会计工作的具体方式。按照企业与所属内部单位间的管理体制不同，可分为独立核算和非独立核算两种；按照部门之间会计工作分工方式的不同，又可分为集中核算和非集中核算两种。

1. 独立核算与非独立核算。
（1）独立核算方式是指企业单位对其本身生产经营活动或业务活动过程及其结果，进行全面、系统、独立地记账、算账，定期编制会计报表，并对其经营活动进行分析检查等。独立核算单位通常在管理上有独立的组织形式，独立编制计划，能与有关部门签订经营合同,具有一定数量的资金,在当地银行开设账户,可对外办理结算,单独计算盈亏等。独立核算单位应单独设置会计机构,配备专职会计人员并且有完整的会计工作组织体系,包括所使用的会计科目、会计凭证,设置会计账簿,编制会计报表,以及进行会计分析与会计检查。

(2) 非独立核算方式是指企业单位向上级组织领取一定的财产物资和备用金从事业务活动;平时只进行原始凭证的填制、整理、汇总以及现金、实物明细账的登记等一系列具体的会计工作;企业单位并不独立核算、自负盈亏,也不单独编制会计报表;企业定期将收入、支出向上级报销,并定期将有关核算资料保送上级机构,由上级机构汇总记账。实行非独立核算方式的企业单位一般不专门设置会计机构,只配备专职会计人员。非独立核算有半独立核算和简易核算两种组织形式。

① 半独立核算,是企业在自身业务经营、成本费用的管理支配上,基本上有独立处理的权限;在会计核算上能单独核算盈亏,并能编制会计报表,但对外没有经济联系权,资金由上一级部门统一掌握、调配。

② 简易核算,又称报账制,一般是把本单位业务经营的日常资料逐日或定期报送上级单位,由上级单位进行核算。如商品流通企业所属的某些购销网点,这些单位由上级拨给一定数额周转资金,一切收入均交给上级单位,所有支出向上级单位报销,所以这些单位通常被称为报账单位。简易核算单位没有完整的账簿组织,一般只办理原始凭证的填制、整理和汇总,以及商品、原材料等实物账、卡的登记,不单独编制会计报表。若是企业规模较小,业务简单,人员较少,组织管理上缺乏独立核算的条件,一般采取这种非独立核算形式。

2. 集中核算与非集中核算。

(1) 集中核算又称统一核算,是指企业单位的主要会计工作集中在企业的财务会计部门,企业内部的其他部门和下属单位只对其发生的经济业务填制原始凭证,定期将原始凭证或原始凭证汇总表送交会计部门,由会计部门审核,然后据以填制记账凭证,登记总分类账和明细分类账,编制会计报表。在这种核算方式下,企业内部各业务部门(如工厂内部的车间、班组、商店内部的营业柜组等)一般不进行单独核算,只对其所发生的经济业务办理原始凭证和某些原始凭证的汇总工作,并定期将原始凭证和汇总凭证送交会计部门。这种会计核算方式,可以简化核算手续,便于实施电算化,提高工作效率,节省核算费用。中小型企业适宜于采用此种形式。

(2) 非集中核算又称分散核算,是相对于集中核算而言的。是企业内部各业务经营部门对本部门所发生的经济业务直接进行较全面的会计核算,即单位内部会计部门以外的其他部门和下属单位,可以在会计部门的指导下,对其所发生的经济业务填制原始凭证或原始凭证汇总表,然后分别登记总分类账和明细分类账,编制会计报表,并进行其他会计工作。非集中核算可以是两级管理,两级核算;也可以是三级管理,三级核算。实行非集中核算的车间、部门,不仅要填制和整理凭证,设置账簿,而且要计算收入和支出,确定盈亏,并定期编制会计报表,报送财会部门。这种会计核算方式适宜于层次分明的大中型企业,以及内部实行承包责任制的企业。

集中核算和非集中核算仅仅是一种相对的划分。一个企业可以对某些业务采用集中核算，而对另一些业务采用非集中核算。究竟采用哪种形式为宜，应根据单位的特点和管理的需要，从有利于强化经营管理，加强经济核算的角度来决定。但企业无论采用哪种形式，企业同银行的往来、债权、债务的结算等业务，都要通过企业会计部门管理。

五、会计人员的配置

（一）会计人员的从业资格

会计人员的从业资格，是指从事会计工作的人员所必须具备的法律资格。根据《中华人民共和国会计法》关于财政部门管理会计工作的规定，制定了会计证管理办法。其中有重要的一条就是，"会计证是具备一定会计专业知识和技能的人员从事会计工作的资格证书。未取得会计证的人员，各单位不得任用其担任会计岗位工作"。从事会计工作的人员，无论是否被聘任一定的专业技术职务，都必须取得会计从业资格证书，即由财政部门颁发的"会计上岗证"，方能从事会计工作。担任单位会计机构负责人（会计主管人员）的，除取得会计从业资格证书外，还应当具备会计师以上专业技术职务资格或者从事会计工作3年以上经历。会计人员从业资格管理办法由国务院财政部门制定。

（1）会计证实行验证制度。各级财政、税务等部门具有共同负责检查和监督会计人员持证上岗情况的权力。会计证及预备会计证由各省、自治区、直辖市、计划单列市财政厅（局）和国务院机关事务管理局统一印制、颁发和管理。会计证应记载持证会计人员的职称、学历、单位、身份证号、会计证号、发证时间以及年检、奖励、处分、工作业绩、培训、岗位变动等情况。

同时，会计证管理办法还规定，"会计证实行注册登记和年检考核制度。"即取得会计证的人员，被单位聘（任）用从事会计工作时，应由所在单位提出申请，并在30日内到发证机关进行注册登记，注册后的持证人员作为正式会计人员管理。未经注册登记的会计证不予办理年检，不得参加会计专业技术资格考试和财政、财务部门组织的在职会计人员培训。在岗会计人员应按规定向发证机关办理会计证年检，年检工作每两年进行一次。由各基层单位将持证会计人员的情况按会计证所列内容逐项填写，并经本单位人事部门核签后送发证机关进行年检。发证机关审核无误后，在会计证相应年份备注栏加盖验讫印章和日期，退回持证人。对未经发证机关注册登记、有违法乱纪行为、未按规定参加继续教育培训和脱离会计岗位的，以及弄虚作假骗取会计证的，发证机关不予办理年检。

（2）总会计师制度。按照《会计法》规定，国有的和国有资产占控股地位或者主导地位的大、中型企业必须设置总会计师。总会计师是在单位负责人领导下，主管经济核算和财务会计工作的负责人。总会计师是单位领导成员，协助单位负责人工作，直接对本单位负责人负责。对于总会计师的任职资格，不但需要满足以上各项条件，而且还需要具备3年以上主管会计工作的经历。

（3）注册会计师制度。注册会计师是依法取得注册会计师证书，已在财政部门注册登记，并接受委托从事审计和相应的会计咨询、会计服务业务的人员。其工作机构称为会计师事务所。

根据《中华人民共和国注册会计师条例》的规定，申请担任注册会计师的人员，须具备规定的学历和一定的实际会计工作经验，经考试或考核合格，由财政部门批准注册后，才能担任注册会计师工作。

（二）会计人员的职权

为了充分发挥会计人员的工作积极性，更好地完成会计工作任务，《会计法》规定了会计人员的基本职责：进行会计核算，实行会计监督，参与制订业务计划，编制财务预算和财务计划，考核、分析财务预算和财务计划的执行情况，办理其他会计事项。其中，进行会计核算、实行会计监督是会计人员最基本的职责。会计核算的具体内容包括：款项和有价证券的收付；财物的收发、增减和使用；债权债务的发生和结算；资本、基金的增减和经费的收支；收入、费用、成本的计算；财务成果的计算和处理和其他需要办理会计手续、进行会计核算的事项。

为了保证会计人员顺利地履行自己的职责，国家在明确会计人员基本职责的同时，也赋予了他们必要的权限：有权要求本单位有关部门、人员认真执行国家批准的计划，遵守国家财经纪律和财务会计制度，如有违反会计人员有权拒绝付款、拒绝报销或拒绝执行，并向本单位领导人报告。对于弄虚作假、营私舞弊、欺骗上级等违法乱纪行为，会计人员必须坚决拒绝执行，并向本单位领导人或上级机关、财政部门报告。有权参与本单位编制计划、制订定额，鉴定经济合同，参加有关的生产经营管理会议。有权监督、检查本单位有关部门的财务收支、资产使用和财产保管、收发、计量等情况。

（三）会计人员的专业职务

会计人员的专业技术职务分为高级会计师、会计师、助理会计师和会计员 4 种。高级会计师为高级职称，会计师为中级职称，助理会计师、会计员为初级职务。会计人员必须获得专业技术职务的任职资格，然后由各单位根据会计工作需要和本人的实际工作表现聘任一定的专业职务。为了加强会计工作队伍的建设，更好地体现客观、公正的原则，从 1992 年 8 月份起，我国开始试行会计人员专业技术职务任职资格考试，即"以考代评"，以专业知识水平测试成绩作为确定会计人员专业职务任职资格的主要依据。

六、会计档案

（一）会计档案的归档

会计档案是指会计凭证、会计账簿和财务报告等会计核算专业材料，是记录和反映单位经济业务的重要史料和证据。具体包括：
1. 会计凭证类：原始凭证，记账凭证，汇总凭证，其他会计凭证。
2. 会计账簿类：总账，明细账，日记账，固定资产卡片，辅助账簿，其他会计账簿。
3. 财务报告类：月度、季度、年度财务报告，包括会计报表、附表、附注及文字说明，其他财务报告。

4. 其他类：银行存款余额调节表，银行对账单，其他应当保存的会计核算专业资料，会计档案移交清册，会计档案保管清册，会计档案销毁清册。

（二）档案的保管

会计档案的保管期限分为永久、定期两类。定期保管期限分为3年、5年、10年、15年、25年5类。会计档案的保管期限，从会计年度终了后的第一天算起。《会计档案管理办法》规定的会计档案保管期限为最低保管期限，各类会计档案的保管原则上应当按照本办法附表所列期限执行。

（三）会计档案的调阅

各单位保存的会计档案不得借出，如有特殊需要调阅档案，应办理一定的手续。外单位或个人调阅会计档案，须持有正式介绍信，经本单位领导批准，填写《会计档案调阅登记簿》后方能调阅。调阅者不得将档案带出，未经管理人员同意，不能私自复印和摘录。本单位人员调阅会计档案，也需得到会计主管的同意。查阅或者复制会计档案的人员，严禁在会计档案上涂画、拆封和抽换。各单位应当建立健全会计档案查阅、复制登记制度。

（四）会计档案的销毁

保管期满的会计档案，可以按照以下程序销毁。

1. 由本单位档案机构会同会计机构提出销毁意见，编制会计档案销毁清册，列明销毁会计档案的名称、卷号、册数、起止年度和档案编号、应保管期限、已保管期限、销毁时间等内容。

2. 单位负责人在会计档案销毁清册上签署意见。

3. 销毁会计档案时，应当由档案机构和会计机构共同派员监销。国家机关销毁会计档案时，应当由同级财政部门、审计部门派员参加监销。财政部门销毁会计档案时，应当由同级审计部门派员参加监销。

4. 监销人在销毁会计档案前，应当按照会计档案销毁清册所列内容清点核对所要销毁的会计档案；销毁后，应当在会计档案销毁清册上签名盖章，并将监销情况报告本单位负责人。

必须说明的是，保管期满但未结清的债权债务原始凭证和涉及其他未了事项的原始凭证，不得销毁，应当单独抽出立卷，保管到未了事项完结时为止。单独抽出立卷的会计档案，应当在会计档案销毁清册和会计档案保管清册中列明。在项目建设期间的建设单位，其保管期满的会计档案不得销毁。建设单位在项目建设期间形成的会计档案，应当在办理竣工决算后移交给建设项目的单位，并按规定办理交接手续。

【本章小结】

会计法律规范是国家权力机关和行政机关制定的各种有关会计工作的规范性文件的总称。会计法律规范是调整会计机构和会计人员在办理会计事务过程中以及国家在管理会计工作过程中发生的会计关系的法律规范,是保证会计工作健康、有序进行,保证会计信息质量的武器。我国会计法律体系主要由会计法律、企业会计准则、会计行政法规、国家统一的会计制度和地方性会计法规。

会计职业道德规范是指从事会计职业的人们在共同的职业兴趣、爱好、习惯、心理基础上形成的思想和行为方面的道德规范,如会计的职业责任、职业纪律等。会计职业道德规范就具有调节、导向、认识、促进等职能;具有内容的一致性、法律的制约性等5个特征。

我国会计职业道德规范的主要内容包括8个方面:爱岗敬业、诚实守信、廉洁自律、客观公正、坚持准则、提高技能、参与管理和强化服务。会计职业道德教育内容包括观念教育、规范教育、警示教育和其他教育等;会计职业道德教育实施途径是通过岗前职业道德教育、岗位职业道德继续教育和会计职业道德的自我教育与修养等形式获取的。

会计工作的组织,主要是通过设置会计机构,配备会计人员,制定与执行会计规章制度,实施与改进会计工作的技术手段,管理会计档案,进行会计工作与其他经济管理工作间的协调,形成一个高效运行的会计工作体系。科学合理地组织会计工作,具有重要的意义。合理组织会计工作,应遵循以下基本原则:(1)必须符合国家对会计工作的统一要求;(2)必须适应本单位的特点;(3)必须符合精简节约原则;(4)必须有利于开展群众核算工作。各单位应根据会计业务的需要设置会计机构,配备专职会计人员。会计机构的组织形式,按照会计分工方式可分为集中核算和非集中核算,按照企业管理体制可分为独立核算和非独立核算。从事会计工作人员必须取得会计从业资格证书,遵循会计职业道德标准。会计档案是指会计凭证、会计账簿和财务报告等会计核算专业材料,是记录和反映单位经济业务的重要史料和证据。会计档案的立卷、归档、保管、调阅、销毁必须按照统一会计档案管理制度执行。

【中英文对照专业名词及术语】

会计组织	Accounting Organization
会计人员	Accounting Personnel
会计法	Accounting Law
会计准则	Accounting Standards
会计制度	Accounting System
会计监督	Accounting Control

复习思考题

1. 我国会计工作组织的意义和要求是什么?
2. 我国会计法律规范体系包括哪些?其法律层次如何?
3. 我国《会计法》对会计机构的设置有何要求?会计机构有哪些职责?
4. 会计人员应具备哪些条件?会计人员有哪些职责和权限?
5. 会计人员职业道德内容有哪些?
6. 会计档案保管和销毁有哪些要求?

案例讨论题

"安然"唱起悲歌，会计路在何方

1985年7月，美国休斯敦天然气公司与奥马哈的安然天然气公司合并，成立了后来的安然石油天然气公司。15年以后，该公司成为美国、一度也是全球的头号能源交易商，其市值曾高达700亿美元、年收入达1 000亿美元。2000年12月28日，安然公司的股票价格达到84.87美元（有资料说是90.75美元）。2001年年初，被美国《财富》杂志连续4年评为美国"最具创新精神的公司"。2001年10月16日，"安然"公布其第三季度亏损6.38亿美元；11月"安然"向美国证券交易委员会承认，自1997年以来，共虚报利润5.86亿美元；当月29日，"安然"股价一天之内猛跌超过75%，创下纽约股票交易所和纳斯达克市场有史以来的单日下跌之最；次日，"安然"股票暴跌至每股0.26美元，成为名副其实的垃圾股，其股价缩水近360倍！两天后，即12月2日，"安然"向纽约破产法院申请破产保护，其申请文件中开列的资产总额468亿美元。"安然"又创造两个之最——美国（或许是世界）有史以来最大宗的破产申请记录；最快的破产速度。"安然"到底做了什么。一是在财务报表上隐瞒并矫饰公司的真实财务状况；二是利用错综复杂的关联方交易虚构利润，利用现行财务规则漏洞"不进入资产负债表"隐藏债务，以其回避法律和规则对其提出的信息披露要求；三是夸大公司业绩并向投资者隐瞒公司业务等违法手段来误导投资者。而世界五大会计师公司之一的安达信公司又为其提供了不实的审计报告，从而使"安然"神话套上了"皇帝的新衣"。

请讨论：
1. "安然"轰倒的原因有哪些？
2. "安然"轰倒的启示有哪些？

附录 1

中华人民共和国会计法

中华人民共和国主席令第 24 号

颁布时间：1999 - 10 - 31　　发文单位：全国人民代表大会常务委员会

（1985 年 1 月 21 日第六届全国人民代表大会常务委员会第九次会议通过，根据 1993 年 12 月 29 日第八届全国人民代表大会常务委员会第五次会议《关于修改〈中华人民共和国会计法〉的决定》修正，1999 年 10 月 31 日第九届全国人民代表大会常务委员会第十二次会议修订）

第一章　总　则

第一条　为了规范会计行为，保证会计资料真实、完整，加强经济管理和财务管理，提高经济效益，维护社会主义市场经济秩序，制定本法。

第二条　国家机关、社会团体、公司、企业、事业单位和其他组织（以下统称单位）必须依照本法办理会计事务。

第三条　各单位必须依法设置会计账簿，并保证其真实、完整。

第四条　单位负责人对本单位的会计工作和会计资料的真实性、完整性负责。

第五条　会计机构、会计人员依照本法规定进行会计核算，实行会计监督。

任何单位或者个人不得以任何方式授意、指使、强令会计机构、会计人员伪造、变造会计凭证、会计账簿和其他会计资料，提供虚假财务会计报告。任何单位或者个人不得对依法履行职责、抵制违反本法规定行为的会计人员实行打击报复。

第六条　对认真执行本法，忠于职守，坚持原则，作出显著成绩的会计人员，给予精神的或者物质的奖励。

第七条　国务院财政部门主管全国的会计工作。县级以上地方各级人民政府财政部门管理本行政区域内的会计工作。

第八条　国家实行统一的会计制度。国家统一的会计制度由国务院财政部门根据本法制定并公布。国务院有关部门可以依照本法和国家统一的会计制度制定对会计核算和会计监督有特殊要求的行业实施国家统一的会计制度的具体办法或者补充规定，报国务院财政部门审核批准。中国人民解放军总后勤部可以依照本法和国家统一的会计制度制定军队实施国家统一的会计制度的具体办法，报国务院财政部门备案。

第二章　会计核算

第九条　各单位必须根据实际发生的经济业务事项进行会计核算，填制会计凭证，登记会计账簿，编制财务会计报告。任何单位不得以虚假的经济业务事项或者资料进行会计核算。

第十条 下列经济业务事项,应当办理会计手续,进行会计核算:
(一) 款项和有价证券的收付;
(二) 财物的收发、增减和使用;
(三) 债权债务的发生和结算;
(四) 资本、基金的增减;
(五) 收入、支出、费用、成本的计算;
(六) 财务成果的计算和处理;
(七) 需要办理会计手续、进行会计核算的其他事项。

第十一条 会计年度自公历1月1日起至12月31日止。

第十二条 会计核算以人民币为记账本位币。业务收支以人民币以外的货币为主的单位,可以选定其中一种货币作为记账本位币,但是编报的财务会计报告应当折算为人民币。

第十三条 会计凭证、会计账簿、财务会计报告和其他会计资料,必须符合国家统一的会计制度的规定。使用电子计算机进行会计核算的,其软件及其生成的会计凭证、会计账簿、财务会计报告和其他会计资料,也必须符合国家统一的会计制度的规定。任何单位和个人不得伪造、变造会计凭证、会计账簿及其他会计资料,不得提供虚假的财务会计报告。

第十四条 会计凭证包括原始凭证和记账凭证。办理本法第十条所列的经济业务事项,必须填制或者取得原始凭证并及时送交会计机构。会计机构、会计人员必须按照国家统一的会计制度的规定对原始凭证进行审核,对不真实、不合法的原始凭证有权不予接受,并向单位负责人报告;对记载不准确、不完整的原始凭证予以退回,并要求按照国家统一的会计制度的规定更正、补充。原始凭证记载的各项内容均不得涂改;原始凭证有错误的,应当由出具单位重开或者更正,更正处应当加盖出具单位印章。原始凭证金额有错误的,应当由出具单位重开,不得在原始凭证上更正。记账凭证应当根据经过审核的原始凭证及有关资料编制。

第十五条 会计账簿登记,必须以经过审核的会计凭证为依据,并符合有关法律、行政法规和国家统一的会计制度的规定。会计账簿包括总账、明细账、日记账和其他辅助性账簿。会计账簿应当按照连续编号的页码顺序登记。会计账簿记录发生错误或者隔页、缺号、跳行的,应当按照国家统一的会计制度规定的方法更正,并由会计人员和会计机构负责人(会计主管人员)在更正处盖章。使用电子计算机进行会计核算的,其会计账簿的登记、更正,应当符合国家统一的会计制度的规定。

第十六条 各单位发生的各项经济业务事项应当在依法设置的会计账簿上统一登记、核算,不得违反本法和国家统一的会计制度的规定私设会计账簿登记、核算。

第十七条 各单位应当定期将会计账簿记录与实物、款项及有关资料相互核对,保证会计账簿记录与实物及款项的实有数额相符、会计账簿记录与会计凭证的有关内容相符、会计账簿之间相对应的记录相符、会计账簿记录与会计报表的有关内容相符。

第十八条 各单位采用的会计处理方法,前后各期应当一致,不得随意变更;确有必要变更的,应当按照国家统一的会计制度的规定变更,并将变更的原因、情况及影响在财务会计报告中说明。

第十九条　单位提供的担保、未决诉讼等或有事项，应当按照国家统一的会计制度的规定，在财务会计报告中予以说明。

第二十条　财务会计报告应当根据经过审核的会计账簿记录和有关资料编制，并符合本法和国家统一的会计制度关于财务会计报告的编制要求、提供对象和提供期限的规定；其他法律、行政法规另有规定的，从其规定。财务会计报告由会计报表、会计报表附注和财务情况说明书组成。向不同的会计资料使用者提供的财务会计报告，其编制依据应当一致。有关法律、行政法规规定会计报表、会计报表附注和财务情况说明书须经注册会计师审计的，注册会计师及其所在的会计师事务所出具的审计报告应当随同财务会计报告一并提供。

第二十一条　财务会计报告应当由单位负责人和主管会计工作的负责人、会计机构负责人（会计主管人员）签名并盖章；设置总会计师的单位，还须由总会计师签名并盖章。单位负责人应当保证财务会计报告真实、完整。

第二十二条　会计记录的文字应当使用中文。在民族自治地方，会计记录可以同时使用当地通用的一种民族文字。在中华人民共和国境内的外商投资企业、外国企业和其他外国组织的会计记录可以同时使用一种外国文字。

第二十三条　各单位对会计凭证、会计账簿、财务会计报告和其他会计资料应当建立档案，妥善保管。会计档案的保管期限和销毁办法，由国务院财政部门会同有关部门制定。

第三章　公司、企业会计核算的特别规定

第二十四条　公司、企业进行会计核算，除应当遵守本法第二章的规定外，还应当遵守本章规定。

第二十五条　公司、企业必须根据实际发生的经济业务事项，按照国家统一的会计制度的规定确认、计量和记录资产、负债、所有者权益、收入、费用、成本和利润。

第二十六条　公司、企业进行会计核算不得有下列行为：

（一）随意改变资产、负债、所有者权益的确认标准或者计量方法，虚列、多列、不列或者少列资产、负债、所有者权益；

（二）虚列或者隐瞒收入，推迟或者提前确认收入；

（三）随意改变费用、成本的确认标准或者计量方法，虚列、多列、不列或者少列费用、成本；

（四）随意调整利润的计算、分配方法，编造虚假利润或者隐瞒利润；

（五）违反国家统一的会计制度规定的其他行为。

第四章　会计监督

第二十七条　各单位应当建立、健全本单位内部会计监督制度。单位内部会计监督制度应当符合下列要求：

（一）记账人员与经济业务事项和会计事项的审批人员、经办人员、财物保管人员的职责权限应当明确，并相互分离、相互制约；

（二）重大对外投资、资产处置、资金调度和其他重要经济业务事项的决策和执行的相

互监督、相互制约程序应当明确；

（三）财产清查的范围、期限和组织程序应当明确；

（四）对会计资料定期进行内部审计的办法和程序应当明确。

第二十八条　单位负责人应当保证会计机构、会计人员依法履行职责，不得授意、指使、强令会计机构、会计人员违法办理会计事项。会计机构、会计人员对违反本法和国家统一的会计制度规定的会计事项，有权拒绝办理或者按照职权予以纠正。

第二十九条　会计机构、会计人员发现会计账簿记录与实物、款项及有关资料不相符的，按照国家统一的会计制度的规定有权自行处理的，应当及时处理；无权处理的，应当立即向单位负责人报告，请求查明原因，作出处理。

第三十条　任何单位和个人对违反本法和国家统一的会计制度规定的行为，有权检举。收到检举的部门有权处理的，应当依法按照职责分工及时处理；无权处理的，应当及时移送有权处理的部门处理。收到检举的部门、负责处理的部门应当为检举人保密，不得将检举人姓名和检举材料转给被检举单位和被检举人个人。

第三十一条　有关法律、行政法规规定，须经注册会计师进行审计的单位，应当向受委托的会计师事务所如实提供会计凭证、会计账簿、财务会计报告和其他会计资料以及有关情况。任何单位或者个人不得以任何方式要求或者示意注册会计师及其所在的会计师事务所出具不实或者不当的审计报告。财政部门有权对会计师事务所出具审计报告的程序和内容进行监督。

第三十二条　财政部门对各单位的下列情况实施监督：

（一）是否依法设置会计账簿；

（二）会计凭证、会计账簿、财务会计报告和其他会计资料是否真实、完整；

（三）会计核算是否符合本法和国家统一的会计制度的规定；

（四）从事会计工作的人员是否具备从业资格。

在对前款第（二）项所列事项实施监督，发现重大违法嫌疑时，国务院财政部门及其派出机构可以向与被监督单位有经济业务往来的单位和被监督单位开立账户的金融机构查询有关情况，有关单位和金融机构应当给予支持。

第三十三条　财政、审计、税务、人民银行、证券监管、保险监管等部门应当依照有关法律、行政法规规定的职责，对有关单位的会计资料实施监督检查。前款所列监督检查部门对有关单位的会计资料依法实施监督检查后，应当出具检查结论。有关监督检查部门已经作出的检查结论能够满足其他监督检查部门履行本部门职责需要的，其他监督检查部门应当加以利用，避免重复查账。

第三十四条　依法对有关单位的会计资料实施监督检查的部门及其工作人员对在监督检查中知悉的国家秘密和商业秘密负有保密义务。

第三十五条　各单位必须依照有关法律、行政法规的规定，接受有关监督检查部门依法实施的监督检查，如实提供会计凭证、会计账簿、财务会计报告和其他会计资料以及有关情况，不得拒绝、隐匿、谎报。

第五章 会计机构和会计人员

第三十六条 各单位应当根据会计业务的需要，设置会计机构，或者在有关机构中设置会计人员并指定会计主管人员；不具备设置条件的，应当委托经批准设立从事会计代理记账业务的中介机构代理记账。国有的和国有资产占控股地位或者主导地位的大、中型企业必须设置总会计师。总会计师的任职资格、任免程序、职责权限由国务院规定。

第三十七条 会计机构内部应当建立稽核制度。出纳人员不得兼任稽核、会计档案保管和收入、支出、费用、债权债务账目的登记工作。

第三十八条 从事会计工作的人员，必须取得会计从业资格证书。担任单位会计机构负责人（会计主管人员）的，除取得会计从业资格证书外，还应当具备会计师以上专业技术职务资格或者从事会计工作三年以上经历。会计人员从业资格管理办法由国务院财政部门规定。

第三十九条 会计人员应当遵守职业道德，提高业务素质。对会计人员的教育和培训工作应当加强。

第四十条 因有提供虚假财务会计报告，做假账，隐匿或者故意销毁会计凭证、会计账簿、财务会计报告，贪污，挪用公款，职务侵占等与会计职务有关的违法行为被依法追究刑事责任的人员，不得取得或者重新取得会计从业资格证书。除前款规定的人员外，因违法违纪行为被吊销会计从业资格证书的人员，自被吊销会计从业资格证书之日起五年内，不得重新取得会计从业资格证书。

第四十一条 会计人员调动工作或者离职，必须与接管人员办清交接手续。一般会计人员办理交接手续，由会计机构负责人（会计主管人员）监交；会计机构负责人（会计主管人员）办理交接手续，由单位负责人监交，必要时主管单位可以派人会同监交。

第六章 法律责任

第四十二条 违反本法规定，有下列行为之一的，由县级以上人民政府财政部门责令限期改正，可以对单位并处三千元以上五万元以下的罚款；对其直接负责的主管人员和其他直接责任人员，可以处二千元以上二万元以下的罚款；属于国家工作人员的，还应当由其所在单位或者有关单位依法给予行政处分：

（一）不依法设置会计账簿的；

（二）私设会计账簿的；

（三）未按照规定填制、取得原始凭证或者填制、取得的原始凭证不符合规定的；

（四）以未经审核的会计凭证为依据登记会计账簿或者登记会计账簿不符合规定的；

（五）随意变更会计处理方法的；

（六）向不同的会计资料使用者提供的财务会计报告编制依据不一致的；

（七）未按照规定使用会计记录文字或者记账本位币的；

（八）未按照规定保管会计资料，致使会计资料毁损、灭失的；

（九）未按照规定建立并实施单位内部会计监督制度或者拒绝依法实施的监督或者不如实提供有关会计资料及有关情况的；

（十）任用会计人员不符合本法规定的。

有前款所列行为之一，构成犯罪的，依法追究刑事责任。

会计人员有第一款所列行为之一，情节严重的，由县级以上人民政府财政部门吊销会计从业资格证书。有关法律对第一款所列行为的处罚另有规定的，依照有关法律的规定办理。

第四十三条　伪造、变造会计凭证、会计账簿，编制虚假财务会计报告，构成犯罪的，依法追究刑事责任。有前款行为，尚不构成犯罪的，由县级以上人民政府财政部门予以通报，可以对单位并处五千元以上十万元以下的罚款；对其直接负责的主管人员和其他直接责任人员，可以处三千元以上五万元以下的罚款；属于国家工作人员的，还应当由其所在单位或者有关单位依法给予撤职直至开除的行政处分；对其中的会计人员，并由县级以上人民政府财政部门吊销会计从业资格证书。

第四十四条　隐匿或者故意销毁依法应当保存的会计凭证、会计账簿、财务会计报告，构成犯罪的，依法追究刑事责任。有前款行为，尚不构成犯罪的，由县级以上人民政府财政部门予以通报，可以对单位并处五千元以上十万元以下的罚款；对其直接负责的主管人员和其他直接责任人员，可以处三千元以上五万元以下的罚款；属于国家工作人员的，还应当由其所在单位或者有关单位依法给予撤职直至开除的行政处分；对其中的会计人员，并由县级以上人民政府财政部门吊销会计从业资格证书。

第四十五条　授意、指使、强令会计机构、会计人员及其他人员伪造、变造会计凭证、会计账簿，编制虚假财务会计报告或者隐匿、故意销毁依法应当保存的会计凭证、会计账簿、财务会计报告，构成犯罪的，依法追究刑事责任；尚不构成犯罪的，可以处五千元以上五万元以下的罚款；属于国家工作人员的，还应当由其所在单位或者有关单位依法给予降级、撤职、开除的行政处分。

第四十六条　单位负责人对依法履行职责、抵制违反本法规定行为的会计人员以降级、撤职、调离工作岗位、解聘或者开除等方式实行打击报复，构成犯罪的，依法追究刑事责任；尚不构成犯罪的，由其所在单位或者有关单位依法给予行政处分。对受打击报复的会计人员，应当恢复其名誉和原有职务、级别。

第四十七条　财政部门及有关行政部门的工作人员在实施监督管理中滥用职权、玩忽职守、徇私舞弊或者泄露国家秘密、商业秘密，构成犯罪的，依法追究刑事责任；尚不构成犯罪的，依法给予行政处分。

第四十八条　违反本法第三十条规定，将检举人姓名和检举材料转给被检举单位和被检举人个人的，由所在单位或者有关单位依法给予行政处分。

第四十九条　违反本法规定，同时违反其他法律规定的，由有关部门在各自职权范围内依法进行处罚。

第七章　附　　则

第五十条　本法下列用语的含义：单位负责人，是指单位法定代表人或者法律、行政法规规定代表单位行使职权的主要负责人。国家统一的会计制度，是指国务院财政部门根据本法制定的关于会计核算、会计监督、会计机构和会计人员以及会计工作管理的制度。

第五十一条 个体工商户会计管理的具体办法，由国务院财政部门根据本法的原则另行规定。

第五十二条 本法自 2000 年 7 月 1 日起施行。

附录2

企业会计准则——基本准则

第一章 总 则

第一条 为了规范企业会计确认、计量和报告行为，保证会计信息质量，根据《中华人民共和国会计法》和其他有关法律、行政法规，制定本准则。

第二条 本准则适用于在中华人民共和国境内设立的企业〔包括公司，下同〕。

第三条 企业会计准则包括基本准则和具体准则，具体准则的制定应当遵循本准则。

第四条 企业应当编制财务会计报告（又称财务报告，下同）。财务会计报告的目标是向财务会计报告使用者提供与企业财务状况、经营成果和现金流量等有关的会计信息，反映企业管理层受托责任履行情况，有助于财务会计报告使用者作出经济决策。

财务会计报告使用者包括投资者、债权人、政府及其有关部门和社会公众等。

第五条 企业应当对其本身发生的交易或者事项进行会计确认、计量和报告。

第六条 企业会计确认、计量和报告应当以持续经营为前提。

第七条 企业应当划分会计期间，分期结算账目和编制财务会计报告。

会计期间分为年度和中期。中期是指短于一个完整的会计年度的报告期间。

第八条 企业会计应当以货币计量。

第九条 企业应当以权责发生制为基础进行会计确认、计量和报告。

第十条 企业应当按照交易或者事项的经济特征确定会计要素。会计要素包括资产、负债、所有者权益、收入、费用和利润。

第十一条 企业应当采用借贷记账法记账。

第二章 会计信息质量要求

第十二条 企业应当以实际发生的交易或者事项为依据进行会计确认、计量和报告，如实反映符合确认和计量要求的各项会计要素及其他相关信息，保证会计信息真实可靠，内容完整。

第十三条 企业提供的会计信息应当与财务会计报告使用者的经济决策需要相关，有助于财务会计报告使用者对企业过去、现在或者未来的情况作出评价或者预测。

第十四条 企业提供的会计信息应当清晰明了，便于财务会计报告使用者理解和使用。

第十五条 企业提供的会计信息应当具有可比性。

同一企业不同时期发生的相同或者相似的交易或者事项，应当采用一致的会计政策，不得随意变更。确需变更的，应当在附注中说明。

不同企业发生的相同或者相似的交易或者事项,应当采用规定的会计政策、确保会计信息口径一致、相互可比。

第十六条 企业应当按照交易或者事项的经济实质进行会计确认、计量和报告,不应仅以交易或者事项的法律形式为依据。

第十七条 企业提供的会计信息应当反映与企业财务状况、经营成果和现金流量等有关的所有重要交易或者事项。

第十八条 企业对交易或者事项进行会计确认、计量和报告应当保持应有的谨慎,不应高估资产或者收益、低估负债或者费用。

第十九条 企业对于已经发生的交易或者事项。应当及时进行会计确认、计量和报告,不得提前或者延后。

第三章 资 产

第二十条 资产是指企业过去的交易或者事项形成的、由企业拥有或者控制的、预期会给企业带来经济利益的资源。

前款所指的企业过去的交易或者事项包括购买、生产、由企建造行为或其他交易或事项。预期在未来发生的交易或者事项不形成资产。

由企业拥有或者控制,是指企业享有某项资源的所有权,或者虽然不享有某项资源的所有权,但该资源能被企业所控制。

预期会给企业带来经济利益,是指直接或者间接导致现金和现金等价物流入企业的潜力。

第二十一条 符合本准则第二十条规定的资产定义的资源,在同时满足以下条件时,确认为资产:

(一) 与该资源有关的经济利益很可能流入企业;

(二) 该资源的成本或者价值能够可靠地计量。

第二十二条 符合资产定义和资产确认条件的项目,应当列入资产负债表;符合资产定义、但不符合资产确认条件的项目,不应当列入资产负债表。

第四章 负 债

第二十三条 负债是指企业过去的交易或者事项形成的、预期会导致经济利益流出企业的现时义务。

现时义务是指企业在现行条件下已承担的义务。未来发生的交易或者事项形成的义务,不属于现时义务,不应当确认为负债。

第二十四条 符合本准则第二十三条规定的负债定义的义务、在同时满足以下条件时,确认为负债:

(一) 与该义务有关的经济利益很可能流出企业;

(二) 未来流出的经济利益的金额能够可靠地计量。

第二十五条 符合负债定义和负债确认条件的项目,应当列入资产负债表;符合负债定义、但不符合负债确认条件的项目,不应当列入资产负债表。

第五章 所有者权益

第二十六条 所有者权益是指企业资产扣除负债后由所有者享有的剩余权益。

公司的所有者权益又称为股东权益。

第二十七条 所有者权益的来源包括所有者投入的资本、直接计入所有者权益的利得和损失、留存收益等。

直接计入所有者权益的利得和损失，是指不应计入当期损益、会导致所有者权益发生增减变动的、与所有者投入资本或者向所有者分配利润无关的利得或者损失。

利得是指由企业非日常活动所形成的、会导致所有者权益增加的、与所有者投入资本无关的经济利益的流入。

损失是指由企业非日常活动所发生的、会导致所有者权益减少的、与向所有者分配利润无关的经济利益的流出。

第二十八条 所有者权益金额取决于资产和负债的计量。

第二十九条 所有者权益项目应当列入资产负债表。

第六章 收 入

第三十条 收入是指企业在日常活动中形成的、会导致所有者权益增加的、与所有者投入资本无关的经济利益的总流入。

第三十一条 收入只有在经济利益很可能流入从而导致企业资产增加或者负债减少、且经济利益的流入额能够可靠计量时才能予以确认。

第三十二条 符合收入定义和收入确认条件的项目，应当列入利润表。

第七章 费 用

第三十三条 费用是指企业在日常活动中发生的、会导致所有者权益减少的、与向所有者分配利润无关的经济利益的总流出。

第三十四条 费用只有在经济利益很可能流出从而导致企业资产减少或者负债增加、且经济利益的流出额能够可靠计量时才能予以确认。

第三十五条 企业为生产产品、提供劳务等发生的可归属于产品成本、劳务成本等的费用，应当在确认产品销售收入、劳务收入等时，将已销售产品、已提供劳务的成本等计入当期损益。

企业发生的支出不产生经济利益的，或者即使能够产生经济利益但不符合或者不再符合资产确认条件的，应当在发生时确认为费用，计入当期损益。

企业发生的交易或者事项导致其承担了一项负债而又不确认为一项资产的，应当在发生时确认为费用，计入当期损益。

第三十六条 符合费用定义和费用确认条件的项目，应当列入利润表。

第八章 利 润

第三十七条 利润是指企业在一定会计期间的经营成果，利润包括收入减去费用后的净额、直接计入当期利润的利得和损失等。

第三十八条 直接计入当期利润的利得和损失，是指应当计入当期损益、会导致所有者权益发生增减变动的、与所有者投入资本或者向所有者分配利润无关的利得或者损失。

第三十九条 利润金额取决于收入和费用、直接计入当期利润的利得和损失金额的计量。

第四十条 利润项目应当列入利润表。

第九章 会计计量

第四十一条 企业在将符合确认条件的会计要素登记入账并列报于会计报表及其附注（又称财务报表，下同）时，应当按照规定的会计计量属性进行计量，确定其金额。

第四十二条 会计计量属性主要包括：

（一）历史成本。在历史成本计量下，资产按照购置时支付的现金或者现金等价物的金额，或者按照购置资产时所付出的对价的公允价值计量。负债按照因承担现时义务而实际收到的款项或者资产的金额，或者承担现时义务的合同金额、或者按照日常活动中为偿还负债预期需要支付的现金或者现金等价物的金额计量。

（二）重置成本。在重置成本计量下，资产按照现在购买相同或者相似资产所需支付的现金或者现金等价物的金额计量。负债按照现在偿付该项债务所需支付的现金或者现金等价物的金额计量。

（三）可变现净值。在可变现净值计量下，资产按照其正常对外销售所能收到现金或者现金等价物的金额扣减该资产至完工时估计将要发生的成本、估计的销售费用以及相关税费后的金额计量。

（四）现值。在现值计量下，资产按照预计从其持续使用和最终处置中所产生的未来净现金流入量的折现金额计量。负债按照预计期限内需要偿还的未来净现金流出量的折现金额计量。

（五）公允价值。在公允价值计量下，资产和负债按照在公平交易中，熟悉情况的交易双方自愿进行资产交换或者债务清偿的金领计量。

第四十三条 企业在对会计要素进行计量时，一般应当采用历史成本，采用重置成本、可变现净值、现值、公允价值计量的，应当保证所确定的会计要素金额能够取得并可靠计量。

第十章 财务会计报告

第四十四条 财务会计报告是指企业对外提供的反映企业某一特定日期的财务状况和某一会计期间的经营成果、现金流量等会计信息的文件。

财务会计报告包括会计报表及其附注和其他应当在财务会计报告中披露的相关信息和资

料。会计报表至少应当包括资产负债表。利润表、现金流量表等报表。

小企业编制的会计报表可以不包括现金流量表。

第四十五条 资产负债表是指反映企业在某一特定日期的财务状况的会计报表。

第四十六条 利润表是指反映企业在一定会计期间的经营成果的会计报表。

第四十七条 现金流量表是指反映企业在一定会计期间的现金和现金等价物流入和流出的会计报表。

第四十八条 附注是指对在会计报表中列示项目所作的进一步说明,以及对未能在这些报表中列示项目的说明等。

第十一章 附 则

第四十九条 本准则由财政部负责解释

第五十条 本准则自 2007 年 1 月 1 日起施行。

参 考 文 献

1. 唐国平．会计学基础．北京：高等教育出版社，2007.11
2. 王珍义、孙世荣．基础会计学．武汉：武汉理工大学出版社，2010.1
3. 杜兴强．会计学原理．北京：高等教育出版社，2007.11
4. 中华人民共和国财政部．企业会计准则．北京：经济科学出版社，2006.2
5. 中华人民共和国会计法，1999.10
6. 葛家澍、林志军．现代西方会计理论．厦门：厦门大学出版社，2010
7. 袁建国．会计学基础．武汉：华中科技大学出版社，2009
8. 唐国平．会计学原理．北京：中国财政经济出版社，2007
9. 朱学义、杨玉凤．基础会计学．北京：机械工业出版社，2009
10. 林钢、朱小平、于富生．会计学．北京：中国人民大学出版社，2008
11. 李海波．新编会计学原理——基础会计．北京：立信会计出版社，2011
12. 王艳茹．会计学原理．北京：中国人民大学出版社，2008
13. 刘东明、张雁．企业会计学：管理者视角．北京：中国人民大学出版社，2010
14. 怀尔德、拉森、基亚佩塔著；王丽、陈艳利译．会计学原理（第18版）．北京：中国人民大学出版社，2008
15. 郭丽华．基础会计．成都：西南财经大学出版社，2009
16. 沈烈．会计学．武汉：武汉大学出版社 2010.1
17. 许家林．会计学原理．北京：科学出版社．2010.7
18. 陈国辉、迟旭升．基础会计．大连：东北财经大学出版社．2009.6
19. 李甫斌、张西萍．会计学基础．北京：经济科学出版社．2008.7
20. 阎德玉．会计学原理．北京：中国财政经济出版社 2001.8
21. 肖丽、李国心．企业会计实训．北京：经济科学出版社 2009.9
22. 杨火青、马晨明．初级会计学模拟实验教程．上海：立信会计出版社
23. 中华人民共和国财政部．企业会计准则－应用指南（2006）．北京：中国财政经济出版社，2007
24. 肖丽、李国心．企业会计实训．北京：经济科学出版社，2009
25. 徐家林．会计学基础．武汉：武汉大学出版，2010
26. 中华人民共和国财政部会计资格评价中心．初级会计实务．北京：中国财政经济出版社，2010

27. 姚小春．新编基础会计．杭州．浙江大学出版社，2010
28. 会计从业资格考试辅导教材编写组．会计基础．北京．清华大学出版社，2011
29. 杜国良．基础会计原理与实务．重庆．重庆大学出版社，2011
30. Don R. Hansen, Jay S. Rich, Cornerstones of Financial Accounting. Cincinnati：South-Western Pub, 2009
31. 湖北省会计学会．会计基础．武汉．湖北人民出版社出版．2011.1
32. 姚正海．会计学基础教程．成都．西南财经大学出版社．2011.1
33. 李海波．新编会计学原理（第十三版）．上海．立信会计出版社．2007.3
34. 中华人民共和国财政部．会计基础工作规范财会字［1996］19号